国家社科基金
GUOJIA SHEKE JIJIN HOUQI ZIZHU XIANGMU
后期资助项目

国家社科基金后期资助项目(20FZXB045)研究成果

《庄子·齐物论》研究

王玉彬　著

山东大学出版社
SHANDONG UNIVERSITY PRESS
·济南·

图书在版编目(CIP)数据

《庄子·齐物论》研究 / 王玉彬著. -- 济南 ：山东大学出版社，2025. 3. -- ISBN 978-7-5607-8594-3

Ⅰ. B223.55

中国国家版本馆 CIP 数据核字第 2025HQ4611 号

策划编辑　孙艳凤
责任编辑　郭凯迪
美术编辑　王秋忆

《庄子·齐物论》研究

ZHUANGZI QIWULUN YANJIU

出版发行　山东大学出版社
社　　址　山东省济南市山大南路 20 号
邮政编码　250100
发行热线　(0531)88363008
经　　销　新华书店
印　　刷　济南乾丰云印刷科技有限公司
规　　格　720 毫米×1000 毫米　1/16
　　　　　19.5 印张　335 千字
版　　次　2025 年 3 月第 1 版
印　　次　2025 年 3 月第 1 次印刷
定　　价　89.00 元

国家社科基金后期资助项目
出版说明

后期资助项目是国家社科基金设立的一类重要项目，旨在鼓励广大社科研究者潜心治学，支持基础研究多出优秀成果。它是经过严格评审，从接近完成的科研成果中遴选立项的。为扩大后期资助项目的影响，更好地推动学术发展，促进成果转化，全国哲学社会科学工作办公室按照“统一设计、统一标识、统一版式、形成系列”的总体要求，组织出版国家社科基金后期资助项目成果。

全国哲学社会科学工作办公室

目　录

导 言

在《庄子》中，如果说内七篇是三十三篇之精华，“吐峥嵘之高论，开浩荡之奇言”① 的《逍遥游》与《齐物论》就是内七篇之双璧。冯友兰说：“庄之所以为庄者，突出地表现于《逍遥游》和《齐物论》两篇之中。”② 既然是庄之所以为庄者，两篇备受历代学者瞩目，可谓顺理成章。古人诠解《庄子》，常以两篇为核心而敷衍成文；近现代学者之研究，或兼顾两篇而探庄生玄旨③，或专据其一而阐漆园奥义④。至于两篇之思想关联，或谓“‘逍遥’是庄子生活的理想，‘齐物’是实现这一理想的手段”⑤，或谓“‘逍遥’、‘齐物’，其旨一也”⑥；或谓两篇“有文本与义理上的连续性”⑦，或谓“排他的‘逍遥’与包容的‘齐物’让庄子陷入一种无法自破的价值悖论”⑧。实际上，无论将“齐物”与“逍遥”界定为“工夫—境界”关系，还是理解为对超越精神的共同追求；不管视《逍遥

---

① 李白《大鹏赋》:“南华老仙，发天机于漆园，吐峥嵘之高论，开浩荡之奇言。”(李白著，王琦注:《李太白全集》，中华书局，1977 年，第 3 页)

② 冯友兰:《中国哲学史新编》(上卷)，人民出版社，1998 年，第 401 页。

③ 比如吴光明《庄子》[(台北)东大图书股份有限公司，2015 年]、崔宜明《从鹏扶摇到蝶蹁跹:〈逍遥游〉〈齐物论〉通释》(上海人民出版社，2018 年)，都只研究了《逍遥游》《齐物论》两篇。

④ 关于《逍遥游》的专门研究，有郑雪花《非常的行旅——〈逍遥游〉在变世情境中的诠释景观》[(台北县)花木兰文化出版社，2008 年]、邓联合《“逍遥游”释论:庄子的哲学精神及其多元流变》(北京大学出版社，2010 年)、叶蓓卿《庄子逍遥义演变研究》(学苑出版社，2011 年)、陈赟《自由之思——〈庄子·逍遥游〉的阐释》(浙江大学出版社，2020 年)等;关于《齐物论》的专门研究，有陈少明《〈齐物论〉及其影响》(北京大学出版社，2004 年)、李凯《庄子齐物思想研究》(中国社会科学出版社，2018 年)、徐希定《〈庄子·齐物论〉研究:以“我”与“物”的关系为中心》(商务印书馆，2021 年)等。尽管上述著作均以《逍遥游》或《齐物论》为关注重心，但除了陈赟、徐希定的著作，其他研究都是在庄学史脉络中展开的，实际上是“《逍遥游》及其诠释史研究”或“《齐物论》及其诠释史研究”。

⑤ 高亨:《试谈庄子的齐物》,《文史哲》1962 年第 4 期。

⑥ 牟宗三:《才性与玄理》，广西师范大学出版社，2006 年，第 168 页。

⑦ 沈清松:《中国哲学文本与意象的运动——以〈庄子·齐物论〉为例》，(新北)《哲学与文化》2007 年第 11 期。

⑧ 关万维:《“逍遥”和“齐物”的价值悖论》,《广东社会科学》2016 年第 2 期。

游》与《齐物论》为连续性文本，还是判定为断裂性篇章，学者们基本上都会认同这一点：《齐物论》的哲学思辨更深微，理论建树更圆熟，堪称《庄子》中“最丰富、最具理论性之一篇”①，或“更能表现庄周哲学的特点”② 的篇目。

一、《齐物论》的典范性

《齐物论》之于庄子哲学的这种基源地位表现为如下五个方面。

第一，庄学的核心概念与命题，比如“吾丧我”“天籁”“成心”“莫若以明”“道枢”“环中”“天钧”“天倪”“两行”“寓诸庸”“物化”等，均出自《齐物论》。这些概念、命题直接决定着对庄子哲思的阐释方向与理解程度。

第二，《齐物论》与内篇其他篇目在文本与义理方面均有关联：开篇之“吾丧我”与《逍遥游》“至人无己”承应；《养生主》之“庖丁解牛”，可视为齐物理念的牛刀小试；“为是不用而寓诸庸”这一命题与《人间世》关于“无用”的讨论相关；《齐物论》的生死关注与《大宗师》暗通款曲；《应帝王》“啮缺问于王倪”章“四问而四不知”，指的就是啮缺与王倪在《齐物论》中的四问四答。任博克甚至认为，内篇其他篇章不过是《齐物论》“所概述的思想在不同的条件和背景中的具体应用”③。这样说来，聚焦于《齐物论》来窥测庄子哲学，不仅不会一叶障目，反而可以一叶知秋。

第三，《天下》对庄子之“学”的经典陈述，《寓言》对庄子之“言”的精粹概说，均以《齐物论》为蓝本。《天下》所谓“独与天地精神往来”“上与造物者游”④，与《齐物论》“天地与我并生，而万物与我为一”若合符节；所谓“不谴是非”，与《齐物论》“欲是其所非而非其所是，则莫若以明”差可对应；所谓“外死生、无终始”，即《齐物论》之“忘年忘义，振于无竟，故寓诸无竟”。同样，《寓言》所谓“卮言日出，和以天倪，因以曼衍，所以穷年”“非卮言日出，和以天倪，孰得其久！万物皆种也，以不同形相禅，始卒若环，莫得其伦，是谓天均”，亦源出《齐物论》“和之以天倪，因之以曼衍，所以穷年也”“是以圣人和之以是非而休

---

① 牟宗三：《才性与玄理》，广西师范大学出版社，2006 年，第 168 页。

② 冯友兰：《中国哲学史新编》（上卷），人民出版社，1998 年，第 403 页。

③ [美]任博克：《一与异的反讽：早期中国思想中的“连贯成形”观念》，彭荣译，浙江大学出版社，2023 年，第 203 页。

④ 本书所引《庄子》原文，均据郭庆藩撰《庄子集释》（中华书局，2013 年），部分标点、段落、文字略有调整。

乎天钧，是之谓两行”等文句。显然，《天下》《寓言》已将《齐物论》视为庄学的义理渊薮了。而且，《庄子》外杂篇尚多有引述、阐发《齐物论》文句的段落①，说明该篇受到了庄子后学的普遍关注与积极回应。

第四，历代学者解读《庄子》，常以《齐物论》为庄子思想之环中。在《〈齐物论〉及其影响》一书中，陈少明阐述过嵇康、阮籍、郭象、僧肇、林希逸、释德清、章太炎等庄学名家关于“齐物”的不同理解②，这些异彩纷呈的齐物义与学者们的庄学观密不可分。本书“附录二”辑录了对《齐物论》有系统阐释、独特创见的十二部庄学史著作关于该篇核心概念、命题的注释，由此可窥这些学者的齐物解读及其庄学理解。

第五，近现代以来，《齐物论》指示着庄学理论更新的可能方向。最典型的例证是，通过“一字千金”“千六百年未有等匹”的《齐物论释》，章太炎建构了他的“齐物哲学”③，“既是中国古代哲学的大胆突破，也是对以康德、黑格尔为代表的西方古典哲学的积极回应，代表着中国传统哲学的近代高峰”④。另一个重要例证是，牟宗三特别钟情于“最难了解，最难讲”的《齐物论》，曾向学生反复讲述过近二十次⑤，且有“牟先生圆教理论的预备”⑥ 之美誉。此外，通过近年来庄学研究的现状来看，学

---

① 举例如下：(1)《田子方》“仲尼”所述之“夫哀莫大于心死，而人死亦次之。日出东方而入于西极，万物莫不比方……吾一受其成形，而不化以待尽”，与《齐物论》“一受其成形，不忘以待尽……其形化，其心与之然，可不谓大哀乎”有关；(2)《徐无鬼》“南伯子綦隐几而坐”章与《齐物论》“南郭子綦隐机而坐”章相似；(3)《庚桑楚》“知止乎其所不能知，至矣；若有不即是者，天钧败之”取自《齐物论》“故知止其所不知，至矣”“是以圣人和之以是非而休乎天钧，是之谓两行”；(4)《庚桑楚》“道通，其分也，其成也毁也”与《齐物论》“故为是举莛与楹，厉与西施，恢恑憰怪，道通为一。其分也，成也；其成也，毁也。凡物无成与毁，复通为一”雷同；(5)《庚桑楚》“古之人，其知有所至矣”章与《齐物论》“古之人，其知有所至矣”章遥相呼应；(6)《则阳》“冉相氏得其环中以随成，与物无终无始，无几无时。日与物化者，一不化者也……夫圣人未始有天，未始有人，未始有始，未始有物”，融合了《齐物论》“枢始得其环中，以应无穷”“此之谓物化”“有未始有始也者”“有以为未始有物者”等说法；(7)《寓言》“众罔两问于景”章与《齐物论》“罔两问影”章大致相同。

② 参见陈少明：《〈齐物论〉及其影响》，北京大学出版社，2004 年。

③ 根据石井刚的说法，高田淳首次将章太炎在辛亥革命前后的思想称为“齐物哲学”。参见[日]石井刚：《齐物的哲学：章太炎与中国现代思想的东亚经验》，华东师范大学出版社，2016 年，第 7 页。

④ 孟琢：《齐物论释疏证》，上海人民出版社，2019 年，“前言”第 2 页。

⑤ 1987 年 2 月至 4 月，牟宗三在香港新亚研究所讲授《齐物论》时说：“《齐物论》我讲了十八遍。”又说：“我讲《庄子·齐物论》，以前在师大讲六次。在东海大学讲四次。在香港大学讲八次，每一年讲一次，我在香港大学讲了八年。”[牟宗三讲演，卢雪崑整理，杨祖汉校订：《牟宗三先生讲演录(四)：庄子·齐物论》，(新北)东方人文基金会，2019 年，第 6、74 页]

⑥ 陶国璋：《会通佛家、康德、海德格尔的〈齐物论〉》，中华书局(香港)有限公司，2023 年，第 12 页。

界贤达对《齐物论》有着超乎寻常的关注与乐此不疲的研究①，直观体现了《齐物论》的思想生机与理论活力。

总之，因其“丰富而纯粹的哲学内涵”“极高的抽象分析能力”以及“直接而深远的影响”②，《齐物论》堪称言通有无、思接天人、道贯古今之名篇佳构，这种典范性是本书对之进行单篇研究的基础。

二、既往研究述评

尽管学界对《齐物论》的作者问题略有异见，对“齐物论”三字的释读问题颇有异说，但结合文献学的证据与思想史的流变来看，以“齐物”称示《齐物论》的核心思想最为妥当，故可谓《齐物论》蕴含着庄子的“齐物思想”或“齐物哲学”。近现代以来，学界关于庄子齐物思想的研究成果大致可以分为形上学、认识论、境界论三种进路。③ 接下来，本书将对三种研究进路的核心观点、关键特征、主要得失等问题进行一些简要的梳理、概括与反思。

“形上学进路”致力于阐发《齐物论》之“道”及“道物关系”学说。冯友兰认为，齐物就是“超越有限，自无限之点以观物，即所谓‘以道观之’也。以道之观点观物，即见物无不齐矣”④。崔宜明将“齐物论”界定为庄子的本体论、存有论思想，并从“气化—物化”的角度对庄子之道及道物关系进行了阐明，认为齐物即“以道观物”，也就是“以道之统一性来把握物之丰富性”。⑤ 杨国荣认为，齐物立足于“道通为一”的形上学、本体论立场，体现为“以道观之”的存在视域，“意味着超越分别、界限、分际，关注统一的存在形态”⑥。可见，“形上学进路”旨在强调庄子之“道”的无限性、统一性、整体性。这样，作为“以道观物”的齐物就是一种以无限观照有限、以统一超越分际、以整体统合部分的“本体视域”。

“认识论进路”着意于讨论《齐物论》对“是非”“言辩”“知”等问

① 近年来，学者们发表了大量与《齐物论》相关的洪文大著，具体篇目可参本书“参考文献”。

② 陈少明：《〈齐物论〉及其影响》，北京大学出版社，2004 年，“引言”第 2 页。

③ 在概括前人对《齐物论》“古之人其知有所至矣”章的解释模式时，李凯将之区分为宇宙论、本体论、认识论、境界论四种，参见李凯：《庄子齐物思想研究》，中国社会科学出版社，2018 年，第 29 页。宇宙论、本体论、认识论、境界论是近现代《齐物论》研究的主要解释模式，本书将“宇宙论、本体论”并称为“形上学进路”。

④ 冯友兰：《中国哲学史》，生活·读书·新知三联书店，2009 年，第 263—264 页。

⑤ 参见崔宜明：《生存与智慧——庄子哲学的现代阐释》，上海人民出版社，1996 年，第 154—203 页。

⑥ 杨国荣：《庄子的思想世界》，北京大学出版社，2006 年，第 53 页。

题的看法。采取这一进路的学者往往会将《齐物论》置于先秦诸子争鸣的思想史背景中进行考察，也倾向于将庄子的齐物解读为与惠施、公孙龙等名家约略相当的思辨名理。胡适论庄子之名学，所据材料大部分出自《齐物论》。[①] 蒋锡昌说："庄子《齐物论》之作，其目的纯在息天下各派是非之辩，盖亦当时辩士好辩之反动也。"[②] 伍非百认为《齐物论》是从"名辩学术"角度破诘百家之说的，"是与《公孙龙子》、墨子《辩经》彼此对立，互为论敌之名家学说"[③]。郑开也主张，《齐物论》以"破斥各家（儒墨、名）名辩之学而建构道家形名学"[④] 为主旨。新中国成立以来，学界对庄子之齐物的认识论性质问题颇为关注，关锋、高亨、张恒寿将之界定为相对主义、不可知论、唯心主义[⑤]，刘笑敢认为它是"从辩证法出发的诡辩论"[⑥]。怀疑主义、不可知论、相对主义、诡辩主义等标签说明，庄子的齐物思想不仅在哲学品质上是低劣的，在人生观方面也产生了恶劣影响。当然，上述研究与评判均为特定历史时代的产物，20 世纪 90 年代之后，这一进路得到了有效修正。崔大华认为，作为一种相对主义的齐物"紧密依赖着某种具有确定性的、关于宇宙万物的根源、本质的理性观念——'道'、'天理'"[⑦]，从而避免了不可知论、怀疑论。李大华认为，《齐物论》是一种以齐万物、齐是非、齐生死为内容的相对主义认知论。[⑧] 尽管"相对主义"的说法没有变，但经过修正之后的认识论进路已经蜕变为客观的学理探讨了。

"境界论进路"意在将齐物理解为"心—道"合一状态下"游心于道"的超越境界。冯友兰认为，齐物即"与道合一"，也就是超越了知识的、无差别的"纯粹经验"或"神秘境界"。[⑨] 牟宗三认为，齐物是一种齐是

① 参见胡适：《中国哲学史大纲》，商务印书馆，2011 年，第 213—221 页。

② 蒋锡昌：《庄子哲学》，上海书店，1992 年，第 104 页。

③ 伍非百：《中国古名家言》，中国社会科学出版社，1983 年，"总序"第 15—16 页。伍先生认为，《齐物论》中的"非指""非马"回应了《公孙龙子》之"白马""指物"二论；"我与若辩""吾谁使正之"中的"辩""正"二义破诘了《墨经》的"辩胜当""正无非"之论；"彼是"之说兼破《公孙龙子》《墨辩》两家的"彼此可，彼此不可，彼此亦可"之论；"未始有物""未始有始""未始有无""知止其所不知"总破惠施等一切辩者之知识论、宇宙观。

④ 郑开：《道家形而上学研究》（增订版），中国人民大学出版社，2018 年，第 121 页。

⑤ 参见关锋：《庄子内篇译解和批判》，中华书局，1961 年；高亨：《试谈庄子的齐物》，《文史哲》1962 年第 4 期；张恒寿：《庄子新探》，湖北人民出版社，1983 年。

⑥ 刘笑敢：《庄子哲学及其演变》（修订版），中国人民大学出版社，2010 年，第 179 页。

⑦ 崔大华：《庄学研究》，人民出版社，1992 年，第 283—284 页。

⑧ 参见李大华：《自然与自由——庄子哲学研究》，商务印书馆，2013 年，第 125—170 页。

⑨ 参见冯友兰：《中国哲学史》，生活·读书·新知三联书店，2009 年，第 269—275 页。

非、超生死的“境界形态之形上学”。[①] 冯、牟的境界论解读在现当代学界影响甚巨，堪称目前解读庄子哲学的最主流范式。在陈少明看来，齐物是庄子对“物”的重新想象，并以揭示了“理想人生的最高境界”的“齐物我”为最终结论。[②] 高柏园说：“齐物乃是不齐之齐，乃是就主体之境界上着力，志在去我破执，各是其是而已，此其为一境界型态无疑。盖庄子并未客观解析种种物论而为之齐，而根本是从主体之心境上下手。”[③] 林聪舜认为，齐物之究竟义就是要达成“天地与我并生，而万物与我为一”之人生境界，其本质是由人生修养所透显之形上洞见、人生智慧而通于逍遥、独化等意旨。[④]

关于形上学、认识论、境界论进路的分判，并不意味着研究者只会从一种进路契入对《齐物论》的理解，两种进路的交相为用才是常态。比如，冯友兰兼以“宇宙论”与“境界论”理解齐物；关锋说《齐物论》阐述了“虚无主义的宇宙论和相对主义、否定认识的认识论”[⑤]；林聪舜认为《齐物论》的“认识论”以“人生境界”为依归[⑥]；郑开认为，《齐物论》建构的“道家知识论”将认知性模式转化为了体验性模式，为以心性境界为特征的“精神哲学”奠定了基础[⑦]。

上述三种主流研究进路极大地拓展了学界对《齐物论》的理解视域，也推进着庄子哲学的现代释义与创造转化，但与此同时，这些研究范式也难免会导致某种“道隐于小成，言隐于荣华”（《齐物论》）的消极后果，“规限了庄学的思想功能”[⑧]。接下来，不妨依循三种进路的各自脉络，结合学界的已有反思，对这些规限进行一些剖析与评论。

“宇宙论进路”解读堪称“认识论”“境界论”的理论基础，对“道”“道物关系”的看法直接决定着对齐物的诠释方向。然而，若仅将庄子之“道”视为无限、虚无、气化之“宇宙论—本体论”概念，并与西方哲学中的“宇宙论—本体论”类比或抗衡，不仅不符合《齐物论》对宇宙起源问题的不可知、不必知态度，更会深层遮蔽“若有真宰”“休乎天钧”“和之以天倪”等所呈示的“道”之“存在论—价值论”意涵。此外，鉴于

---

① 参见牟宗三：《才性与玄理》，广西师范大学出版社，2006 年，第 152—155 页。
② 参见陈少明：《〈齐物论〉及其影响》，北京大学出版社，2004 年，第 73 页。
③ 高柏园：《〈庄子〉内七篇思想研究》，（台北）文津出版社，1992 年，第 87 页。
④ 参见林聪舜：《向郭庄学之研究》，（台北）文史哲出版社，1981 年，第 133 页。
⑤ 关锋：《庄子内篇译解和批判》，中华书局，1961 年，第 117 页。
⑥ 参见林聪舜：《向郭庄学之研究》，（台北）文史哲出版社，1981 年，第 153 页。
⑦ 参见郑开：《道家形而上学研究》（增订版），中国人民大学出版社，2018 年，第 134 页。
⑧ 陈少明：《〈齐物论〉及其影响》，北京大学出版社，2004 年，第 174—193 页。

“宇宙论—本体论”内蕴的整体性色彩与普遍化倾向，这种进路容易陷入“一方面预设一个普遍本质，另一方面凸出绝对整体”[①]之思境。很多学者已经意识到，与其说庄子之齐物意味着整体、统一的“以道观物”，毋宁说更重视“物之不齐”的差异与多元。李景林认为，齐物强调的是事物在价值意义上的齐一性，但并不否认事物在实存意义上的差异性，而且，必须以承认或实现这种实存意义上的差别为前提，才能真正达到价值意义上的齐物。[②]王博说：“‘齐物’不仅仅是要超越万物之间的区别，更重要的，它是以对万物差异性的肯定为前提的。”[③]暴庆刚、陈仁仁、汪韶军等也看到了庄子对万物之差异性、多元性的尊重，以及“齐”与“不齐”之间的辩证关系。[④]总之，尽管宇宙论进路的齐物理解的确丰富了中国哲学的宇宙论、本体论思考，但这一路向与庄子道论的实际内涵并不相契；而且，这一进路的本质化倾向、整体论特征也会遮蔽庄子对差异、多元之万物的存在论肯认与价值论守护。

“认识论进路”主要从批判性角度来解读庄子的齐物思想，认为庄子的“相对主义”观点可以导向对“是非”的扰乱、对“名辩”的否定、对“生死”的破解。关于认识论，林聪舜说：“西方之‘认识论’，主要乃讨论知识之来源、性质、有效性、限度等问题。此种之问题，庄书亦有涉及，然必关系于现实人生而言之，故其基本精神之差异，实不容忽视。”[⑤]关于相对主义，杨国荣认为它并非庄子认同的原则而是力图超越的对象，“与其说庄子陷于相对主义的哲学系统，不如说它更接近于在观念上追求一统的独断论”[⑥]。与之不同，爱莲心的“不对称相对主义”、黄勇的“行为对象相对论”、廖育正的“策略干扰”等说法[⑦]都力图走出认识相对主义的框架，而阐发齐物的行动相对主义内涵。实际上，齐物既不是庄子认

---

① 赵帅锋、郭美华：《齐物之境对于仁义—政治的拒斥——以〈齐物论〉“尧问于舜”章为中心的讨论》，《现代哲学》2020年第5期。

② 参见李景林：《庄子“齐物”新解》，《孔子研究》1991年第3期。

③ 王博：《庄子哲学》，北京大学出版社，2020年，第136—137页。

④ 参见暴庆刚：《差异性：庄子齐物思想的复归》，《内蒙古社会科学》（汉文版）2002年第1期；陈仁仁：《齐物·齐言·齐论——“齐物论”也释》，《武汉大学学报》（人文科学版）2005年第1期；汪韶军：《作为价值多元论的庄子齐物论》，《河北大学学报》（哲学社会科学版）2017年第6期。

⑤ 林聪舜：《向郭庄学之研究》，（台北）文史哲出版社，1981年，第153页。

⑥ 杨国荣：《庄子的思想世界》，北京大学出版社，2006年，第77页。

⑦ 参见[美]爱莲心：《向往心灵转化的庄子：内篇分析》，周炽成译，江苏人民出版社，2004年，第134—138页；黄勇：《论〈庄子〉中的行为对象道德相对论》，崔雅琴译，《社会科学》2016年第3期；廖育正：《〈庄子〉的策略干扰——及对“观点主义说”的再商榷》，（新竹）《清华学报》2018年第4期。

识世界的理论模式，也不是支离一切价值、破坏所有意义的相对主义，黄勇、廖育正等学者将伦理行动、政治实践引入齐物解读，值得特别重视。

与“以西释中”的宇宙论、认识论进路相比，因为凸显了“庄学最为关心的个人幸福（自得其乐）或精神境界问题”①，“境界论进路”的齐物解读引起了研究者的普遍共鸣。循此理路，李凯甚至将齐物类比为佛学之空境：“庄子的‘齐物’不是在书斋里冥思苦想的产物，也不简单的是其人生感悟的哲学升华，而是其通过静坐修持而达到的某种境界的表达，这种境界非常类似于佛家的空境。既然如此，庄子的全部思想都应建基在类似于佛家空境的修持境界之上。”② 但在这一点上，刘咸炘、冯友兰的观点截然相反。刘咸炘云：“双遣两忘之说乃佛家所主，不与道家相混，自来以佛义言道书者皆误。佛家主空，一切俱不要，道家主大，一切俱要，根本大异，岂可强同乎？”③ 冯友兰云：“庄学以为人与物皆有绝对的自由，故亦以为凡天下之物，皆无不好，凡天下之意见，皆无不对。此庄学与佛学根本不同之处。盖佛学以为凡天下之物皆不好，凡天下之意见皆不对也。”④ 刘、冯两位先生区分了佛学之“空境”与庄学之“大境”。事实上，尽管庄子的齐物之境与佛学的真如之境的确不离修持境界，但它们均未止步于此而有着兼顾方内与方外、统合空与有的两行圆教精神。尤其是通过《齐物论》“昔者尧问于舜”章⑤、啮缺与王倪关于“同是”的对话来看，一种深沉恻怛的政治关怀、伦理意蕴与人文精神跃然纸上，不能视之不见、避而不谈。于此，章太炎视《齐物论》为“内外之鸿宝”⑥，早已导夫先路；徐复观、陈鼓应对“万物平等”“思想平等”的阐发亦有政治方面的深意⑦；叶海烟认为《齐物论》开出了一种相互尊重与一体共融的交谈伦理、对话伦理⑧；黄勇也说以尊重不同的生活方式为要义的齐物

① 陈少明：《〈齐物论〉及其影响》，北京大学出版社，2004年，第193页。

② 李凯：《庄子齐物思想研究》，中国社会科学出版社，2018年，第202页。

③ 刘咸炘：《刘咸炘学术论集·子学编》，广西师范大学出版社，2007年，第227页。

④ 冯友兰：《中国哲学史》，生活·读书·新知三联书店，2009年，第263—264页。

⑤ 朱宝昌称此章为“庄周外王学的具体表现”。参见朱宝昌：《先秦学术风貌与秦汉政治》，商务印书馆，2018年，第62页。

⑥ 章太炎：《菿汉三言》，上海书店出版社，2011年，第27页。

⑦ 徐复观说：“齐物，即是主张物的平等；物既是平等，则他们的思想（物论）也是平等的。既是平等，则谁也没有干涉他人的资格，便可使物任其性，而各得自由了。”（徐复观：《中国人性论史·先秦篇》，九州出版社，2014年，第366页）陈鼓应说：“齐物（the equality of thing），即主张万物的平等。庄子从物性平等的立场将人类从自我中心的局限性中提升出来，以开放的心灵观照万物，了解各物都有其独特的意义内容。”（陈鼓应：《老庄新论》，上海古籍出版社，1992年，第131页）

⑧ 参见叶海烟：《庄子〈齐物论〉的对话伦理》，（新北）《哲学与文化》2002年第8期。

是一种差异伦理、美德伦理①。相比之下，纯粹境界式的研究既忽视了齐物隐含的“共在”之存在图景，也无见于齐物内蕴的“多元”之存在事实，以如何面对他者为关注的“政治—伦理”观念的齐物也便隐而不彰了。由此而言，在“境界”之外阐发庄子齐物思想的现实关怀与入世精神是非常必要的，否则就只能像程乐松所说的那样，“庄子精妙绝伦的思想就被神秘的晦暗和难以言传的超越状态吞没了，进一步的学理解释也因为遭遇神秘主义的鸿沟而不得不回返到诗意与咏叹的层次上”②。

可见，近现代庄学史上的齐物诠释，以宇宙论进路最为基础，以认识论、境界论进路最称主流，庄子齐物的思想性格与现代样貌——普遍主义的形上学、相对主义的认识论以及神秘主义的境界论，也便在这些进路的交织中形塑而成了。当然，关于《齐物论》的研究，学界已有不少成果走出了三种进路的限制，既看到了齐物蕴含的“齐”与“不齐”的辩证关系，也看到了其独特的伦理观念与丰厚的政治意蕴，展示了《齐物论》研究的新趋势与新可能。

三、研究方法与思路

庄子的齐物思想不是严格的哲学意义上的宇宙论、认识论，也并未止步于内在的境界论。此前学界《齐物论》研究的宇宙论进路、认识论进路，多有观念先行之弊。观念先行，也就无法真正尊重《齐物论》的文本内容与行文脉络，而易于穿凿其文本，附会其义理。有鉴于此，本书在研究方法上的第一个自觉，就是将观念先行转换为文本先行，致力于在经典细读的基础上探究《齐物论》义理。正如刘武所说：“庄子之意，于其文章发之；欲明庄子之意，自当于其文章求之。文章明，意义斯明矣。”③ 以文本先行为原则，就必须沉潜到《齐物论》的文本细节与思想脉络之中，从而有效避免以成说穿凿文本、以文本附会成说的研究方式。通过《齐物论》诠释史来看，“齐物论”的篇名读法左右着很多学者对《齐物论》思想主题的认知方向。问题在于，“齐物论”的读法之所以存在争议，本来就是思想史塑造的结果，因此，我们只能尽量历史地、客观地回溯并理解各种不同读法的来龙去脉，而不宜将之视为研究《齐物

① 参见黄勇：《论〈庄子〉中的行为对象道德相对论》，崔雅琴译，《社会科学》2016年第3期；黄勇：《尊重不同的生活方式：〈庄子〉中的道家美德伦理》，《华东师范大学学报》（哲学社会科学版）2011年第5期。

② 程乐松：《物化与葆光——〈齐物论〉中所见的两种自我形态》，《中国哲学史》2020年第3期。

③ 刘武撰：《庄子集解内篇补正》，中华书局，1987年，第58页。

论》的必然基础。① 这意味着，“齐物—论”“齐—物论”“齐—物、论”等可能读法都不是打开《齐物论》义理之门的钥匙。在此意义上，文本先行意味着通过《齐物论》的文本内容而阐释其思想，界定其篇旨，从而可以避免舍本逐末乃至往而不返。此外，通过对《齐物论》文本材料的周遍阅读与脉络寻绎，还可以彰明一些以往研究不甚关注的齐物议题。陈少明《〈齐物论〉及其影响》以“齐物论”“齐万物”“齐物我”对齐物之义进行了思想重构，尽管顾及了《齐物论》的绝大多数文本材料，却独独缺失了对“故昔者尧问于舜”章的关注与分析；同样，尽管李凯《庄子齐物思想研究》在结合思想史的研究方面颇有见地，但该书对《齐物论》文本脉络、章节义理的解读亦嫌过于疏略。总之，文本先行意味着要将《齐物论》当作真正的经典去读，这样才能将《齐物论》之义理脉络平实而整全地揭示出来。唯有从文本引生思想而非以思想穿凿文本，才能在避免予《齐物论》以标签化理解的同时，最大限度地释放这一哲学经典的思想魅力。

目前来看，尽管先秦时期以“齐物”名篇的文献只有《齐物论》，但“齐物”却不是庄子的独得之见。墨子、慎到、惠施、许行等人都有不同类型的“齐物”主张，这些不同的齐物理解已然交汇为一股汹涌澎湃的思想潮流，而可以“先秦齐物思潮”称之。在先秦齐物思潮中，与其他诸子在“天下大乱，贤圣不明，道德不一”（《天下》）的政治思想背景中呼唤“齐其不齐”不同，庄子之齐物以“不齐而齐”为旨归。② 在此意义上，庄子齐物哲学与先秦齐物思潮之间构成了一种“出于其类，拔乎其萃”（《孟子·公孙丑上》）的关系：“出于其类”，故庄子齐物的现实关切、问题意识与其他诸子相通；“拔乎其萃”，故庄子之齐物更为精微、更显深宏。以先秦齐物思潮为背景，可以更清晰地观照庄子齐物思想的来路与归宿，此为本书第二章的主要内容。

牟宗三认为，《齐物论》“全篇空灵透脱，无一败笔”，常有“神来之兴，飘忽之笔”。③ 尽管此一颂赞之辞稍显夸张，却提示我们应对《齐物论》的语言风格、行文脉络、表意方式多加留意，这正是本书第三章的研究内容。简单说来，《齐物论》不唯是庄子哲学的义理宝藏，更是庄子言

---

① 徐希定《〈庄子·齐物论〉研究：以“我”与“物”的关系为中心》（商务印书馆，2021 年）一书的主要架构即建立在对“齐物论”的不同读法之上。

② “齐其不齐”与“不齐而齐”取自章太炎之说：“齐其不齐，下士之鄙执；不齐而齐，上哲之玄谈。”[章太炎：《齐物论释定本》，《章太炎全集》（六），上海人民出版社，1986 年，第 74 页]

③ 牟宗三：《才性与玄理》，广西师范大学出版社，2006 年，第 169 页。

述风格的典型代表：《寓言》《天下》关于“卮言”的关键表述全部本于《齐物论》；《齐物论》不仅具体界定了“言”之性质与功能，更隐含着庄子抛弃“庄语”而创造“卮言”的缘由与脉络。实际上，《齐物论》本来就是庄子进行卮言写作的尝试，或者说是一篇玄之又玄、奇之又奇的卮言作品。这种“言”与“意”的通达一体，使得《齐物论》颇有“意中出意，言外立言，层层相生，段段回顾，倏而羊肠鸟道，倏而叠嶂重峦”①之曼衍色彩、宛转特征。有趣的是，这种曼衍的言说方式与芒昧的义理风格不仅未能让后人知难而退，反而更激惹出了万千遐思，令人流连忘返。

庄子的齐物哲学是与“生命”有关、与“存在”有关、与“行动”有关的思考。本书研究方法上的第二个改变，就是把偏重于宇宙论、认识论、境界论的研究扭转为立足于人之生存的存在论研究②，将齐物界定为一种奠基于生存反思之上的存在论阐明。若对《齐物论》中的这些生存分析视而不见或熟视无睹，就难以体察庄子的悲天悯人之心。牟宗三曾批评郭象对《齐物论》中蕴蓄的“存在之悲感”毫无体贴③，从而暴露了郭象哲学的根本弱点。对于从“存在的入路”阐释庄子的齐物哲学而言，牟先生提点出的“存在之悲感”是至关重要的。以谈玄说理见长的《齐物论》并非纯粹是或仅仅是思理性的澄明之境（可称之为“齐物之理”），而有某种“情理交融”之特征。有鉴于此，本书第四章分析了“齐物之情”以及“我”之这一基本生存结构的相关问题，以期揭示“齐物之理”的情感基础与生存意识。

庄子认为，人之生存之所以芒昧茫然，乃源自对“玄之又玄”之存在处境的自以为是式揭明与自暴自弃式无视，两者都会致使“属于人”之世俗视域遮蔽“属于天”之本真视域。那么，什么是世界的本然存在图景？什么是人应该具备的本真存在视域？这是本书第五章关注的问题。庄子在《齐物论》中建构了“天倪—天钧”之本然存在图景；唯有通过天钧与天倪的两行为用，“道通为一”的存在图景才可以转化为“照之于天”的存在视域。以此本真视域观照万物，既可见万物之平等与共在，亦可见万物之差异与独在。这样，“人”才有超越对立、避免孤立、保持独立的可能，走出孤绝离散与僵固同质两种极端化的存在形式，而开出生命的通达，守

---

① 林云铭：《庄子因》，华东师范大学出版社，2011 年，第 29 页。

② 牟宗三认为，《齐物论》中蕴含着一种 existential approach 也即“存在的入路”。参见牟宗三讲演，卢雪崑整理，杨祖汉校订：《牟宗三先生讲演录（四）：庄子·齐物论》，（新北）东方人文基金会，2019 年，第 25 页。

③ 参见牟宗三：《才性与玄理》，广西师范大学出版社，2006 年，第 168—169 页。

护存在的自由。

毕来德说："庄子感兴趣的不是知识论，而是主体的自由，是我们怎么能够从事物中解脱出来，从而采取恰当行动。"① 高柏园说："《齐物论》之基本方向，可由其学问性格上着手，此即庄学之实践性格。"② 《齐物论》中的"因是""寓诸庸"等概念正传示了这种恰当的行动、自由的实践。倘若研究者津津乐道的"齐物境界"开显不出实践或行动，这种至高境界就不过是"我"的另一种特殊表显形态，而与"吾丧我"之"我"沆瀣一气了。这种足以湮没一切的神秘境界和私密体验，绝非庄子的齐物视域所应许的理想之境。"吾丧我"的存在取向，并不是让"我"以孤绝之"吾"的方式呈露，而是让"我"以开放之"吾"的方式在生命实践中通达他者，聆听天籁。在此意义上，"齐物"是一种"因是"的应物精神及"寓诸庸"的实践形态，这是本书第六章的研究内容。

接下来的问题是，庄学的实践性格与行动是何种实践与行动？它与中国古典哲学普遍关注的政治实践与伦理行动有何异同？陈少明认为："《齐物论》不论谈是非、谈万物，还是谈物我，都是在非常抽象的意义上讨论问题，是一种'玄谈'。它不指涉任何具体的社会政治内容。"③ 在抽象思考与社会政治关怀之间进行了泾渭分明的区隔。与之不同的是，刘书刚认为"齐物"是庄子"伦理主张、政治观念的根基"，"这一理论中表现出的对他者的关注、对万物平等乃至人人平等的强调，处处都显示，这个退避政治世界、注重个体逍遥的思想者，其伦理意识的深邃程度远超当世诸子"。④ 诚如此言，对于庄子哲学研究而言，精神境界或生存美学的经典范式可谓精妙绝伦，但并非完美无缺。本书认为，"齐物"不唯不排斥或决绝，反而一定会内在吁求着对它的政治与伦理解读。毕竟，"政治—伦理"是隶属于生命之内的重大问题，是存在主体观照万物、面向他者的题中之义。章太炎解《齐物论》之"成心"云，"转此成心则成智，顺此成心则解纷"⑤，道明了庄子齐物哲学的两个面向——"成智"与"解纷"。此前之研究，在"成智"方面颇有建树，于"解纷"之关注颇有不足。⑥

---

① ［瑞士］毕来德：《庄子四讲》，宋刚译，（台北）联经出版事业股份有限公司，2011 年，第 81 页。

② 高柏园：《〈庄子〉内七篇思想研究》，（台北）文津出版社，1992 年，第 61 页。

③ 陈少明：《〈齐物论〉及其影响》，北京大学出版社，2004 年，第 116 页。

④ 刘书刚：《在物之间：庄子的伦理意识与语言观念》，北京大学出版社，2020 年，第 55 页。

⑤ 章太炎：《齐物论释定本》，《章太炎全集》（六），上海人民出版社，1986 年，第 74 页。

⑥ 杨立华说："由于《齐物论》总体而言是庄子哲学根本思理的呈现，其关键概念不得不停留在最抽象的层次。"（《庄子哲学研究》，北京大学出版社，2020 年，第 137 页）论述重心依旧在"转—成智"向度上。

有鉴于此，本书在研究方法上的第三个转向，是在“成智”的基础上阐发齐物的“解纷”意涵，此为第七、八章的主题。

四、立意与期许

陈少明说：“一篇《齐物论》，一个深刻的哲学纲领，也只是一个思想提纲或者说是初步构思的思想草图。里面留下许多待人填补的想象的空间。”① 借助研究方法与研究视域的转变，本书希望继续“充实”这个深刻而伟大的哲学纲领与思想草图，以期与“彼其充实不可以已”（《天下》）的庄子思想同频共振。问题在于，本书既然是一项基于文本解析的现代学术研究，必然会有系统性的思想建构诉求，那么，《齐物论》本身是否有系统的理论体系？以系统建构为利器的学术研究之于《齐物论》而言意味着什么？

陈静认为，“《齐物论》无论从思路上看还是从文气上看，都是一篇相当完整的论文”②。陈少明也说：“虽然我们不想说《齐物论》是纯粹的哲学论文，但可以断定它论述了纯粹的哲学问题。”③ 尽管“不想说”，但陈先生终究还是将《齐物论》视为一篇系统的哲学论文。就此而言，既然《齐物论》本来就是一篇完整而纯粹的“论文”，当然有其实质性的思想系统；钩沉并澄清庄子齐物思想的问题与系统，自然是学者们义不容辞的责任、理应承担的事务。然而，面对《庄子》这样一本“芒乎昧乎”的浑沌之书，上述责任感与信念感总会受到一些冲击，乃至引发相当程度的自我质疑。

与上述观念相反，牟宗三旗帜鲜明地认为《齐物论》仅仅透显了一种“凌虚的智慧的态度”，并不具有“内在的理论性的系统”。④ 吴光明同样反对将之视为“严谨的一连串论说”，他认为，尽管作为“哲学断片”的《齐物论》提出了新颖的形上学洞察，但缺乏首尾一贯的哲学论证；因此，面对《齐物论》，“不要仓卒地系统化思维”，“我们要做的不是辩论是非，乃是要丰溢生活”。⑤ 这样说来，理论性系统、系统化思维不仅无法将《齐物论》的洞见与智慧揭示出来，反而更有可能深层遮蔽其凌虚智慧、卓越洞见，这正是庄子所说的“道隐于小成，言隐于荣华”（《齐物论》）。

---

① 陈少明：《〈齐物论〉及其影响》，北京大学出版社，2004 年，第 86 页。

② 陈静：《“吾丧我”——〈庄子·齐物论〉解读》，《哲学研究》2001 年第 5 期。

③ 陈少明：《〈齐物论〉及其影响》，北京大学出版社，2004 年，第 13 页。

④ 牟宗三讲演，卢雪崑整理，杨祖汉校订：《牟宗三先生讲演录（四）：庄子·齐物论》，（新北）东方人文基金会，2019 年，第 2 页。

⑤ 参见吴光明：《庄子》，（台北）东大图书股份有限公司，2015 年，第 179—182 页。

面对上述系统化知识与凌虚化智慧之间的紧张局面，也有学者倾向于在两者之间走一条中间路线。比如程乐松既不主张《齐物论》有明晰的思想主题或系统的整体论证，也不认可神秘主义的观照方式，而认为《齐物论》只是提供了一种反思性、开放性的思想方法：“《齐物论》的思想方法是在理性主义的明晰与神秘主义的晦暗之间执中而行，没有用概念运作和命题推演的抽象论证，其中不可言说和晦暗不明的神秘性也不应被视为非理性的倾向。”① 这种作为“思想方法”的齐物理解游走在理性主义与神秘主义之间，有执两用中之巧，亦有左右逢源之妙。问题在于，首先，这种作为反思性、开放性思想方法的齐物，依然是通过论文之论证方式、知识形式表述出来的；其次，庄子的齐物观念的确可以理解为一种思想方法，但庄子在《齐物论》中依然围绕这一思想方法而给出了很多论证和推理。究极言之，理性思考并不与神秘智慧对立，方法也需要通过观点的方式才能给出。

如果说“知止其所不知”是《齐物论》给出的智慧箴言，这一箴言一定隐含着“知尽乎其所知”。“以其知之所知以养其知之所不知”（《大宗师》），是人的命运；在“知之所不知”面前知止，是有限之“成心”的命运。庄子认为，“成心”不可怕，可怕的是因“随其成心而师之”而导致的不知“止其所不知”“养其所不知”，终而泯灭了面对“未知”的勇气，失却了面对“无限”的能力。

总之，就《齐物论》而言，我们当然要虚心领会其“意中出意，言外立言”的开放风格，尽心呵护其“始卒若环，莫得其伦”的瑰玮风致，但是，这种体会与呵护并不意味着对理性化思考、系统化研究的拒绝。无论是将齐物理解为一种超越境界、智慧态度，还是一种思想方法，不经过思辨性的名理探究与系统化的理论表显，这种“玄”之境界与“活”之方法都会如浮光掠影般难以捉摸。因此，在不得已的解释学境域中穿越庄学史上林林总总的齐物解读，在理性的自觉与戒惧中尝试展开细致的文本疏解，敞开阔大的问题意识，追求深度的义理释读，“弥纶群言，而研精一理”②，是为本书之立意与期许。

① 程乐松：《物以化齐　言则不齐——重思〈齐物论〉的思想方法》，《北京大学学报》（哲学社会科学版）2020 年第 4 期。

② 刘勰说：“论也者，弥纶群言，而研精一理者也。”（刘勰著，周振甫注：《文心雕龙注释》，人民文学出版社，1981 年，第 200 页）

第一章 《齐物论》的文本与篇名读法

本章拟对《齐物论》的文本情况与篇名读法问题进行叙述与讨论，以为后面的研究奠定基础并确立基调。

与《齐物论》相关的文本问题主要有三个：一是《齐物论》的作者问题，二是《齐物论》篇名的命名者问题，三是《齐物论》的章句问题。鉴于《齐物论》是《庄子》三十三篇中的一篇，故欲解答上述三个问题，必须结合整部《庄子》的成书与流传情况，才能给出恰当的回应。必须承认，本书给出的“答案”也不过是一些平淡的常识，甚至是无可奈何的存疑。然而，鉴于有关《齐物论》的文本争议往往是不满于常识、不甘于存疑之学术心态的表现，重复常识、保存疑问依然是必要的。

关于“齐物论”这一篇名，学术史上先后产生了“齐物—论”“齐—物论”“齐物—齐论”三种主流读法。那么，这三种读法各自产生或流行的背景是什么？哪种更贴合《齐物论》的文本内容？通过本书的考察来看，“齐物—论”是最古老也最可取的属读方式。

第一节 《齐物论》的文本问题

一、《齐物论》的作者问题

本书的研究对象既为《齐物论》，就意味着无论该篇的作者是谁，都不会妨碍对之进行一番学术考察。但若细加考量，便不难发现悬置作者问题仅仅是表面的方便。毕竟，我们绝无斩断《齐物论》与内七篇乃至整部《庄子》之联系的可能，也无法仅将“庄子”视为一个单纯的作者符号，而不对《齐物论》与庄子其人其思的内在关联有所属意。换言之，悬置《齐物论》的作者问题看似简便，但由此也就只能孤立而封闭地研究《齐物论》，无法通过聚焦《齐物论》而对庄子哲学进行整体论述与综合观照，这显然不是本书的研究目的。

《齐物论》的作者问题又与三个问题相关：其一，《庄子》的文本与作者问题；其二，《庄子》内篇与外杂篇之间的关系问题；其三，《齐物论》与内篇其他篇目的关系问题。

（一）《庄子》的文本衍变

一般而言，先秦子书都经历过一个较为漫长的成书过程，《庄子》自然也不例外。通过现有文献的相关记载来看，《庄子》的材料来源更加多元，演变情况更为复杂。目前流行于世的《庄子》版本基本是郭象整理的版本，这一版本在唐代取得了优势地位，并于宋代之时定于一尊。接下来，本书拟以客观的历史材料为基础，对《庄子》的文本衍变进行一些力所能及的说明与判断。

1. 战国末至汉初：《庄子》初步成型

《庄子》的成书情况缺乏具体而明确的典籍记述，根据先秦子书的一般成书规律对之进行类推是可取的方式。

关于先秦子书的成书规律，张舜徽说：

> 周、秦之际，作者百家，其亲自撰述之文固不少，然未必收拾部次以成书；又或徒为口说，而未暇著之竹帛。殆其人已死，乃有闻风响慕之人，从而采其遗论，掇其行事，编以为书，而推本其学所自出，题之曰某子云耳。①

余嘉锡说：

> 古人著书，多单篇别行；及其编次成书，类出于门弟子或后学之手，因推本其学所自出，以人名其书。②

先秦诸子之思想文献，一开始多以“单篇别行”乃至“口说”的方式流传；后来，诸子之弟子或后学逐渐将之编以为书，并冠以“某子”之名。《庄子》应该也是在其弟子或后学手中被编次成书的。问题的关键在于，《庄子》是什么时候才被汇集成书并初步成型的呢？以下文献或可提供答案。

---

① 张舜徽：《广校雠略　汉书艺文志通释》，华中师范大学出版社，2004年，第28页。

② 余嘉锡：《目录学发微　古书通例》，商务印书馆，2011年，第211页。

《庄子·天下》对庄子之“言”之“思”的精练概括与内篇之间有明晰的对应关系①，说明在《天下》的撰述时代也就是大约战国末期之后②，《庄子》的核心文本或已在弟子或后学的整理下大致成型了。

《荀子·解蔽》云：“庄子蔽于天而不知人。”荀子对庄子的“一言以蔽之”式评判，说明足以反映庄学特质的《庄子》文本在荀子时代即已存在。

《吕氏春秋》与《韩非子》大量援引了《庄子》文句，刘笑敢据之认为“《庄子》内篇、外篇、杂篇在当时都已有了一定规模，即使不能肯定当时已有内篇、外篇、杂篇之分，也应该肯定内、外、杂三部分的内容在当时已经基本具备，这也就是说《庄子》外杂篇在战国末年已经大体完成了”③。

《天下》《荀子》《吕氏春秋》《韩非子》均为战国末期文献，说明《庄子》最晚在战国末期已初步成型。安徽阜阳双古堆 1 号汉墓有 40 多枚《庄子》碎简，根据整理者的研究，碎简上的文字涉及传世本《庄子》的以下篇目：“内篇”之《逍遥游》《人间世》《大宗师》《应帝王》，“外篇”之《骈拇》《在宥》《天地》《至乐》《达生》《田子方》《知北游》，“杂篇”之《徐无鬼》《则阳》《渔父》《天下》。④ 据此可以推测，阜阳汉墓中的《庄子》应已成书，且“其成书年代大约不应晚于战国晚期”⑤。此外，西汉贾谊《吊屈原赋》《鹏鸟赋》有二十余处对《庄子》文句的援用和发挥，刘笑敢据之认为贾谊读过“《庄子》完本”，故“《庄子》成书大体应在秦始皇统一六国以前”⑥。

《史记·老庄申韩列传》说庄子“著书十余万言”⑦，是关于《庄子》一书的首次明文记载。然而，司马迁将《渔父》《胠箧》《盗跖》等外杂篇篇目视为《庄子》的代表性篇章，主要是为了证成庄子“诋訾孔子之徒，

---

① 参见张岱年：《中国哲学史史料学》，中华书局，2018 年，第 71—72 页；王博：《庄子哲学》，北京大学出版社，2020 年，第 171 页。

② 关于《天下》篇的作者问题，学术界主要有两种不同看法。郭象、林希逸、王夫之、梁启超、马叙伦等认为《天下》乃庄子自撰，甚至视其为《庄子》之“自序”或“后序”；林云铭、胡适、崔大华、刘笑敢、方勇等认为《天下》出自庄子弟子或后学之手。本书更认可后一种说法。

③ 刘笑敢：《庄子哲学及其演变》(修订版)，中国人民大学出版社，2010 年，第 52—54 页。

④ 参见中国文物研究所、阜阳地区博物馆、阜阳汉简整理组：《阜阳双古堆汉简〈庄子〉》，中国文化遗产研究院编：《出土文献研究》第十二辑，中西书局，2013 年，第 188—201 页。

⑤ 中国文物研究所、阜阳地区博物馆、阜阳汉简整理组：《阜阳双古堆汉简〈庄子〉》，中国文化遗产研究院编：《出土文献研究》第十二辑，中西书局，2013 年，第 189 页。

⑥ 刘笑敢：《庄子哲学及其演变》(修订版)，中国人民大学出版社，2010 年，第 57—60 页。

⑦ 司马迁撰：《史记》，中华书局，1959 年，第 2143 页。

以明老子之术"① 的学术宗旨，似不具有"史公所见之本，必无内外杂篇之别"② 的文献学意义。

2. 西汉："刘向本"的成型

《汉书·艺文志》有所谓"《庄子》五十二篇"③；内、外篇之划分，各篇篇题之拟定，或亦在此时。

淮南王刘安（前179—前122）之《淮南子》不仅对《庄子》诸多文句有引用与发挥，更撰有《庄子略要》《庄子后解》④，说明他专门注解过《庄子》，必然见过某一早期的《庄子》版本，并可能对之进行了编纂与整理，这一版本（简称为"淮南本"）或许就是司马迁所谓"十余万言"本。关于"淮南本"，张恒寿认为是"无可怀疑"⑤ 的，常森说它就是"五十二篇《庄子》"⑥。然而，"淮南本"的文本形态与性质毕竟存在不

① 司马迁撰：《史记》，中华书局，1959年，第2144页。

② 余嘉锡：《目录学发微　古书通例》，商务印书馆，2011年，第284页。

③ 班固撰：《汉书》，中华书局，1962年，第1730页。

④ 《文选》卷二十六李善注："淮南王《庄子略要》曰：江海之士，山谷之人，轻天下细万物而独往者也。司马彪曰：独往，任自然不复顾世也。"卷三十一、卷四十五、卷六十亦引有此文，只是文句略有差异，卷四十五更将"《庄子略要》"误写为"《淮南子要略》"。参见萧统编，李善注：《文选》，上海古籍出版社，1986年，第1250、1469—1470、2028、2583页。《文选》卷三十五李善注："《庄子》曰：庚市子肩之毁玉也。淮南子《庄子后解》曰：庚市子，圣人无欲者也。人有争财相斗者，庚市子毁玉于其间，而斗者止。"（萧统编，李善注：《文选》，上海古籍出版社，1986年，第1614页）关于《略要》与《后解》，王叔岷认为此两篇均为"淮南王外书之逸篇"（王叔岷：《庄学管窥》，中华书局，2007年，第251页），崔大华也说两篇"是《淮南子》的作者对《庄子》的片段的解释或内容概述，应归属于《淮南子》"（崔大华：《庄学研究》，人民出版社，1992年，第44—45页）。值得注意的是，《文选注》引刘安《庄子略要》文后有"司马彪曰"，俞正燮据此认为"彪本五十二篇中有淮南王《略要》"（俞正燮：《癸巳存稿》，辽宁教育出版社，2003年，第334页），武内义雄也主张《略要》与《后解》"当为司马彪《庄子》之篇名"（[日]武内义雄：《庄子考》，王古鲁译，《图书馆学季刊》1930年第2期）；寿普暄则认为《略要》与《后解》即司马彪本中"解说三"之二篇（寿普暄：《由经典释文试探庄子古本》，《燕京学报》第二十八期，1940年）；江世荣据《庄子后解》所谓"后解"，推测刘安还当有一篇《庄子解说》，这样，司马彪本"解说三"就是《庄子解说》《庄子后解》《庄子略要》，而郭象《庄子注后序》所谓"或出《淮南》"，指的就是刘安的这三篇解说，参见江世荣：《有关〈庄子〉历史资料续考》，朱东润、李俊民、罗竹风主编：《中华文史论丛》第十七辑，上海古籍出版社，1981年，第228—229页。

⑤ 张恒寿：《庄子新探》，湖北人民出版社，1983年，第23—24页。武内义雄、张恒寿、邓联合、李大华等学者均认为刘安将《庄子》划分内外篇并为内篇命名，参见[日]武内义雄：《庄子考》，王古鲁译，《图书馆学季刊》1930年第2期；张恒寿：《庄子新探》，湖北人民出版社，1983年，第26—35页；邓联合：《"逍遥游"释论：庄子的哲学精神及其多元流变》，北京大学出版社，2010年，第41—44页；李大华：《自然与自由——庄子哲学研究》，商务印书馆，2013年，第11—14页。

⑥ 常森：《〈庄子〉一书的早期流传和定型》，《中国典籍与文化》2021年第1期。

少疑问[①]，恐怕只能视为“未有历史记载确证的、推测性的”[②] 合理假说。

与“淮南本”的假说性质相比，汉成帝河平三年（前 26）至绥和元年（前 8）奉诏领校群书并主校“经传、诸子、诗赋”的刘向（前 77—前 6）校理《庄子》一事更加信实，司马贞《史记索隐》录有两则与《庄子》相关的《别录》文句[③]，是刘向整理《庄子》（简称为“刘向本”）、撰写《庄子书录》的客观证据[④]。

在“淮南本”与“刘向本”之间，清儒俞正燮有“或《汉志》五十二篇为淮南本入秘书雠校者”[⑤] 之说，为理解两者的关系提供了合理的思路：《汉志》五十二篇即“刘向本”，即便“淮南本”的确是存在的，最后也应充藏于秘府，成为刘向整理《庄子》的众多校本乃至主要校本之一。换言之，“淮南本”与“刘向本”是前后相续的两个版本，其间或有源流关系，而非现当代学者常常论证的那种非此即彼的互斥关系。无论如何，“刘向本”才是西汉时期最后的《庄子》定本，以及《汉志》著录的版本。

此外，西汉中后期的蜀人严遵“依老子、严周之指著书十余万言”[⑥]，说明蜀地当有某个《庄子》版本流传，严遵依之而有所注解。《法言·修身》有“诵韩、庄之书”[⑦] 之说，说明扬雄（前 53—18）一定见过《庄子》。而且，鉴于扬雄少时曾从游于严遵，晚年校书天禄阁，或许既见过严遵藏本，也见过“刘向本”。不过，扬雄的思想立场异于严遵而同于刘向，故谓庄子“荡而不法”[⑧]。

3. 东汉：“刘向本”的流传

高诱《吕氏春秋注》谓庄子“轻天下，细万物，其术尚虚无，著书五

---

① 参见方勇：《庄子学史》(增补版)，人民出版社，2017 年，第 351—352 页。

② 崔大华：《庄学研究》，人民出版社，1992 年，第 53 页。

③ 司马贞《史记索隐》：“刘向《别录》云：‘宋之蒙人也。’”“故《别录》云：‘作人姓名，使相与语，是寄辞于其人，故庄子有《寓言》篇。’”(司马迁撰：《史记》，中华书局，1959 年，第 2144 页)此外，《孙卿书录》《列子书录》《关尹子书录》均论及庄子，可作为刘向整理《庄子》的辅证。参见崔大华：《庄学研究》，人民出版社，1992 年，第 54 页。

④ 唐兰、余嘉锡、池田知久、崔大华等学者主张刘向整理了《庄子》，参见唐兰：《老聃的姓名和时代》，罗根泽编著：《古史辨》第四册，上海书店，1933 年，第 342 页；余嘉锡：《目录学发微 古书通例》，商务印书馆，2011 年，第 283—285 页；[日]池田知久：《道家思想的新研究：以〈庄子〉为中心》，王启发、曹峰译，中州古籍出版社，2009 年，第 40、44—45 页；崔大华：《庄学研究》，人民出版社，1992 年，第 53—60 页。

⑤ 俞正燮：《癸巳存稿》，辽宁教育出版社，2003 年，第 334 页。

⑥ 班固撰：《汉书》，中华书局，1962 年，第 3056 页。

⑦ 扬雄撰，汪荣宝注疏：《法言义疏》，中华书局，1987 年，第 102 页。

⑧ 扬雄撰，汪荣宝注疏：《法言义疏》，中华书局，1987 年，第 280 页。

十二篇，名之曰《庄子》”[①]，说明“刘向本”很可能就是东汉时的通行本。这一通行本影响了班固、马融、张衡、仲长统等东汉学者。

生活于两汉之际的班嗣“虽修儒学，然贵老严之术”[②]，家藏《庄子》之书，于庄学“可贵”之处有其深见[③]。其侄班固（32—92）曾任兰台令史，典校秘书，注过《齐物论》甚至整部《庄子》[④]。与班嗣不同，班固并不认可庄子之学，故撰《难庄论》以非之[⑤]，其《幽通赋》云，“周贾荡而贡愤兮，齐死生与祸福。抗爽言以矫情兮，信畏牺而忌鹏”[⑥]，视庄周、贾谊为放荡溃乱之徒；《汉书·古今人表》更列庄子为“中下”第六等[⑦]。马晓乐注意到，“班固将《庄子》中的贤人隐士，如王倪、子州支父、北人无择等等，都列入了《汉书·古今人表》中……即表明他对《庄子》内容可信度的肯定”[⑧]。

班嗣、班固叔侄之外，马融（79—166）或许也是东汉时期的重要注《庄》者之一。陆德明《经典释文·庄子音义》(后文简称《庄子音义》)

① 许维遹撰：《吕氏春秋集释》，中华书局，2009年，第347页。另外，高诱云：“庄子名周，宋蒙县人，作书廿三篇，为道家之言。”这里的“廿三篇”，另有多种版本作“三十三篇”。何宁认为，“廿三篇”为“三十三篇”之误文，“三十三篇”为后人依郭象本而改，也就是说，“廿三篇”本与《吕氏春秋注》一致，当为“五十二篇”。参见何宁撰：《淮南子集释》，中华书局，1998年，第1356页。常森则认为，因高诱注《淮南子》在前，注《吕氏春秋》在后，“盖先所习知为廿三篇之选本，后才见五十二篇之全本，各依时随文而注”（常森：《〈庄子〉一书的早期流传和定型》，《中国典籍与文化》2021年第1期）。

② 这句话中的“严”即“庄”，为避汉明帝刘庄之讳而改。“庄”即庄子。

③ 《汉书·叙传》载：“嗣虽修儒学，然贵老严之术。桓生欲借其书。嗣报曰：‘若夫严子者，绝圣弃智，修生保真，清虚澹泊，归之自然，独师友造化，而不为世俗所役者也。渔钓于一壑，则万物不奸其志；栖迟于一丘，则天下不易其乐。不结圣人之罔，不嗅骄君之饵，荡然肆志，谈者不得而名焉，故可贵也。今吾子已贯仁谊之羁绊，系名声之缰锁，伏周孔之轨躅，驰颜闵之极挚，既系挛于世教矣，何用大道为自眩曜？昔有学步于邯郸者，曾未得其仿佛，又复失其故步，遂匍匐而归耳！恐似此类，故不进。’”（班固撰：《汉书》，中华书局，1962年，第4205—4206页）

④ 陆德明《庄子音义》共引班固《齐物论》注四条：(1)“大块噫气”下云：“司马云：大朴之貌，众家或作大槐，班固同。”(2)“夫道未始有封”下云：“崔云：《齐物》七章，此连上章，而班固说在外篇。”(3)“惴慄恂惧”下云：“班固作眴也。”(4)“何谓和之以天倪”下云：“班固曰：天研。”（郭庆藩撰：《庄子集释》，中华书局，2013年，第47、81、89、103页）

⑤ 《北堂书钞》卷一百五十八：“班固难严周曰：‘太古之世，不车不舟，陆走以游，不栋不宇，巢穴而处。’”（虞世南：《北堂书钞》，天津古籍出版社，1988年，第735页）《艺文类聚》卷九十七：“后汉班固《难庄论》曰：‘众人之逐世利，如青蝇之赴肉汁也，青蝇嗜肉汁而忘溺死，众人贪世利而陷罪祸。’”（欧阳询撰：《艺文类聚》，上海古籍出版社，1982年，第1682页）

⑥ 萧统编，李善注：《文选》，上海古籍出版社，1986年，第643页。

⑦ 《古今人表》中的“严周”即庄子。参见班固撰：《汉书》，中华书局，1962年，第947页。

⑧ 马晓乐：《魏晋南北朝庄学史论》，中华书局，2012年，第13页。

所引向秀注多次提到“马氏”音义，江世荣认为“马氏”很可能是马融。[①] 马融于汉安帝永初四年（110）“拜为校书郎中，诣东观典校秘书”[②]，后滞于东观十年；《后汉书·文苑传》说刘珍在永初时期（107—113）“为谒者仆射。邓太后诏使与校书刘騊駼、马融及《五经》博士，校定东观《五经》、诸子传记、百家艺术，整齐脱误，是正文字”[③]。由上可见，马融校注《庄子》的可能性相当大。

张衡（78—139）《髑髅赋》颇受《至乐》“庄子之楚，见空髑髅”章影响；仲长统（180—220）《乐志论》“消摇一世之上，睥睨天地之间，不受当时之责，永保性命之期”亦有《逍遥游》之色彩。

4. 魏晋：“刘向本”的歧变与“郭象本”的成型

魏晋时期，崔譔、向秀、司马彪、郭象等均以“刘向本”为基础而对《庄子》进行了选注或重编，遂有多种版本并行于世的盛况。武内义雄据陆德明《经典释文序录》，将魏晋时期的《庄子》版本划分为如下三个系统：

Ⅰ. 司马彪、孟氏本：内七、外二十八、杂十四、解说三；共五十二篇。

Ⅱ. 崔譔、向秀本：内七、外二十；共二十七篇。

Ⅲ. 郭象本：内七、外十五、杂十一；共三十三篇。

武内先生认为，Ⅰ为依据汉以来之旧说，Ⅱ为晋代之删订本，Ⅲ为依据Ⅱ而参酌Ⅰ之新订本。[④] 崔大华称司马彪、孟氏本为“全注本”，崔譔、向秀本为“选注本”，郭象本为“修订本”，概括得当，亦可参考。[⑤]

可见，“司马彪、孟氏本”即东汉以来通行之“刘向本”；“崔譔、向秀本”是大量删削“刘向本”之后的新形态；郭象的“新订本”也删掉了

---

① 参见江世荣:《有关〈庄子〉历史资料续考》，朱东润、李俊民、罗竹风主编:《中华文史论丛》第十七辑，上海古籍出版社，1981年，第222页。班固、马氏之外，陆德明《庄子音义》还录有东汉宋均、服虔、许慎之注，这些注文有可能出自这些学者的注《庄》作品。《庄子音义》引用马氏、宋均、服虔、许慎的具体条目，参见黄华珍:《庄子音义研究》，中华书局，1999年，第79—83页。

② 范晔撰:《后汉书》，中华书局，1965年，第1954页。

③ 范晔撰:《后汉书》，中华书局，1965年，第2617页。

④ 参见[日]武内义雄:《庄子考》，王古鲁译，《图书馆学季刊》1930年第2期。

⑤ 参见崔大华:《庄学研究》，人民出版社，1992年，第46页。此外，关于司马彪、孟氏本是否即为五十二篇的“刘向本”，钟泰的否定意见值得注意。钟先生认为，司马彪本中的“解说三”当即司马彪之自为，除去这三篇，司马彪本中实际上只有四十九篇，并非五十二篇之旧。因此，“盖五十二篇者，其中实多巧杂窜入，即司马氏亦有并合删削者矣”。参见钟泰:《庄子发微》，上海古籍出版社，2002年，第181页。

“若《阏奕》《意修》之首，《危言》《游凫》《子胥》之篇”[①] 等附会、驳杂、荒诞的内容，只保留了可“全乎大体”的三十三篇。“郭象本”是郭象以其一己之见对《庄子》进行删裁与重编的结果。《经典释文序录》说：“惟子玄所注，特会庄生之旨，故为世所贵。徐仙民、李弘范作《音》，皆依郭本。”[②] 鉴于《庄子注》在义理方面的优长，“郭象本”在东晋时期开始产生影响，徐邈、李轨各自所作的《庄子音》均以之为底本。

5. 唐宋时期：“郭象本”的流传

陆德明（约550—约630）《庄子音义》引司马彪注749条、崔譔注507条、郭象注271条[③]，所引司马彪、崔譔注的数量均多于郭象注；李善（630—689）《文选注》大量引用司马彪注与郭象注，且司马彪注较郭象注为多。以上事实说明，司马彪注与崔譔注在初唐时期尚有广泛影响，《旧唐书·经籍志》《新唐书·艺文志》均录有崔譔、向秀、郭象、司马彪诸家注。然而，由于司马彪注与崔譔注的优长在训诂方面，“惟子玄所注，特会庄生之旨”，义理上的短长使得“司马彪本”与“崔譔本”的文本影响日渐式微，“郭象本”随之逐渐胜出：陆德明《庄子音义》、成玄英（约601—约690）《南华真经注疏》虽博采诸家之注，但在文本方面均依“郭象本”而成文。[④] 在此之后，魏晋时期的其他《庄子》版本或亡于五代兵燹，或因无人承继而佚，司马彪本、崔譔本等在《宋史·艺文志》《文献通考》中已不见著录。至此，“郭象本”《庄子》最终“定于一尊”，大行于天下。

6. 小结

在《庄子》的文本流传过程中，“刘向本”与“郭象本”堪称两大枢轴：“刘向本”将秘府所藏的多种异本融会为一，构成了魏晋时期各种版本的底本；这一集大成式的底本在魏晋时期又歧变为“司马彪本”“崔譔本”“郭象本”等诸多版本；凭靠其深微隽永的义理，“郭象本”在文本竞逐中最终胜出，一跃而为流传至今的“通行本”。就文献学而言，“刘向本”价值最高，可惜其完本不传于世；随着魏晋其他版本的失传，“郭象本”遂成了《庄子》的流行版本。实际上，唯有在“动态”的文本视野之中，才能看清从唐代开始流行至今的“郭象本”在文献层面的价值与局

① 陆德明撰：《经典释文》，中华书局，1983年，第17页。

② 陆德明撰：《经典释文》，中华书局，1983年，第17页。

③ 参见黄华珍：《庄子音义研究》，中华书局，1999年，第72—74页。

④ 黄华珍认为，通过《庄子音义》来看，陆德明曾直接参考、大量利用了五十二篇本的司马彪注，但在形式上继承的还是郭象的三十三篇本；成玄英的《南华真经注疏》更是直承郭象注。参见黄华珍：《庄子音义研究》，中华书局，1999年，第84—85页。

限。尽管学界一般将韩愈、苏轼视为“疑庄”之先驱，但魏晋时期之所以会新出“崔譔、向秀本”“郭象本”等多种《庄子》版本，本即“注者以意去取”的典型表现；可见，“疑庄”思潮在魏晋时期已经蔚为大观了。从唐宋时代开始，很多学者又对“以意去取”的“郭象本”进行了“以意去取”，据说韩愈首次质疑了《盗跖》《说剑》《渔父》的真实性①，苏轼《庄子祠堂记》认为《盗跖》《渔父》《让王》《说剑》绝非庄子之作品②。此外，南宋王应麟还辑录了“郭象本”之外的大量《庄子》佚文。这意味着在“郭象本”获得“通行本”地位的同时，也即刻变成了被质疑或受挑战的对象。在此意义上，定于一尊的“郭象本”从未真正一统天下。甚至可以说，正是在“郭象本”跃升为“通行本”之后，《庄子》的文本问题才真正成了一个问题。尽管此一问题注定难解甚至无解，但在“后郭象时代”继续讨论《庄子》的文本问题依然有其必要性。倘非如此，就只能入游于“郭象本”的樊篱之中，而有悖于“不蕲畜乎樊中”（《养生主》）的庄子谕示了。总之，尽管“郭象本”是唐宋以来的主流版本，却不是天然合理的完美版本或未经考察即可无条件接受的版本。

（二）《庄子》的分篇与作者问题

之所以先讨论《庄子》的文本问题，再介绍《庄子》的作者问题，是因为《庄子》的文本流传状况尽管模糊不清，但还是可以勾连出大致的线索；对《庄子》成书情况的了解，也有助于对其作者的推定。那么，《庄子》的作者究竟是谁？这一点，也要结合先秦子学的成书规律来看。余嘉锡尝云：

> 周、秦、西汉之人，学问既由专门传受，故其生平各有主张，其发于言而见于文者，皆其道术之所寄……承其学者，聚而编之，又以其所见闻，及后师之所讲习，相与发明其义者，附入其中，以成一家之学。故西汉以前无文集，而诸子即其文集。③

---

① 韩愈之说，见诸明代归有光批注、文震孟订阅《南华真经评注》。韩愈评《盗跖》云：“讥侮列圣，戏剧夫子，盖效颦庄老而失之者。”评《说剑》云：“此篇类战国策士之雄谭，意趣薄而理道疏，识者谓非庄生所作。”评《渔父》云：“论亦醇正，但笔力差弱于庄子。然非熟读《庄子》者，不能辨。”在韩愈的传世作品中，以上诸说均未得见；而且，《南华真经评注》是“书坊杂抄、删改众书”之作，其所谓“韩文公曰”“韩昌黎曰”或是托名、附会之辞。参见刘海涛：《〈南华真经评注〉伪书相关问题考论》，《图书馆理论与实践》2014 年第 2 期。

② 参见苏轼：《苏轼文集》，中华书局，1986 年，第 347 页。

③ 余嘉锡：《目录学发微 古书通例》，商务印书馆，2011 年，第 231 页。

先秦子书的本质即“文集”，其内容大致可分为二：一是诸子后学对先师言论的“聚而编之”；二是诸子后学“附入其中”的所见所闻与后师讲习。可见，先秦子书的成书端赖“承其学者”之努力。例如，《论语》是孔子之门人弟子“相与辑而论纂”[①] 的结果，《孟子》的成书亦与万章等孟子弟子大有关联[②]。

根据先秦典籍的成书通例，可知《庄子》的“作者”当非一人，而可谓为“庄子及其后学”。然而，与孔子、孟子有确凿无疑的“后学”不同，《庄子》是由庄子的哪位或哪些“承其学者”编纂的，庄子本人在编纂过程中起到过何种作用，这些“承其学者”在学术方面的师传、资质或学术倾向如何等问题，一概不得而知。庄子后学的自隐无名，既体现了古人以“道术”为天下之“公器”的公共性追求，也提供了可往其中羼杂“私见”的方便。可以想见的是，《庄子》在战国末年至西汉初期是不断增殖的，或许直到刘向校书，才为这个复杂的层累过程画上了句号。

综合现有材料来看，刘向初步确定了《庄子》的文本形式，并做出了如下可能的文本改善：一是参校各本而将《庄子》分为五十二篇，二是分五十二篇为内篇与外、杂篇，三是为内篇拟定了篇名。[③]

先讨论刘向将《庄子》区分为内、外、杂篇的价值和意义。如果不认为内篇与外杂篇之间存在本质差异[④]，三十三篇就是不可判分之整体，这样，也就只能止步于《庄子》的作者是“庄子及其后学”这一基础认知；相反，如果承认内篇与外杂篇之间有实质区别，就可以对《庄子》的作者问题展开更深层次的理解。余嘉锡说，“凡一书之内，自分内外者，多出于刘向，其外篇大抵较为肤浅，或并疑为依托者也”，《孟子》《庄子》就是“其就原有之篇目分为外篇者”。[⑤]

不妨先看一下刘向整理《晏子春秋》的经过，以及流传脉络大致清晰的《孟子》的情况，以便为了解《庄子》的成书提供参照。

《晏子书录》完整记载了刘向是如何整理《晏子春秋》的：秘府所藏《晏子》有“中外书三十篇”，刘向“除复重二十二篇”而余留八篇，并将

---

① 班固撰：《汉书》，中华书局，1962 年，第 1717 页。

② 《史记·孟子列传》：“退而与万章之徒序《诗》《书》，述仲尼之意，作《孟子》七篇。”（司马迁撰：《史记》，中华书局，1959 年，第 2343 页）

③ 崔大华说：“刘向对《庄子》的校理工作，除了删去重复、厘定文字外，可能还将《庄子》划分为内、外篇；并给内七篇拟定篇名。”（崔大华：《庄学研究》，人民出版社，1992 年，第 54 页）

④ 叶国庆说：“今本《庄子》内外杂之区别，并不是绝对的标准。”（叶国庆：《庄子研究》，商务印书馆，1936 年，第 12 页）

⑤ 余嘉锡：《目录学发微　古书通例》，商务印书馆，2011 年，第 283 页。

这八篇分为内篇六、外篇二；内六篇为“文章可观，义理可法”者，外篇一为“有复重，文辞颇异”者，外篇二为“似非晏子言，疑后世辨士所为者”。[①]《晏子书录》具体呈现了刘向领校群书的“基本原则和方法”[②]，内篇与外篇之间有主次之分：内篇是建言汉成帝“可常置旁御观”的核心篇目，外篇是一些奇异或伪托之文。

今本《孟子》共七篇，《史记·孟子荀卿列传》亦谓孟子与万章之徒“作《孟子》七篇”[③]。然而，《汉书·艺文志》录有《孟子》“十一篇”；据赵岐《孟子题辞》来看，“《汉志》本”较今本多出了“外书四篇”——《性善辩》《文说》《孝经》《为正》。[④]《汉志》本于刘向《别录》，故可知刘向整理的《孟子》当有内篇七、外篇四，共十一篇。关于“外书四篇”，司马迁未见之，赵岐说：“其文不能弘深，不与内篇相似，似非孟子本真，后世依放而托之者也。”[⑤] 经此一辨，“外书四篇”旋即失传，只留下了“首尾文字一体，无些子瑕疵”[⑥] 的“内七篇”。通过《孟子》的情况来看，内篇与外篇之间有真伪之别：内篇乃孟子与万章之徒所撰，外篇为后人之模仿依托。

由《晏子春秋》《孟子》之例可知，刘向整理古书时划分的内篇与外篇，有主次、真伪等“价值性的差别”[⑦]。依此反观《庄子》，便可推知刘向以“内篇”为庄子作品，“外篇”为庄子后学附丽，“杂篇”更无论矣。

那么，刘向又是如何分辨“内篇”与“外（杂）篇”的呢？这种分辨是客观性事实的反映，还是主观性意见的表显？张岱年认为“当时刘向如此区分，一定有其依据”[⑧]；唐兰却说：“所谓内篇七篇是真庄子书的一说，也不过承用刘向的意见而已；其实并没有内篇一定是真和外、杂篇一定是假的证据。”[⑨] 根据《晏子书录》来看，刘向校书以文章是否可观、义理是否可法为两大原则，看上去的确是一种“意见”；但真正的问题在于，刘向的“意见”究竟有没有客观的“依据”？可能的答案有两种：一

---

① 刘向、刘歆撰，姚振宗辑录，邓骏捷校补：《七略别录佚文；七略佚文》，上海古籍出版社，2008年，第40页。

② 熊铁基：《刘向校书详析》，《史学月刊》2006年第7期。

③ 司马迁撰：《史记》，中华书局，1959年，第2343页。

④ 参见赵岐章句：《孟子章句》，商务印书馆，2023年，第10页。

⑤ 赵岐章句：《孟子章句》，商务印书馆，2023年，第10页。

⑥ 黎靖德编：《朱子语类》，中华书局，1986年，第433页。

⑦ 参见［日］池田知久：《道家思想的新研究：以〈庄子〉为中心》，王启发、曹峰译，中州古籍出版社，2009年，第45页。

⑧ 张岱年：《中国哲学史史料学》，中华书局，2018年，第70页。

⑨ 唐兰：《老聃的姓名和时代考》，罗根泽编著：《古史辨》第四册，上海书店，1933年，第342页。

是《庄子》在成书过程中本来就有区分庄子作品与后学作品的标志[①]，刘向不过因其实而予之名而已；二是“专积思于经术”[②] 的刘向的确是根据自己的校书经验区分了《庄子》的内、外、杂篇。无论如何，鉴于刘向的泛观博览、删繁就简在先秦书籍的定型过程之中起到了关键作用，我们应该充分尊重并信取其客观识见与主观经验。

关于这个问题，武内义雄同样根据《淮南子》《孟子》《晏子春秋》分内、外篇之例而推论说：“《庄子》内外篇之区别，亦略可想象，盖内篇为庄周所编其当时与古时之资料者，庄周学说当略尽于此。外篇含庄周之后学或与庄子有关系之其他学派之著作，其中所说，有祖述内篇者；亦时有与内篇矛盾者，其文当与内篇有重复。至若杂篇，如以《管子》‘内言’‘外言’‘杂言’之区别及《晏子春秋》杂篇之例推测之，当系杂取短章逸事成篇者。”[③] 亦可参考。

在刘向将《庄子》初步定型之时，“内篇”的独特性即已凸显。在后世流传过程中，哪怕是在异本丛出的魏晋时期，“内篇”也有着超乎寻常的稳定性。陆德明《经典释文序录》说：

> 其《内篇》众家并同，自余或有《外》而无《杂》。[④]

冯友兰认为“其《内篇》众家并同”只是说“内外篇之分是各家都有的”，而不是说“无论在哪一家的本子中，内篇都是郭象本的那几篇”。[⑤] 与之不同，张岱年认为这句话说明“各本的内篇基本上是一致的”[⑥]，刘笑敢也主张“这是说各本内篇之间出入不大”[⑦]。张、刘两位先生的看法更可从。

陆德明《庄子音义》的学术史价值，在于“以郭象注《庄》为主，兼采崔譔、向秀、司马彪、李颐、王叔之、李轨、徐邈等诸家注释，为后人留下了丰富的注《庄》史料”[⑧]。有鉴于陆氏所见之文献史料多已亡佚，

---

① 今本“内七篇”在秘府所藏多种版本中或许都是核心版本，甚至刘向所见版本中内七篇已有了现在的篇名，也就可以按照命名方式的不同分内、外篇了。关于《庄子》中各篇章的篇名问题，可参见本节第二部分的内容。

② 班固撰：《汉书》，中华书局，1962 年，第 1963 页。

③ [日]武内义雄：《庄子考》，王古鲁译，《图书馆学季刊》1930 年第 2 期。

④ 陆德明撰：《经典释文》，中华书局，1983 年，第 17 页。

⑤ 冯友兰：《中国哲学史新编》（上卷），人民出版社，1998 年，第 399 页。

⑥ 张岱年：《中国哲学史史料学》，中华书局，2018 年，第 70 页。

⑦ 刘笑敢：《庄子哲学及其演变》（修订版），中国人民大学出版社，2010 年，第 47 页。

⑧ 黄华珍：《庄子音义研究》，中华书局，1999 年，第 70 页。

在对《庄子》古本的遍览程度上，古往今来恐怕无人能出陆德明其右。关于外、杂篇，陆德明的确是在辨众本之有无；关于内篇，陆德明意在断众本之同异。在此意义上，“其《内篇》众家并同”一定是掷地有声的断语，而非无关痛痒的描述。在《庄子》文本的流衍过程中，“内篇”向来是最核心、最稳定、最根本的部分，是众所公认的庄子著作。与之相比，“崔譔、向秀本”“郭象本”均对外、杂篇进行了大刀阔斧的删改，不正说明外、杂篇一直是相当可疑的吗？总之，不管是在成型还是在定型过程中，《庄子》的内篇与外、杂篇都是泾渭分明的。所谓“打破内外界限，重新建立审查真伪和时代的标准”① 的呼吁看似客观，但在传世材料极度稀缺的境况下，这种客观的呼吁只不过是一种更富主观性的冒险而已。

在现代学界，刘笑敢根据先有单音词后有复合词的汉语发展规律对内篇与外杂篇的年代先后问题进行了有力的论证与说明，结论是“只有内篇才可能在总体上为庄子所作，而外杂篇中虽可能有庄子的佚文断简，但从总体上看，则不是庄子的作品”②。近年来，这种考证方法虽然经受了一些质疑，但这些“求全之毁”并未从根本上颠覆刘先生的观点。在《庄子哲学及其演变》（修订版）中，刘先生特意增补《关于考据方法的问题》一文作为“引论”，简要阐述了他进行《庄子》文本考证的思想背景与基本思路，既回应了学界的相关质疑，也直陈了其考证方法的限度，刘先生最后陈词说：“我对本书的考据部分和理论部分都是仍然满意的，认为不需要作根本性修改。”③

尽管学界的确没有（实际上也不可能有）确凿无疑、绝对可靠的客观证据证明“内篇”出于庄子，“外杂篇”出于庄子后学，但通过先秦典籍的编纂常例、文字演变的规律来看，将“内篇”而非“外杂篇”归为庄子思想的文本呈现是大致可信、基本可从的。实际上，对于《庄子》的文本与作者问题，我们只能做出“大致如此”或“理应如此”的推测。如果不接受这种合理推测，总会找出很多文本、提出很多论断来进行反驳，例如：“内篇”即便是庄子所作，传世本的“内篇”也必然经历过庄子后学以及后代学者的编辑；本属“外杂篇”的材料会出现在今本“内篇”之中，反之亦然，“内篇”与“外杂篇”的界限并不那么泾渭分明；甚至，

① 张恒寿：《庄子新探》，湖北人民出版社，1983 年，第 120 页。

② 刘笑敢：《庄子哲学及其演变》（修订版），中国人民大学出版社，2010 年，第 38 页。

③ 刘笑敢：《庄子哲学及其演变》（修订版），中国人民大学出版社，2010 年，第 20 页。

内、外、杂篇的区分根本就是纯任主观的“私识”[①]；还有学者会主张，“外杂篇”的语言与思想甚至要比“内篇”更深纯；如此等等，不一而足。于此，马其昶说：“其分篇次第，果出于庄子与否，殆不可考，其间皆不无羼益，以其传久，故一仍之。”[②] 确为史家客观审慎之言。王叔岷说：“大抵内篇较可信，而未必尽可信。外、杂篇较可疑，而未必尽可疑。即一篇之中，亦往往真伪杂糅。”[③] 判断亦称公允。但是，面对《庄子》这样一部“神秘之书”，“大抵可信”“大抵可疑”已经足以让我们得出非常明确的结论了。

（三）《齐物论》的作者争议

对于《齐物论》之作者问题的最大争议，当属傅斯年蓄意经年而终作于1936年的《谁是〈齐物论〉之作者?》一文。在文章中，傅先生视《天下》为“庄生之元意”，进而“持《天下》以为准”，判定《齐物论》的作者为慎到而非庄子。其主要论证有二：首先，《天下》以“舍是与非”“弃知去己”“块不失道”等概括慎到等人之思想，《齐物论》有与这些说法“互为注脚”的文句；其次，《天下》说慎到“齐万物以为首”，“则慎到著书，曾以《齐物》一篇为首也”。[④]

这篇文章发表之后立刻得到了学界的广泛呼应。容肇祖据《史记》所谓“慎到著十二论”[⑤]，而谓“《齐物》名‘论’，正是十二篇之一”[⑥]。王先进《庄子考证》一文也讨论了这一问题，其核心论证与傅斯年相似，并进一步提供了《齐物论》非庄子自作的另外两个理由：第一，《齐物论》“昔者庄周梦为胡蝶”章直呼“庄子”之名为“庄周”，定非庄子或庄子弟子所记，而是“略后于庄子之人所作”[⑦]；第二，先秦以“论”名篇者少，

---

① 傅斯年说：“内外杂之区分，一凭主观，既无逻辑为之差别，又无疑说为之依据，可谓注者之私识，无关庄生一书之弘旨。”[傅斯年：《傅斯年全集》（三），湖南教育出版社，2000年，第263页]

② 马其昶撰，马茂元编次：《定本庄子故》，黄山书社，2014年，《序目》。

③ 王叔岷：《庄学管窥》，中华书局，2007年，第20页。

④ 傅斯年：《傅斯年全集》（三），湖南教育出版社，2000年，第267—270页。

⑤ 司马迁撰：《史记》，中华书局，1959年，第2347页。

⑥ 容肇祖之语，见傅斯年《谁是〈齐物论〉之作者?》“附记”所录。参见傅斯年：《傅斯年全集》（三），湖南教育出版社，2000年，第274页。

⑦ 同样是面对这一文本现象，王葆玹的判断迥异于王先进。王葆玹认为，该章称“庄周”而非“庄子”，反而说明这正是庄子的“自称”；而且，在生死问题上，《齐物论》“只是用讲故事的方式，诉说一种原始的心理体验”，这种最为古朴的论说方式说明《齐物论》是三十三篇中最早的一篇。参见王葆玹：《黄老与老庄》，中国人民大学出版社，2012年，第181—185页。

除去慎到外几乎没有。[1] 朱谦之从题目、思想方法、思想内容等方面论证了《齐物论》本于田骈、慎到之学。[2] 罗根泽也赞同《齐物论》为慎到作品，并称傅斯年之说为“一个重要的发现”，“《齐物论》之所以放在《庄子》里，或者是汉人的误编，或者是经过庄子之徒的改窜。看篇末有庄周梦为胡蝶的事，或以改窜为近情”。[3]

傅斯年等人的立论基点是《天下》对慎到思想的记述。问题在于，《天下》果然是庄子的作品吗？实际上，罗根泽就认为《天下》非庄子所作。退一步讲，即便《天下》是庄子所作，傅斯年的观点就牢不可破了吗？其实不然：第一，就篇名而言，“齐物论”之篇题可能是西汉刘安或刘向所拟；第二，就义理而言，《齐物论》的思想迥异于慎到的“齐万物以为首”；第三，从先秦思想史的角度来看，“齐物”在先秦时期蔚为风潮，慎到、庄子之外，墨子、惠施、许行等均有某种类型的“齐物”思想，以“齐物”为慎到之私学并不妥当；第四，从文本与思想的内部关联来看，《齐物论》与《庄子》其他篇目之间多有关联，并非不伦不类。

在撰成《谁是〈齐物论〉之作者?》一文之后月余，傅斯年即自我剖白说：“此意蓄之十年，以为不移之论，一旦写成，转觉可疑。”[4] 这说明在傅先生内心深处，亦不以其说为不刊之论。

二、《齐物论》的篇名问题

《庄子》内篇与外杂篇的篇名命名方式是迥异的。崔大华说：“内七篇篇名的奇特性，在于它的拟名方法和语言结构既不同于同书的外、杂篇的篇名，也不同于同时代其它子书的篇名。”又说：“《庄子》内七篇篇名……不仅是篇目独立的标志，而且也是一篇内容的概括。”[5] 的确，“逍遥游”“齐物论”等都是极具思想概括性的三字短语。外杂篇则或摘取首句中的两字或三字为名，比如《骈拇》《庚桑楚》；或撮述首句之意为名，比如《让王》；或概括首章之意以为名，比如《说剑》。关于内篇的命名方式及其可能指向，学界大致有三种解读方向：其一，精练的篇名说明内篇为庄子自作；其二，离奇的篇名说明内篇非庄子自作；其三，奇特的内篇篇名为汉人所拟。

---

① 参见王先进:《庄子考证》,《励学》1933年第1期。

② 参见朱谦之:《庄子哲学》,《朱谦之文集》(第三卷),福建教育出版社,2002年,第259—264页。

③ 罗根泽:《弃知去己的慎到和庄周及其与〈老子〉书的比较》,罗根泽编著:《古史辨》第四册,上海书店,1933年,第506页。

④ 傅斯年:《傅斯年全集》(三),湖南教育出版社,2000年,第275页。

⑤ 崔大华:《庄学研究》,人民出版社,1992年,第55、56页。

其一，“精练的篇名说明内篇为庄子自作”是自古至今最主流的理解方式，兹举数例言之。成玄英云：“内篇理深，故每于文外别立篇目。”[①] 褚伯秀云：“本经《内篇》命题本于漆园，各有深意，《外》、《杂篇》则为郭象所删修，但摘篇首字名之。”[②] 林云铭云：“《内七篇》是有题目之文，为庄子所手定者。”[③] 高亨说：“内篇篇名《逍遥游》、《齐物论》、《养生主》、《人间世》、《德充符》、《大宗师》、《应帝王》，皆有意义，足以概括篇中要旨，当为庄周所自题。”[④] 杨立华认为篇题与内容之间的契应正佐证了内七篇的“完成性和整体性”。[⑤] 如果内篇篇题是由庄子拟定的，那么，庄子是先立篇题后作文，还是先作文后拟篇题呢？罗勉道说：“内篇皆先立篇名，而篇中意不出此。”[⑥] 宣颖说：“内七篇都是特立题目，后做文字。”[⑦] 与之不同，余嘉锡认为“古人之著书作文，亦因事物之需要，而发乎不得不然，未有先命题，而强其情与意曲折以赴之也”。又说：“诸子之文，成于手著者，往往一意相承，自具首尾，文成之后，或取篇中旨意，标为题目。至于门弟子纂辑问答之书，则其纪载，虽或以类相从，而先后初无次第。故编次之时，但约略字句，断而为篇，而摘篇首二三字以为之目。”[⑧] 按照古人著书的成例来看，庄子当先作文而后拟题。

其二，“离奇的篇名说明内篇非庄子自作”与主流之见截然相异，尽管主张者极少且缺乏合理性，却有让人慎思主流见解的功效。任继愈认为，首先，“最早文章一般都用开首两个字作为篇名”，“战国以后的著作，才有了贯串全篇的题目”，《庄子》外篇的命名是前一种情况，内篇的命名是后一种情况，故内篇的年代应该晚于外篇；其次，内篇的题目可谓“离奇”，与汉代纬书标题相似，有着浓厚的宗教神学方术特征；最后，内篇的内容以剽剥儒墨、神仙养生、相对主义为要，与汉初的休养生息政策契合，应是汉初黄老学派某支裔的作品。[⑨] 上述论证是从古书命名规律、内篇篇题特征及内容性质三个方面展开的，但都存在很大问题，学界于此多

---

① 郭象注，成玄英疏：《庄子注疏》，中华书局，2011年，《南华真经疏序》第1页。

② 褚伯秀撰：《庄子义海纂微》，华东师范大学出版社，2014年，第288页。

③ 林云铭：《庄子因》，华东师范大学出版社，2005年，《庄子总论》第5页。

④ 高亨：《诸子新笺·庄子新笺》，《高亨著作集林》（第六卷），清华大学出版社，2004年，第55页。

⑤ 参见杨立华：《庄子哲学研究》，北京大学出版社，2020年，第31—32页。

⑥ 罗勉道撰：《南华真经循本》，中华书局，2016年，第1页。

⑦ 宣颖撰：《南华经解》，广东人民出版社，2008年，第1页。

⑧ 余嘉锡：《目录学发微　古书通例》，商务印书馆，2011年，第209—210页。

⑨ 参见任继愈：《庄子探源》，《哲学研究》1961年第2期。

有辩驳，兹不具辨。[①]

其三，“奇特的内篇篇名为汉人所拟”说认为内篇为庄子作品，篇名为后人所拟，打破了内篇与篇名之间的一致性关系。这种观点也可以看作对上述两种观点的某种调和：内篇为庄子作品的观念是主流的，篇名为后人所拟的说法与任继愈之说并无二致。比如，张恒寿认为内篇篇名的三字形式及意义隐晦的特点与汉代纬书常见的神秘性题目相类似[②]，崔大华也说内篇篇名具有“奇特的纬书篇名面貌和内蕴的符应、王权观念”[③]。

张、崔两位先生都认为内篇篇名与纬书类似，但在究竟是谁拟定了内篇题目这一问题上存在分歧，张先生认为是刘安及其门客，崔先生认为是刘向。张恒寿的理由有三：第一，刘安及其门客编纂、整理、注解过《庄子》，而且这一时代的书籍有区分内、外篇和另拟题目的体例；第二，内篇题目的神秘色彩和刘安著书的时代相合，形式和部分内涵与阴阳、谶纬学说相近；第三，“德充符”和“应帝王”所暗示的政治目的与刘安等人的政治野心相合。[④] 邓联合认可这一观点，并从内容上进行了两点补充论证：其一，《淮南子》有《齐俗训》《人间训》，标题语词与思想内容皆与“齐物论”“人间世”有相关相通之处；其二，《淮南子要略》对《淮南子》全书宗旨和各篇之间的转承接续关系进行了说明，以“已自乐所受乎天地者”始、以“帝王之道备”终的次序与始于“逍遥游”、终于“应帝王”的《庄子》内篇相同，在语辞形式与思想涵义上也相通。[⑤]

崔大华从理论前提和思想背景两个方面质疑了张恒寿之说：刘安及其门客编纂、整理过《庄子》是未经历史记载的、推测性的大前提；将典籍作内、外篇划分的学术习惯和谶纬思潮是在西汉中后期才逐渐形成的。[⑥]继而，崔先生积极认可了刘向将《庄子》划分为内、外篇并给内篇拟定题目的说法，他的理由是：刘向校书时曾经整理过《庄子》；内七篇篇名显示的奇特的纬书篇名面貌和内蕴的符应、王权观念，应是一个活跃在谶纬思潮中、十分熟悉《庄子》的刘氏宗室大儒所拟，而以刘向的可能性为最

---

① 张德钧对任继愈的具体观点进行了详细的批驳。参见张德钧：《〈庄子〉内篇是西汉初人的著作吗？》，《哲学研究》1961年第5期。

② 参见张恒寿：《庄子新探》，湖北人民出版社，1983年，第31—32页。

③ 崔大华：《庄学研究》，人民出版社，1992年，第60页。

④ 参见张恒寿：《庄子新探》，湖北人民出版社，1983年，第30—35页。

⑤ 参见邓联合：《“逍遥游”释论：庄子的哲学精神及其多元流变》，北京大学出版社，2010年，第45—47页。

⑥ 参见崔大华：《庄学研究》，人民出版社，1992年，第53页。

大。[①] 尽管崔大华的具体结论与张恒寿有差异，但二者的论证思路完全一致——是否整理过《庄子》、是否受汉代谶纬的影响以及是否有鲜明的政治关怀为其主要判断理据。依据现有的材料来看，刘安、刘向在《庄子》初步定型的过程中都有过重要贡献；至于刘安或刘向是否拟定了内篇篇名，本书持存疑并悬置的态度。

与《庄子》的作者问题一样，《庄子》内篇篇名问题同样是悬而未决的。然而，无论“齐物论”这一篇名是庄子自拟还是刘安或刘向拟定，我们都要尊重“齐物论”这一篇名的历史客观性，甚至要勇于承认篇名与内容之间的内在一致性[②]，否则，就只能走向对“齐物论”这一篇题的彻底否定而难以自反[③]。时至今日，“齐物论”三字仍是任何主观判断都无法跨越的坚硬事实，彻底否定它无益于从正面肯定任何内容，建构任何共识。当然，“齐物论”的历史客观性毕竟是有限的，并未抵达绝对的客观性（一定是庄子自拟），所以，以“齐物论”的某种读法来支配《齐物论》的义理阐释，也会存在满盘皆输的巨大风险。这样来看，通过《齐物论》的内容与义理来界定“齐物论”，当是既尊重这一篇名而又不会被它支配的最为可取的解读方式。

三、《齐物论》的章句问题

武内义雄说：“今本《庄子》，屡经修改，其间有混入他篇文句之处，又有误衍解说之辞处，失其旧面目之处颇多。”[④]《齐物论》充分体现了今本《庄子》的这种特征。陆德明《庄子音义》在“夫道未始有封”下注曰：

> 崔云：《齐物》七章，此连上章，而班固说在外篇。

这是关于《齐物论》分章问题的最早记载。

由此可以明晓的内容是：其一，崔譔本《齐物论》分为七章；其二，

---

① 参见崔大华：《庄学研究》，人民出版社，1992 年，第 52—60 页。

② 《齐物论》中的“天地与我并生，而万物与我为一”“恢恑憰怪，道通为一”“欲是其所非而非其所是，则莫若以明”等材料所论，显然就是“齐物”；《齐物论》的篇名与内容是有其“内在一致性”的。

③ 严春友认为，“齐物论”是庄子质疑或否定的思想，而非《齐物论》之篇旨；“齐物论”是误解庄子的产物，并误导了后人对庄子哲学的理解。参见严春友：《“齐物论”是庄子的观点吗？——庄子〈齐物论〉新解》，《社会科学论坛》2005 年第 2 期。

④ [日]武内义雄：《庄子考》，王古鲁译，《图书馆学季刊》1930 年第 2 期。

崔譔本《齐物论》"夫道未始有封"一段与上文同属一章，班固却说该段属于外篇。

由此尚未明晓的内容是：其一，《齐物论》在崔譔本中如何分章？其二，如何理解"班固说"？是班固认为该段应在外篇，不应在《齐物论》或内篇之中，还是班固见过该段在外篇的版本？其三，"夫道未始有封"一段应在哪里结束？

（一）《齐物论》的分章问题

尽管崔譔本明确分为"七章"，但由于该本已佚，七章究竟如何划分不得而知。章太炎《齐物论释》据"旧师章句"将《齐物论》分为了七章，分别是：

> 第一章："南郭子綦隐机而坐"至"无适焉，因是已"；
> 第二章："夫道未始有封"至"此之谓葆光"；
> 第三章："故昔者尧问于舜曰"至"而况德之进乎日者乎"；
> 第四章："啮缺问乎王倪曰"至"而况利害之端乎"；
> 第五章："瞿鹊子问乎长梧子曰"至"故寓诸无竟"；
> 第六章："罔两问景曰"至"恶识其所不然"；
> 第七章："昔者庄周梦为胡蝶"至"此之谓物化"。

陈鼓应《庄子今注今译》的七章是：

> 第一章："南郭子綦隐机而坐"至"怒者其谁邪"；
> 第二章："大知闲闲"至"而人亦有不芒者乎"；
> 第三章："夫随其成心而师之"至"故曰莫若以明"；
> 第四章："以指喻指之非指"至"此之谓以明"；
> 第五章："今且有言于此"至"此之谓葆光"；
> 第六章："故昔者尧问于舜曰"至"故寓诸无竟"；
> 第七章："罔两问景曰"至"此之谓物化"。

虽同为七章，章太炎、陈鼓应的具体章句却大相径庭，乃至无一章完全相同。鉴于"旧师章句"已经湮灭，我们无从判知哪一种一定是或一定不是崔譔之划分方式；但就所见材料来看，至少在第一章上，以章太炎的划分为近古。

《文选》李善注载：

> 《庄子》，南郭子綦曰：天下莫大于秋毫之末，而太山为小，莫寿于殇子，而彭祖为夭。
>
> 《庄子》，南郭子綦曰：莫寿乎觞子，而彭祖为夭。
>
> 《庄子》，南郭子綦曰：天下莫大于秋毫之末，而太山为之小；莫寿于殇子，而彭祖为之夭。①

上述三段文句小有差异，却均将“天下莫大于秋毫之末”一句归为“南郭子綦”之语。“天下莫大于秋毫之末”出自《齐物论》如下段落：

> 天下莫大于秋豪之末，而大山为小；莫寿乎殇子，而彭祖为夭。天地与我并生，而万物与我为一。既已为一矣，且得有言乎？既已谓之一矣，且得无言乎？一与言为二，二与一为三。自此以往，巧历不能得，而况其凡乎！故自无适有以至于三，而况自有适有乎！无适焉，因是已。

在李善所见或所理解的《庄子》版本中，南郭子綦之语未止于“怒者其谁邪”，而以“无适焉，因是已”为结语。由此来看，章太炎之“第一章”当符合旧例，其所分之“七章”也就更接近“旧师章句”。

鉴于《齐物论》的文本内容与次序基本是固定的，如何分章实际上不会对义理解读产生任何影响。在此意义上，对《齐物论》的任何分章方式都是可行的，而这恰恰是关于《齐物论》分章的基本事实：罗勉道《南华真经循本》分为三大段十二小节，朱得之《庄子通义》分为四章，关锋《庄子内篇译解和批判》分为五章，刘武《庄子集解内篇补正》分为六段，胡朴安《庄子章义》分为九章，陈景元《南华真经章句音义》分为十章，王叔岷《庄子校诠》分为十二章，闻一多《庄子章句》分为十三章，杨国荣《〈齐物论〉释义》分为二十一个小节。

苏轼尝云：“凡分章名篇，皆出于世俗，非庄子本意。”② 关于《齐物论》的分章问题，亦当作如是观。

---

① 萧统编，李善注：《文选》，上海古籍出版社，1986年，第976、1468、2350页。

② 苏轼：《苏轼文集》，中华书局，1986年，第347页。

（二）《齐物论》的段落、字词问题

与章节划分相比，《齐物论》内容的真伪、文本的次序、语词的差异等问题更值得讨论。这些问题不仅有助于理解《齐物论》，还益于管窥《庄子》内篇的文本性质。不妨再回到陆德明所引崔譔之言："《齐物》七章，此连上章，而班固说在外篇。"上文已经讨论了"《齐物》七章"，那么，又该如何理解"此连上章"及"班固说在外篇"？

关于"班固说在外篇"，学界主要有两种看法：第一，在班固所见版本中，"夫道未始有封"一段属于外篇，武内义雄、叶国庆、寿普暄、王叔岷主此说；第二，班固认为"夫道未始有封"一段不合内篇及《齐物论》义理，应属外篇，蒋锡昌主此说。武内义雄认为，"班固说在外篇"意味着"汉时《庄子》经本此条当在外篇中"①，这实际上是直接把"班固说在外篇"解读成了"'班固本'在外篇"。寿普暄认为，"班本《庄子》非仅与司马、孟氏、向、崔、郭等本字句有异，即篇章开合，亦有大不同者"②。所谓"班本《庄子》"，同样是误读"班固说"的结果。王叔岷修正了武内义雄、寿普暄的观点："盖班所见《齐物论》此章，有本在外篇。"③ 意为班固曾见过"夫道未始有封"一段在"外篇"的《庄子》版本。如果是这样的话，班固参考过至少两个版本的《庄子》，该段文字或在一版本的"内篇"，或在另一版本的"外篇"。问题在于，这种说法仅能说明《齐物论》还有其他版本或异文，不足以论定"夫道未始有封"一段肯定属于外篇，更不能推出此段是"外篇之文有插入内篇"④ 的结论。与上述理解不同，蒋锡昌说："班固本此章亦在本篇，但班固验之于义，以为应在外篇也。"⑤ 把"文本—版本问题"转换为了"义理—理解问题"。"验之于义"说明"在外篇"只是班固的主观性理解，不仅不能据此认为"夫道未始有封"一段不属于《齐物论》，反而更坐实了该段文本原本就在《齐物论》之中。可见，"班固说在外篇"既可以被理解为班固客观见过"夫道未始有封"一段在外篇的《庄子》版本，也可以被理解为班固主观认为此段与《齐物论》或内篇义理有差异而应属外篇。孰是孰非，尚难断定。

---

① ［日］武内义雄：《庄子考》，王古鲁译，《图书馆学季刊》1930 年第 2 期。

② 寿普暄：《由经典释文试探庄子古本》，《燕京学报》第二十八期，1940 年。

③ 王叔岷撰：《庄子校诠》，中华书局，2007 年，第 73 页。

④ 叶国庆：《庄子研究》，商务印书馆，1936 年，第 11 页。

⑤ 蒋锡昌：《庄子哲学》，上海书店，1992 年，第 149 页。

接下来的问题是，“此连上章”中的“此”指哪些文本？陆德明是在“夫道未始有封”句下引崔譔注的，意味着“此”一定始于“夫道未始有封”，但未知在何处结尾。兹将与之相关的三段文本抄录如下，并以A、B、C标识之：

A 夫道未始有封，言未始有常，为是而有畛也，请言其畛：有左，有右，有伦，有义，有分，有辩，有竞，有争，此之谓八德。六合之外，圣人存而不论；六合之内，圣人论而不议。春秋经世先王之志，圣人议而不辩。故分也者，有不分也；辩也者，有不辩也。曰：何也？圣人怀之，众人辩之以相示也。故曰辩也者有不见也。

B 夫大道不称，大辩不言，大仁不仁，大廉不嗛，大勇不忮。道昭而不道，言辩而不及，仁常而不成，廉清而不信，勇忮而不成。五者园而几向方矣，故知止其所不知，至矣。孰知不言之辩，不道之道？若有能知，此之谓天府。注焉而不满，酌焉而不竭，而不知其所由来，此之谓葆光。

C 故昔者尧问于舜曰：“我欲伐宗、脍、胥敖，南面而不释然。其故何也？”舜曰：“夫三子者，犹存乎蓬艾之间。若不释然，何哉！昔者十日并出，万物皆照，而况德之进乎日者乎！”

武内义雄认为与上章相连的仅有A，理由是：陆德明《庄子音义》在注释A时引用了崔音、李音，没有引用任何司马彪注；注释B“五者园而几向方”时引用了司马彪注；注释C“我欲伐宗、脍、胥敖”时也引用了司马彪注。据此，B、C一定在“司马彪本”《齐物论》中，A或许不在其中，并像班固说的那样“似曾置外篇”。①

章太炎《齐物论释》将A、B合为一章②，故此段以“此之谓葆光”作结。这种划分有违“此连上章”之意，但太炎先生之所以合A、B为一章，当是因为两段文字均以“道”“言”为讨论主题。

南宋褚伯秀《南华真经义海纂微》将A、B、C视为一章，他说：“尧欲伐宗、脍、胥敖一节，似与上文不贯，然句首加‘故昔’者，则是因上文而引证无疑。”③ 继而，褚伯秀阐述了C与A、B之间的义理相关性：

---

① 参见[日]武内义雄：《庄子考》，王古鲁译，《图书馆学季刊》1930年第2期。

② 参见章太炎：《齐物论释定本》，《章太炎全集》(六)，上海人民出版社，1986年，第97页。

③ 褚伯秀撰：《南华真经义海纂微》，华东师范大学出版社，2014年，第57页。另外，方勇也采取了这种分段方式。参见方勇：《庄子纂要》，学苑出版社，2012年，第297页。

宗、脍、胥敖与“有封—有常—有畛”及“论—议—辩”相应，“十日并出”则是圣人通过“怀之”而平息是非的比喻。[①] 伍非百《齐物论新义》亦将A、B、C连贯为“附录一章”。[②]

相较而言，本书更认可武内义雄之说。章太炎之说之所以不可取，是因为C无论在文本还是在义理脉络上都的确与B相承；而且，《庄子》内篇中其他作为连接词的“故”均紧承上文，此“故”当不例外。褚伯秀之说之所以不可取，是因为崔譔讨论的问题是“此”应归于上一章还是下一章，“此”不太可能是A、B、C连缀起来的大段长文，更有可能只是A那样的一小段；而且，武内义雄提供了“司马彪本”无A的有力证据。这样，A的确有从外篇移入内篇的可能，它之所以能被移至此处，是因为其论题既与B相似，亦与前文所谓“其次以为有物矣，而未始有封也”之“未始有封”有关。

在A、B、C中，王叔岷认为只有C是有问题的：“前七章论知止其所不知问题，后第九章论知与不知问题，文意正相含接。此第八章杂厕其间，与前、后文意隔绝。疑是他篇之文窜入者。”[③] C即其所谓“第八章”。王先生认为“故昔者尧问于舜者”章隔断了上下文，故当为“窜入”。此说缺乏证据，不值一驳，却为理解“班固说在外篇”提供了一个现代样本：与“王叔岷说C在他篇”一样，“班固说A在外篇”也可能只不过是一个主观判断而已。

在《齐物论》中，除了上述与“篇章”“段落”相关的问题，有些“文句”与“字词”也存在一些疑误。此类问题过于细末，为简省起见，各举一例以示之。

文句问题之例。通行本《齐物论》有如下一段话：

> 可乎可，不可乎不可。道行之而成，物谓之而然。恶乎然？然于然。恶乎不然？不然于不然。物固有所然，物固有所可。无物不然，无物不可。故为是举莛与楹，厉与西施，恢恑憰怪，道通为一。

据《经典释文》，“无物不然，无物不可”句下，崔譔本有“可于可，而不可于不可，不可于不可，而可于可也”一句。“可于可，而不可于不可”与今本开头的“可乎可，不可乎不可”基本相同，说明“崔譔本”本段始

---

① 参见褚伯秀撰：《南华真经义海纂微》，华东师范大学出版社，2014年，第62页。

② 参见伍非百：《中国古名家言》，中国社会科学出版社，1983年，第707—711页。

③ 王叔岷撰：《庄子校诠》，中华书局，2007年，第79页。

于“道行之而成”而非今本的“可乎可”。另，《淮南子·泰族训》亦有“故可乎可，而不可乎不可，不可乎不可，而可乎可”之说，说明“崔譔本”的文句更整全。可见，今本在“可乎可，不可乎不可”之后删掉了“不可乎不可，而可乎可”，并将其位置从“无物不然，无物不可”之后提到了“道行之而成”之前，故王叔岷认为，此段“既有错简，又有挩落，当以崔譔本为此文之旧”①。

字词问题之例。郭庆藩《庄子集释》有“一受其成形，不忘以待尽”，其中之“不忘”，《古逸丛书》覆宋本《庄子注疏》、《续古逸丛书》影宋本《南华真经》、明世德堂本《南华真经》均作“不亡”，而且，《田子方》有“吾一受其成形，而不化以待尽”之文。关于“不忘”“不亡”与“不化”，刘师培有如下推测：

> 窃以忘即化讹，不化犹云弗变。下云“其形化”，即蒙此言。郭注以“中易其性”为诠，易、化义符，是郭本亦弗作忘也。成疏云：“终不中途亡失。”所据讹本业与今同。盖匕亡形近，匕讹为亡，俗本竟以忘易之。②

可见，首先，“化”为本字；据郭注，可知“郭象本”原为“不化”。其次，“化”讹为“亡”，故有“不亡”之说；据成疏，可知“成玄英本”即为“不亡”。最后，俗本以“忘”易“亡”，故有“郭庆藩本”之“不忘”。

综合来看，《齐物论》存在如下文本问题：某些段落从别的篇目移入其中，某些文句有错简或改造，某些字词存在讹变，等等。因此，将《齐物论》视为“自首至尾，只是一片文字”③的“完美文本”，不过是一厢情愿的美妙幻想。当然，《齐物论》也不是有些学者眼中的那种颠倒错乱、无法卒读的“问题文本”。④事实上，《齐物论》的文本问题是古书流传过程中的常见现象，这些局部的、枝节的问题不足以从根本上影响对该篇文本性质的判断与义理释读。

---

① 王叔岷撰：《庄子校诠》，中华书局，2007年，第62页。

② 刘师培：《庄子校补》，《刘师培全集》（第二册），中共中央党校出版社，1997年，第257页。

③ 林希逸注，周启成校注：《庄子鬳斋口义校注》，中华书局，1997年，第30页。

④ 严灵峰说：“《庄子》书缺有间，错简脱文，俯拾皆是，尤其《齐物论》一篇为甚，颠倒散乱，有不可句读者。”［严灵峰编著：《道家四子新编》，（台北）台湾商务印书馆，1977年，第553页］庄万寿附和道：“今复寻其文辞，果与内篇不同，尤以寓少论多，与庄书寓言十九体例迥别。盖本篇于内篇中最为晦涩难读，非特词句之曲折，行文亦每失之于照应。谅所经搜集损益工夫，必颇周章，盖文字古奥，注者以意去取，遗词坠字，不可卒读。”［庄万寿：《庄子学述》，（台北县）花木兰文化出版社，2010年，第57页］

第二节 “齐物论”的读法问题

就篇名而言，不管“齐物论”三字是庄子自拟还是后人代拟，不论对之采取何种属读方式，它与《齐物论》的文本内容之间总是存在着某种“斩不断，理还乱”的义理关联。在逻辑上，“齐物论”可有如下四类五种不同读法：

Ⅰ.“齐物—论”，也即“齐物”之论。

Ⅱ.“齐—物论”，也即齐一“物论”。

Ⅲ.“齐—物、论”，“齐”指向“物”与“论”。这一读法又有两解：a.“齐物”与“齐论”，b.齐“物与论”。

Ⅳ.“齐、物—论”，“论”关涉“齐”与“物”，也即“齐论”与“物论”，或谓论“齐与物”。①

结合思想史的实际来看，在这四类五种读法中，以Ⅰ与Ⅱ也即“齐物—论”与“齐—物论”最为主流，而且，“北宋以前，学者多主‘齐物’论；南宋以后，学者则力申齐‘物论’”②。读法Ⅲa之“齐物与齐论”是对前两种的统合式理解，肇端于明末，晚近以来相当流行。与上述三种常见读法相比，读法Ⅲb与Ⅳ仅有逻辑上的可能，学界尚未有据此而敷衍成说者，故不足为论。那么，“齐物—论”“齐—物论”与“齐物—齐论”三种常见读法各自源生或流行的背景是什么？哪种更符合《齐物论》的文本实际？

一、从“齐物—论”到“齐—物论”

先秦与《齐物论》之读法、义理问题相关的材料，后文将详细阐述。在两汉典籍中，虽然尚未发现“齐物”连读之明证，但通过下列文献，大致可知汉人是以“齐物”为读的：

> 各用之于其所适，施之于其所宜，即万物一齐而无由相过。(《淮南子·齐俗训》)③

---

① 吴光明提及了“齐物论”读法的诸种逻辑可能，此处参考了吴先生的相关说法并有所修正。参见吴光明:《庄子》,(台北)东大图书有限公司,2015年,第179页。

② 陈徽:《致命与逍遥——庄子思想研究》,复旦大学出版社,2012年,第44—45页。

③ 何宁撰:《淮南子集释》,中华书局,1998年,第768页。

万物齐均，莫有盈损，和洽顺从，万物丰茂。（严遵《老子指归》）①

或曰：“人有齐死生，同贫富，等贵贱，何如?”曰：“作此者，其有惧乎？信死生齐，贫富同，贵贱等，则吾以圣人为嚚嚚。”（李轨注：“齐死生者，庄子所谓齐物者，非好死恶生之谓也，而或者不谕，故问也。”）（扬雄《法言·君子》）②

周贾荡而贡愤兮，齐死生与祸福。（班固《幽通赋》）③

《淮南子》之“万物一齐”，承《秋水》“万物一齐，孰短孰长”而来，所述即“齐物”之义；《老子指归》之“万物齐均”亦然。由李轨注可知，扬雄《法言·君子》所谓“作此者”即庄子，班固《幽通赋》直接点出了庄子之名。尽管扬、班均不认可庄子的齐死生、同贫富、等贵贱，但这些观念都一定是“齐物”之相关内涵，而与“物论”无关。

魏晋至隋唐五代时期的学士文人明确以“齐物”为读，证据有如下三类。

第一，称《齐物论》为“《齐物》”或“《齐物》篇”。西晋崔譔《庄子注》：“《齐物》七章，此连上章。”④ 南朝梁刘义庆《世说新语·文学》：“孚雅善理义，乃与仲堪道《齐物》。”⑤ 唐成玄英《庄子注疏》：“内篇理深，故每于文外别立篇目，郭象仍于题下即注解之，《逍遥》《齐物》之类是也。”⑥ 唐李善《文选注》：“《庄子》有《齐物》篇。”⑦ 释湛然《辅行记》：“《齐物》云：秋毫不小，泰山不大。”⑧ 杜光庭《道德真经广圣义》：“‘近死之心，莫使复阳’者，《庄子·齐物》篇之辞也。”⑨

第二，以“齐物”概括或指代庄子思想。魏嵇康《卜疑》：“将如庄周之齐物，变化洞达，而放逸乎?”⑩ 西晋夏侯湛《庄周赞》：“迈迈庄周，腾世独游。遁时放言，齐物绝尤。”⑪ 东晋刘琨《答卢谌诗并书》：“昔在少

---

① 严遵：《老子指归》，中华书局，1994年，第68页。

② 扬雄撰，汪荣宝义疏：《法言义疏》，中华书局，1987年，第513页。

③ 萧统编，李善注：《文选》，上海古籍出版社，1986年，第643页。

④ 郭庆藩撰：《庄子集释》，中华书局，2013年，第81页。

⑤ 刘义庆撰，刘孝标注，余嘉锡笺疏：《世说新语笺疏》，中华书局，2015年，第266页。

⑥ 郭象注，成玄英疏：《庄子注疏》，中华书局，2011年，《南华真经疏序》第1—2页。

⑦ 萧统编，李善注：《文选》，上海古籍出版社，1986年，第842页。

⑧ 释湛然撰：《摩诃止观辅行传弘诀》，三秦出版社，1995年，第309页。

⑨ 杜光庭述，周作明校理：《道德真经广圣义校理》，中华书局，2020年，第185页。

⑩ 嵇康著，戴明扬校注：《嵇康集校注》，中华书局，2014年，第237页。

⑪ 欧阳询撰：《艺文类聚》，上海古籍出版社，1982年，第649页。

壮，未尝检括，远慕老庄之齐物，近嘉阮生之放旷，怪厚薄何从而生，哀乐何由而至。”① 南朝梁刘勰《文心雕龙·论说》：“是以庄周齐物，以论为名。”② 北魏裴伯茂《〈豁情赋〉序》：“故复究览庄书，具体齐物，物我两忘，是非俱遣，斯人之达，吾所师焉。”③ 唐陆德明《经典释文序录》：“时人皆尚游说，庄生独高尚其事，优游自得，依老氏之旨，著书十余万言，以逍遥、自然、无为、齐物而已。”④ 成玄英《南华真经注疏》：“欲明齐物之一理，故寄问答于二圣。”⑤ 孔颖达《周易正义》：“庄子所言，以明齐物，故举恢诡谲怪至异之物，道通为一，得性则同。”⑥ 李师政《内德论》：“读净名离相之典而废进修，诵庄周齐物之言以纵情欲，无异策驷马而溯流，棹方舟以登坂，望追造父之长驱，欲比越人之利涉，不亦难乎？”骆宾王《对策文》：“泣麟上圣，训三千以领徒；梦蝶幽人，抟九万以齐物。”⑦《文选》李善注：“庄子有齐物之论。”⑧ 白居易《渭村退居寄礼部崔侍郎翰林钱舍人诗一百韵》：“外身宗老氏，齐物学蒙庄。”《读庄子》：“庄生齐物同归一，我道同中有不同。遂性逍遥虽一致，鸾凰终校胜蛇虫。”⑨ 方干《哭江西处士陈陶》：“南华至理须齐物，生死即应无异同。”⑩

第三，将“齐物”之义化入诗文。魏嵇康《杂诗》：“齐物养生，与道逍遥。”《琴赋》：“齐万物兮超自得，委性命兮任去留。”⑪ 阮籍《达庄论》：“今庄周乃齐祸福而一死生，以天地为一物，以万类为一指。”⑫ 西晋左思《魏都赋》：“八极可围于寸眸，万物可齐于一朝。”王康琚《反招隐诗》：“归来安所期，与物齐终始。”⑬ 陆云《逸民赋》：“物有自遗，道

---

① 萧统编，李善注：《文选》，上海古籍出版社，1986 年，第 1169 页

② 刘勰著，周振甫注：《文心雕龙注释》，人民文学出版社，1981 年，第 200 页。

③ 魏收撰：《魏书》，中华书局，1974 年，第 1872—1873 页。

④ 郭庆藩撰：《庄子集释》，中华书局，2013 年，《经典释文序录》第 5 页。

⑤ 郭庆藩撰：《庄子集释》，中华书局，2013 年，第 85 页。

⑥ 王弼注，孔颖达疏：《周易正义》，北京大学出版社，1999 年，第 165 页。

⑦ 董诰等编：《全唐文》，中华书局，1983 年，第 1613、1996 页。

⑧ 萧统编，李善注：《文选》，上海古籍出版社，1986 年，第 274 页。

⑨ 彭定求等编：《全唐诗》，中华书局，1960 年，第 4860、5150 页。此外，白居易还撰写过《齐物二首》，其一云：“青松高百尺，绿蕙低数寸。同生大块间，长短各有分。长者不可退，短者不可进。若用此理推，穷通两无闷。”其二云：“椿寿八千春，槿花不经宿。中间复何有，冉冉孤生竹。竹身三年老，竹色四时绿。虽谢椿有余，犹胜槿不足。”（彭定求等编：《全唐诗》，中华书局，1960 年，第 4750—4751 页）

⑩ 彭定求等编：《全唐诗》，中华书局，1960 年，第 7475 页。

⑪ 嵇康著，戴明扬校注：《嵇康集校注》，中华书局，2014 年，第 136、142 页。

⑫ 阮籍著，陈伯君校注：《阮籍集校注》，中华书局，2014 年，第 113 页。

⑬ 萧统编，李善注：《文选》，上海古籍出版社，1986 年，第 274、1031 页。

无不可；万殊有同，齐物无寡。”① 东晋张湛《列子注》：“此明智以齐物，崇教以化人，皆道之余事，陟乎德者。”② 湛方生《秋夜诗》：“揽逍遥之宏维，总齐物之大纲。同天地于一指，等太山于毫芒。万虑一时顿渫，情累豁焉都忘。物我泯然而同体，岂复寿夭于彭殇。”③ 北周庾信《同颜大夫初晴》：“但使心齐物，何愁物不齐。”④ 唐吕温《道州夏日郡内北桥新亭书怀赠何元二处士》：“齐物鱼何乐，忘机鸟不猜。”崔橹《和友人题僧院蔷薇花三首》之一：“看取老僧齐物意，一般抛掷等凡花。”⑤ 邱鸿渐《愚公移山赋》：“多岐在于亡羊，齐物同于指马。”孟翱《谦受益赋》：“降及南山绮季、谷口子真，逃居避窜，远害全身，既逍遥以齐物，独放旷以怀仁。”⑥

可见，魏晋至唐代的学士文人，不仅称《齐物论》为《齐物》，更将“齐物”视为庄子的独特观念与高妙理境：嵇康以“变化洞达”论之，郭象说由之可祛除“偏尚之累”，方干誉之为“南华至理”。当然，这并不意味着“齐物”在这个时期是丝毫不被指摘的，刘琨便曾因年少时“远慕老庄之齐物”而悔不当初，阮籍《达庄论》亦载有儒者“雄桀”的批判陈言：

> 天道贵生，地道贵贞。圣人修之，以建其名，吉凶有分，是非有经，务利高势，恶死重生，故天下安而大功成也。今庄周乃齐祸福而一死生，以天地为一物，以万类为一指，无乃激惑以失贞，而自以为诚是也？⑦

所谓“齐祸福而一死生，以天地为一物，以万类为一指”，即指庄子之“齐物”。在“雄桀”以《周易》为思想根基的儒学视域中，天道生生、地道贞正，圣人以天地之分立为价值基源而分判“吉—凶”“是—非”“死—生”，以“吉”“是”“生”为可欲之善，从而建构着儒学的生活与价值世界。庄子的齐祸福、一是非、等死生等主张与儒家分立的世界观、价值论不符，故在“雄桀”看来，“齐物”不过是“激惑以失贞”的情绪宣泄与

---

① 陆云：《陆云集》，中华书局，1988 年，第 2 页。
② 杨伯峻撰：《列子集释》，中华书局，1979 年，第 88—89 页。
③ 欧阳询撰：《艺文类聚》，上海古籍出版社，1982 年，第 53 页。
④ 庾信撰，倪璠注：《庾子山集注》，中华书局，1980 年，第 292 页。
⑤ 彭定求等编：《全唐诗》，中华书局，1960 年，第 4161、9995 页。
⑥ 董诰等编：《全唐文》，中华书局，1983 年，第 6271、9946 页。
⑦ 阮籍著，陈伯君校注：《阮籍集校注》，中华书局，2014 年，第 113 页。

无根游谈而已。对于这种质疑，《达庄论》中的“先生”有着具体而细致的辩驳，其最终结论是：

> 故至道之极，混一不分，同为一体，得失无闻……使至德之要，无外而已。大均淳固，不贰其纪，清静寂寞，空豁以俟，善恶莫之分，是非无所争，故万物反其所而得其情也。①

“先生”从“至道之极—至德之要”的维度出发，为“齐物”的根本性与真理性进行了辩护。在《达庄论》的写作模式中，“雄桀”之见即世俗之谈，“先生”之说即阮籍之意。通过《达庄论》围绕“齐物”而进行的批判与辩护来看，“齐物”迥异于儒家的“天地之道”，受到儒者的质疑和批判在所难免。然而，通过阮籍的辩护与论证，以“万物反其所而得其情”为旨归的“齐物”在理论上更为深进了，并非论者所说的那样，“并未提供更深刻或更有启发性的解读”②。

在“齐物论”的读法问题上，北宋是一个重要的分水岭与转折点。在这一时期，庄子的“齐物”不再像魏晋时期那样备受推崇，而经受着正统理学家们的持续质疑。在这种风云变幻的思想背景中，“齐—物论”这一新读法应运而生。

北宋时期，范仲淹尚云“契庄生之齐物，我化皆乎”③，欧阳修所谓“达士所齐，万物一类”④ 即“齐物”之理；王雱称《齐物论》为“《齐物》之篇”⑤，吕惠卿《庄子注》说“可不可，然不然，则以齐物为事”⑥，可谓古风犹存。然而，从邵雍开始，“齐物”就在道学家“排斥佛老”的大背景下由高妙理境沦落为一个颇成问题的观念了。邵雍《放言》诗云：

> 既得希夷乐，曾无宠辱惊。泥空终是著，齐物到头争。忽忽闲拈笔，时时自写名。谁能苦真性，情外更生情。⑦

---

① 阮籍著，陈伯君校注：《阮籍集校注》，中华书局，2014 年，第 125 页。

② 陈少明：《〈齐物论〉及其影响》，北京大学出版社，2004 年，第 91 页。

③ 范仲淹：《范仲淹全集》，四川大学出版社，2002 年，第 502 页。

④ 欧阳修：《欧阳修全集》，中华书局，2001 年，第 255 页。

⑤ 王雱云：“万物受阴阳而生，我亦受阴阳而生，赋象虽殊，而所生同根。惟能知其同根，则无我；无我则无物，无物则无累，此庄子所以有《齐物》之篇也。”（王雱撰：《南华真经新传》，福建人民出版社，2023 年，第 12 页）

⑥ 吕惠卿撰，汤君集校：《庄子义集校》，中华书局，2009 年，第 242 页。

⑦ 邵雍：《邵雍集》，中华书局，2010 年，第 225 页。

邵雍将“齐物”等同于“泥空”，视之为执着与争胜之表现；不管是“泥空”之佛学，还是“齐物”之庄学，均与“真性”无涉，而是“情外生情”之表现。关于“齐物到头争”，邵雍在《观物外篇》中有更详备的解释：

> 庄子“齐物”，未免乎较量，较量则争，争则不平，不平则不和。无思无为者，神妙致一之地也。圣人以此洗心，退藏于密。①

庄子之“齐物”因未免较量之心、争衡之意而有失心平气和，与圣人“无思无为”之境悬若天壤，故邵雍云：“庄、荀之徒，失之辩。”② 与“无思无为”“存而不论”之圣人固有间矣。邵雍的这种评判可谓扬雄、班固之绪余。问题是，邵雍曾盛赞庄子为“善通物”者③，这意味着圣人之“神妙致一”虽非齐物之“论”，但恐怕也还是齐物之“理”的究竟呈现。这样说来，邵雍对“齐物”的质疑似乎仅是对庄子之言传方式、论辩方法的质疑，而非对“齐物之理”的否定。

事情在程颐那里发生了根本性变化，程子接邵子话头云：

> 天地阴阳之变，便如二扇磨，升降盈亏刚柔，初未尝停息，阳常盈，阴常亏，故便不齐。譬如磨既行，齿都不齐，既不齐，便生出万变。故“物之不齐，物之情也”。而庄周强要齐物，然而物终不齐也。尧夫有言：“泥空终是著，齐物到头争。”此其肃如秋，其和如春。如秋，便是“义以方外”也。如春，观万物皆有春意。尧夫有诗云：“拍拍满怀都是春。”又曰：“芙蓉月向怀中照，杨柳风来面上吹。”又曰：“卷舒万古兴亡手，出入几重云水身。”若庄周，大抵寓言，要入佗放荡之场。尧夫却皆有理，万事皆出于理，自以为皆有理，故要得纵心妄行总不妨。④

在这段话中，程颐对邵子和庄子进行了严格判教：“强要齐物”的庄子因不明天理而“放荡”，邵子却能体贴天理，故“纵心妄行总不妨”。在主张

① 邵雍：《邵雍集》，中华书局，2010年，第175—176页。

② 邵雍：《邵雍集》，中华书局，2010年，第167页。

③ 邵雍《观物外篇·下之中》：“庄子与惠子游于濠梁之上，庄子曰：‘鯈鱼出游从容，是鱼乐也。’此尽己之性，能尽物之性也。非鱼则然，天下之物皆然。若庄子者，可谓善通物矣。”（邵雍：《邵雍集》，中华书局，2010年，第163页）

④ 程颢、程颐：《二程集》，中华书局，2004年，第32—33页。

理一分殊的程颐那里，“天理”即不齐之万物万变自身，这样，孟子所谓“物之不齐，物之情也”就是唯一的真理性开示，“齐物”的谬误性不言自明。①

与邵雍、程颐诸儒对庄子“齐物”思想的批判相表里，在北宋时期，对“齐物论”的读法走出了“齐物—论”的传统窠臼，而产生了“齐—物论”这一崭新的读解方式。南宋王应麟《困学纪闻》载：

> 《齐物论》，非欲齐物也，盖谓物论之难齐也。是非毁誉，一付于物，而我无与焉，则物论齐矣。邵子诗谓“齐物到头争”，恐误。张文潜曰：“庄周患夫彼是之无穷，而物论之不齐也，而托之于天籁。其言曰：吹万不同，而使其自己也。此言自以为至矣，而周固自未离夫万之一也，曷足以为是非之定哉？虽然，如周者，亦略税驾矣。”②

王应麟在这里提到了邵雍和张耒（字文潜）的看法，明确以邵雍之说为误，而认可张耒之说。此说见诸《刘壮舆是是堂歌》之《序》③，张耒既谓庄子以“彼是之无穷”“物论之不齐”为患，“除患”之目的自然就是“齐—物论”了。李智福认为，“齐—物论”这一读法正作始于张耒此《序》，但这种新读法“并不是一种严肃的学术论证，而是在一场充满文人意气、雅士高致的‘是非之争’中偶然提及”；后经南宋学者王应麟的引述与推扬，“齐—物论”才走向了“学术化”，“使得‘齐—物论’之读法成为宋明后庄学史之主流，而汉魏六朝之‘齐物’说渐落下风”。④ 实际上，“齐—物论”并非仅仅是张耒“文人意气”的灵光乍现。在张耒之前，

① 南宋褚伯秀回应了程颐的庄子批判：“孟子曰：‘物之不齐，物之情也。’而庄子名篇以《齐物论》，或疑其与儒家悖，重增不齐之情，殊不思孟子特为许行言之耳。况孟之所言者情，庄之所言者理，理一分殊，则情之不齐也宜矣。故南华原本究极主一理，以齐天下之物论。”（褚伯秀撰：《南华真经义海纂微》，华东师范大学出版社，2014 年，第 82 页）

② 王应麟著，翁元圻等注：《困学纪闻》，上海古籍出版社，2008 年，第 1241 页。

③ 《刘壮舆是是堂歌（并序）》：“子刘子构堂于官舍，名之曰‘是是’，而求予为诗。予复之曰：夫物生之所必有，而其为物，彼是相次，而不能定夫一者，天下之是非也。虽圣人出，无如之何。昔楚人有庄周者，多言而善辨，患夫彼是之无穷，而物论之不齐也，而托之于天籁，其言曰：‘吹万不同，而使其自己也。’周之为此言，自以为至矣，而周固自未离夫万之一也，而曷足以为是非之定哉？虽然，如周者亦略税驾矣。刘子乃构堂揭牓，而独以是是非非自任。吾将见子物敝气殚，而言语之战未已也。尝试为子歌堂中之乐，而息子之劳，庶几隐几而嗒然者乎？歌曰：读堂中之书兮，以致子之眠。饮堂中之酒兮，以休子之言。是非杂然于子之耳兮，付庭中之叹。蜩与夫木上之鸣蝉，庶几养生而保和兮，穷子之年。”（张耒：《张耒集》，中华书局，1998 年，第 35—36 页）

④ 李智福：《庄子“齐物论”属读辨正》，《中山大学学报》（社会科学版）2018 年第 6 期。

邵雍、程颐均对“齐物”展开了批判。张耒诗云，“忘情犹一叹，齐物论非通”[①]，认为“齐物”之说于理不通，一方面说明他应熟知并认可邵、程二子之说，另一方面说明“齐一物论”这一新读法是他的有意创造。尽管在“齐一物论”层面，张耒也不认为庄子真正实现了“定是非”，但结合上述思想史背景来看，“齐一物论”反而误打误撞地成了一种在时代思潮的鼓荡下“力挽狂澜”的妙悟——既然“齐物”在程颐之后已然于“理”不合，“物”不可“齐”，可“齐”的对象也就只能是“物论”了。换言之，正是由于“齐物”在道学视域中的时代性归谬，“齐一物论”才成为“拯救”《齐物论》的一剂良方。南宋以后，“齐一物论”这一读法开始被广泛接受。

南宋林希逸《庄子鬳斋口义》说：

> 物论者，人物之论也，犹言众论也。齐者，一也，欲合众论而为一也。[②]

明朱得之《庄子通义》说：

> “物论”者，众论也。“齐”之者，合彼此、是非而一之也。[③]

清陆树芝《庄子雪》说：

> 辨别事物之是非，而必中其说，是为物论。……齐之者，无有是非，无有言说，而心常止于所不知，乃所以复其本体之明，而葆其光也。[④]

近人朱桂曜《庄子内篇证补》说：

> 物论犹物议也。战国之世，百家蜂作，儒、墨、惠施、公孙龙之徒，各执一说，是丹非素，争辩不已，所谓“百家往而不反”，“判天

---

① 此句出自张耒《赠张公赍》一诗。参见张耒：《张耒集》，中华书局，1998年，第66页。

② 林希逸著，周启成校注：《庄子鬳斋口义校注》，中华书局，1997年，第13页。需要注意的是，林希逸在注中亦多称《齐物论》为“《齐物》”或“《齐物》篇”。

③ 朱得之：《庄子通义》，武汉大学出版社，2023年，第38页。

④ 陆树芝：《庄子雪》，华东师范大学出版社，2011年，第11页。

地之美，析万物之理”，庄子有慨乎“道术之将为天下裂”，以为天下一致而百虑，同归而殊途，持论虽众，未尝不可以一齐同之也，故曰“齐物论”。①

通过林希逸、朱得之、陆树芝、朱桂曜之说可见，“齐—物论”这一读法将关注重心完全放在了《齐物论》对“百家争鸣”的批判上。“齐—物论”即“齐一物论”，意在通过对绝对真理的揭示而泯绝樊然淆乱的是非争辩。这种理解不仅不违背理学的“天理”观念，反而与道学家的排斥佛老存在着深刻共鸣。

问题在于，庄子果真要将诸子百家合而为一吗？将种种异论一齐同之吗？提出了足以泯是非的绝对真理吗？通过《齐物论》对“物之所同是”的否定来看，答案显然是否定的。王夫之明确意识到了这一问题：

物论者，形开而接物以相构者也，弗能齐也。使以道齐之，则又入其中而与相刃。唯任其不齐，而听其自已。②

船山认为，“物论”在本质上是“弗能齐”的，只能“任其不齐”。这种观点与程颐反对“齐物”的理由如出一辙：不仅“物”是“不齐”的，“物论”也是“不齐”的；“不齐”不仅是“物之情”，也是“物论之情”。否则，庄子也就只能“以辩止辩”，最终陷入“入其中而与相刃”的吊诡悖谬而无法自拔了。

总之，“齐—物论”这一读法本为北宋之后学者顺势而为的不得已之举，既有其苦心孤诣之处，也能很好地标识《齐物论》中的知识内容与是非议题。然而，倘若抛开其不得不如此的思想背景，“齐—物论”终究是对“齐物论”的创造性误读。这种读法的弊端在于：首先，否定“齐物”，将“物论”视为《齐物论》的唯一主题，“对所齐的东西有所限，单单限制在‘物论’”③，遮蔽了《齐物论》更广泛、更核心的内容；其次，“齐—物论”虽然与宋明道学排斥异端的主旋律相契，却迥异于庄子的本然心态。出于历史与思想的双重理由，仅就理解《齐物论》的内容与意旨而言，本书否定宋明时期衍生并流行的“齐—物论”这一替代性读法。

---

① 朱桂曜：《庄子内篇证补》，商务印书馆，1935 年，第 33 页。

② 王夫之：《庄子解》，中华书局，1964 年，第 10 页。

③ 牟宗三讲演，卢雪崑整理，杨祖汉校订：《牟宗三先生讲演录（四）：庄子·齐物论》，（新北）东方人文基金会，2019 年，第 7 页。

二、"齐—物、论"："齐物"与"齐论"

"齐—物论"既为"齐物"在北宋时期备受质疑之后的替代性方案，那么主张"齐—物论"必然排斥"齐物—论"。但是，随着思想史的进展，从明末清初开始，在"三教融合"的思想背景中，就不断有学者兼采两说而折中之，"齐物—论"与"齐—物论"也就从对立走向了融合。据李智福考察，明末之憨山德清、俍亭净挺为发其先声者。[①] 释德清《庄子内篇注》云：

> 物论者，乃古今人物众口之辩论也。盖言世无真知大觉之大圣，而诸子各以小知小见为自是，都是自执一己之我见，故各以己得为必是。既一人以己为是，则天下人人皆非，竟无一人之真是者。大者则从儒、墨两家相是非，下则诸子众口，各以己是而互相非，则终竟无一人可正齐之者，故物论之难齐也久矣，皆不自明之过也。今庄子意，若齐物之论，须是大觉真人出世，忘我忘人，以真知真悟，了无人我之分，相忘于大道，如此则物论不必要齐而是非自泯，了无人我是非之相。此齐物之大旨也……老子云："天地之间，其犹橐籥乎。虚而不屈，动而愈出。多言数穷，不如守中。"此《齐物》分明是其注疏。[②]
>
> 物化者，万物化而为一也，所谓大而化之谓圣。言齐物之极，必是大而化之之圣人。万物混化而为一，则了无人我、是非之辩，则物论不齐而自齐也。[③]

在《庄子内篇注》中，释德清既称《齐物论》为《齐物》，又以"齐物"为庄子思想之究极本旨，更将"齐—物论"视为"齐物"的自然妙用。于是，"齐物—论"与"齐—物论"便以某种"本体—末用"的模式——"齐物"为本为体，"齐论"为末为用——统合于《齐物论》之中，成为对"齐物论"的融合性读法，以及对《齐物论》的综合化理解。这

① 参见李智福：《庄子"齐物论"属读辨正》，《中山大学学报》(社会科学版)2018年第6期。实际上，林希逸《庄子鬳斋口义》、褚伯秀《南华真经义海纂微》均兼采"齐物"与"齐—物论"两种说法；只不过，称"齐物"或其无意之惯习，"齐—物论"乃其有心之主张。这样说来，释德清依然是有意统合两说的首创者。

② 释德清：《庄子内篇注》，华东师范大学出版社，2009年，第19—20页。着重号为引者所加，下同。

③ 释德清：《庄子内篇注》，华东师范大学出版社，2009年，第60页。

样，释德清就在道学家的“否定”之后对“齐物”进行了全新的建构，并脱卸掉了“齐—物论”这一读法背后隐含着的道统观念与判教意识，使之成了“齐物”本旨的附属性命题。

释德清的理解方式在后世有着广泛的影响，至今余韵不绝，甚至可以说是晚近以来最主流的释读方式。清儒王先谦云：

> 天下之物之言，皆可齐一视之，不必致辩，守道而已。①

民国胡朴安说：

> 齐物论者，忘彼我、泯是非而齐之者也。彼我属于物，是非属于论。未齐物者，有彼我之见；未齐论者，有是非之见，各以己为是，各以人为非。有物之不齐，致论之不齐；有论之不齐，愈致物之不齐。②

钟泰说：

> “齐物论”者，齐物之不齐，齐论之不齐也。言论先及物者，论之有是非、然否，生于物之有美恶、贵贱也。③

关锋说：

> 题旨兼有“齐物、论”与“齐、物论”二义，而以“齐物、论”为主导方面，庄子正是以此去齐各种“物论”。……正因为“齐物”所以有“齐言”，前者是后者之根。庄子的“齐是非”的认识论，是建立在他的“齐物”、“齐彼此”的宇宙论基础之上的。④

高柏园说：

> 所谓齐物，原非将种种不齐之物强使之齐，而是去除吾人之偏见

---

① 王先谦撰:《庄子集解》,中华书局,1987 年,第 9 页。

② 胡朴安:《庄子章义》,安吴胡氏朴学斋刊本,1943 年,第 3 页。

③ 钟泰:《庄子发微》,上海古籍出版社,2002 年,第 26 页。

④ 关锋:《庄子内篇译解和批判》,中华书局,1961 年,第 118 页。

我执，则物即不再以大小、长短、美丑等面貌呈现于吾人之前，而是以其唯一无二之独与吾人相见。此即所谓齐物，所谓不齐之齐。而物既已齐，则种种之物论即无从起，则物齐而物论齐矣。①

李耀南说：

“齐物”是基础性的问题，齐“物论”是派生性的问题，不“齐物”则“物论”必不齐，“齐物”是最根本的功夫。②

杨国荣说：

“齐物论”以“齐”为取向，既要求超越存在之域的分别，也试图消解观念之域的是非之辩。③

陈赟说：

这一大文本（引者注：指《齐物论》）直面诸侯异政与百家异说的时代状况，提出了与之分别关联的齐物与齐论的问题，其真正的结论是：齐物必照之于天，齐论必衷之于圣。④

钟泰、关锋、高柏园、李耀南、杨国荣、陈赟诸家之论，实际上都是根植于释德清之说的“现代版本”。而且，无论是关锋的“宇宙论”与“认识论”之分，还是杨国荣的“存在之域”与“观念之域”之别，都不过是以现代哲学的名词概念替换了释德清的“本—末”“体—用”之辨而已。

值得注意的是，无论是在“本—末”“体—用”的古典视域中，还是在“宇宙论—认识论”“存在—观念”的现代理解中，“齐—物、论”都不是“齐物”与“齐论”的简单拼合。与“齐物”在本体论、宇宙论、存在论等方面的根本性地位相比，“物论”是派生性的或第二序的。这样来看，尽管“齐—物、论”在形式上是对“齐物”与“齐论”的综合，其本质却是向着“齐物—论”这一古典读法的复归。

---

① 高柏园：《〈庄子〉内七篇思想研究》，（台北）文津出版社，1992年，第85页。
② 李耀南：《从“心”看〈齐物论〉》，《哲学研究》2007年第9期。
③ 杨国荣：《庄子内篇释义》，中华书局，2021年，第31页。
④ 陈赟：《自由之思——〈庄子·逍遥游〉的阐释》，浙江大学出版社，2020年，第22页。

总之，“齐—物、论”这一综合性读法既兼顾了《齐物论》中的“齐物”与“齐论”两种取向，又通过“本—末”模式将“齐—物论”整合进了更根本的“齐物—论”之中，不失为一种好的读法。问题在于，这种读法很容易让我们将“齐—物论”视为“齐物”的结果乃至目的，这样，“齐物”就只能是庄子“认识论的一个基本环节”①，其在本体、存在维度的思想价值也便隐而不彰了。本书并不否认《齐物论》有与逻辑学或知识论相关的内容，但这些内容既不是独立性的议题，也不是庄子哲学的核心关注与根本旨归。换言之，无论是“物论”还是“论”，都不是庄子的措心之处，理解“齐物论”之内涵的关键，依然取决于对“齐”与“齐物”的理解。

三、“齐物”：内证与外证

通过上文对“齐物论”三种主流读法之来历的叙述，可知“齐物—论”是渊源最早、流传最长的古典读法；至于“齐—物论”与“齐—物、论”的酿生情况，上文也大致给出了一些说明。那么，在这些读法之中，到底哪种更贴合《齐物论》之“本旨”乃至庄子之“本意”呢？于此，尽管缺乏直接证据，但结合上述思想史的梳理情况，以及先秦时期的一些间接性的文本证据来看，“齐物—论”这一读法方为《齐物论》之“本旨”与庄子之“本意”。

王叔岷《庄子校诠》云：

> “物论”连读，“齐物”连读，说并可通。然《齐物论》之主旨，在“天地与我并生，万物与我为一”二句，则庄子之意，明是以“齐物”连读；《秋水》篇发挥《齐物论》，其主旨在“万物一齐，孰短孰长”，亦正是“齐物”之义。至如《德充符》篇：“自其同者视之，万物皆一也。”《天地》篇：“万物一府，死生同状。”亦皆齐物之义也。《淮南子·齐俗篇》《论衡·齐世篇》，并阐发庄子“齐物”之义，“齐俗”“齐世”亦所谓“齐物”也。庄子之意，固非以“物论”连读者矣。《鹖冠子·能天》篇：“道者，开物者也，非齐物者也。”道固非齐物者。然明齐物，乃通于道耳。又《王鈇》篇：“齐殊异之物。”陆佃注：“齐鹏、鷃之大小，等凫、鹤之长短。”颇符庄子齐物之旨。②

① 高亨：《试谈庄子的齐物》，《文史哲》1962年第4期。

② 王叔岷撰：《庄子校诠》，中华书局，2007年，第39—40页。部分标点有调整。

在王先生看来，虽然“齐—物论”与“齐物—论”的读法都有道理，但归根结底，“齐物”才是真正意义上的“庄子之意”。理由是：第一，《齐物论》“天地与我并生，万物与我为一”及《庄子》其他篇章中的相关文句反映的都是“齐物”思想，本书称之为“内证”；第二，《鹖冠子》《淮南子》《论衡》等典籍均有与“齐物”思想相关的材料，本书称之为“外证”。目前来看，学界主张“齐物”连读的学者提供的核心证据均不外乎王先生所示之“内证”与“外证”。①

鉴于《庄子》内篇与外杂篇之间存在着文本性质的差异，在严格意义上，只有内篇中的文句才是真正的“内证”。《天地》《秋水》《田子方》等外杂诸篇中的确有与“齐物”相关之内容②，但这些内容的实质是对内篇“齐物”的引申与阐发，尽管可以用来佐证内篇本有“齐物”思想，但因其与内篇思想的异质性③，故本书不将之视为庄子主张“齐物”之“内证”。

兹将内篇中与“齐物”直接相关或明确呼应的文句④条列如下：

> 之人也，之德也，将旁礴万物以为一。⑤（《逍遥游》）
>
> 天地一指也，万物一马也。（《齐物论》）
>
> 故为是举莛与楹，厉与西施，恢恑憰怪，道通为一。（《齐物论》）
>
> 是以圣人和之以是非而休乎天钧，是之谓两行。（《齐物论》）
>
> 天地与我并生，而万物与我为一。（《齐物论》）
>
> 众人役役，圣人愚芚，参万岁而一成纯。万物尽然，而以是相蕴。（《齐物论》）

---

① 李智福摘录出了几条王叔岷并未提及的“内证”：《逍遥游》之“旁礴万物以为一”，《秋水》之“以道观之，物无贵贱”，《天运》之“变化齐一，不主故常”等。参见李智福：《庄子“齐物论”属读辨正》，《中山大学学报》（社会科学版）2018 年第 6 期。丁四新认为“齐物论”只能读作“齐物—论”，依据的还是“先秦秦汉传世古籍并无‘物论’连读之例，而‘齐物’连读之例则多见”这一外证。参见丁四新：《〈庄子·齐物论〉札记三则——“齐物论”解题、“不亡以待尽”与“吾待蛇蚹蜩翼邪”》，《西北师大学报》（社会科学版）2019 年第 3 期。

② 《天地》：“万物一府，死生同状。”《田子方》：“夫天下也者，万物之所一也。”《秋水》：“万物一齐，孰短孰长。”在此之外，《庚桑楚》所谓“知止乎其所不能知，至矣；若有不即是者，天钧败之”“道通，其分也，其成也毁也。所恶乎分者，其分也以备”“古之人，其知有所至矣。恶乎至？有以为未始有物者，至矣，尽矣，弗可以加矣”等材料更是与《齐物论》的内容直接相关。

③ 李凯将《骈拇》《知北游》《秋水》诸篇中的“齐物”思想与庄子进行对照，认为庄子后学将“齐物”理性化、通俗化、普及化了。参见李凯：《庄子齐物思想研究》，中国社会科学出版社，2018 年，第 92—115 页。

④ 所谓“直接相关”的文句，是指那些明确出现“物”“齐”之类字词并有“齐物”之义的文本材料。

⑤ “旁礴”，司马彪释为“混同”（郭庆藩撰：《庄子集释》，中华书局，2013 年，第 33 页），可知“旁礴万物以为一”即“混同万物为一”，正是“齐物”之义。

和之以天倪，因之以曼衍，所以穷年也。忘年忘义，振于无竟，故寓诸无竟。（《齐物论》）

气也者，虚而待物者也。唯道集虚。（《人间世》）

自其异者视之，肝胆楚越也；自其同者视之，万物皆一也。夫若然者，且不知耳目之所宜，而游心乎德之和。物视其所一而不见其所丧，视丧其足犹遗土也。（《德充符》）

官天地，府万物，直寓六骸，象耳目，一知之所知。（《德充符》）

德者，成和之修也。德不形者，物不能离也。（《德充符》）

若然者，其心志，其容寂，其颡頯；凄然似秋，暖然似春，喜怒通四时，与物有宜而莫知其极。（《大宗师》）

故圣人将游于物之所不得遁而皆存。善妖善老，善始善终，人犹效之，又况万物之所系，而一化之所待乎！（《大宗师》）

其为物也，无不将也，无不迎也；无不毁也，无不成也。其名为撄宁。撄宁也者，撄而后成者也。（《大宗师》）

彼方且与造物者为人，而游乎天地之一气。（《大宗师》）

假于异物，托于同体；忘其肝胆，遗其耳目；反复终始，不知端倪；芒然彷徨乎尘垢之外，逍遥乎无为之业。（《大宗师》）

吾师乎！吾师乎！齑万物而不为义①，泽及万世而不为仁，长于上古而不为老，覆载天地刻雕众形而不为巧。此所游矣。（《大宗师》）

汝游心于淡，合气于漠，顺物自然而无容私焉，而天下治矣。（《应帝王》）

明王之治，功盖天下而似不自己，化贷万物而民弗恃，有莫举名，使物自喜；立乎不测，而游于无有者也。（《应帝王》）

至人之用心若镜，不将不迎，应而不藏，故能胜物而不伤。（《应帝王》）

通过上述材料可见，除了《养生主》，其他内篇都有与“齐物”直接印合的文句：《齐物论》六条、《大宗师》六条、《德充符》三条、《应帝王》三条、《逍遥游》一条、《人间世》一条。一方面，这说明《齐物论》与其他

① “齑”，司马彪、成玄英均释为“碎”（郭庆藩撰：《庄子集释》，中华书局，2013年，第257页），“碎万物”之义难通。俞樾说：“齑即《说文》𩐁字，其或体作齏，古或以齐为之。”（俞樾：《诸子平议》，中华书局，1954年，第340页）按照这种解释，“齑万物”即“齐万物”。

篇章之间确实存在着义理方面的一致性与关联性，可为“《齐物论》为庄子自作”的观点提供直接的文本支持；另一方面，通过这种文本现象亦可见“齐物”思想曼衍并充溢于内篇的整体之中，乃至可以被界定为庄子哲学的根本主张。

在《庄子》内篇中，“齐物”可谓是“揆诸本文而协，验之他卷而通”[①] 的基源性观念，故可用“齐物思想”“齐物哲学”来指称庄子哲学。

关于“外证”，王叔岷《庄子思想概论》一文曾详细引述了墨子、杨朱、彭蒙、田骈、慎到、惠施、孟子、尹文子、鹖冠子等先秦子家与“齐物”相关的材料，兹将该文所汇集之材料、评述之观点简要转述如下[②]：

（1）墨子之齐物。《荀子·天论》：“墨子有见于齐。”杨倞注：“墨子著书，有《上同》《兼爱》，见齐而不见畸。”

（2）杨朱之齐物。《列子·杨朱》：“杨朱曰：万物所异者生也，所同者死也。生则有贤愚贵贱，是所异也；死则有臭腐消灭，是所同也。万物齐生齐死，生则尧舜，死则腐骨；生则桀纣，死则腐骨。腐骨一矣，孰知其异！”

（3）彭蒙、田骈、慎到之齐物。《天下》：“彭蒙、田骈、慎到闻其风而说之。齐万物以为首，曰：‘天能覆之而不能载之，地能载之而不能覆之，大道能包之而不能辩之。’知万物皆有所可，有所不可，故曰：‘选则不遍，教则不至，道则无遗者矣。’”《尸子·广泽》：“田子贵均。”《吕氏春秋·不二》：“陈骈贵齐。”高诱注：“贵齐生死、等古今也。”《慎子》佚文：“法者，所以齐天下之动，至公大定之制也。”

（4）惠施之齐物。《庄子·天下》：“泛爱万物，天地一体也。”

（5）许行之齐物，以及孟子之“物本不齐”论。《孟子·滕文公上》：“（陈相曰）：‘从许子之道，则市贾不贰，国中无伪，虽使五尺之童适市，莫之或欺。布帛长短同，则贾相若；麻缕丝絮轻重同，则贾相若；五谷多寡同，则贾相若；屦大小同，则贾相若。’（孟子）曰：‘夫物之不齐，物之情也。或相倍蓰，或相什百，或相千万，子比而同之，是乱天下也。巨屦小屦同贾，人岂为之哉？从许子之道，相率而为伪者也。恶能治国家？’”

（6）尹文之齐物。《尹文子·大道上》：“圣人任道以夷其险，立法以理其差，使贤愚不相弃，能鄙不相遗。能鄙不相遗，则能鄙齐功；贤愚不相弃，则贤愚等虑，此至治之术也。”《尹文子·大道下》：“法者，所以齐

---

① 王引之：《经传释词》，岳麓书社，1982 年，《自序》第 3 页。

② 参见王叔岷：《先秦道法思想讲稿》，中华书局，2007 年，第 105—108 页。

众异。”

(7) 鹖冠子之齐物。《鹖冠子·能天》:“道者,开物者也,非齐物者也。”《王鈇》:“齐殊异之物。”《天权》:“知物故无不然。”

通过对上述材料的汇集与评析,王叔岷总结道:“先秦诸子之说,与《齐物论》有关者,上所称墨翟、彭蒙、田骈、慎到、惠施、孟子诸家,当较可据。庄子以长篇专论齐物,又以《秋水》篇阐发其义,可谓集论齐物之大成,而独超诸子者也。”[①] 王先生认为,墨子等诸子之说均与《齐物论》有关,并将庄子界定为先秦“齐物”思想的“集大成者”。此说富于启发性,既为学界研究先秦齐物思潮奠定了坚实的基础,也为理解庄子的齐物哲学提供了参照与方便。在此基础上,下文将进行一些补充与修正。

首先,王叔岷似以墨子之“尚同”“兼爱”为“齐物”之先声。但若再往前追溯,可发现“齐物”观念在老子那里即已萌生[②]。《老子》说:

> 大道泛兮,其可左右。万物恃之而生而不辞,功成不名有,衣养万物而不为主。常无欲,可名于小;万物归焉而不为主,可名为大。以其终不自为大,故能成其大。(第三十四章)
>
> 是以圣人常善救人,故无弃人;常善救物,故无弃物。(第二十七章)

“衣养万物”“万物归焉”“无弃人—无弃物”这些说法均可与“齐物”互通款曲。《荀子·天论》说:“老子有见于诎,无见于信。……有诎而无信,则贵贱不分。”这里的“贵贱不分”固有“等贵贱”之意。陆西星《南华真经副墨》注《齐物论》篇题云,“此等议论见识,盖自老子‘玄同’上得来”[③],看到了“齐物”与《老子》“塞其兑,闭其门,挫其锐,解其纷,和其光,同其尘”(《老子》第五十六章)之“玄同”思想的关联。

其次,除了王叔岷摘录出的材料,《礼记》《文子》《周易》《荀子》等典籍中亦有与“齐物”相关的文句:

---

① 王叔岷:《先秦道法思想讲稿》,中华书局,2007年,第108页。

② 陈少明认为《齐物论》承接并修正了《道德经》的主题。参见陈少明:《〈齐物论〉及其影响》,北京大学出版社,2004年,第30—33页。李凯也说,“老子已有‘齐物’思想之萌芽”,并以“唯之与阿,相去几何?善之与恶,相去若何”(《老子》第二十章)一句举证之。参见李凯:《庄子齐物思想研究》,中国社会科学出版社,2018年,第53页。

③ 陆西星撰:《南华真经副墨》,中华书局,2010年,第14页。

天子者，与天地参。故德配天地，兼利万物，与日月并明，明照四海而不遗微小。（《礼记·经解》）

辟如天地之无不持载，无不覆帱，辟如四时之错行，如日月之代明。万物并育而不相害，道并行而不相悖，小德川流，大德敦化，此天地之所以为大也。（《礼记·中庸》）

天气下，地气上，阴阳交通，万物齐同，君子用事，小人消亡，天地之道也。（《文子·上德》）

故圣人之牧民也，使各便其性，安其居，处为其所能，周其所适，施其所宜，如此即万物一齐，无由相过。天下之物，无贵无贱，因其所贵而贵之，物无不贵，因其所贱而贱之，物无不贱，故不尚贤者，言不放鱼于木，不沈鸟于渊。（《文子·自然》）

万物出乎震，震，东方也。齐乎巽，巽，东南也。齐也者，言万物之絜齐也。离也者，明也。万物皆相见，南方之卦也。圣人南面而听天下，向明而治，盖取诸此也。（《周易·说卦》）

列贵贱者存乎位，齐小大者存乎卦，辩吉凶者存乎辞。忧悔吝者存乎介，震无咎者存乎悔。是故，卦有小大，辞有险易。辞也者，各指其所之。（《周易·系辞上》）

无不爱也，无不敬也，无与人争也，恢然如天地之苞万物。（《荀子·非十二子》）

皇天隆物，以示施下民，或厚或薄，常不齐均。（《荀子·赋》）

以上段落中的“兼利万物”“万物并育”“万物齐同”“万物一齐”“万物之絜齐”“齐小大”“苞万物”诸说，正是“齐物”观念的多样化表达。

从老子到《易传》，再加上墨子、杨朱、《礼记》、彭蒙、田骈、慎到、惠施、许行、孟子、庄子、尹文子、鹖冠子、文子、荀子，无论是儒家、墨家、名家、法家还是道家，不管是认同还是反对，先秦的思想家几乎无不与“齐物”有某种相关性。[①] 李凯认为，战国时期的思想界应该“兴起

① 叶蓓卿曾对孟子、墨子、彭蒙、田骈、慎到以及惠施的“齐物论”思想进行过比较深入的论述，参见叶蓓卿：《先秦诸子“齐物论”思想比较》，方勇主编：《诸子学刊》第十四辑，上海古籍出版社，2017年，第49—50页。曹峰认为，“《齐物论》是老子致力于实现万物自然之思想的必然延伸，是彭蒙、田骈、慎到、宋钘、尹文、关尹、老聃等人‘齐万物以为首’‘接万物以别宥为始’‘宽容于物’之理论与行动的自然延续，是对惠施、公孙龙等人关于统一性与差异性关系思考的进一步升华”（曹峰：《思想史脉络下的〈齐物论〉——以统一性与差异性关系为重点》，《中国人民大学学报》2020年第6期）。

过一场不大不小的‘齐物’思潮”[①]。实际上，鉴于“齐物”是先秦诸子“普遍关注”的思想观念，“齐物”这一思潮就不是“不大不小”，而是汹涌澎湃的。既然“齐物”是先秦思想家的共同关注，浸淫于其中，庄子关注的一定是“齐物”而非“物论”，这是选择“齐物—论”这一读法的“外证”。

总之，通过“外证”，可知先秦诸子关于“齐物”的讨论可谓蔚为风潮；通过“内证”，可知庄子对“齐物”的思考最为系统而深入。由此而论，“齐物—论”是北宋以前的“旧读”与“正题”，“齐—物论”是北宋时期的“新读”与“反题”，“齐—物、论”则是明清之际产生的“合题”。对于理解《齐物论》之篇旨与庄子哲学而言，“齐物—论”是最信实而可取的读法。当然，“齐物—论”这一“正确”读法的确立，只是从名相的维度初步指示出了解读《齐物论》的合理方向，并不意味着仅仅据此“正名”即可对《齐物论》产生恰切的理解。实际上，既然“齐物”是先秦流行的思想潮流，仅仅通过“齐物”二字根本无法领会庄子齐物哲学的独特内涵。[②] 通过《齐物论》之文本内容来诠释并界定庄子之“齐物”，才是名副其实的最佳方式。

---

① 李凯:《庄子齐物思想研究》,中国社会科学出版社,2018年,第53页。

② 曹峰认为,《淮南子·齐俗训》是反对“齐俗”的,同理,“我们未必需要从正面去理解‘齐物’,《齐物论》很有可能恰恰是反‘齐物’而推崇‘通物’‘体道’的”。参见曹峰:《思想史脉络下的〈齐物论〉——以统一性与差异性关系为重点》,《中国人民大学学报》2020年第6期。这样说来,“齐物”既可能是庄子肯定的观念,也可能是庄子反对的观点,但是,首要的问题实际上并不是庄子肯定还是反对“齐物”,而在于如何理解或界定“齐物”之内涵。

第二章　《齐物论》与先秦齐物思潮

通过上文所谓“内证”，可知“齐物”是庄子哲学体系中的重要一环，甚至是核心一环，故可称为“齐物哲学”；通过“外证”，可知将庄子的齐物思想“置于战国‘齐物’思潮的大背景下予以定位”① 是恰当的研究路径。那么，庄子齐物哲学与先秦齐物思潮之间有何联系与区别？本章即针对这一问题进行考察，以期在先秦齐物思潮中揭示庄子齐物哲学是如何“入乎其内”而又“出乎其外”的。

第一节　先秦时期的“齐物思潮”

通过王叔岷汇集的相关材料来看，“齐物”在先秦思想史上的确有着广泛而深入的讨论与影响，以及复杂而多样的理论表征。然而，鉴于这一问题的“文献不足征”，我们无法仅据只言片语而强为不遗巨细之谈；而且，这些思想也很难说都曾进入过庄子的思想世界乃至产生重要影响，不能不加区别地全部视为庄子齐物哲学的思想资源或背景。本章择取墨子、慎到、许行三人为“先秦齐物思潮”之典型而展开分析，以示这一思潮的大致理路与总体特征，并为辨别庄子齐物哲学与先秦齐物思潮的异同奠定基础。以墨子、慎到、许行为先秦齐物思潮之典型的原因有两点：首先，孟子、荀子均曾批判过墨子的“兼”与“齐”，《天下》明确说“（慎到）齐万物以为首”，孟子还批判过许行的“比而同之”，三人既然受到孟子、《天下》作者、荀子的批判，就说明他们的“齐物”思想均有一定的影响力与典型性；其次，从学派归属来看，墨子为墨家之代表，慎到为稷下道家之代表，许行为农家之代表，三人亦有学派之代表性。

① 李凯：《庄子齐物思想研究》，中国社会科学出版社，2018 年，第 53 页。

一、墨子之齐物

《墨子》没有使用过义理性的“齐”字。按照王叔岷的看法，“墨子齐物”本于《荀子·天论》所谓“墨子有见于齐，无见于畸……有齐而无畸，则政令不施”，杨倞注云：“墨子著书，有《上同》《兼爱》，是见齐而不见畸也。”① 《荀子·非十二子》亦谓墨子“上功用、大俭约而僈差等”，依王念孙，“僈差等”即“无差等”。② 可见，荀子所谓“有见于齐”“僈差等”，指的就是墨子关于“同”与“兼”的见解，下文即围绕“同”与“兼”简述墨子的齐物思想。

关于“同”，墨子有“尚同”之论：

> 今天下之王公大人士君子，请将欲富其国家，众其人民，治其刑政，定其社稷，当若尚同之不可不察，此之本也。（《墨子·尚同中》）

“尚同”之所以是国家富强、广土众民、社稷安定的根本，是因为：

> 古者民始生未有刑政之时，盖其语人异义。是以一人则一义，二人则二义，十人则十义，其人兹众，其所谓义者亦兹众。是以人是其义，以非人之义，故交相非也。是以内者父子兄弟作怨恶，离散不能相和合。天下之百姓皆以水火毒药相亏害，至有余力不能以相劳，腐朽余财不以相分，隐匿良道不以相教，天下之乱，若禽兽然。（《墨子·尚同上》）

“一人一义”或“人异义”是人类社会的原始情态。在此情态中，“人是其义，以非人之义”，由自是、自利而互相否定、互相亏害，导致的是伦常的离乱及天下的失序。由之，生活于“大乱”之中的人也便沦为了“禽兽”。为了改变这一乱象，人们逐渐意识到“政长”的必要性，遂“选天下之贤可者，立以为天子”；然后，天子又选三公，立诸侯，诸侯复立乡长、里长等政长；这样，“天子—三公—诸侯—政长”的政制建构得以完成。于是，天子号令天下万民务必遵从政长的政令，以从根本上走出“人异义”所导致的原始混乱状态。以在“上”者之是非为是非意味着，民众

① 王先谦撰:《荀子集解》,中华书局,1988 年,第 319 页。

② 参见王先谦撰:《荀子集解》,中华书局,1988 年,第 92 页。

要主动放弃自己的是非判断，“天子之所是，皆是之，天子之所非，皆非之”，主动将“义”的裁断权让渡给天子及其代理人；倘非如此，“下比不能上同者，此上之所罚，而百姓所毁”，就会受到严厉的惩罚；这样，“乡长唯能壹同乡之义，是以乡治也”，“国君唯能壹同国之义，是以国治也”，“天子唯能壹同天下之义，是以天下治也”，“天下”最终会在由上而下逐层传递的结构中因“壹同天下之义”而臻于郅治。可见，墨子之“尚同”以“同于上为尚”，实质是以“同于天子为尚”，唯当如此，政治共同体才能得到根本性的建构。

再来看“兼”。《墨子·兼爱上》云：

> 圣人以治天下为事者也，不可不察乱之所自起。当察乱何自起？起不相爱。臣子之不孝君父，所谓乱也。子自爱不爱父，故亏父而自利；弟自爱不爱兄，故亏兄而自利；臣自爱不爱君，故亏君而自利，此所谓乱也。虽父之不慈子，兄之不慈弟，君之不慈臣，此亦天下之所谓乱也。父自爱也不爱子，故亏子而自利；兄自爱也不爱弟，故亏弟而自利；君自爱也不爱臣，故亏臣而自利。是何也？皆起不相爱。虽至天下之为盗贼者亦然，盗爱其室，不爱其异室，故窃异室以利其室；贼爱其身，不爱人，故贼人以利其身。此何也？皆起不相爱。虽至大夫之相乱家、诸侯之相攻国者亦然。大夫各爱其家，不爱异家，故乱异家以利其家；诸侯各爱其国，不爱异国，故攻异国以利其国，天下之乱物具此而已矣。察此何自起？皆起不相爱。

墨子指出了天下在社会政治领域的诸种乱象，并认为其根源在于人们的“不相爱”或“自爱而不爱人”。常人出于“自爱”去追求“自利”，其行为表现，往往是无视并侵害、夺取他人的利益，以满足自己的利益，此即“亏人—损人”；这样，整个社会将会陷入“相恶—相害”的混乱之中。在这里，墨子批评的是“不相爱”“不爱人”，而非“自爱”。墨子认为，“自爱”是不可否定的人之本性，问题只是在于，常人无法由“自爱”而“爱人—相爱”。

《墨子·兼爱上》说：

> 若使天下兼相爱，国与国不相攻，家与家不相乱，盗贼无有，君臣父子皆能孝慈，若此则天下治。

墨子认为，只要人们能将“不相爱”转变为“相爱”，就不会有“相害”之行为，而可拨乱反治。在此意义上，墨子所谓“兼爱”即“兼相爱”，意即“所有人都应相爱”。可见，“兼”的确有着“所有人”都应如此的普遍意涵，但“兼相爱”既不是“爱所有人”，也不是“所有人爱所有人”，而是“所有人都爱他人”。

当然，除了作为“兼相爱”的“兼爱”，墨子还主张一种作为“圣王之道”的“爱所有人”的“兼爱”。《墨子·兼爱下》云：

> 故兼者，圣王之道也，王公大人之所以安也，万民衣食之所以足也。

《墨子·法仪》云：

> 昔之圣王禹、汤、文、武，兼爱天下之百姓，率以尊天事鬼，其利人多，故天福之，使立为天子，天下诸侯皆宾事之。

在“圣王之道”的意义上，“兼爱天下之百姓”之“兼”的对象是“天下之百姓”，也即“所有人”。在这里，“圣王”是爱之主体，“所有人”是爱之对象。但需要注意的是，这种“爱所有人”的要求不是针对普通人而言的，而仅仅是圣王的政治责任与道德要求，此即章太炎《检论·原墨》所谓“且夫兼爱者，人主之道，非士民所当务也”[①] 之义。

可见，在墨子那里，“兼爱”有“兼相爱”与“兼爱天下之百姓”两种内涵：“兼相爱”的意思是“所有人都应爱他人”，“兼爱天下之百姓”的意思是“圣王应该爱所有人”。“兼相爱”是天下所有人之责任，是双向的、平等的；“兼爱天下之百姓”只是圣王之德性，是单向的、下及的。当然，两种“兼爱”之间也有内在联系：“圣王爱所有人”是“百姓爱他人”的楷式与模则，或者说，在墨子的“尚同”逻辑下，“所有人爱他人”是对“圣王爱所有人”的效法；如果没有“圣王爱所有人”，百姓之间的“兼相爱”也就不可能、不可行了。

那么，圣王为什么要“兼爱天下之百姓”？墨子提出了“天志”，以为这一问题确立价值基源与超越依据。《墨子·法仪》云：

---

① 章太炎：《检论》，《章太炎全集》（三），上海人民出版社，1984 年，第 434 页。

> 天之行广而无私，其施厚而不德，其明久而不衰，故圣王法之。既以天为法，动作有为必度于天，天之所欲则为之，天所不欲则止。然而天何欲何恶者也？天必欲人之相爱相利，而不欲人之相恶相贼也。奚以知天之欲人之相爱相利，而不欲人之相恶相贼也？以其兼而爱之、兼而利之也。奚以知天兼而爱之，兼而利之也？以其兼而有之、兼而食之也。

《墨子·天志下》云：

> 曰顺天之意何若？曰兼爱天下之人。何以知兼爱天下之人也？以兼而食之也。

圣王之所以要兼爱天下之百姓，乃圣王“法天”的必然结果。“天”因“兼而有之、兼而食之”之现实而显其“兼而爱之、兼而利之”之品性，这就是“天之意”之表现。因此，圣王必须“法天”，“顺天之意”。

如果说“尚同”指向的是关乎“是非”的“义”问题，“兼爱”指向的则是关乎“利害”的“利”问题。“天”既为“义”之终极依据，亦为“利”之终极依据。在“天志”的监督之下，天子应“率天下之百姓以从事于义”并“兼爱天下之百姓”，才能满足百姓的生命、财产、安全等现实需要。

除了“义—利”之政治诉求，“墨子齐物”当然也有学术层面的指涉。叶蓓卿说：“墨子是想以自己所掌握的所谓‘天志’，来限制与统一‘一人一义’、‘十人十义’的百家争鸣。在墨子看来，‘今天下之士君子之书，不可胜载，言语不可尽计。上说诸侯，下说列士，其于仁义，则大相远也’（《墨子·天志下》），而在这些纷乱言论中，唯有墨家学派的‘兼爱’、‘尚同’说才能担负‘天志’，从而实现其‘一同天下之义’的宏图。因此，墨子之‘齐’，即是要以墨家一派思想，齐一天下各家言论。”① 可见，墨子既以“尚同—兼爱”说为独一无二之“真理”，必有绝弃异论、齐一言论之思想诉求。

综上，墨子齐物思想的内涵及特征有三点。第一，墨子齐物的理据是“意志之天”或“神意之天”，主要通过“天意”在人间的代理人也就是“圣人”治理天下的方式得以实现。第二，墨子齐物的关键是与“是非”

① 叶蓓卿：《先秦诸子“齐物论”思想比较》，方勇主编：《诸子学刊》第十四辑，上海古籍出版社，2017年，第40页。

相关的“义”之问题，以及与“利害”相关的“利”之问题；“尚同”为前者之解决方案，“兼爱”为后者之解决方案。第三，墨子齐物以“尚同”“兼爱”为真理性依归，而有泯除异论、齐一思想之政治性诉求。

二、慎到之齐物

关于慎到之“齐物”，《庄子·天下》有以下记载：

公而不党，易而无私，决然无主，趣物而不两，不顾于虑，不谋于知，于物无择，与之俱往，古之道术有在于是者。彭蒙、田骈、慎到闻其风而悦之，齐万物以为首，曰：“天能覆之而不能载之，地能载之而不能覆之，大道能包之而不能辩之。”知万物皆有所可，有所不可，故曰：“选则不遍，教则不至，道则无遗者矣。”是故慎到弃知去己而缘不得已，泠汰于物以为道理，曰：“知不知，将薄知而后邻伤之者也。”謑髁无任而笑天下之尚贤也，纵脱无行而非天下之大圣，椎拍輐断，与物宛转，舍是与非，苟可以免，不师知虑，不知前后，魏然而已矣。推而后行，曳而后往，若飘风之还，若羽之旋，若磨石之隧，全而无非，动静无过，未尝有罪。是何故？夫无知之物，无建己之患，无用知之累，动静不离于理，是以终身无誉。故曰：“至于若无知之物而已，无用贤圣，夫块不失道。”豪桀相与笑之曰：“慎到之道，非生人之行而至死人之理，适得怪焉。”田骈亦然，学于彭蒙，得不教焉。彭蒙之师曰：“古之道人，至于莫之是、莫之非而已矣。其风窢然，恶可而言？”常反人，不见观，而不免于魭断。其所谓道非道，而所言之韪不免于非。彭蒙、田骈、慎到不知道。虽然，概乎皆尝有闻者也。

本段阐述了彭蒙、田骈、慎到的思想。田骈“学于彭蒙”，且与慎到同为稷下先生，“皆学黄老道德之术”[①]，故三子可谓一脉相承、一致同归。鉴于《天下》以慎到为主要评述对象，慎到之学在此后的思想史中当有更广泛的影响，故本书仅以慎到为代表而述三子之齐物思想。

“齐万物以为首”，说明慎到学派以“齐万物”为其根本要旨。《天下》所谓“万物皆有所可，有所不可”“弃知去己”“与物宛转，舍是与非”与《齐物论》之文句的确有类似或相同之处，也难怪傅斯年会认为《齐物论》

① 司马迁撰：《史记》，中华书局，1959年，第2347页。

的作者是慎到而非庄子了。即便不认可慎到作《齐物论》的学者，也会承认《齐物论》受到了田骈、慎到的影响。比如，朱谦之即力主“《齐物论》本于田骈说”，认为《齐物论》之篇题取自田骈，思想方法有取于田骈，最高境界与田骈归宿于“道”相同①；张松辉也认为，庄子的顺物无己、绝圣弃智、虚己游世等观念均出自慎到学派，从而断言“庄子较为全面地继承了田骈、慎到的学说”②。对于朱、张两位先生的观点，邓联合有细致的辩驳，兹不赘述。③《天下》明确批判了慎到之学，一则曰“慎到之道，非生人之行而至死人之理”，再则曰“慎到不知道”，这种激烈的批评足以说明慎到之齐物是迥异于庄子的。

很多学者都注意到了慎到与庄子之间的思想差异。陈丽桂说：“田、慎等人的贵齐、贵均观念，和《庄子》齐物一系道家思想是有距离的。”④邓联合认为，无论就其理论内涵的深邃性、丰富性，还是就其系统性而言，《齐物论》都超过了田骈、慎到一派“齐万物以为首”的观念，两派有“道”“术”之别。⑤丁耘也看到，慎到之齐物与庄学似近而实远，“慎子齐物而无分，而庄子物化而有分”⑥。这些理解与《天下》篇的评判相契，也与庄子哲学的独异品质合辙。

通过《天下》的相关论述来看，慎到学派之“齐物”，以“大道能包之而不能辩之”为本，以“弃知”“去己”为用。慎到所谓“道”，以“包”也即囊括万物为特征。具体而言，“包”又有着“不辨”与“无遗”两重内涵：“不辨”说的是在“道”境之中，“物”与“物”没有区别或差异；“无遗”说的是“道”不会抛弃或否定任何一“物”。就此而言，慎到之“道”实际上就是万物之整体或作为整体的万物，此一“整体”是浑然无别、一体无分的。这样，慎到之“齐物”也就是作为整体之万物的一体无分、同质无别；“道”之于万物，体现出不党、无私、无择等绝对公平特征。

在慎到的设定之下，万物只能放弃自己的个体性、主体性而无条件地投入“道”的整全性之中，此即所谓“弃知”与“去己”。“弃知”意味着

---

① 参见朱谦之：《庄子哲学》，《朱谦之文集》（第三卷），福建教育出版社，2002 年，第 259—264 页。

② 张松辉：《庄子研究》，人民出版社，2009 年，第 57—58 页。

③ 参见邓联合：《庄子哲学精神的渊源与酿生》，光明日报出版社，2011 年，第 152—153 页。

④ 陈丽桂：《战国时期的黄老思想》，（台北）联经出版事业股份有限公司，1995 年，第 160 页。

⑤ 参见邓联合：《庄子哲学精神的渊源与酿生》，光明日报出版社，2011 年，第 153 页。

⑥ 丁耘：《〈庄子·天下〉中的“齐物”问题》，杨国荣主编：《思想与文化》第二十三辑，华东师范大学出版社，2019 年，第 172 页。

对智慧的放弃，“去己”意味着对主体的泯除；经由智慧与主体的双重摒弃，人就可以抛却自己的“人性”而完全等同于“物”了。这样，由慎到之齐物而造就的理想人格，便是“无知之物”；慎到齐物的思想性格，便是“死人之理”。在“无知之物”与“死人”的世界之中，没有情感的发显，没有智慧的临照，没有灵性的闪耀，也不会有什么分辨、是非、得失、毁誉，一切都在“道”的裹挟下冥然一体、混而为一，最终“同归于寂”了。由此，慎到描绘了这样一幅存在理想：

若飘风之还，若羽之旋，若磨石之隧，全而无非，动静无过，未尝有罪。

人们应该像四处回旋的飘风、随风舞动的羽毛、均衡转动的石磨那样，永远因顺着外在的情势或形势而动，无知无识，无情无志，无名无实，这样，就不会产生任何错误、过失与罪责——这就是与整体之“道”相谐的生命之“全”。显而易见，这是一种完全放弃自我而委身于外在之形势（“道”与“法”）的依归、委从式的生活方式，与生命的自由、自主、自立、自适完全无关，其意不过在于保全肉体生命而免于祸患、劳苦或刑罚而已——“无建己之患，无用知之累”。

将宇宙论与人生论推至人间事务，也便有了慎到对“法”的阐扬。《荀子·解蔽》云：

慎子蔽于法而不知贤……由法谓之道，尽数矣。

杨倞注云：“慎子本黄老，归刑名，多明不尚贤、不使能之道，故其说曰：‘多贤不可以多君，无贤不可以无君。’其意但明得其法，虽无贤亦可以为治。”① “本黄老，归刑名”，是“黄老道家”或“道法家”的核心特征。慎到之学，正是由“道”入“法”或以“法”释“道”的典型体现，落脚点在“法”，故《慎子》佚文曰：

法者，所以齐天下之动，至公大定之制也。

“法”之于天下，与“道”之于万物一样，体现着绝对的公平与普遍，以

① 王先谦撰：《荀子集解》，中华书局，1988年，第392页。

及最为理想的安定形态。《汉书·艺文志》以《慎子》入“法家者流”，非无由也。

《四库全书总目提要》论《慎子》曰：

> 今考其书，大旨欲因物理之当然，各定一法而守之，不求于法之外，亦不宽于法之中，则上下相安，可以清净而治。然法所不行，势必刑以齐之。道德之为刑名，以此转关。①

由“道德”而“刑名”，慎到之“齐物”落实为“齐民”，“齐物之道”亦转换成了“齐民之法”②。陈丽桂认为，慎到首次将“道”转化为“外在事物之‘理’”，又将此“理”具体化为作为绝对根据的“法”。③ 由“道”入“法”、以“法”释“道”致使“道”被客观化、定名化，这在庄子眼中恰恰是“隐于小成”之“道”。此外，慎到之齐物有着对普遍性的极致追求与对个体性的极端否定，将“法”等同于“道”亦透显出慎到对整齐划一的整体性、槁木死灰的无机性的颂扬。

庄子与慎到的齐物思想有霄壤之别：庄子之道，不在“包万物”，而在“通万物”；庄子之“无己—丧我”，不在泯灭主体之智慧与灵性，而在高扬“真宰”之真意、“适己”之逍遥；庄子之“是非观”，不在舍是与非，而在“不谴是非”；庄子之“乘物”，不在如无根之飞蓬般“与物宛转”“缘不得已”，而在“乘物以游心，托不得已以养中”。慎到所谓“与物宛转，舍是与非”，实际上是将生命流放到了物境之中，“把人性归于物性，以摒除精神境界为代价而追求与万物同一”④，而无所谓精神追求与心灵价值了——这恰恰是庄子最为珍视的东西。

---

① 纪昀总纂：《四库全书总目提要》，河北人民出版社，2000年，第3031页。

② 丁耘说：“有以道齐物，方有以法齐民。其道与物无择，其治乃不尚贤。慎子有齐物之道，乃有齐民之法。”（丁耘：《〈庄子·天下〉中的“齐物”问题》，杨国荣主编：《思想与文化》第二十三辑，华东师范大学出版社，2019年，第169页）周丰堇也看到，“齐万物以为首”为“齐民而治”的政治模式提供了理论基础；并且，《天下》之记载多言“齐物之本”，《慎子》多言“齐物之用”，由之可完整建构出慎到的“体用秩序”。参见周丰堇：《慎到的“齐物论”》，《管子学刊》2021年第1期。

③ 参见陈丽桂：《战国时期的黄老思想》，（台北）联经出版事业股份有限公司，1995年，第160—163页。

④ 郑开：《道家形而上学研究》（增订版），中国人民大学出版社，2018年，第121页。

三、许行之齐物

《孟子·滕文公上》载：

> （陈相曰：）“从许子之道，则市贾不贰，国中无伪，虽使五尺之童适市，莫之或欺。布帛长短同，则贾相若；麻缕丝絮轻重同，则贾相若；五谷多寡同，则贾相若；屦大小同，则贾相若。”（孟子）曰：“夫物之不齐，物之情也。或相倍蓰，或相什百，或相千万，子比而同之，是乱天下也。巨屦小屦同贾，人岂为之哉？从许子之道，相率而为伪者也。恶能治国家？”

由此可见“许行之齐物”，以及孟子“物本不齐”之说。

通过《孟子》的记载可知，许行乃“为神农之言者”，自楚之滕以后，滕文公与之居处，“皆衣褐，捆屦织席以为食”；陈相本习儒者之业者，见许行而“尽弃其学而学焉”。孟子之所以在“距杨墨”之余特别关注了许行与农家，既因许行得到了滕文公的特别关注，也由于陈相发生了由“习儒”而“悦农”的转换。

许行与农家究竟有何异彩，终而获得了国君与士人的双重思齐与服膺呢？既为“为神农之言者”，“神农之世”“神农之道”即许行之政治、生活理想：

> 神农之世，卧则居居，起则于于，民知其母，不知其父，与麋鹿共处，耕而食，织而衣，无有相害之心，此至德之隆也。（《庄子·盗跖》）
>
> 神农之世，男耕而食，妇织而衣，刑政不用而治，甲兵不起而王。神农既没，以强胜弱，以众暴寡。（《商君书·画策》）
>
> 神农之教曰：“士有当年而不耕者，则天下或受其饥矣；女有当年而不绩者，则天下或受其寒矣。”故身亲耕，妻亲绩，所以见致民利也。（《吕氏春秋·爱类》）
>
> 《洪范》八政，一曰食，二曰货。食谓农殖嘉谷可食之物，货谓布帛可衣，及金刀龟贝，所以分财布利通有无者也。二者，生民之本，兴自神农之世。（《汉书·食货志》）
>
> 古之人民，皆食禽兽肉。至于神农，人民众多，禽兽不足。于是神农因天之时，分地之利，制耒耜，教民农作。神而化之，使民宜

之，故谓之神农也。(《白虎通·号》)

通过上述材料可见，神农之道以“耕织”或“食货”为本。无论是圣人还是士人，都要“耕而食”，此即许行所主张的“贤者与民并耕而食，饔飧而治”(《孟子·滕文公上》)。淳朴的“神农之世”无需刑政、甲兵，民众亦“无有相害之心”，故《庄子·盗跖》称之为“至德之隆”，《白虎通》誉之为“神而化之”，这也是神农位列“三皇”的根本原因。

按照《商君书》的说法，“神农之后”开始出现“以强胜弱、以众暴寡”的状况，“皇道”也就此终结。可见，以食货为本、以亲耕为常的“神农之道”代表着一种至为淳朴、理想的社会形态。许行以神农为模则，既是向“至德之世”的终极回归，也蕴含着对儒家“祖述尧舜”的超越。在此意义上，“许行齐物”的本质便不是王夫之所谓“齐市物之贾”①，而是对人与社会之本初状态的回归；在这种本初状态中，人没有等级之分、上下之序、贵贱之别，并以“亲耕”为共同的生活方式，此即所谓“比而同之”。

面对许行的言行，孟子严格分判“大人之事/小人之事”“劳心者/劳力者”，极力凸显士君子的“教化”之责，反对将社会等级泯而为一；通过对万物之客观差异的强调，孟子认为许行强行“齐物”实乃“乱天下”之法。这样，“物之不齐，物之情也”也就成了孟子对先秦齐物思潮的纲领性批判。通过孟子对墨子、许行的批判可知，他对先秦齐物思潮也有着深入了解与自觉反思。孟子反对墨子、许行从“横摄”的层面“齐物”的方式，而主张“万物皆备于我矣，反身而诚，乐莫大焉”“尽其心者，知其性也；知其性，则知天矣”(《孟子·尽心上》)，实际上是以“心性”为基源而开辟了一条“纵贯”式的“齐物”之路。

第二节　先秦齐物思潮之“外”的《齐物论》

通过上文对墨子、慎到、许行之齐物思想的简述可知，先秦齐物思潮有如下三个关键性的共同点。

第一，在思想本源上，无论是墨子的以“天”齐物，还是慎到的以“道”齐物，都非常强调“天”与“道”的普遍性、一体性与整体性。也

① 王夫之:《读四书大全说》,中华书局,1975 年,第 581 页。

就是说，在存有论的层面，先秦齐物思潮均有着某种对统一性、一元化形上学的追求：墨子承继的是商周时代的“天”，慎子阐扬的或是老子所创立的“道”。

第二，在理论关怀上，墨子、慎到、许行之齐物都有着“务为治”的政治诉求。鉴于先秦哲人的形上学设定大多是一元论、中心化的，反映在政治建制上，也均有以“圣王”为中心而追求大一统的政治取向：墨子寄望于“法天”的圣王，慎到则以客观而外在的“法”来充实“道”的内涵，许行也试图通过君主“与民并耕而食”的方式泯除一切差异与争端。

第三，在思维方式上，墨子、慎到、许行之“齐物”致力于以天道与圣王来笼括、覆载万物与百姓，均有着“自上而下”的“照临”特征①，致力于追求的是横向的量的统一。对此，我们可称之为“横摄之齐物”：“横”者，横向、广大之谓也；“摄”者，引持、摄归之谓也。无论在存有论、政治学还是思考方向的维度上，以墨子、慎到、许行为代表的先秦“齐物思潮”均是以“横摄”之崇一体、尚一统为根本特征的。

那么，在先秦齐物思潮的大背景中，应该如何看待《齐物论》的思想内涵与地位？关于这个问题，学者们基本上都倾向于撇清庄子与先秦齐物思潮的关系，致力于在先秦齐物思潮之外阐扬庄子齐物哲学的独特性。

叶蓓卿说：“身当乱世，众家学说皆私怀成心，为功、为名、为己、为世；唯有庄子逍遥物外，冷眼旁观，剥离种种人情表象，慧悟世事本真，汲取各家菁华，最终超拔众说之上。”② 李凯说：“庄子既依附时代的共同命题，以‘齐物’表达自己的思想，同时又试图超越时代的局限，独辟蹊径地揭示世界的真相。”③ 尽管学者对庄子齐物观念的理解并不相同，但对其“超拔众说”“独辟蹊径”的评价可谓异口同声。那么，庄子齐物哲学究竟有何独特性与超越性？

关于这个问题，同样可以从形式、内容、思想三个方面进行解答。

第一，在形式方面，与其他子家仅有关于“齐物”的只言片语相比，“庄子专以长篇论齐物”，《齐物论》的篇幅更长、思想更完备、论证更精详。

第二，在内容方面，庄子“集论齐物之大成”，对其他子家的齐物思

---

① “照临”一词，取自《诗·小雅·小明》“明明上天，照临下土”，以及《尚书·泰誓下》“惟我文考若日月之照临，光于四方，显于西土”。

② 叶蓓卿：《先秦诸子“齐物论”思想比较》，方勇主编：《诸子学刊》第十四辑，上海古籍出版社，2017年，第49—50页。

③ 李凯：《庄子齐物思想研究》，中国社会科学出版社，2018年，第90页。

想进行了融贯性的反思与批判，从而在此基础上实现了更进一步的理论超越。

第三，在思想方面，庄子之齐物有着“不齐而齐”的本质特征，与其他诸子“齐其不齐”的倾向大相径庭。

在上述三点之中，《齐物论》在形式方面的特点是显而易见的，内容和思想方面对先秦齐物思潮的反思、批判与超越主要体现在以下材料中：

> 道隐于小成，言隐于荣华。故有儒墨之是非，以是其所非而非其所是。欲是其所非而非其所是，则莫若以明。
>
> 昭文之鼓琴也，师旷之枝策也，惠子之据梧也，三子之知几乎，皆其盛者也，故载之末年。唯其好之也，以异于彼，其好之也，欲以明之。彼非所明而明之，故以坚白之昧终。
>
> 以指喻指之非指，不若以非指喻指之非指也；以马喻马之非马，不若以非马喻马之非马也。天地一指也，万物一马也。

第一段材料是《齐物论》唯一明确论及儒、墨的语句。这句话表明庄子明确意识到了儒、墨乃当时之“显学”，且对儒、墨之间“是其所非而非其所是”的争论颇为不满。第二段材料中的惠子是《齐物论》唯一明确提及的先秦思想家，“以坚白之昧终”说明惠施亦有“坚白”之论。《德充符》载庄子谓惠子之言“天选子之形，子以坚白鸣”，更可证“坚白论”并非公孙龙的思想专利，而是惠子等“名家”的公共辩题。第三段材料提到了“指、马之论”，一般认为此与公孙龙的“指物论”和“白马论”相关①。然而，《韩非子·外储说左上》载：“兒说，宋人，善辩者也，持白马非马也，服齐稷下之辩者。乘白马而过关，则顾白马之赋。”《战国策·赵策》载苏秦之言曰：“夫刑名之家，皆曰白马非马也。”由这两段材料可知，与“坚白论”类似，“白马论”并非公孙龙之首创，也不是公孙龙之专利，而是战国名家的公共辩题也即所谓“周季恒言”②。“白马论”“坚白论”既为名家之共同辩题，“指物论”恐怕也不例外。这样来看，《公孙龙子》中的《白马论》《坚白论》《指物论》等篇，可能只不过是公孙龙归纳整理的

---

① 南宋罗勉道说：“此篇多是辟公孙龙子，如是非、彼是、因非、因是、非指、坚白、同异，皆公孙龙子语。”（罗勉道撰：《南华真经循本》，中华书局，2016年，第17页）章太炎说：“指马之义，乃破公孙龙说。”[章太炎：《齐物论释定本》，《章太炎全集》（六），上海人民出版社，1986年，第78页]在此基础上，陈少明也对公孙龙与庄子的相关说法进行了比较。参见陈少明：《〈齐物论〉及其影响》，北京大学出版社，2004年，第39—41页。

② 参见王叔岷撰：《庄子校诠》，中华书局，2007年，第60—61页。

名家思想结晶。因此，尽管《齐物论》提到了“指、马”，但这并不意味着庄子是在回应公孙龙的辩题。毕竟，“公孙龙在庄子后，此不当以公孙龙为说”①。总之，既然惠施是与庄子过往甚密的“名家”代表人物，《齐物论》及内篇其他篇章亦指名道姓地批判了惠施，第三段材料的“指、马之论”所针对、批驳的对象就更有可能是惠施而不是公孙龙。综合上述材料来看，《齐物论》的确针对性地回应了儒家与墨家两个学派，并专门批判了惠施这一思想人物。

通过本章第一节可知，墨家有比较明确的“齐物”思想，那么，儒家、惠子是否也有类似的“齐物”观念呢？答案是肯定的。

《论语·为政》云：

> 道之以政，齐之以刑，民免而无耻；道之以德，齐之以礼，有耻且格。

“道之以德，齐之以礼”就是孔子的“齐民”之术。这种“齐民之术”，在《齐物论》中与尧“欲伐宗、脍、胥敖”之事相关：

> 故昔者尧问于舜曰：“我欲伐宗、脍、胥敖，南面而不释然，其故何也？”舜曰：“夫三子者，犹存乎蓬艾之间。若不释然，何哉？昔者十日并出，万物皆照，而况德之进乎日者乎！”

尧之治道，以“躬服仁义而明言是非”（《大宗师》）为纲；他对宗、脍、胥敖的讨伐，可能只是因为三国文化朴野、文明落后而欲主动“往教”之。通过“武力”的方式强制推行“德教”，其结局必会像“十日并出，万物皆照（灼）”那样悲惨而荒谬。② 这个寓言揭露了“攻伐”与“德教”之间的悖谬性张力：在“道之以德，齐之以礼”的温情脉脉背后，潜藏着专断的权力与残暴的武力。在庄子看来，儒家政治哲学的普遍设定和一元追求与慎到之学并无二致。

对于惠子，庄子一曰“非所明而明之，故以坚白之昧终”，再曰“劳神明为一而不知其同”。惠子企图通过名辩而证成“天地一体”，以为“泛爱”奠定基础；然而，这种路径不仅让惠子沉迷于言辩，亦由“历物”而“逐物”，使生命沉沦于物境而不得自宁。惠子经由“劳神明”而抵达的“万物

① 钱穆：《庄子纂笺》，生活·读书·新知三联书店，2014年，第21页。
② 关于这一寓言的详细解读，见本书第七章第二节。

毕同”“天地一体”观念，与先秦齐物思潮如出一辙。当然，通过逻辑推理的方式建构“齐物”，是惠子的新方法，这种方法深刻影响了墨辩学派。在庄子看来，这种外逐万物、不见本源的“齐物”路径注定劳攘而不休、骀荡而不得。① 冯友兰认为，《齐物论》“天地与我并生，而万物与我为一”与惠施“泛爱万物，天地一体也”完全相同，但“既已为一矣……”之“转语”，“是庄子比惠施更进一步处”。②

通过上面的论述可知，《齐物论》的确从思想与内容方面批判并反思了儒、墨、惠子的“齐物”思想，体现着庄子齐物哲学的如下特质。

第一，在思想本源上，庄子之“齐”并非墨子、慎到那种不言而喻或不容置疑的一元本体。墨子、慎到之天道本体既是“齐”之起点，也是“齐”之归宿；在庄子那里，正所谓“和之以天倪”，“齐”以天然之分也即不齐之万物为起点与归宿：“‘齐’不是‘同样一致’，废除各自个体的独特性质，反而是描写诸多种物体，各有不同特色，互集成群。”③

第二，在政治关怀上，与儒、墨、慎到、许行等对大一统政治的认可与追求不同，庄子之齐物表征着一种以挺立主体的独立性为起点、以激发主体的创造性为追求、以维护主体的多元性为鹄的的崭新的政治理念，从而逸出了先秦齐物思潮一味重视整体、向往一统的樊囿。

第三，在思维方式上，庄子不认可“横摄之齐物”，并有着“稠适而上遂”（《天下》）的“纵贯”取向。实际上，孟子的“尽心、知性、知天”也是纵贯性的，然而，孟子“上达”的起点是“心性”，这种“良心—善性”被设定为人心之“同然”；与之相比，《齐物论》明确否定了“物之所同是”，也不会认可“心之所同然”，故庄子更强调“独与天地精神往来”之“独与式上遂”，这正是庄子迈越诸子的关窍所在。

总之，先秦齐物思潮大都始于“以道为齐”而归于“齐物之不齐”，“物之不齐”之差异、多元并不具有根本性的价值。在此背景下，庄子“飘然思不群”，致力于在万物之“自然之分”“咸其自取”的基础上“休乎天钧”，与彼“强不齐以为齐”者固大有径庭矣。令人惋惜的是，战国末期之后的政治现实与历史走向恰与“横摄之齐物”若合符节，“纵贯之齐物”固然用心甚独、陈义甚高，终究是众所同去、空存其理乃至今——《天下》所谓“万物毕罗，莫足以归”“芒乎昧乎，未之尽者”，岂斯之谓欤！

---

① 关于惠子与庄子的思想异同，参见王玉彬：《庄子与惠施哲学思想之比较》，王博主编：《哲学门》第三十四辑，北京大学出版社，2016 年，第 91—107 页。

② 参见冯友兰：《新原道：中国哲学的精神》，生活·读书·新知三联书店，2009 年，第 54 页。

③ 参见吴光明：《庄子》，（台北）东大图书股份有限公司，2015 年，第 181 页。

第三节 先秦齐物思潮之“中”的《齐物论》

从思想衍生的角度来看，庄子齐物哲学与先秦齐物思潮的关系必然是先“入乎其内”而后“出乎其外”的，虽然“出乎其外”的突破性向度瑰丽多姿而引人瞩目，但“入乎其内”的基础性向度也值得审问慎思，如此才能对庄子齐物哲学的问题意识、思辨历程、价值归宿有全面之理解、客观之评判。换言之，仅仅强调庄子思想中那些独出机杼、与众不同的面向，乃至忽略、淡化、切断庄子与先秦齐物思潮之间的内在关联，就会模糊庄子齐物哲学的理论背景与问题意识，从而不利于深观其思想脉络与义理旨归。

先秦齐物思潮有着浓厚的现实关怀、政治情结与思辨色彩，为了凸显庄子齐物哲学的卓荦不群，学者们更愿意将之界定为超越了现实世界、思辨理性的纯粹精神境界。邓联合说：“庄子‘齐物’的目的在于‘旁礴万物以为一’（《逍遥游》），或超越万事万物而‘登天游雾，挠挑无极’（《大宗师》），其指向在精神性的形而上一路，而田骈、慎到一派的真正目的则在于最终规约万物、整饬万事，其指向在现实的形而下一路。”[①]以“精神”睥睨“现实”。李凯说：“‘齐物’并非思辨哲学的产物，而是庄子的境界体验，这种境界体验颇类似于佛徒在止观状态下所生起的对世界真相的认识。”[②] 以“境界”排遣“思辨”。李凯还主张，与慎到、惠施等人通过“齐物”来表达政治诉求不同，庄子纯粹“为齐物而齐物”。[③]又以“境界”排斥“政治”。杨立华说：“与其他各家有明确社会政治指向的齐物思想不同，庄子的齐物只是通向真知与真理性生存的环节。”[④] 亦以“真知”排遣“社会政治”。

然而，对于庄子齐物哲学而言，如果“使其哲思仅守成于‘生命哲学’的格局，则将令庄子断离于战国时期以‘拯济时弊’为基本关怀的思想脉络，仿佛其与整个时代思潮完全无关一般”[⑤]，是否契合庄子“其学无所不窥”的思想世界与深沉恻怛的存在关怀？尽管庄子齐物哲学在思想

---

① 邓联合：《庄子哲学精神的渊源与酿生》，光明日报出版社，2011 年，第 153 页。

② 李凯：《庄子齐物思想研究》，中国社会科学出版社，2018 年，第 13 页。

③ 参见李凯：《庄子齐物思想研究》，中国社会科学出版社，2018 年，第 53—85 页。

④ 杨立华：《庄子哲学研究》，北京大学出版社，2020 年，第 111 页。

⑤ 吴肇嘉：《庄子应世思想研究》，(台北)台湾学生书局，2011 年，第 10 页。

本源、政治关怀、思维方式等方面与先秦齐物思潮大相径庭，但庄子不可能完全超离其时代背景、思想语境而另创全新的齐物义理。也就是说，尽管庄子齐物哲学的确出类拔萃，但终究还是先秦齐物思潮的有机组成部分，并深受先秦齐物思潮在问题、方法等方面的影响。

儒、墨、慎到、许行、惠施都在“天下无道”的语境中思考着“齐物”问题，并以“天下有道”为理想追求。对庄子而言，“天下无道”同样是无处可逃的现实困境，也是一定要尝试解决的生存难题。只不过，庄子的解决方案不像其他人那么急功近利，也不像其他人那样追求整齐划一，难免显得有些“不近人情”或“不知利害”。面对“不近人情”的评判，《逍遥游》以“之人也，之德也，将旁礴万物以为一，世蕲乎乱，孰肯弊弊焉以天下为事”回应之。这个答语并不意味着世道人心与天下万物是微不足道的尘俗，庄子的意思是，“天下”无法通过“以天下为事”的方式平治，“万物”无法通过“以物为事”的方式成就，天下的平治与万物的成就是由“德充—神凝”而开出的自然符验与自由许诺，无法通过成心筹划、师心自用的方式来实现。面对“不知利害”的诘问，《齐物论》以“死生无变于己，而况利害之端乎”回应之。这个答语并不意味着“利害”是不值一哂的，庄子的意思是，“利害”问题的合理解决不能通过“趋利避害”来完成，只有在“死生无变于己”那样更高级的存在视域中，“利害”才能得到彻底解决与最后安顿。在此意义上，庄子的生命关切与人文关怀超越了一时一地的限制，而契应于任何时代的现实与生命，从而体现出某种“永恒”的价值。《齐物论》所谓“为是不用而寓诸庸。庸也者，用也；用也者，通也；通也者，得也。适得而几矣”，阐述的就是万物之自用（“庸也者，用也”）与通用（“用也者，通也”），以及在此基础上的共生共成（“通也者，得也”），这就是一个近乎完美的天籁之境了。可见，庄子齐物哲学亦以“天下有道”为问题意识与现世关怀，只不过，这个有道的天下并不呈现为一统的样态，也不建立在世俗的道德、权力、智慧、利益等等之上。

庄子齐物哲学与先秦齐物思潮的另一个契合点是理性方法的运用。先秦诸子都是理性的英雄、思辨的行家，理性思辨是先秦齐物思潮汹涌澎湃的根本动力。庄子的齐物哲学也是在与诸子的交锋与辩难中产生的，在这一建构过程中，思辨的力量与理性的魅力得到了登峰造极的展现。

庄子本人的智慧水平之高、思辨能力之强是众所公认的，然而，庄子之所以异于其他诸子，在于他深刻揭示了理性的如下特征：任何人都是有“成心”的存在者，作为理性能力的成心是人的生存基础；由“成心”而生“是非”，面对是非问题，成心的自以为是态度、师心自用倾向并不理性，而意味着理性的滥用；为理性确立边界是避免理性滥用的根本方式，所谓“边界”有两个指向，一是朝向“真宰”的边界感，二是面对“他心”的边界感；这种“齐物理性”可以为自我沉思、思想碰撞、人际交往确立“相尊”“相蕴”之原则。可见，如果说“齐物”涵有所谓“齐是非”之向度，“齐是非”也不意味着对“是非”的不屑一顾乃至绝对排斥——似乎只要设定一个无是无非的“道”，阐发一种超越是非的“体道境界”，“是非”就再也不成问题了。实际上，庄子说人必有成心，有成心必有“是非”；取消了“是非”，也就等于取消了“人”的存在。庄子对这种慎到式的“死人之理”毫无兴趣，而以“真人”为其理想追求。就超越层面的“真宰”而言，如果缺乏理性之光的照耀，庄子不会体察到“可行己信”的天道是那么的芒昧难知；如果缺乏思辨之风的吹拂，庄子不会领会到“吹万不同”的天籁是那么的阒寂无声。就现实维度的“是非”而言，“真人”是“不谴是非，以与世俗处”（《天下》）的人，是“和之以是非”（《齐物论》）的人，是“未始入于非人”（《应帝王》）的人。在此意义上，“齐是非”是为了划定理性的边界，限制思辨的权能，唯当如此，“理性”才能成为来回摆渡在有与无之间、彼与我之间乃至生与死之间的“大樽”，这就是庄子的“齐物理性”。

第三章　“以卮言为曼衍”：《齐物论》的语言观念

不管是通过《庄子》本文来看，还是通过后世解庄者的评判来看，《庄子》都有着明确的语言省思与文体自觉。《寓言》云：

> 寓言十九，重言十七，卮言日出，和以天倪。寓言十九，藉外论之。亲父不为其子媒。亲父誉之，不若非其父者也；非吾罪也，人之罪也。与己同则应，不与己同则反；同于己为是之，异于己为非之。重言十七，所以已言也，是为耆艾。年先矣，而无经纬本末以期年耆者，是非先也。人而无以先人，无人道也；人而无人道，是之谓陈人。卮言日出，和以天倪，因以曼衍，所以穷年。不言则齐，齐与言不齐，言与齐不齐也，故曰无言。言无言，终身言，未尝言；终身不言，未尝不言。有自也而可，有自也而不可；有自也而然，有自也而不然。恶乎然？然于然。恶乎不然？不然于不然。恶乎可？可于可。恶乎不可？不可于不可。物固有所然，物固有所可，无物不然，无物不可。非卮言日出，和以天倪，孰得其久！万物皆种也，以不同形相禅，始卒若环，莫得其伦，是谓天均。天均者，天倪也。

《天下》云：

> 以谬悠之说，荒唐之言，无端崖之辞，时恣纵而不傥，不以觭见之也。以天下为沉浊，不可与庄语。以卮言为曼衍，以重言为真，以寓言为广。
>
> 其书虽瑰玮而连犿无伤也，其辞虽参差而諔诡可观。

这两段文句向来被视为理解庄子语言特色的主要材料，而且，它们关于“三言”（寓言、重言、卮言）的界说各有偏重：《寓言》陈述了三言之占比与内涵，《天下》摹写了三言之风格、来由与归宿。两相结合，即可较为全面地了解“三言是什么”这一问题。古代庄学史关于三言的注释可谓多矣；近现代以来，学者多以西方语言哲学为参考视域观照三言，亦颇有理论创获。问题在于，这些古今阐释往往只停留在对“三言是什么”的理解上，而未及深思两个更关键的问题：第一，三言的生成逻辑是什么？第二，三言的义理旨归是什么？实际上，《天下》已然给出了两个问题的简明答案：“以天下为沉浊，不可与庄语”即庄子语言观念的生成逻辑，“连犿无伤—諔诡可观”为庄子语言观念的义理旨归。因此，欲解三言，须先行讨论何谓庄语，以及庄子何以认为“不可与庄语”，此中隐伏着庄子语言观念的生成逻辑问题；亦须结合庄子“连犿无伤”的思想旨归进行论述，方可探得一种与“妙道之行—万物之化”偕行的语言形态之真谛。

然而，鉴于“以天下为沉浊，不可与庄语”及“连犿无伤—諔诡可观”等说法过于简约，仅仅依赖这些材料无法做出全备解读。恰好，“《齐物论》的言述，可以代表《庄子》的风格”[①]。《齐物论》对上述两个悬而未决的关键问题有着鞭辟入里之阐发、游刃有余之运用，不仅叙述了庄语的产生与运作机制，更巧用三言进行了创新性撰述，堪称庄子立言风格的生动呈现。

第一节　从“庄语”到“卮言”

一、“以天下为沉浊，不可与庄语”辨义

如果说三言是“庄子的钥匙”[②]，“以天下为沉浊，不可与庄语”就是开解三言的密码。庄子之语言观念的建构，正是从剖析传统的语言观念——庄语——入手的。陆德明《庄子音义》载：

> 郭云：庄，庄周也。一云：庄，[端] 正也。一本作壮，侧亮反，（端）大也。[③]

这段话提供了三种理解庄语的方式：

---

① 陈少明：《〈齐物论〉及其影响》，北京大学出版社，2004 年，第 196 页。
② 张默生：《庄子新释》，齐鲁书社，1993 年，第 12 页。
③ 郭庆藩撰：《庄子集释》，中华书局，2013 年，第 964 页。

Ⅰ. 解“庄”为“庄周”，庄语即“庄周之语”。此为郭象之说。①

Ⅱ. 释“庄”为“正”或“端正”，庄语即“正语”“端正之语”。

Ⅲ. 另有版本作“壮语”，“壮语”即“大言”。

说法Ⅰ显然是望文生义，对后世几无任何影响，故不足为论。其余两说则均有理趣。成玄英主张的是Ⅲ：“庄语，犹大言也。宇内黔黎，沉滞暗浊，咸溺于小辩，未可与说大言也。”② 此说的确道出了中国古典思想对黔首黎民的一般性认知，问题在于，成玄英既已释“以谬悠之说，荒唐之言，无端崖之辞，时恣纵而不傥”（《天下》）之“荒唐”为“广大”③，故“荒唐之言”即“大言”。这样，庄子既说出了“大言”（“荒唐之言”），又主张“未可与说大言”（“不可与庄语”），自相矛盾，故成玄英以庄语为“大言”并不可取。排除了Ⅰ与Ⅲ，按照Ⅱ将庄语理解为“正语”就应是最妥当的，后世注家即多持此说，并常以“正论”“正言”“法言”④ 等语称之，这也是本书认取的说法。

庄语即端庄、端正之言，“不可与庄语”即“不可与端正之言，故托诸卮言、重言、寓言也”⑤。那么，庄语有何内涵与特征？鉴于庄子不与之庄语正是先秦时期的儒墨等学派所深深服膺并孜孜追求的，在这里，不妨先借固持“正言”的孔子、孟子、荀子的相关说法以明其义：

> 子所雅言，《诗》、《书》、执礼，皆雅言也。（《论语·述而》）
>
> 子曰：“法语之言，能无从乎？改之为贵。”（《论语·子罕》）
>
> 诐辞知其所蔽，淫辞知其所陷，邪辞知其所离，遁辞知其所穷。生于其心，害于其政；发于其政，害于其事。圣人复起，必从吾言矣。（《孟子·公孙丑上》）
>
> 故王者之制名，名定而实辨，道行而志通，则慎率民而一焉。故析辞擅作名以乱正名，使民疑惑，人多辨讼，则谓之大奸，其罪犹为

---

① 郭象注：“累于形名，以庄语为狂而不信，故不与也。”（郭庆藩撰：《庄子集释》，中华书局，2013年，第964页）并未明言“庄语”即“庄周之语”。陆德明《经典释文》说“郭云：庄，庄周也”，或是对郭象此注的一种理解。

② 郭庆藩撰：《庄子集释》，中华书局，2004年，第964页。郭庆藩亦谓“庄”“壮”古音义通。

③ 成玄英云：“荒唐，广大也。”（郭庆藩撰：《庄子集释》，中华书局，2004年，第963页）

④ 陆树芝云：“以诸家庞杂，不可以正论晓之。”（陆树芝：《庄子雪》，华东师范大学出版社，2011年，第396页）王先谦云：“庄语，犹正论。”（王先谦撰：《庄子集解》，中华书局，1987年，第295页）钟泰云：“‘庄语’，正言也。”（钟泰：《庄子发微》，上海古籍出版社，2002年，第791页）吕惠卿云：“庄语则法言而已矣。”（吕惠卿撰，汤君集校：《庄子义集校》，中华书局，2009年，第603页）

⑤ 王叔岷撰：《庄子校诠》，中华书局，2007年，第1344页。

> 符节度量之罪也。故其民莫敢托为奇辞以乱正名，故其民悫，悫则易使，易使则公。其民莫敢托为奇辞以乱正名，故壹于道法而谨于循令矣。如是，则其迹长矣。迹长功成，治之极也，是谨于守名约之功也。（《荀子·正名》）

孔子所谓“雅言”即“正言”[①]，“法语之言”即“以正道告之”[②]，这种“正言—正道”载录于《诗经》《尚书》《周礼》等先王典法之中。按照孟子的“知言”之说，庄语即与“诐辞”“淫辞”“邪辞”“遁辞”对反之语，有不偏、不乱、无邪、不曲等特征。孟子所谓“吾言”即庄语，也即“言必称尧舜”之“言”，或者说是承载着“尧舜之道”的语言。按照荀子的“正名”之说，庄语即“王者之制名”，其反面是常人擅作之“乱名”与托庇之“奇辞”。在荀子的思想视域中，三言是“奇辞”之典型，滑稽乱俗，定当在斥逐之列。可见，尽管孟子、荀子的理路不一，但在异说蜂起的战国中后期，同为儒家的他们却自觉担负起共同的使命，那就是拨乱反正，将各种“奇谈怪论”一并抹杀或进行解蔽，以复兴圣人之“庄语—正言”，也即“尧舜之道”或圣王所制之“正名”。

庄子为何不认可孟子与荀子的庄语？正所谓“以天下为沉浊，不可与庄语”，原因在于“沉浊之天下”无法与庄语相契。那么，什么又是“天下沉浊”或“沉浊之天下”？于此，庄学史上主要有两种解释方式。

其一，“天下沉浊”意为天下百姓的品性是顽劣、愚钝的。郭象曰：“累于形名，以庄语为狂而不信，故不与也。”成玄英曰：“宇内黔黎，沉滞暗浊，咸溺于小辩，未可与说大言也。”[③] 林希逸曰：“以天下之人愚而沉浊，不可以诚实之言喻之。”[④] 三说均将“天下沉浊”理解为平民百姓愚钝不堪、执迷不悟、争辩不休，故不可语上或与闻大道。问题在于，如果愚钝、惑乱的天下百姓连庄语都无法接受，又岂能理解比庄语更曼衍而广大的三言呢？

其二，“天下沉浊”指的是“圣贤不明，道德不一”（《天下》）之混乱无道、离散失序的政治局面，也即无道乱世。陈赟说：“在‘天下’‘沉浊’的境况下，人们已经不得不以‘非庄语’的方式寻找真实。人们常说

① 皇侃撰：《论语义疏》，中华书局，2013年，第167页。需要注意的是，《论语》所谓“正言”应该理解为动词性的“正言之”，郑玄甚至解为“正言其音”（参见皇侃撰：《论语义疏》，中华书局，2013年，第168页），但这种动词性的读法不妨碍我们将之理解为名词化的“正言—庄语”。

② 皇侃撰：《论语义疏》，中华书局，2013年，第237页。

③ 郭庆藩撰：《庄子集释》，中华书局，2013年，第964页。

④ 林希逸著，周启成校注：《庄子鬳斋口义校注》，中华书局，2004年，第1100页。

《庄子》是乱世之书，那么这一套言述方式也可以从乱世的角度加以理解。"[①] 其潜台词或如吕惠卿所言："方天下之清也，圣贤明而道德一，人可与庄语，庄语则法言而已矣。"[②] 在天下清明的时候，或天下再度清明之后，庄语即可大行其道，三言即无续存之可能或必要了。这样，三言不过是庄子在乱世情境中提出的暂时性语言方案，庄语在价值上优于三言。问题在于，一旦承认庄语无法应对或扭转"天下大乱"，那它就不过是清明之世的点缀而已，并不见得有多么高明；而且，将庄子的创制三言解读为不得不如此的无奈之举，也遮蔽了庄子语言观念的独创性价值。

在上述两说之外，屠友祥提出了一种新颖的解释，他认为"沉浊"之义并非"混乱"而是"浑沌"："天下的本貌为沉浊——混沌（沉浊非为贬义词，意与混沌相同。前人解此多误），混沌无有面目，无法与确定的直言相亲相合（'不可与庄语'，'与'意为相亲相合），唯与圜转无定的言适相亲与。"[③] 诚如"人之生也，固若是芒乎"（《齐物论》）所揭示之"人生固芒"，"芒然彷徨乎尘垢之外，逍遥乎无为之业"（《大宗师》）之以"方之内"为"尘垢"，屠先生将"沉浊—浑沌"视为"天下"的本朴状态，倒也言之成理。面对"浑沌之天下"，"不可与庄语"意味着不能用"倏""忽"对待"浑沌"的方式穿之凿之，否则就会衍生出一系列悲剧与恶果。尽管这种解读可以避免传统解释的问题，在义理上也颇为可取，但将贬义的"沉浊"等同于"浑沌"，既缺乏坚实的文字解释方面的证据，也消解了《天下》极力烘托的"天下大乱"背景，未能真正做到持之有故。

尽管上述三种理解各不相同，却有一个共同特征，那就是将"天下沉浊"视为"不可与庄语"的前提或原因。按照本书的理解，如果说在"天下沉浊"之前尚有一个"天下清明"时期，而庄语正是这一时期流行的话语模式，那么，天下为何会从清明趋于混乱呢？难道仅仅像孟子和荀子所说的，是因为淫辞、奇辞的出现吗？如果是这样的话，在庄语流行的时代，为何又会滋生足以颠覆清明局面的淫辞、奇辞呢？可见，真正的问题应该是：庄语为何护持不住与之相应的清明天下？这是否说明，尽管庄语的确曾经建构出清明之天下，但它同时也是"天下沉浊"的根由呢？更需要直面的事实是，"天下沉浊"既已形成，庄语随即丧失了曾经的神奇效用，并再也无力扭转乱局了。这样说来，庄语才是一种深具时效性的语言

---

① 陈赟：《自由之思——〈庄子·逍遥游〉的阐释》，浙江大学出版社，2020年，第64页。

② 吕惠卿撰，汤君集校：《庄子义集校》，中华书局，2009年，第603页。

③ 屠友祥：《言境释四章》（修订本），上海古籍出版社，2011年，第193页。

形式。总之，“不可与庄语”并不是对庄语的守护与期待，而是对庄语的省思与批判。换言之，庄语是“天下沉浊”的根源，庄子之所以提出三言，就是要通过拔本塞源的方式解决庄语的失效与天下的混乱之问题。

二、“庄语”的衍生过程与运作逻辑

庄子关于庄语的省思与批判，并不意味着彻底否定“言”而崇尚“无言”，或将语言视为人类生活中的赘余、无用之物，否则，他就不可能另出机杼地创发三言这种新颖的语言形式了。在庄子那里，语言的问题不在语言自身，而在人对语言的使用；问题的关键也只在于人们应该如何使用语言才能防止语言的染污与异化，而非否定语言乃至取消语言。所谓庄语，正是语言的染污与异化形态；所谓三言，则是语言的本然或应然形态。

关于“言”之产生与效用，《齐物论》云：

> 道行之而成，物谓之而然。

“道”以“行之而成”的方式开显。于人而言，此一“行之而成”之过程，是“已而不知其然谓之道”（《齐物论》）。《知北游》云：“天地有大美而不言，四时有明法而不议，万物有成理而不说。”天道呈现于天地之化育、四时之流行、万物之生成的过程之中，此一自然流行、生成之过程（下文简称为“万物之化”）是静默无言的，此之谓“大道不称”（《齐物论》）。天道既无言、不言，“不知其然”之人，既无法为之立言，更不必为之代言，故可称、可道之天道，定非本真之天道或天道之本真，此之谓“道可道，非常道；名可名，非常名”（《老子》第一章）。关于“物谓之而然”，“谓之”即“命名”，是人类理解外物的基本方式；通过命名，“物”不但“以‘名’为前提”而“呈现于思想世界”之中[①]，同时也被召唤或带进了其生活世界之中；人对“物”的这种思想上的召唤与生活中的接纳，构成了与物之“自然”相区别的另一种“然”。

在庄子那里，“道”隐默不言，“物”静默不言，唯有“人”能言。人虽能言，“行之而成”的“道”终究不是人的言说与思考对象，因此，“言”必定是以“物”为对象的言说。人不可、不必言“道”，而能言、善言“物”，并以“终日言而尽物”为其实际。在庄子看来，人对“物”的

① 参见郑开:《庄子哲学讲记》,广西人民出版社,2016 年,第 128 页。

言说必须以“道行之而成”为本源或真际，方能成就一种与“道之行”也即“万物之化”相配的语言形式；如果说语言是人召唤、接纳万物的方式，这种召唤与接纳必须以物之本然为基源，才能通达“成己—成物”之归趣。至此，人存在于其中的世界得以建立，并呈现为“道—人—物”的整全境域与理想形态。

《齐物论》又云：

> 夫言非吹也，言者有言，其所言者特未定也。果有言邪？其未尝有言邪？其以为异于鷇音，亦有辩乎，其无辩乎？道恶乎隐而有真伪？言恶乎隐而有是非？道恶乎往而不存？言恶乎存而不可？道隐于小成，言隐于荣华。

无论语言对于人的整全世界的建立如何重要，它终非“天籁”自身。如果说“天籁”即天道境域之中的“物”之现身——“夫吹万不同，而使其自已也，咸其自取，怒者其谁邪”（《齐物论》），“言”就是人类知性之中的“物”之现身：人类通过语言而构造出了某种“物之然”，这就是所谓“言者有言”。与“道行之而成”衍生出的“万物尽然，而以是相蕴”（《齐物论》）相比，“谓之而然”之“然”，不仅不是物之本然，反而意味着对物之本然的遮蔽，以及对物之自然状态的剥离。程乐松说：“事物从‘固有所然’到‘谓之而然’的转变是来自主体的操作和区隔，其直接后果并不是改造了物的固然，而是建立了自我对世界的认识，以及物我的区分，正是这种区分和认识，把自我从万物中抽离出来。”① 现身于语言中的“物”并非“物自身”，“谓—言”这种人为性观照无法契应万物之本然，此即所谓“其所言者特未定也”。正因语言在“物”的世界中并不具备“绝对的有效性”②，故庄子云：

> 夫道未始有封，言未始有常。（《齐物论》）

于“物”而言，“道”是“吹万不同，使其自已”的无边界、无限制之自然境域，也即“虚而待物者也”（《人间世》），此之谓“道未始有封”；“言”则是人对物的符号性规定与区分，这种符号给定的“物之然”貌似

---

① 程乐松：《物化与葆光——〈齐物论〉中所见的两种自我形态》，《中国哲学史》2020年第3期。

② 陈之斌：《道中之言与言中之道：庄子道言关系新探》，《哲学动态》2016年第2期。

明晰，却是“属人之符号约定下的暂时产物”①，此之谓“言未始有常”。

语言所映照之万物，非万物之本然，非万物之自然，亦非万物之常然。这样说来，语言只是人类理解或利用万物的方便法门，而非究极程式。在此意义上，人们不能用语言去规定、定性万物，也不能通过语言去规范、宰制乃至重构万物。如果人们对“言”的这种“未定—无常”本貌不加警醒并及时知止，必会滋生出越界的“荣华之言”。《齐物论》云：

> 天地与我并生，而万物与我为一。既已为一矣，且得有言乎？既已谓之一矣，且得无言乎？一与言为二，二与一为三，自此以往，巧历不能得，而况其凡乎！

“言”始生于人对万物之称谓、命名，若能了知语言所召唤之“物之然”与“万物之本然”之一间之隔，当会致力于弥合这种召唤式的切割而有“天地与我并生，万物与我为一”之悟。然而，“言”不仅有朝着“物之本然”返归的微小可能，更有“大曰逝，逝曰远”式的自我复制、无限滋生的更大可能。即便以“并生—为一”这种非凡之言为起点，尚不可避免地落入“巧历不能得”的无限堕落，就更不必说那些平凡之言了。这样，语言就会在其不断的自我复制中建构出一套系统化的话语体系与人文符号。这种“荣华之言”既是“言”的自我复制，也是“言”的自我赋权。在“荣华之言”的世界之中，“言”不再是对“物”的单纯命名、召唤与接纳，也不再是对“物之本然”的适度遮蔽与剥离，而是通过自身的运作规则对“物之本然”的占有与役使、改铸与重构。由此，作为主宰的“荣华之言”变得无比尊贵、端庄、正大，终而获得了占有、支配万物的权能，这就是庄语。显然，庄语与万物之间不再是“物谓之而然”意义上的“源—流”关系，而是颠覆并转化为一种“主—从”关系，人们据之“任名以号物”②，获得了对万物进行生杀予夺的权力。在此意义上，庄语使人们跃升为与“道”并立的另一种造物者。但与“通为一”“顺物自然”之“道”不同，庄语仅仅意味着对“物”的限制与宰制。在庄子看来，这种限制与宰制主要通过“有用—无用”之辨与“是—非”之辨而现实展开。

在《逍遥游》中，惠施即以“有用—无用”为标准裁决了“大瓠”：因为大瓠既不符合“盛水浆”之用，亦不符合“剖之以为瓢”之用，故可

① 赖锡三:《道家型知识分子论——〈庄子〉的权力批判与文化更新》,(台北)台大出版中心,2013 年,第 341 页。

② 王弼语。参见楼宇烈:《老子道德经注校释》,中华书局,2008 年,第 81 页。

“为其无用而掊之”。如果说“瓠”之名是人对瓠之实的“谓之而然”，盛水之“壶”与“瓢”就是加诸其上的“荣华之言”或庄语。通过“壶”与“瓢”，人既取得了对瓠之“实”的支配，也实现了对“瓠”之名的占有：符合“壶”与“瓢”的“瓠”遭受着被剖解的命运，不符合“壶”与“瓢”的“大瓠”面临着被掊击的命运。无论被剖解还是掊击，“瓠”都失却了“瓠之所以为瓠”的本然之在与自然之用。

在庄语逻辑的支配之下，“是非”被无限彰显，“明辨是非”成为一种牢不可破的生存诉求：合于庄语者为“是”，不合庄语者为“非”。为了占据“同是”之话语权，每一种庄语都企图一劳永逸地永久占据“物之所同是”，庄语与庄语之间的这种“是其所非而非其所是”是对“物之本然”的更深层遮蔽，与“万物尽然，而以是相蕴”的浑沌之境直接对立。① 这一“言”的异化过程，就是化为“名”、趋向“辩”的过程，这也是所有世俗价值体系建构并维持自身的内在逻辑。庄子说：

> 圣人怀之，众人辩之以相示也。故曰辩也者有不见也。（《齐物论》）
>
> 德荡乎名，知出乎争。名也者，相轧也；知也者，争之器也。二者凶器，非所以尽行也。（《人间世》）

一旦陷入了“辩”之境地，“言”就无法继续发挥召唤万物、面向他者的“交流—沟通”功能，而成为一种建构成心、隔离彼此的象征。同时，“言”的名位化不仅使得人与物的自然德性被外在的价值、符号系统所牵制、摇荡，也成为人与物、人与人交往过程中相互磨损、倾轧的利器。《齐物论》云：“道隐于小成。”当某种价值观念经由“言”而成为庄语之后，“妙道之行”即消隐了。《齐物论》又云：“是非之彰也，道之所以亏也。”当庄语把控了明辨是非的权能，“妙道之行”也随即损亏了。庄子之所以主张放弃庄语，是因为庄语既现实地导致了天下之失序，又在本质上无法与万物的本朴丰饶相应；庄子之所以选择庄语之外的“荒唐之言”——卮言、重言、寓言，其意正在破除庄语的固着化与封闭化，摆脱庄语对万物之本然的控制与改变，以走出庄语建构的价值神话，而敞开一个“咸其自取”的生活与意义世界。

---

① 关于“是”“是非”“同是”等问题的讨论，参见本书第六章。

三、“三言”释义

《天下》云:“以卮言为曼衍,以重言为真,以寓言为广。”三言正是走出“荣华之言—庄语”之遮隐,而与沉浊之天下、黮暗之人生相契应、贴合的“天籁之言”。

(一)“寓言”与“重言”

关于寓言,《寓言》的表述是:

> 寓言十九,藉外论之。亲父不为其子媒。亲父誉之,不若非其父者也;非吾罪也,人之罪也。与己同则应,不与己同则反;同于己为是之,异于己为非之。

寓言之要,在“藉外论之”;寓言之必要,在“与己同则应,不与己同则反;同于己为是之,异于己为非之”这一堪称人之“原罪”的存在结构。关于人之“自以为是、以人为非”或“司是非”的存在结构,《齐物论》有着精妙的阐述与深切的批判;庄子“藉外”以述己意,就是在对人之存在情状的透彻认知基础上采取的语言策略。在此意义上,寓言定非“相与语”之“偶言”①,而是“假托人物以明事理之言”②。“藉外论之—假托人物”则可无“我”,无“我”则其言说即无守胜凌人之状;面对这种脱卸了守胜凌人之态势的“无我”之言,他人也便有暂置“彼此”之对立、“是非”之争执的更大可能,以及相与遇于“外”这一第三方之境的更好可能。

关于“彼”“我”之外的第三方,《齐物论》有如下反思:

> 既使我与若辩矣,若胜我,我不若胜,若果是也,我果非也邪?我胜若,若不吾胜,我果是也,而果非也邪?其或是也,其或非也邪?其俱是也,其俱非也邪?我与若不能相知也,则人固受其黮暗。吾谁使正之?使同乎若者正之?既与若同矣,恶能正之!使同乎我者正之?既同乎我矣,恶能正之!使异乎我与若者正之?既异乎我与若

① 司马贞《史记索隐》:“其书十余万言,率皆立主客,使之相对语,故云‘偶言’。又音寓。寓,寄也。故《别录》云:‘作人姓名,使相与语,是寄辞于其人,故《庄子》有《寓言》篇。’”(司马迁撰:《史记》,中华书局,1959年,第2144页)

② 王叔岷撰:《庄子校诠》,中华书局,2007年,第1088页。

> 矣，恶能正之！使同乎我与若者正之？既同乎我与若矣，恶能正之！然则我与若与人俱不能相知也，而待彼也邪？

这里所谓“同乎若”“同乎我”“异乎我与若”“同乎我与若”者，因与“彼—我”在认知或存在结构上并无本质差别，故可称之为“虚假的第三方”。在辩论过程中，引入“虚假的第三方”徒增不必要的同质元素，无助于问题的实际解决，“是以火救火，以水救水，名之曰益多”（《人间世》）。与之不同，寓言所藉之“外”，并非如彼或如我的“虚假的第三方”，而是非彼、非我的“虚构的第三方”。

这种“虚构的第三方”又可分为两种。

一是完全虚构的第三方。这种第三方媒介的完全虚构性使其既有置身事外的疏离性，又有撮合彼我的沟通性。在庄子那里，完全虚构的“外”既有鲲、鹏、栎社树等自然之物，又有肩吾、连叔、啮缺、王倪等方外高人，以及至人、神人、圣人、真人等理想人格。因其自然性、畸异性或超越性，这些“藉外论之”的第三方也便有了独立于甚至超越于“你—我”的珍贵品质。而且，正因这些第三方全然是虚构的，故更可在陌异化的境域中使“彼—我”再次相视、相遇，从而开出可资沟通对立双方的真实效果。

二是部分虚构的第三方。与上一类作为自然之物、方外高人、理想人格的第三方不同，这一类型的第三方主要有尧、舜、禹、孔子、老子、颜子等历史上实际存在过的古圣先贤。之所以说这一类是部分虚构的，是因为虽然古圣先贤的确是历史上的客观存在，但他们在《庄子》书中的言行却并不符合其历史的真实形象。这一类型的寓言实际上就是重言。

关于重言，《寓言》云：

> 重言十七，所以已言也，是为耆艾。年先矣，而无经纬本末以期年耆者，是非先也。人而无以先人，无人道也；人而无人道，是之谓陈人。

“重”既可读为“重复”之“重”（合于“所以已言”之意），亦可释为“借重”之“重”（合于“耆艾”之意）。在《庄子》中，作为“耆艾已言”之重言，即尧、舜、禹、孔子、老子、颜子等古圣先贤之所言；问题是，《庄子》中的这些圣贤之言并非圣贤之所已言，甚至不是圣贤之应言，重言有明确的托借性质，故可以解之为“借重圣贤之言”。既然重言所寄托者是“彼—我”之外的第三方，其本质当然是寓言；只不过，重言所寄托之对象，并非子虚之人、乌有之物，而是历史上客观存在的古圣先贤。徐圣心说：“寓言的寄身无所不在，无所不可，飞潜动植都展现生命，发为言语；但重言的托付，主要在人文世界，换言之，是历史与传统。”① 寓言所假托者，乃自然、虚灵之人与物；重言所借重者，乃人文、历史之圣与贤。

那么，庄子为何要在全然虚构的人物之外，借重尧、孔子等古圣先贤而立言？原因有二：其一，正如《淮南子·修务训》所说，“世俗之人，多尊古而贱今，故为道者必托之于神农、黄帝而后能入说”，尊崇古圣之道，是世俗之人的普遍心理；其二，人的存在不仅是自然性的、超越性的，也与人文性、历史性有着至深至重的内在勾连，在融贯自然与人文、通达“天”与“人”的基础上重构人的存在形态，正是庄子哲学的要旨与归宿。在此意义上，人文与历史在庄子那里并非仅仅是“修辞的手段”或“解构的对象”②，而恰恰是“不敖睨于万物”“与世俗处”的表现方式。

庄子笔下的古圣先贤之所存、所论、所议，确与经书、儒书颇为不类。古圣先王在《庄子》中述及的那些内容，并非重复“经”中“已言”之庄语，而是阐述“不经”之卮言。可见，重言之“借重”，并非以“子曰诗云”来证实观点，抬高价值，反而是以某种权威的方式颠覆权威。也就是说，尽管由庄语建构出的历史与人文是庄子所反对的，但在破解了庄语化的历史与人文之后，人还是应该且能够开出某种卮言化的历史与人文的。

至此可知，寓言有广、狭二义：广义之寓言涵括“重言”在内，《寓言》之所以说“寓言十九”，司马迁之所以说《庄子》书“大抵率寓言也”，正是由此广义之寓言而立论；狭义之寓言指的是那些假托虚构而非历史之人物的内容，也即广义之寓言除去重言之后的部分。这样，如果说“重言十七”意味着《庄子》有七成的内容是借重圣贤立言，去除这些内

---

① 徐圣心:《庄子“三言”的创用及其后设意义》,(台北县)花木兰文化出版社,2009 年,第 119 页。

② 陈少明认为,“对庄子而言,历史不是意义的来源,更不是价值的原则,它成了修辞的手段,甚至是解构的对象”(陈少明:《梦觉之间:〈庄子〉思辨录》,生活·读书·新知三联书店,2021 年,第 85 页)。

容之后，“寓言十九”所余之十分之二，正是狭义之寓言的大概占比。[①]

《齐物论》中的下列材料亦有助于解读寓言与重言：

> 六合之外，圣人存而不论；六合之内，圣人论而不议。春秋经世先王之志，圣人议而不辩。
>
> 若有真宰，而特不得其眹。可行已信，而不见其形，有情而无形。
>
> 古之人，其知有所至矣。恶乎至？有以为未始有物者，至矣，尽矣，不可以加矣。其次以为有物矣，而未始有封也。其次以为有封焉，而未始有是非也。是非之彰也，道之所以亏也。

“六合之外，圣人存而不论”，意承“若有真宰”“有以为未始有物者”之“至知”，“六合之外”者，“真宰”“未始有物”之谓也；“存”[②]意味着肯认“真宰”之“有”，“不论”体现着“若有”之无知。“六合之内，圣人论而不议”，意承“有物矣，而未始有封也”之“大知闲闲”，“六合之内”为“有物”之域，“论”即“略论大纲”而“赋伦类”。“春秋经世先王之志，圣人议而不辩”，意承“有封焉，而未始有是非也”，“春秋经世先王之志”即圣人意在维护事物之天然分界，“议其所以”而“断所宜”。[③]“议而不辩”之“辩”，对应着“是非之彰”。在庄子看来，圣人对语言的运用是可存、可论、可议的，而唯独不可辩。狭义之寓言与“六合之外”的超越之域、“六合之内”的自然之域相应，重言则指向“春秋经世先王

① 关于“寓言十九”与“重言十七”之“十九”“十七”，大致有四种理解方式：(1)郭象认为是“十言而九见信”“十言而七见信”，成玄英、陆德明与之同。参见郭庆藩撰：《庄子集释》，中华书局，2013年，第830页。(2)林希逸解为“十居其九”“十居其七”。参见林希逸著，周启成校注：《庄子鬳斋口义校注》，中华书局，1997年，第431页。(3)孙以楷、甄长松说：“寓言十之又九条，重言十之又七条。”(孙以楷、甄长松：《庄子通论》，东方出版社，1995年，第10页)(4)曹础基认为“十七”应为“十一”之误，“十一”与“十九”暗合。参见曹础基：《庄子浅注》，中华书局，1982年，第421页。四说之中，(3)说泥滞，(4)说改经，殊不足论。(1)说有古之渊源，且以“见信”为论，看到了“三言”取信于人的指向，但为何寓言十言九见信而重言十言七见信，殊不可解。本书采取的是“十居其九”“十居其七”之说而另为之解。

② 刘黛认为，“存”的态度说明：一方面，承认“未知者”是存在的，认识有其边界；另一方面，体现了一种超越逻辑、知识、言论的生命态度。参见刘黛：《〈齐物论〉中圣人使用语言的层次》，《中国哲学史》2015年第4期。

③ 本段所引“略论大纲”“议其所以”之说语出释德清：“六合之内，圣人未尝不周知万物，但只论其大纲。如天经地义，以立君臣、父子之序，而不议其所以之详。”(释德清：《庄子内篇注》，华东师范大学出版社，2009年，第46—47页)“赋伦类”“断所宜”之说语出丁耘：“论即伦也，赋伦类也。议即义也，断所宜也。”(丁耘：《〈庄子·天下〉中的“齐物”问题》，杨国荣主编：《思想与文化》第二十三辑，华东师范大学出版社，2019年，第165页)

之志”（即《寓言》所谓“经纬本末”）。

总之，寓言与重言是以人之是非、古今观念为基底而生成的语言策略。庄子隐藏在他所假托或借重的人物之后，以期通过“我”（言说者）的虚化而弱化“彼”（言说对象）的是非对抗心理、因顺“彼”的尊古崇圣心理，进而实现彼我心意的沟通与畅达。正所谓“以重言为真，以寓言为广”，以自然、虚灵之人物为寄托，寓言意在以“謷乎大哉”之天道而虚豁人之心怀；以古圣先贤之“耆艾”为借重，重言在古今之变的节点上含蕴并开显着真正的人道。在这里，不妨暂将寓言与重言界定为有意味的语言形式，它关注的是“如何说”才能更有效，而非本质性的内容语言。

（二）“卮言”释义

三言的本质内涵，必须要通过对卮言的理解才能抵达。关于卮言，《寓言》论之以“卮言日出，和以天倪，因以曼衍，所以穷年”，揭示的仅仅是卮言的“日出”“曼衍”特征，以及“穷年”效果，并未道明其实质含义。

陆德明《庄子音义》曰：

> “卮言”字又作卮，音支。《字略》云：“卮，圆酒器也。”李起宜反。王云：“夫卮器，满则倾，空则仰，随物而变，非执一守故者也；施之于言，而随人从变，已无常主者也。”司马云：“谓支离无首尾言也。”①

这段话提供了三种理解方式：

其一，依《字略》，“卮”为圆形酒器，卮言即“举觯后可以语之时之言”②，或谓把酒言欢或清谈之言。此外，也有学者认为庄子着意的并非“酒”而是“圆”，“‘卮言’即浑圆之言，不可端倪之言”③。

其二，依王叔之，“卮”并非酒器，而是一种“卮器”，也即《文子·

---

① 郭庆藩撰：《庄子集释》，中华书局，2013年，第831页。

② 王闿运：《庄子内篇注》，转引自崔大华：《庄子歧解》，中州古籍出版社，1988年，第747页。

③ 王叔岷撰：《庄子校诠》，中华书局，2007年，第1089页。

守弱》之“侑卮”、《荀子·宥坐》之“欹器”。[①] 郭象说：“夫卮，满则倾，空则仰，非持故也。况之于言，因物随变，唯彼之从，故曰日出。”[②] 王、郭所谓“满则倾，空则仰”，正是“侑卮”“欹器”的特点。与荀子重在以“满则倾”取戒不同，两人的取义重心都是卮器的“非执一守故”“非持故”，也即随水之盈虚而倾仰的变动特征。这样来看，卮言就是“随人从变之言”或“因物随变，唯彼之从之言”。

其三，依司马彪，卮言即支离之言。成玄英也说：“卮，支也。支离其言，言无的当，故谓之卮言耳。”[③] “支离之言”即无首尾、无统系、无主旨、无目标之言。

在以上三说之中，首先，以“卮”为“宥坐之器”的说法最富于资料支持；其次，“因物随变”之说与《齐物论》“彼是莫得其偶，谓之道枢，枢始得其环中，以应无穷”之说直接相契；最后，由“因物随变”既可推衍出“浑圆”之义（盈虚的循环变化），同时它本身也蕴含着“支离”之义（“非持故”），在寓意上最为完备。因此，本书认可的是以“卮”为“侑卮”或“欹器”、以“卮言”为“因物随变之言”的解读方式。

不妨再借助《齐物论》的三条材料为上述说法提供一些佐证：

> 道行之而成，物谓之而然。
>
> 古之人，其知有所至矣，恶乎至？有以为未始有物者，至矣，尽矣，不可以加矣。
>
> 六合之外，圣人存而不论。

通过第一条材料可知，“道”不可言亦无须言，不可知亦无须知；只有在朝向“物”的时候，“言”与“知”才是可能的、必要的、有效的。在第二条材料中，将“以为未始有物”称作“至知”，并不意味着“至知”即“未始有物”或“无物”，而是“以无物视有物”，“至知”固为朝向“物”的“知”。第三条材料所谓“六合之外”，指向的是虚明之“道境”，圣人“存之”“怀之”而不“论之”也即“言之”。总之，正所谓“言之所尽，

---

① 《文子·守弱》：“三皇五帝有戒之器，命曰侑卮，其冲即正，其盈即覆。”《荀子·宥坐》：“孔子观于鲁桓公之庙，有欹器焉。孔子问于守庙者曰：‘此为何器？’守庙者曰：‘此盖为宥坐之器。’孔子曰：‘吾闻宥坐之器者，虚则欹，中则正，满则覆。’孔子顾谓弟子曰：‘注水焉！’弟子挹水而注之，中而正，满而覆，虚而欹。孔子喟然而叹曰：‘吁！恶有满而不覆者哉！’”“侑卮”即“欹器”，为圣王座边的“戒之器”。

② 郭庆藩撰：《庄子集释》，中华书局，2013 年，第 831 页。

③ 郭庆藩撰：《庄子集释》，中华书局，2013 年，第 831 页。

知之所至，极物而已”（《则阳》）、“道不可言，言而非也”（《知北游》），“卮言”并非论者所谓“道言”[①]，而是至极之“物言”。当然，“卮言”虽然并不就是“道言”，但它亦不离于“道”。与“道”毫无契会的“言”不过是要取“道”而代之的庄语，而不可能是“极物之言”。就“道”自身而言，它是隐秘的、玄默的、幽冥的；就“道之行”呈现为“万物之化”而言，“道”具有某种已然性、真实性。卮言无法针对“玄冥之道”进行言说，而可因循“万物之化”进行言说。因循“万物之化”的言说是以“物”为本、以“化”为用的言说。在此意义上，卮言既不是对“道”的单向理解，也不是对“物”的单纯否定，而是对“道生万物”或“万物之化”的体贴式观照。在“因之以曼衍”的过程中，卮言具有“道之行”那样的敞开性与流动性。一如万物在“道之行”中的自然化成，卮言使得万物以“无不然—无不可”或“尽然”之状在“人”的世界中现身。

关于三言之联系与区别，徐圣心认为卮言是寓言、重言之外的“直接的叙述、观念的提点者”，是“近乎思想语汇独白的表法”。[②] 此说承自王夫之：

> 凡寓言重言与九七之外，微言间出，辨言曲折，皆卮言也。[③]

若谓卮言是寓言、重言之外更精微玄深的内容，《庄子》即由九成寓言（包括重言）与一成卮言构成，作为基源模式的卮言与作为语言技巧的寓言、重言的确“根本不在同一个层次”[④]。然而，王夫之还提供了另一种说法：

> 寓言重言与非寓言重言者，一也，皆卮言也。[⑤]

这就又将庄子的语言全归为了“卮言”。这种看法在庄学史上也属常见，吕惠卿云：“寓与不寓，重与不重，皆卮言也。”[⑥] 这意味卮言包括寓言与重言。

---

① 参见杨儒宾:《儒门内的庄子》,(台北)联经出版事业股份有限公司,2016年,第248页。赖锡三也说:“三者实俱是道言之开显。”[赖锡三:《当代新道家——多音复调与视域融合》,(台北)台大出版中心,2011年,第369页]

② 徐圣心:《庄子“三言”的创用及其后设意义》,(台北县)花木兰文化出版社,2009年,第35页。

③ 王夫之:《庄子解》,中华书局,1964年,第246页。

④ 杨儒宾:《儒门内的庄子》,(台北)联经出版事业股份有限公司,2016年,第248页。

⑤ 王夫之:《庄子解》,中华书局,1964年,第248页。

⑥ 吕惠卿撰,汤君集校:《庄子义集校》,中华书局,2009年,第519页。

纯形式地看，寓言、重言的确只是一种语言策略；一旦结合内容来看，通过寄寓与借重的方式，庄子借外物、他人之口阐述出的内容还是卮言，在此意义上，寓言、重言便没有流于形式，而体现出形式与内容的统一关系。实际上，如果没有寓言、重言对庄语在表述形式上的解构，庄子就无法开出曼衍之卮言；如果没有卮言对寓言、重言的充实与贞定，庄子就无法构造别具一格的寓言、重言。在此意义上，卮言既无法以“一成”计，亦无法以“十成”计，否则，卮言就成了一种可资计算的庄语，而非“日出—曼衍—瑰玮—参差”的自由之言了。

在庄子那里，庄语与卮言之间有僵固与活化的本质差异：如果说庄语乃以己为正、强物从己、相刃相靡之言，卮言就是依乎天理、因物为正、相尊相蕴之言；如果说庄语导致的是人以成心对外物与他人的单向控驭，卮言就引发着人与物、人与人在道境之中的相互通达与双向随成。庄语企图在“浑沌”中一劳永逸地固化价值，凿出秩序，也便无与于天下之整全，或者说丧失了映现天下万物之本然的可能，终而导致了价值与秩序的双重失守；唯有理解了万物之化的曼衍态势，才不会执迷于使用始于分化而终于固化的庄语去穿凿或割裂天下，天下才能免于陷入“其分也，成也；其成也，毁也”的堕落循环之中。可见，与其说庄子创制卮言的初心是“解决语言与道的矛盾关系所招致的困扰”①，毋宁说是对人类语言因隐于荣华、小成而无法合理观物、应物的生存难题的观照。至于如何通过卮言来观物、应物，《齐物论》亦给出了典型例证，且待下文论之。

第二节　“卮言”与“齐物”

“卮言”与《齐物论》的内在关联有两个方面的体现：其一，在语源层面，《寓言》与《天下》关于卮言的说述全部本于《齐物论》；其二，《齐物论》的语言风格、文本内容最典型地体现出了卮言的文言特征与齐物旨归。

一、《齐物论》与“卮言”

徐圣心认为，《齐物论》“有许多段落是纯粹的卮言”，因此是“恰当的卮言范例”。② 那么，何以说《齐物论》是《庄子》中最具有“卮言性”

① 杨儒宾：《庄周风貌》，（台北）黎明文化事业股份有限公司，1991 年，第 179 页。
② 徐圣心：《庄子“三言”的创用及其后设意义》，（台北县）花木兰文化出版社，2009 年，第 36 页。

的篇章呢？这一点，可以通过《寓言》《天下》的卮言表述与《齐物论》的材料之间的直接关联来证明。《寓言》述卮言云：

> 卮言日出，和以天倪，因以曼衍，所以穷年。不言则齐，齐与言不齐，言与齐不齐也，故曰无言。言无言，终身言，未尝言；终身不言，未尝不言。有自也而可，有自也而不可；有自也而然，有自也而不然。恶乎然？然于然。恶乎不然？不然于不然。恶乎可？可于可。恶乎不可？不可于不可。物固有所然，物固有所可，无物不然，无物不可。非卮言日出，和以天倪，孰得其久！万物皆种也，以不同形相禅，始卒若环，莫得其伦，是谓天均。天均者，天倪也。

《天下》述卮言云：

> 以卮言为曼衍。
>
> 其书虽瑰玮而连犿无伤也，其辞虽参差而諔诡可观。

这些同卮言相关的表述多与《齐物论》直接相关，举证如下。

其一，《寓言》“和以天倪，因以曼衍，所以穷年”，以及《天下》“以卮言为曼衍”，均取自《齐物论》所谓“和之以天倪，因之以曼衍，所以穷年也”。

其二，《寓言》“有自也而可，有自也而不可；有自也而然，有自也而不然。恶乎然？然于然。恶乎不然？不然于不然。恶乎可？可于可。恶乎不可？不可于不可。物固有所然，物固有所可，无物不然，无物不可”一段，与《齐物论》“可乎可，不可乎不可。道行之而成，物谓之而然。恶乎然？然于然。恶乎不然？不然于不然。物固有所然，物固有所可。无物不然，无物不可”用语类似。

其三，《寓言》“始卒若环，莫得其伦，是谓天均”之“天均”，本于《齐物论》“是以圣人和之以是非而休乎天钧，是之谓两行”；“始卒若环，莫得其伦”，与《齐物论》“彼是莫得其偶，谓之道枢。枢始得其环中，以应无穷”之意相近。

其四，《天下》所谓“諔诡可观”之“諔诡”，陈鼓应说：“与《齐物论》篇‘吊诡’同。”[①] 章太炎释《齐物论》“吊诡”云：“吊诡即《天下

① 陈鼓应注译:《庄子今注今译》(最新修订重排本),中华书局,2009年,第941页。

篇》之諔诡，与俶傥之俶同字。吊、俶古音相近，彝器伯叔字多作吊，不吊亦即不淑，皆其例。”[①] 马其昶亦云：“‘吊诡’，犹‘諔诡’。”[②] 于省吾曰：“经传言不叔，金文通作不吊。叔吊音近字通，后世假叔为吊，遂不知叔之本作吊矣。”[③] 由上可知，《天下》之“諔诡”即《齐物论》之“吊诡”。

其五，《齐物论》所谓“化声之相待，若其不相待”之“化声”，或即“卮言”之别称。郭嵩焘云：“言随物而变，谓之化声。”[④] 张祥龙说：“‘化声’意味着随语境而转化，不受制于固定的观念或对象。”[⑤] “随物而变”“随语境而转化”之“化声”，也即“因物随变”之“卮言”。马其昶云：“化声者，天籁也。”[⑥] 以“天籁”释“化声”。吴光明也认为，“不知之知”，“参与生命变迁，与之反映共鸣，这叫做‘化声’，叫做‘相待若其不相待’，叫做‘物化’”。[⑦] 倘若此说不误，则《寓言》《天下》非仅是以《齐物论》之文释“卮言”之词，甚至“卮言”一词亦可谓本诸《齐物论》之“化声”了。

通过上述论证可见，《寓言》《天下》关于卮言的言说内容，全部取自《齐物论》。这样，将《齐物论》视为一种卮言写作，就是合情合理的了。尤需注意的是，卮言所涉《齐物论》之文句，均与“天钧—天倪”之齐物要义相关，本为阐“意”之文，《寓言》《天下》将之化用成了释“言”之文，这种“意”与“言”之间的照应与呼应，更可佐证卮言并非仅是一种表意方式或话语策略。

在《庄子“三言”的创用及其后设意义》一书中，徐圣心以《齐物论》为范例分析了庄子之卮言，但徐先生的这一论断——《齐物论》中的卮言就是那些除却寓言、重言之对话模式的“思想独白”——是不可接受的。庄子之卮言，并非仅以“思想独白”的形式呈现，同时也贯注于庄子创设的寓言与重言之中。在《齐物论》之中，“南郭子綦隐机而坐”章、“啮缺问乎王倪”章、“瞿鹊子问乎长梧子”章、“罔两问景”章等都是寓言；“故昔者尧问于舜”章是重言；至于卮言，既包括寓言中南郭子綦之

① 章太炎：《庄子解故》，《章太炎全集》(六)，上海人民出版社，1986 年，第 129—130 页。

② 马其昶撰，马茂元编次：《定本庄子故》，黄山书社，2014 年，第 19 页。

③ 于省吾：《双剑誃诸子新证》，中华书局，2009 年，第 594 页。

④ 郭庆藩撰：《庄子集释》，中华书局，2013 年，第 103 页。与郭嵩焘的理解不同，郭象、成玄英以“化声”为“是非之辩”“变化声说”。郭象云：“是非之辩为化声。夫化声之相待，俱不足以相正，故若不相待也。”成玄英云：“变化声说。”

⑤ 张祥龙：《从现象学到孔夫子》，商务印书馆，2001 年，第 257 页。

⑥ 马其昶撰，马茂元编次：《定本庄子故》，黄山书社，2014 年，第 20 页。

⑦ 吴光明：《庄子》，(台北)东大图书股份有限公司，2015 年，第 198 页。

“天籁”说述，啮缺、王倪之“四不知”，长梧子、瞿鹊子之“妄言”“妄听”，也包括重言中“舜”所述之“十日并出，万物皆照”，还包括寓言、重言之外的思想独白与梦蝶自述。由此可见，庄子之卮言是贯《齐物论》之始终的，甚至是贯《庄子》内篇之始终的。

二、《齐物论》的“卮言”风格

对于《齐物论》在言说方式、语言风格上的特征，杨祖汉与徐圣心均曾有细察与详论。杨先生认为，《齐物论》的言说方式有三：互夺双亡，肯定一切；无穷追溯，泯归当下；犹豫仿佛，真俗不二。[①] 徐先生认为，《齐物论》的表出形式有六：排比并立，再现复义，对称互涉，对比相消，后设离端，历程旨冥。[②] 两位先生对《齐物论》言说风格与表意形式的把握堪称精详而深入，本书所欲阐述者固然与之多有关联，唯所重者不在分析《齐物论》之“文体”特征，而是以卮言为“思体”，并结合《齐物论》相关篇章的具体推进脉络、整体言说语境，专力讨论此一“思体”之表出方式（“尝试言之”）与聆听方式（“姑妄听之”）所彰示的义理旨归。

（一）“尝试”与“吊诡”

《齐物论》中多有“请尝言之”“尝试言之”“妄言之”这一类型的表述：

> 今且有言于此，不知其与是类乎？其与是不类乎？类与不类，相与为类，则与彼无以异矣。虽然，请尝言之。有始也者，有未始有始也者，有未始有夫未始有始也者；有有也者，有无也者，有未始有无也者，有未始有夫未始有无也者。俄而有无矣，而未知有无之果孰有

---

① 杨祖汉的举例如下：(1)互夺双亡，肯定一切：“欲是其所非而非其所是，则莫若以明”；“指马”一段；“天下莫大于秋豪之末……万物与我为一”一段。(2)无穷追溯，泯归当下：“有始也者”一段；“罔两问影”章；“庄周梦蝶”章；“辩无胜”一段。(3)犹豫仿佛，真俗不二：“怒者其谁邪”一段；“若有真宰……其有真君存焉”一段。参见杨祖汉：《齐物论的言说方式》，(台北县)《鹅湖月刊》2004年第12期。

② 徐圣心的具体论述如下：(1)排比并立：“道恶乎隐而有真伪？言恶乎隐而有是非？”一段；“六合之外，圣人存而不论”一段；等等。(2)再现复义：“以明”凡三见；“因是”之重复与多义；等等。(3)对称互涉：“无谓有谓，有谓无谓”；“化声之相待，若其不相待”；等等。(4)对比相消：“庸讵知吾所谓知之非不知邪？庸讵知吾所谓不知之非知邪？”“予恶乎知悦生之非惑邪？予恶乎知恶死非弱丧不知归邪？”等等。(5)后设离端：“果且有彼是乎哉？果且无彼是乎哉？彼是莫得其偶，谓之道枢。枢始得其环中，以应无穷。”等等。(6)历程旨冥：如“以明”之所示例之入道过程、工夫意义。参见徐圣心：《庄子“三言”的创用及其后设意义》，(台北县)花木兰文化出版社，2009年，第73—79页。

> 孰无也。今我则已有谓矣，而未知吾所谓之其果有谓乎，其果无谓乎？天下莫大于秋豪之末，而大山为小；莫寿乎殇子，而彭祖为夭。天地与我并生，而万物与我为一。既已为一矣，且得有言乎？既已谓之一矣，且得无言乎？一与言为二，二与一为三。自此以往，巧历不能得，而况其凡乎！故自无适有以至于三，而况自有适有乎！无适焉，因是已！
>
> 啮缺问乎王倪曰："子知物之所同是乎？"曰："吾恶乎知之！""子知子之所不知邪？"曰："吾恶乎知之！""然则物无知邪？"曰："吾恶乎知之！虽然，尝试言之。庸讵知吾所谓知之非不知邪？庸讵知吾所谓不知之非知邪？且吾尝试问乎女：民湿寝则腰疾偏死，鳅然乎哉？木处则惴慄恂惧，猨猴然乎哉？三者孰知正处？民食刍豢，麋鹿食荐，蝍蛆甘带，鸱鸦耆鼠，四者孰知正味？猨猵狙以为雌，麋与鹿交，鳅与鱼游。毛嫱丽姬，人之所美也；鱼见之深入，鸟见之高飞，麋鹿见之决骤。四者孰知天下之正色哉？自我观之，仁义之端，是非之涂，樊然殽乱，吾恶能知其辩！"
>
> 瞿鹊子问乎长梧子曰："吾闻诸夫子，圣人不从事于务，不就利，不违害，不喜求，不缘道，无谓有谓，有谓无谓，而游乎尘垢之外。夫子以为孟浪之言，而我以为妙道之行也。吾子以为奚若？"长梧子曰："是黄帝之所听荧也，而丘也何足以知之！且女亦大早计，见卵而求时夜，见弹而求鸮炙。予尝为女妄言之，女以妄听之。奚旁日月，挟宇宙？为其脗合，置其滑涽，以隶相尊。众人役役，圣人愚芚，参万岁而一成纯。万物尽然，而以是相蕴。"

蔡岳璋认为，"《庄子》文本里头那充满戏剧性口吻的'尝试言之'、'尝试论之'、'予尝为女妄言之'等近似说书口吻般，对于自身言论展现高度保留与宽容态度，既不得已而有所言说，却又时刻与话语自身'保持距离'的句式用法之中。这也是引发《天下》篇对庄子作出有别于其他诸子之学术定位，其间批评转向的巨大扭力的关键所在"①。这种观点既强调了"尝试"所透显的言说的不得已性、容留性，也看到了"尝试"作为庄子之独有语言态度的关键性与风格性："尝试言之"或言说的尝试性即卮言的首要风格。

上引第一段"请尝言之"、第二段"尝试言之"之前，均有"虽然"

① 蔡岳璋：《试论庄子文学空间——来自"尝试言之"的考虑》，(新竹)《清华学报》2013年第3期。

一词。“虽然”就是尝试性之卮言的立言基点或内在态度。细味两处“虽然”，其间之义理指向有着细微的差别。第一段“虽然，请尝言之”之“虽然”，意指“我之言”与“我之言所批判之言”是“相与为类”的，两者之间没有实质区别；正因“我之言”与“彼之言”是本质相类的，“我之言”只能“尝试言之”，这样，实质相类的“我之言”与“彼之言”也就分道扬镳了：“彼之言”为“断言”，“我之言”为“尝试”，其间意态之差异悬若天壤。第二段“虽然，尝试言之”之“虽然”，意指“我之言”出乎“吾恶乎知之”之“不知”，即因为“我”本处某种“无知”之境中，所以只能“尝试言之”。同样，第三段中的“予尝为女妄言之，女以妄听之”虽未明确道出“虽然”，但细味其语脉，可知“妄言”亦以不可知之“妙道”为出发点，与第二段之意相同。

可见，在庄子那里，卮言之所以是“尝试性”的，理由有二：一是作为对万物的称谓与召唤，语言必须尊重“万物之化”的本然状态，这种本然状态是“然于然，不然于不然”的“不知其然”，或者说是“且方将化，恶知不化哉？方将不化，恶知已化哉”（《大宗师》）的“不知之化”；二是语言既为语言，便非“妙道之行”自身，也便缺乏“道行之而成”的“成”所具备的自然完满与天然充盈，必须通过“尝试”去不断凑泊、揭示、贴近之，而无法一语道破、一言中的。

结合《齐物论》上述段落的文本内容，可知“尝试言之”首先是批判性的：第一段之“请尝言之”，意在破除对“始”与“无”的无穷追溯；第二段之“尝试言之”，意在拆解对“同是”或“正”之追求；第三段之“妄言之”，意在解悬生死、是非之困扰。这种批判性的言说方式之所以是尝试性的，恰因其所批判的对象在表述中呈现出了缺乏根基的确定性与断言性——对宇宙根源（道体）的确定、对万物同然的确定、对自以为是的确定。在此意义上，庄子的“尝试言之”意在以一种不确定的方式揭示这些“断言”在本质上的假定性：“言者有言，其所言者特未定也。”（《齐物论》）所有“断言”，都是具有假定性质的“未定之言”：意识不到这一点，就会自以为是、信以为真、误以为真；意识到了这一点，方有走出成心束缚、师心自用而与化游息的可能。

“尝试言之”还进一步体现为“吊诡性”。《齐物论》云：

> 丘也与女，皆梦也；予谓女梦，亦梦也。是其言也，其名为吊诡。万世之后而一遇大圣，知其解者，是旦暮遇之也。
>
> 今且有言于此，不知其与是类乎？其与是不类乎？类与不类，相

> 与为类，则与彼无以异矣。虽然，请尝言之。
>
> 天地与我并生，而万物与我为一。既已为一矣，且得有言乎？既已谓之一矣，且得无言乎？

在庄子那里，卮言的批判性不仅指向他者之言说方式与立论态度，也指向作为“有言”的卮言自身，以及作为“有言者”的“我”自身：长梧子既谓瞿鹊子处乎梦境之中，又谓自己的这一判定亦为梦中之言；《齐物论》的“有言于此”不管与庄语等世俗言说方式有无内容上的差异，其本质都与之毫无区别，也即都是一种“言”，稍有不慎，卮言就容易滑向或转化为另一种形式的庄语。可见，卮言虽然的确以其“尝试性”而体现着与一般语言不同的质素，并蕴含着与妙道为行、随万物而化的特征，但终究还是一种“言”而非妙道之行或万物之化自身。为了彻底避免“卮言的庄语化”，正所谓“是其言也，其名为吊诡”，庄子将“吊诡”界说为卮言的另一个核心品质。关于“吊诡”，有学者解之为“反讽”（irony），也即“一种以意料之外的自我取消或自我矛盾为特征的表达方式”①；也有学者论之为“辩证的诡辞”：“庄子为避免自己的论述也陷入言诠，采取一种特别的语言形式，用‘旋说旋扫’的方式，取消彼端与此端这种逻辑上的二元对立，谓之‘辩证的诡辞’。”② 实际上，“自我矛盾”“取消二元对立”云云不过是形式化的理解方式，庄子的吊诡卮言既不矛盾，也不是绝对的超越立场。正如王夫之所云：“此欲自显其纲宗，而先自破其非一定之论。”③ 卮言的吊诡性，只是为了避免将“尝试”固定化，也即避免将卮言庄语化。庄子很明确地意识到，卮言无法完全摆脱言诠，亦无法“取消彼端与此端”之二元对立，正因如此，卮言只能靠“旋说旋扫”的方式不断地“自我脱冕”——“它借此来破坏文本被权威化和封闭化，以避免文本之死。为使文本如活物般不断地‘曼衍’下去，就只好让作者主体退位、让作品权威倒塌，以便邀请阅读者加入更多地参与”④。总之，卮言既是对庄语的批判，亦极力避免自身成为另一种形式的庄语，从而永葆其

---

① 这句话的原文是：“Here I use the term *irony* in one of its generally accepted meanings: a kind of linguistic expression showing unexpected self-cancellation or self-contradiction, as if in mockery of one's own competence.”（Youru Wang, *Linguistic Strategies in Daoist Zhuangzi and Chan Buddhism: The Other Way of Speaking*, London and New York: Routledge curzon, 2003, p.158.）

② 孔令宜：《〈庄子·齐物论〉的辩证语言》，（新北）《鹅湖月刊》2009 年第 1 期。

③ 王夫之：《庄子解》，中华书局，1964 年，第 22 页。

④ 赖锡三：《道家型知识分子论——〈庄子〉的权力批判与文化更新》，（台北）台大出版中心，2013 年，第 382—383 页。

开放性与流变性。庄子既通过“尝试”说出了一些关于真理的什么，又通过“吊诡”提醒我们卮言在本质上也还是一种“言说”方式，此之谓“吊诡”。

总之，如果说“尝试”是一种“知其不可而为之”的言说态度，“吊诡”就是“为之而知其不可”的言说态度，两种态度缺一不可：若无“尝试”，“吊诡”就会是一种理性的狡计；若无“吊诡”，“尝试”就是一种理性的伪装。卮言的“尝试性”与“吊诡性”并不意味着语言观念的游移不定，而正是出于语言的审慎；并不意味着言说的犹豫不决，而是要为言说留出余裕；并不意味着立论的生涩难通，而是立论圆熟的内在要求。蔡岳璋说：“作为卮言的形式性措辞的‘尝试言之’，是一个关于书写的临界点的概念；它并非在场，也非不在场，既遮蔽又开显，外化而内不化，动而无动，谢绝任何指认、肯定语言能彰显一切实在意义之陈述。”[①] 所论甚精。正所谓“知止其所不知，至矣”（《齐物论》），面对“不知其然”之妙道之行与万物之化，“知止”实际上就是庄子在“书写的临界点”上的“怵然为戒”。面对这一临界点，如果不知知止而跨越语言所应持守的界限，就会操起语言之斧而尝试凿之，这是倏忽般的鲁莽尝试，必定会破坏语言与生命的浑沌余地，并永远失却了再次“相与遇于浑沌之地”的可能。与倏忽那种跨界的雄心壮志相反，“尝试言之”是一种在批判与反身中的活化形态与复归姿态，由此，语言便可以“负道而抱物”——既不越界而言“道”，亦不离道而言“物”，而是“在道之中言物”。既为“在道之中言物”，卮言也便成为沟通“道—物”的中介，或者说处于“道物之境”中的“人”左右逢源而调适上遂的存在姿态：“它不只说出真理，尤有甚者，它‘在真理中’进行言说，而‘尝试言之’正是一切识别的指认关键。”[②] 在此意义上，庄子并不认为以语言为理解世界的基本方式的人类能够掌握天道，占有万物；人与万物一样，都是在天道之中存在的存在者；这样，人的语言与行动也必须在道之中，而不能僭居于“道”或“造物者”的位置。一言以蔽之，以“知止其所不知”为根柢的卮言注定不会是既成性的最终抵达，而只能是一种回返性的姑且尝试——在“知止”中不断向后“回返”，在“回返”中不断向前“揭示”。

（二）“妄言之”与“妄听之”

杨玉成认为，“战国文本的明显特征是强烈的语用倾向，作者明显预

① 蔡岳璋:《试论庄子文学空间——来自“尝试言之”的考虑》,(新竹)《清华学报》2013 年第 3 期。

② 蔡岳璋:《试论庄子文学空间——来自“尝试言之”的考虑》,(新竹)《清华学报》2013 年第 3 期。

设阅读对象的接受，成为中国语言传统的长久特征。战国既是作者（和著作）观念形成也是读者（听者）开始登上历史舞台的时期，阅听关系迭经重大的改变：从启蒙大众、对话辩论、游说王侯、贵游文学，各种诠释理论就在这个剧烈变迁的过程中产生”，这样，“作者试图操控语言并影响读者成为战国文本显著特征”。[①] 诚然，老子之道德言说，冀其“甚易知，甚易行”之言可为侯王知行而能守；孔子之仁义言说，一为教化君主而行德政，二为教化士人而成君子。老子与孔子所阐发之言与文，均可谓为“载道”之庄语或“正言”；既“载道”矣，庄语必以“传道—教化”为目的，也即以教化听者、改变读者为目的：

> 吾言甚易知，甚易行，天下莫能知，莫能行。言有宗，事有君。夫唯无知，是以不我知。知我者希，则我者贵，是以圣人被褐怀玉。（《老子》第七十章）
>
> 子曰：“予欲无言。”子贡曰：“子如不言，则小子何述焉？”（《论语·阳货》）
>
> 子曰：“吾与回言终日，不违如愚。退而省其私，亦足以发。回也不愚。”（《论语·为政》）
>
> 颜渊问仁。子曰：“克己复礼为仁。一日克己复礼，天下归仁焉。为仁由己，而由人乎哉？”颜渊曰：“请问其目。”子曰：“非礼勿视，非礼勿听，非礼勿言，非礼勿动。”颜渊曰：“回虽不敏，请事斯语矣。”（《论语·颜渊》）

老子以其言为“有宗”也即“有道”之言，故云“知我者希，则我者贵”，寄望于侯王知其言，行其言，乃至以其言为法则。子贡、颜回于孔子之言无不悦，不违而述之、事之，亦即听之而从之。可见，老子之所期待、孔子之所实现者，为听其言者之“从其言”。孟子云：“圣人复起，必从吾言矣。”（《孟子·公孙丑上》）体现了更强劲的语言自信与思想自信。

那么，庄子如何在卮言的脉络中看待、对待“听者”呢？《齐物论》载：

> 长梧子曰：“是黄帝之所听荧也，而丘也何足以知之！且女亦大早计，见卵而求时夜，见弹而求鸮炙。**予尝为女妄言之**，**女以妄**

① 杨玉成：《战国读者——语言的爆炸与阅读理论》，转引自蔡岳璋：《试论庄子文学空间——来自“尝试言之”的考虑》，（新竹）《清华学报》2013 年第 3 期。

听之。”

徐圣心认为，长梧子意在“先使听者急欲有所得之心稍微松弛，而后才开始其卮言”①，仅以“妄听”为一种聆听卮言的心理准备。实际上，长梧子不仅以“妄言”的方式为瞿鹊子言，亦建议瞿鹊子“妄听”此“妄言”。可见，“妄听”与“妄言”不可离分：“妄言”要求“妄听”，“妄听”要求“妄言”。换言之，卮言并非仅仅是“妄言者”所道出的内容，而是亦包括“妄听”在内的“语言—思想—存在”姿态，这就是庄子营构出的一种“卮言情境”。如果“妄言”意指卮言面对妙道之行、万物之化的知止态度与滑稽色彩，那么，“妄听”则揭示了处乎卮言情境中的人所应具备的投身姿态与开放品格。在卮言情境之中，交谈的目的“不是要迫人接受一种观念，而是等待一种反应；它的期待，不是同意或赞许，而是某一种聆听的质量，或者更准确地说，是人的一种内在状态，一种促使我们参与一切话语都必然包含的交流诉求的精神状态”②。

所谓“妄听之”，既要“姑妄地听”，“姑妄”故不执着；又要“虚妄地听”，“虚妄”故不胶固。这与《人间世》中孔子为颜回揭示出的“心斋”若合符节：“无听之以耳而听之以心，无听之以心而听之以气。”“耳”与“心”分别关涉“成形”与“成心”，“听之以耳”致力于感官化地听到一些什么，“听之以心”致力于理性化地听见一些什么。不管是感官化的听到还是理性化的听见，所听的那些什么总是具体的、限定的，“我”就是在这样的“听”之中得到建构的；与之不同，“听之以气”或“妄听之”并不以听到一些什么为意，并不以“我”的建构为意，唯当如此，“听之以耳”与“听之以心”才能归本于其所然与所是，一种在“心斋”之虚境与无境中向“道”而在的存在方式也才成为可能。

更重要的是，卮言情境中的“听者”与“言者”共享着“妄”这一既不“庄”不“正”、不“成”不“我”的开放甚至浑沌姿态，也便意味着“听者”与“言者”处于某种根柢性的平等与均衡关系之中，从而迥异于庄语情境中“言者”与“听者”之间的“主—从”式教化关系。如果说庄语意味着“自上而下”的单向灌输与被迫接受，卮言曼衍出的就是“彼是莫得其偶”的“道枢”之境，“言者”与“听者”正是在此曼衍境域之中相与相遇、相尊相蕴，由“环中”而观万物之化、明妙道之行的。在这

① 徐圣心:《庄子“三言”的创用及其后设意义》,(台北县)花木兰文化出版社,2009年,第57页。

② 宋刚:《庄子之怒——试论古代中国一种权力批判》,(台北)《中国文哲研究通讯》2012年第4期。

里，“言者”与“听者”均可因物化而明独化，因自然而明自由，因地籁而聆天籁，示现着卮言的开放性与平等性。

赖锡三说：“理想的书写者便是妄言者，而理想的读者则是妄听者，妄言与妄听浑然一体，共同在一‘非实体’、‘虚位化’的文本空间中莫逆于心地遇着，一起参与语言的创造游戏。”① 在作为“语言游戏—生命游戏”的“卮言情境”中，不存在自上而下的灌输与压制：“卮言使听者解义，并同步用功。”② 也可以说，卮言并非自以为是的“果是”宣教，也不以高高在上的姿态占据“同是”真理③，它是“妄言者”对“妄听者”的邀请，一起步入真理之路、参与妙道之行的邀请。这种真理之路与妙道之行，就是庄子所谓“遥荡恣睢转徙之涂”：

> 意而子见许由，许由曰：“尧何以资汝？”意而子曰：“尧谓我：‘汝必躬服仁义而明言是非。’”许由曰：“而奚为来轵？夫尧既已黥汝以仁义，而劓汝以是非矣，汝将何以游夫遥荡恣睢转徙之涂乎？”（《大宗师》）

尧之所“谓”意而子者，为仁义，为是非；尧之所“资”意而子者，为“必躬服仁义而明言是非”。仁义与是非即庄语，“躬服仁义而明言是非”即庄语对听者的单向教化，“必”意味着这种教化是一种必然如此的真理性要求。许由认为，尧之庄语意味着对意而子之自然生命的刑罚，由之无法步入“遥荡恣睢转徙之涂”，也即无法成就为“真人”并通达“真知”。《说文》云：“妄，乱也。”在此意义上，“妄听”即汩乱或拒绝“必”之强制、必然，而在“遥荡恣睢转徙”中与“妙道之行—万物之化”游息。《天下》云：“其书虽瑰玮而连犿无伤也，其辞虽参差而諔诡可观。”与“黥汝以仁义，而劓汝以是非”的灭裂伤害相比，卮言正所谓“连犿无伤”者也。

毕来德认为，“庄子之所以如此频繁地使用对话式叙述，并非偶然现象。实际上，与其说他对观念感兴趣，不如说他对观念的作用，对观念所产生的效果，对充满活力，能够引发变化的有效话语感兴趣——比如说，

---

① 赖锡三：《道家型知识分子论——〈庄子〉的权力批判与文化更新》，（台北）台大出版中心，2013年，第383页。

② 徐圣心：《庄子“三言”的创用及其后设意义》，（台北县）花木兰文化出版社，2009年，第67页。

③ 关于“同是”与“果是”的界定与分析，见本书第六章第三节。

那种能够因其从不理解过渡到理解的，或是反向过渡的话语”①。正因其“妄言”与“妄听”，卮言才成为一种充满活力或引发变化的有效话语。

可见，在庄子那里，作为“尝试言之”的卮言，就是在“妙道之行”中对“万物之化”的观照方式。因其“在‘妙道之行’中”，卮言并不企图用“言”的方式框定“已而不知其然”之“道”；因其观照、因顺的是“万物之化”，卮言亦不企图用“言”的方式支配“万化而未始有极”之“物”。在“妙道之行”中观照“万物”之化，卮言必须通过“尝试言之”“妄言”的方式主动知止，才能与妙道之行偕行，与万物之化同化，此即《寓言》所谓“卮言日出，和之以天倪，因之以曼衍”。这是卮言之“齐物”旨归第一个维度的体现。

除了沟通“道”与“物”，作为一种人文符号的卮言在人与人的交往过程中也有着独具一格的价值和意义。附着于“辩”、趋向于“名”，是“言隐于荣华”的必经之路，此即庄语的生成逻辑；在此意义上，卮言意在解除“辩”所导致的“相非”、“名”所衍生的“相轧”，而期许在与“妙道之行—万物之化”的偕行开放中敞开彼此，通达你我。就这样，“话语，在庄子的笔下，既不是为称王称霸的激战磨利的锋刃；也不是伪装成思想论辩的权力争夺中，令人眼花缭乱的修辞技术；而变成了一个动作，一次遨游，一场相遇”②。在庄子看来，人与人注定是在“语言”中相遇的，这种相遇不应是一种由上而下的强制灌输或倾轧凌辱，而应是“妄言者”与“妄听者”平等参与、共聆天籁的生命活动，正如《应帝王》中的倏与忽“时相与遇于浑沌之地”，卮言亦以其居间道物、通达彼我的齐物性质，为人与人的“相与于无相与”提供了最高的可能性与可行性。这是卮言之“齐物”旨归第二个维度的体现。

总之，卮言的本质是一种朝向不言之妙道与无穷之物化之言，指向并衍生的是“忘言”之无竟与广莫。“无言”“忘言”并不意味着卮言的不必要，相反，庄子追求的是“言无言”“得夫忘言之人而与之言”:“言无言”者，因道之无言而言物之可言之谓也；“与忘言之人言”者，彼此不以卮言为庄语，而能咸其自取于“天籁”、莫逆于心于“无竟”者也。

---

① [瑞士]毕来德:《庄子四讲》，宋刚译，(台北)联经出版事业股份有限公司，2011年，第61—62页。

② 宋刚:《庄子之怒——试论古代中国一种权力批判》，(台北)《中国文哲研究通讯》2012年第4期。

第四章 “吾丧我”：《齐物论》的生存分析

《齐物论》开篇即通过南郭子綦与颜成子游的对话，由“吾丧我”而示“天籁”之义。既谓“吾丧我”，问题必因“我”而生，由“我”而起。“我”者，人类生存之基本单位；“我”之在世样态，非孤绝之在世，而必是“在物之中”“在道之中”之在世。那么，以“我”为存在主体、以“道”“物”为存在境域的人应当如何存在？此即庄子齐物观念的问题意识与核心关注。正是通过对“我”之凝视与省思，庄子才揭示出了人之生存的基本结构、日常特征与理想形态。庄子的生存分析集中出现在紧承“南郭子綦隐机而坐”章的如下三段论述之中：

> 大知闲闲，小知间间；大言炎炎，小言詹詹。其寐也魂交，其觉也形开，与接为构，日以心斗。缦者，窖者，密者。小恐惴惴，大恐缦缦。其发若机栝，其司是非之谓也；其留如诅盟，其守胜之谓也；其杀若秋冬，以言其日消也；其溺之所为之，不可使复之也；其厌也如缄，以言其老洫也；近死之心，莫使复阳也。喜怒哀乐，虑叹变慹，姚佚启态；乐出虚，蒸成菌。日夜相代乎前而莫知其所萌。已乎，已乎！旦暮得此，其所由以生乎！
>
> 非彼无我，非我无所取。是亦近矣，而不知其所为使。若有真宰，而特不得其眹。可行已信，而不见其形，有情而无形。百骸，九窍，六藏，赅而存焉，吾谁与为亲？汝皆说之乎？其有私焉？如是皆有为臣妾乎？其臣妾不足以相治乎？其递相为君臣乎？其有真君存焉？如求得其情与不得，无益损乎其真。
>
> 一受其成形，不忘［亡］以待尽。与物相刃相靡，其行尽如驰，而莫之能止，不亦悲乎！终身役役而不见其成功，苶然疲役而不知其所归，可不哀邪！人谓之不死，奚益！其形化，其心与之然，可不谓大哀乎？人之生也，固若是芒乎？其我独芒，而人亦有不芒者乎？夫随其成心而师之，谁独且无师乎？奚必知代而心自取者有之？愚者与

有焉。未成乎心而有是非，是今日适越而昔至也。是以无有为有。无有为有，虽有神禹且不能知，吾独且奈何哉！

具体来看，“大知闲闲”一段，描述了人与人的“心斗”诸态，以及心灵由之逐渐“近死”而“莫使复阳”的困局；“非彼无我”一段，论及“真宰”之不可知，以及生命状态的莫名其妙；“一受其成形”一段，叙述了人与外物的“相刃相靡”①，也即相互悖逆、互相消磨，使得生命疲惫不堪而徒劳无功。

概括而言，这三段文字惟妙惟肖地描绘了人之在世的日常情态，入木三分地揭明了人之本质存在处境，简明扼要地呈示了人之基本生存结构。在庄子看来，常人之日常在世情态，为可哀可悲者；人之本质存在处境，为不知而固芒者；人之基本生存结构，为禀受于外而无可奈何者。正是基于这样的生存分析，三段文字才充斥着“不亦悲乎”“可不哀邪”“可不谓大哀乎”等哀悲化表达，遍布着“莫知”“不得”“不见”“不知”等昧惑性词汇，一唱三叹、悲慨万端，可谓沉痛之至、无奈之极。

庄子的这种悲情曾引起过很多学者的强烈共鸣。宣颖就体味到了庄子在上引段落中“叠叠为世人寄痛，以深见其可悲”的悲情及“反借自己为普天一哭”的深情②；王先谦点出了“此段反复唤醒世人”③ 的苦心；牟宗三则说这些文字“低回慨叹，对于现实人生最具‘存在之悲感’”④。三位学者均以“同情之了解”而彰明了庄子的隐微心曲，尤其是牟先生所谓“存在之悲感”，彰明了庄子之心意。

在《齐物论》中，“有以为未始有物者”之至知或“天地与我并生，而万物与为一”之至境当然是最引人瞩目的。在这种“齐物之理”“齐物之境”的观照之下，人间的喜怒哀乐、生死存亡、穷达祸福等等都会被瞬间敉平，根本就不值一提。然而，如果不将“齐物理境”视为理所当然的生存起点而是看作永恒祈向的存在理念，就会发现它必须奠基在人的日常生活方式、基础生存结构、本质存在处境之上，才能得到合理的证成。在此意义上，庄子絮说的哀悲之情与芒惑之意就构成了“齐物理境”的情感

---

① “相刃相靡”，郭象、成玄英释“刃”为“逆”、“靡”为“顺”。参见郭庆藩撰：《庄子集释》，中华书局，2013 年，第 59 页。关于“刃”之解释，本书无异议。关于“靡”之解释，则采纳了王闿运、马其昶以“靡”为“𥕢”“磨”之观点。参见王叔岷撰：《庄子校诠》，中华书局，2007 年，第 55 页。

② 宣颖撰：《南华经解》，广东人民出版社，2008 年，第 14 页。

③ 王先谦撰：《庄子集解》，中华书局，1987 年，第 13 页。

④ 牟宗三：《才性与玄理》，广西师范大学出版社，2006 年，第 168 页。

基础，故可称之为“齐物之情”。若无“齐物之情”的奠基性指引，“齐物之理”就是无根之游谈，“齐物之境”就是虚空之幻象。因此，本章将先述庄子的“齐物之情”，再论关乎“我”的生存分析，以为“齐物理境”的阐发确立基调，建立基础。

第一节　“悲”与“芒”：庄子的“齐物之情”

庄子的“齐物之情”有两个向度：一是关于人之沉沦生存状态的“悲”情，可简称为“生存之悲”；二是关于人之本质存在处境的“芒”意，可简称为“存在之芒”。庄子喟叹于“人道”的虚伪与无根，故有生存之悲之感触；困惑于“天道”的暗昧与无知，故有存在之芒之体验。

一、生存之悲

人生为何是可悲可叹的？《齐物论》的解释是：“一受其成形，不忘[亡]以待尽。与物相刃相靡，其行尽如驰，而莫之能止，不亦悲乎！终身役役而不见其成功，苶然疲役而不知其所归，可不哀邪！人谓之不死，奚益！其形化，其心与之然，可不谓大哀乎？”这句话叙说了三个方面的生命悲情，详述如下。

第一，就生命的起点与终点而言，“一受其成形”表明人在生存起点处完全是被给予的（“受”）、被限定的（“成”）存在形式；“不亡以待尽”表明人的生存必有一死，必有其终点，在此意义上，生活的本质就是“待尽”也即“等死”。可见，不管是在生命的起点还是归处，人都处于一种莫可奈何的命定、必然情态之中，“生”与“死”均不受掌控。“吾身非吾有”（《知北游》），“成形”不过是“长且久”之天地之“委形”。与天长地久相比，有始有终、出生入死的生命“譬如朝露”，转瞬即逝，故“人生天地之间，若白驹之过郤，忽然而已……已化而生，又化而死，生物哀之，人类悲之”（《知北游》），生命是如此之短暂！

第二，就生命的开展历程而言，“与物相刃相靡”是人之为人的必然遭遇。“有人之形，故群于人”（《德充符》），有“形”之“我”必然处在与外物、他人的共在与照面之中，这就是生命存在的及物性与在世性。问题在于，“我”总是试图占有外物，“物”总是想要固持自身，“我”与“物”之间也就常会处在一种“相刃相靡”也即相互逆反、互相消磨的境况之中。生命本来短暂而珍贵，人们却惯于选择在与外物的相磨互害中

“行尽如驰而莫之能止”[①]——在主动作死的路上奔逸绝尘，毫不停歇。这，难道不是可悲可叹的吗？吴光明说：“我们在日常常规上一直走一直磨，直到把我们自己都磨灭了，常规毁损了，我们也毁损了。”[②]“与物相刃相靡”最终使得“我”无论多么努力，最终也无法建立自我，完善自我，而只剩下形体的“终身役役”与心灵的“苶然疲役”，外“不见其成功”，内“不知其所归”，身心经受着无望的劳攘、无尽的煎熬。这，难道不是可哀可怜的吗？面对这样的人生，庄子说：“人谓之不死，奚益！”瞧，这就是我们没有希望、生不如死的无用人生！

第三，“心”一般会被人们视作异乎“形”的存在维度：与“形”的被动出生、必然入死相比，“心”是主动而自由的，可以脱离时空的限制，“俯仰之间而再抚四海之外”（《在宥》）乃至“游心于物之初”（《田子方》）；与“形”必然要“群于人”相比，“心”是独立而自主的，可以超越世俗价值的束缚，“独与天地精神往来”（《天下》）。这样来看，“心灵才是人之所以为人者”[③]，“心”示人以尊严，予人以希望，“自事其心”也是庄子提出的一个创造性的生命议题，但是，庄子同时又提示我们——“其形化，其心与之然，可不谓大哀乎！”对于绝大多数人而言，“心”不过是“形”的影子而已，驱动于“形”，受限于“形”，终而使得“心形并驰”“形神俱变”[④]，无法超离“形”的限制的“心”也就不能开出自由、自主、自适的生存向度。庄子认为，如果“心”之灵性无法透显，就不过是一颗僵死之心。《田子方》云：“夫哀莫大于心死，而人死亦次之。”与形体的死亡相比，心灵的死亡更令人扼腕叹息，故庄子说“可不谓大哀乎”！关于“心死”，庄子在《齐物论》中还将之表述为一种“随其成心而师之”的生存状态，“师心自用”意味着“我”对成心的执着与固守，这种自限性、僵固性的心灵不仅无视“道”之本真——“岂唯形骸有聋盲哉？夫知亦有之”（《逍遥游》），甚至还会遮蔽损害它——“道隐于小成”（《齐物论》）。在庄子看来，一旦作为基础性存在的成心跃升为存在的全部或全部的存在，就会在一成不变中遮蔽存在的超越性，拘限生命的可能

① “行尽如驰而莫之能止”，成玄英释为“行有终年，速如驰骤，唯知贪境，曾无止息”（郭庆藩撰：《庄子集释》，中华书局，2013年，第59页）。以“行尽”为人终有一死之客观描述。“行尽”与“不亡以待尽”之“待尽”相应，“待尽”为被动接受死亡，“行尽”乃主动步趋死亡，故释之为“主动作死”。

② 吴光明：《庄子》，（台北）东大图书股份有限公司，2015年，第122页。

③ 王博：《庄子哲学》，北京大学出版社，2020年，第76页。

④ “心形并驰”为郭象语，“形神俱变”为成玄英语。参见郭庆藩撰：《庄子集释》，中华书局，2013年，第60页。

性，就只会驻留在“与接为构，日以心斗”之境，而生命就再也无法比成心多出一点什么，高出一点什么了。可以说，“日以心斗”是“与物相刃相靡”的极端表现，毕竟，没有什么比观念的牢笼更能限制生命，也没有什么比精神的冲突更能消耗生命。

在庄子那里，生命的可悲、可叹、可哀、可怜是一种整体化的生存感受、全景式的生活现实，无人可置身其外，无人能无动于衷。这种由人之基本存在结构而滋生的存在悲感显然有别于时代感受——尽管时代感受足以增强这种存在悲感，但它终究不以“嫉时”“愤世”为源头，故王先谦“设易天下为有道，生殆将不出于此”① 的假设无法成立。也就是说，即使在有道的天下中活着，人仍然无法从根本上摆脱生存之悲。总之，与“形”相关的“生死”、与“心”相关的“是非”是生而为人必须要面临并承受的两个“大哉问”，这是来自生命根柢处的苍凉与悲情。

二、存在之芒

如果说“成形”有尽、“成心”无归、“与物”相磨都是植根于生命现象层面的悲哀，所谓“人之生也，固若是芒乎？其我独芒，而人亦有不芒者乎”则传示着关乎生命本质境况的芒惑。“人之生也，固若是芒乎”之“若是”，就是指生存之悲，这说明存在之芒的确是基于生存之悲而衍生的存在体验。或者说，当庄子经由生存之悲而再思生命自身之本体的时候，存在之芒这一情感体验也就自行呈露了出来。郭象注曰：“凡此上事，皆不知其所以然而然，故曰芒也。”② “凡此上事”，即与生存之悲相关之事；“不知其所以然而然”，即为存在之芒的核心特征。尽管郭象以“凡人未尝以此为哀，则凡所哀者，不足哀也”③ 之谬见消解了庄子关于生存之悲的概叹，但以“不知其所以然而然”释“芒”，尚与庄子之意相契。

在《齐物论》中，与“不亦悲乎”“可不哀邪”“可不谓大哀乎”等哀悲化表达相伴相随的，正是贯穿全篇始终的“未闻”“莫知”“不知”“不得”“不见”等无知类词汇：

子綦曰：“偃，不亦善乎，而问之也！今者吾丧我，汝知之乎？

① 王先谦撰：《庄子集解》，中华书局，1987 年，《序》第 1 页。

② 郭庆藩撰：《庄子集释》，中华书局，2013 年，第 60 页。

③ 郭象认为，通过“天籁之无方”可明万物存在的“无方之自然”，在此意义上，人生的一切劳绩与颓败都是合情合理的自然本性之体现，所以他说：“然凡人未尝以此为哀，则凡所哀者，不足哀也。”（郭庆藩撰：《庄子集释》，中华书局，2013 年，第 60 页）

女闻人籁而未闻地籁，女闻地籁而未闻天籁夫！"

日夜相代乎前而莫知其所萌。已乎，已乎！旦暮得此，其所由以生乎！

非彼无我，非我无所取。是亦近矣，而不知其所为使。若有真宰，而特不得其眹。可行已信，而不见其形，有情而无形。

唯达者知通为一，为是不用而寓诸庸。庸也者，用也；用也者，通也；通也者，得也；适得而几矣。因是已。已而不知其然谓之道。

今且有言于此，不知其与是类乎？其与是不类乎？类与不类，相与为类，则与彼无以异矣。

道昭而不道，言辩而不及，仁常而不成，廉清而不信，勇忮而不成。五者园而几向方矣，故知止其所不知，至矣。孰知不言之辩，不道之道？若有能知，此之谓天府。注焉而不满，酌焉而不竭，而不知其所由来，此之谓葆光。

啮缺问乎王倪曰："子知物之所同是乎？"曰："吾恶乎知之！""子知子之所不知邪？"曰："吾恶乎知之！""然则物无知邪？"曰："吾恶乎知之！"

昔者庄周梦为胡蝶，栩栩然胡蝶也，自喻适志与！不知周也。俄然觉，则蘧蘧然周也。不知周之梦为胡蝶与，胡蝶之梦为周与？周与胡蝶，则必有分矣。此之谓物化。

以"成形"与"成心"为基本生存结构的"人"根本听不到"天籁"之声，看不到"真宰"之状，测不到"天府"之源，不会理解以昼夜交替为代表的自然现象的规律，不会知晓芸芸万物之所由生的真实根源，更不会明了生命存在的真正价值与意义，这就是所谓"莫知其所萌""不知其所为使""不知其所由来"。

然而，日夜如是这般永恒交替着，万物如是这般无限存在着，生命如是这般生息繁衍着，不会因为人们的不明所以而停止、隐藏、止息。因此，面对"已而不知其然"的这既成的一切，不以私智穿凿周流无穷之大化，不以小成遮蔽通达无碍之大道，反而称得上是一种本真性智慧，此之谓"知止其所不知，至矣"。在《齐物论》中，王倪以"吾恶乎知之"回应啮缺的"物之所同是"这一寻根究底之问，即是这种真知的体现。

在庄子看来，面对作为"然于然"的人之生、物之在，以及作为"所以然"的天之化、道之行，处于"然"之中的人既不能超出其"然"而"知其然"，亦无法透过其"然"而"知其所以然"，更不能在"然"与

"所以然"之间建立本质性关联。不知其"然"，不知其"所以然"，此即万物存在的"浑沌"之地，以及人类存在的"固芒"之境。故庄子云："若有真宰，而特不得其眹。可行已信，而不见其形，有情而无形。""真宰"是在"若无—若有"之间的，"不得其眹""不见其形"故"若无"，"芒"之存在体验与之直接相应；然而，庄子并没有取径"若无"而否认真宰，拒绝天道，他选择经由"可行已信""有情有信"而抵达"若有"之真宰，这意味着万物的存在、世界的展开都是"道行之而成"的真实表征，存在即本真，而不论存在的本质、目的、理由是什么。在此意义上，"若有"之"若"弱化了"宰"这一主格，"有"强化了"真"这一状态。也就是说，"道"在庄子那里不是宇宙根源、形上主宰，而是自然物化、本真存续。庄子舍"若无"而取"若有"，已经充分说明存在之芒并非一种无明式的怀疑心态、虚无态度；正所谓"道昭而不道"，"芒"才是与"道"之玄冥本性相契相通的存在体验与本真视域。在此意义上，"芒"就是《齐物论》所谓"葆光"与"以明"——一种不那么耀眼、不那么荧惑的内在之光明。

"人之生也，固若是芒乎"之"固"，说明"芒"之体验是"内在"于人之所以为人的本然情态。庄子之"芒"之于人生，就好像孟子的"仁义礼智"那样，"非由外铄我也，我固有之也"（《孟子·告子上》），既是人生之本然，也是人生之常然。由此可见，庄子与孟子关于"人之为人"的观念可谓悬若天壤——孟子孜孜以仁义礼智规定人性，贞定人心，庄子尝试以芒昧不知规定人生，界定生存。换句话说，孟子的确想为人类规定、贞定些什么，与之不同，庄子试图基于"芒"而为人之存在探寻一条"解其桎梏"之道。

三、"不芒"是可能的吗？

生存之悲与存在之芒这两种"齐物之情"都是具有普遍性或恒久性的，这意味着"悲"与"芒"是"人皆有之"的生命感受和存在体验。乐观的儒家当然不会正视或认可庄子的"齐物之情"——孔子曾有"知者不惑，仁者不忧，勇者不惧"（《论语·子罕》）的铿锵断语，"四十而不惑"（《论语·为政》）的自我宣言，以及"发愤忘食，乐以忘忧，不知老之将至云尔"（《论语·述而》）的无忧至乐。在这些乐观论调面前，庄子不得不反躬自问——"其我独芒，而人亦有不芒者乎？"面对存在之本体，不芒、不惑是可能的吗？面对生命之现实，不忧、无悲是可能的吗？如果可能，何以可能？

鉴于庄子的生存之悲与生死问题相关，存在之芒与超越维度相应，故可结合孔子关于鬼神与生死的说法来进行一些讨论。

《论语·先进》载：

> 季路问事鬼神。子曰："未能事人，焉能事鬼？"敢问死。曰："未知生，焉知死？"

首先，主张"未能事人，焉能事鬼"的孔子所关注的生活世界，是由君臣、父子、夫妇、兄弟、朋友等伦常关系勾连起来的"人道""人伦"世界，"礼"既构成了这一世界的根基，也是人"立"足这一世界的合理方式。鬼神之超越世界尽管可"敬"亦可"畏"，甚至还与一部分"礼"相关，但关于鬼神自身，孔子认为人们应该采取"远之"之态度，同样，"鸟兽"之自然世界也是"不可与同群"[①] 的。在此意义上，孔子之学就是以"礼乐"为行为规范的"事人"之学。其次，主张"未知生，焉知死"的孔子关心的是如何避免在活着的时候不知心归何处。儒家对于"生"的冀望，以仁义为安宅、广居与大道；仁义之道，就是儒家笃信之存在价值、确证之人生意义，乃至为"成仁"可"杀身"，为"取义"可"舍生"，"朝闻道"而"夕死可矣"。在此意义上，仁义之道就是饱满而充实的生命价值，儒学就是以"仁义"为本的"知生"之学。总之，儒学即"事人—知生"之学："事人"，故可因"在邦无怨，在家无怨"而"不忧"[②]；"知生"，故可因"为之不厌，诲人不倦"而"不惑"[③]。

假如我们置身其中的世界只是一个"人之所为"的世界，或者说的确仅仅是一个"属于人"的世界，儒家设定的仁与礼、关切的"事君—事亲"理应无比真切、笃实而饱满。然而，"人—生"果然就是"人"所能想象的一切或全部可能吗？庄子说：

> 彼特以天为父，而身犹爱之，而况其卓乎！人特以有君为愈乎己，而身犹死之，而况其真乎！（《大宗师》）

---

① 《论语·雍也》："樊迟问知。子曰：'务民之义，敬鬼神而远之，可谓知矣。'"《微子》："夫子怃然曰：'鸟兽不可与同群，吾非斯人之徒与而谁与？'"《季氏》："孔子曰：'君子有三畏，畏天命，畏大人，畏圣人之言。'"

② 《论语·颜渊》："子曰：'出门如见大宾，使民如承大祭。己所不欲，勿施于人。在邦无怨，在家无怨。'""司马牛问君子。子曰：'君子不忧不惧。'"

③ 《论语·为政》："四十而不惑。"《述而》："子曰：'若圣与仁，则吾岂敢？抑为之不厌，诲人不倦，则可谓云尔已矣。'"

在“爱亲—忠君”的“事人”向度之外，庄子认为还有某种更本真、更超卓的存在维度。与“未始有极”之“天道”相比，“人”是渺小的，不过是万化之流中极偶然、极短暂、极有限的存在物；“人道”也是渺小的，不过是人类自我建构、设定的生命道路。孔子对“不可言”“不可知”的天道应该不会感到陌生，否则，他就不会感叹天命之难知，且有“予欲无言”（《论语·阳货》）之冲动了。只不过，孔子不认为玄妙而高邈的天道是人必须栖身或归心其中的存在境域，其所谓“敬而远之”，正象征着悬置形上困惑、规避超越迷思的思想意图与生命态度。这样来看，孔子所谓“知者不惑，仁者不忧”就有两层意味：面对道德、伦常之人道，孔子因“知之”而“不忧”，不改其乐；面对超越、形上之天道，孔子因“不知”而“不惑”，敬而远之。这就是所谓“知之为知之，不知为不知，是知也”（《论语·为政》）。可见，只有在“方之内”“六合之内”的封畛界域之中，孔子的“不忧”与“不惑”才是成立的，“名教”即“乐地”①。

陈少明说：“在孔子没有惑的地方，庄子却觉得困惑不已。”② 诚然，庄子既喟叹于“人道”的虚伪与无归，又困惑于“天道”的芒昧与无知。庄子的“齐物之情”之所以会如此敏锐，当是因为他体会到了“道未始有封”这一本真性的存在状态的真正价值。与“方之内”“六合之内”的名教世界相比，“方之外”“六合之外”“无何有之乡，广莫之野”尚存有关于“道”的原初消息。唯有在“方之外”“六合之外”的无封境域中，生存之悲才会清晰显形；唯有在“无何有之乡，广莫之野”的浑朴境域中，存在之芒才会如实映现。与无封之“道”相比，意味着一切的“名教”不仅不会是究竟“乐地”，反而更可能异化为规范人的“绳墨”、惩罚人的“桎梏”。这个时候，标榜成人之美的仁义之道就成了“灾人”之工具、“刑人”之利器。③《庄子》中的“孔子”之所以被称为“天刑之”（《德充符》），之所以自称“天之戮民”（《大宗师》），就是要暗示与“道”隔绝的“方内”价值的桎梏本质与惩戒性能。在作为“乐地”的名教中，人们不是没有“存在之悲情”，而是名教根本就容不下这种悲情体验——人们

① 《世说新语·德行》：“王平子、胡毋彦国诸人，皆以放任为达，或有裸体者。乐广笑曰：‘名教中自有乐地，何为乃尔也！’”（刘义庆撰，刘孝标注，余嘉锡笺疏：《世说新语笺疏》，中华书局，2015年，第27页）

② 陈少明：《解惑》，《现代哲学》2016年第5期。

③ 《人间世》云：“且德厚信矼，未达人气，名闻不争，未达人心。而强以仁义绳墨之言术暴人之前者，是以人恶有其美也，命之曰灾人。灾人者，人必反灾之。”可见“仁义绳墨之言”之“灾人”。《大宗师》云：“尧既黥汝以仁义，而劓汝以是非矣，汝将何以游夫遥荡恣睢转徙之涂乎？”可见“仁义”“是非”之“刑人”。

必须主动疏离比“恶”还要危险的“悲”与“芒”，才能怡然享受名教之内的乐趣。问题在于，“悲”之感受与“芒”之体验总会在某个时刻像夜幕一样降临，并笼罩着自己的生命，黯淡着世界的全部。陶渊明《饮酒》诗云：“少年罕人事，游好在六经。行行向不惑，淹留遂无成。”[①] 年少时喜好的《六经》不仅没有让陶公在不惑之年不惑，反而引发了一种荒谬的“无成”感。所谓“行行向不惑，淹留遂无成”，不正是庄子所谓“终身役役而不见其成功”的诗歌化表达吗？端正庄严的儒家价值尚且如此，就更别说那些等而下之的世俗追求了。

《齐物论》载：

> 道之所以亏，爱之所以成。果且有成与亏乎哉？果且无成与亏乎哉？有成与亏，故昭氏之鼓琴也；无成与亏，故昭氏之不鼓琴也。昭文之鼓琴也，师旷之枝策也，惠子之据梧也，三子之知几乎，皆其盛者也，故载之末年。唯其好之也，以异于彼，其好之也，欲以明之。彼非所明而明之，故以坚白之昧终。而其子又以文之纶终，终身无成。若是而可谓成乎？虽我亦成也。若是而不可谓成乎？物与我无成也。

善能鼓琴之昭文、妙知音律之师旷、好谈名理之惠施都是世俗意义上的智者与成功者，在庄子看来，三贤的爱好与成就本没有什么问题，然而，一旦他们以“唯其好之也，以异于彼”“其好之也，欲以明之”的态度沾沾自喜、汲汲求成，就只能封限于“彼我对立”“以术为道”的小成之境之中，而无与于无亏、大通之道了。这样来看，三贤的技术与智慧不过是一种似“明”而实“昧”的工具理性，只能在“逐万物而不反”的“行尽若驰”之中趋向身心俱疲，形化心死。“载之末年”而又“以坚白之昧终”，正是“终身役役而不见其成功，苶然疲役而不知其所归”的具体体现。《天下》论惠子云：“由天地之道观惠施之能，其犹一蚊一虻之劳也。其于物也何庸！夫充一尚可，曰愈贵道，几矣！惠施不能以此自宁，散于万物而不厌，卒以善辩为名。惜乎！惠施之才，骀荡而不得，逐万物而不反，是穷响以声，形与影竞走也。悲夫！”正因缺失了对“无方”之道的观照，“多方”的惠施才会不断竞逐世俗的功名；可惜的是，惠施的这种“充一”之旅无法让生命“自宁”，从而惹起了庄子的无限痛惜与悲叹。

---

① 袁行霈撰：《陶渊明集笺注》，中华书局，2003年，第271页。

《天地》云：

> 知其愚者，非大愚也；知其惑者，非大惑也。大惑者，终身不解；大愚者，终身不灵。

孔子、惠子等人之“不惑—不芒”，并非无惑、无芒，而是不以惑为惑、不以芒为芒的表现，此之谓“终身不解”“终身不灵”之大惑、大芒。庄子之“知惑—固芒”，以惑为惑，以芒为芒，也就不是大惑、大芒，而有免刑、解悬之可能。在庄子看来，“不芒”的人生是不可能的。然而，常人惯于“随其成心而师之”，也就无视“芒”，逃避“芒”，存在之芒也就在人的“自以为是”中被遗忘了；存在之芒一旦消隐，人就会故步自封于“自以为是”，所争者唯是非，所辨者唯胜负，所究者唯利害，进而有“魂交”“形开”“心斗”之情态，这就是生存之悲的由来。

四、齐物：由“情”入“理”

按照《齐物论》的说法，若谓人之日常在世为可悲可叹者，人之本质处境为不知固芒者，人生难道不会陷入无知而无明、无望而无归的境地吗？诚然，生存之悲的确容易引生消极心态并走向厌世主义，以“不知”为要义的存在之芒也容易被误解为人生如梦而走向虚无主义。比如，《至乐》篇所谓“人之生也，与忧俱生，寿者久忧不死，何苦也”“死，无君于上，无臣于下，亦无四时之事，从然以天地为春秋，虽南面王乐，不能过也”，不仅误将“忧”视为生之本质，而且视“死”为至乐之归宿。然而，这种类型的“厌弃”情绪实际上并非庄子“齐物之情”的基调与祈向。

“齐物之情”的确是一种批判性的情感与体验，但其批判对象不是生命、存在自身，而是常人不以生存之悲为“悲”的倒置、不以存在之芒为“芒”的蔽蒙。① 既然生存之悲出自“随其成心而师之”，就可以通过“心斋”化解之；既然存在之芒本于“真宰”之不得其眹，就可以通过“知止”通达之。而且，尽管“齐物之情”的世俗批判与存在批判是毫不留情、锋芒毕露的，但“其我独芒，而人亦有不芒者乎”等自我反诘充分说明，庄子并不认为自己是置身事外、高高在上的批判者与评判者，而同样是一个可悲、固芒的存在者。崔宜明认为，庄子的“自我批判”可以开出

① 《缮性》云：“丧己于物，失性于俗者，谓之倒置之民。”“缮性于俗学，以求复其初；滑欲于俗思，以求致其明，谓之蔽蒙之民。”

真正的“哲学批判”：“它批判的是自己，是在对象身上看到的自己，所以是建设性的、发展性的和超越性的。”① 这样来看，庄子的“齐物之情”中盈荡着共情式的真情、卑微式的勇敢。奠基在如此品质之上的生命，怎么会是命中注定的悲剧或毫无价值的闹剧呢？

就“齐物之情”向“齐物之理”的过渡或转换而言，尽管存在之芒在理论方面的效应更明显，但生存之悲与存在之芒均起到了奠基性作用，二者缺一不可。郭象用存在之芒消泯生存之悲，不仅取消了生存之悲的批判精神，同时也漠视了存在之芒之于人生的积极价值。实际上，如果没有生存之悲的激发，存在之芒就只是说不清、道不明的绝对客观的“玄冥之境”，这种“玄冥之境”拒绝任何意义上的主体参与和价值生成。在庄子那里，“芒”不仅是人们普遍固有的存在体验，同时也是与“真宰”“天道”之境直接相契的生命洞见与存在直觉。《天下》所谓“芒乎昧乎，未之尽者”，正道明了庄子的浑沌本体论。在庄子那里，浑沌既是芒昧的本然之在，也是无尽的自然之化；万物因芒昧而自明自显，也因无尽而自取自成。在浑沌之境存在的万物，一如天籁之境中的万窍，既不知道“风”从哪里来，也无须知道“风”从哪里来，任凭“风”吹拂过自身的虚窍通孔，便可“咸其自取”地畅发属己的声音，这就是自然之风化。在此意义上，“芒”即资以聆听天籁、休乎天钧的“无竟（境）”：万物以“寓诸无竟”为本然存在形态，人以“振于无竟”为本真生存方式。正因“芒”的存在，万物才获得了各自的自明性与自适性，这就是“不得其眹”而又“有情—己信”的“真宰”。

面对本然的“未知之境”与本真的“不知之芒”，庄子“独自负荷着生命的某种最原初的疑问，由此也负荷着不可解的焦虑，在精神上走向存在深处”②，由此而引生出一种根基性的存在领会，以及不自以为是、师心自用的生命态度。在庄子那里，如果说“芒”意味着宇宙人生的奥秘，这种奥秘的最玄妙之处正在于它是不可被占有的“真宰”、无法被限定的“无竟”。如果谁试图占有或规定它，彰显的不过是自我中心的膨胀、自以为是的狂妄而已。正因“真宰”的不可被占有与“无竟”的无法被规定，才使得“芒”向着万物均平敞开，或者说构成了万物自然、自由而在的真正根基，这就是超克了“非其所明而明之”之生存之悲的“莫若以明”之存在视域。

可见，生存之悲与存在之芒不会导致存在之虚无、生命之无意义，反

---

① 崔宜明：《从鹏扶摇到蝶翩跹：〈逍遥游〉〈齐物论〉通释》，上海人民出版社，2018 年，第 105 页。

② 颜世安：《庄子评传》，南京大学出版社，1999 年，第 296—297 页。

而更可开出化解生命之虚妄的“以明”视域或曰“齐物理境”。在此意义上，“齐物”的确是“打开种种障蔽真知的封执的钥匙”①。吴光明说：“从庄子的眼光来看，苦难不是人生的中心问题，也不是重要的问题，只是焦急的问题。佛陀来解决这个人生最大的问题，耶稣来使用苦难，把它作赎罪的工具。依庄子看，苦难来自人生之处理错误所致，‘苦难的问题’这‘问题’本身是个错误。苦难不是要我们来解决的，乃是要让它自己自然地消解的，犹如白雪消失于春日（即我们妥当的生活）一般。妥当的生活既不是耶稣的赎罪的生活，也不是佛陀醒悟的生活，只是活得适切，活应事物屡变的气势，有时翱翔，有时逍遥，这个适切的生活就是庄子的中心课题。”② 这里所谓“苦难”，对应着上文所述之生存之悲与存在之芒。“悲”与“芒”在庄子那里不是救赎或觉悟的工具，而是生活的现实样态与本然样态；“悲—芒”也的确不是“罪—善”“迷—悟”关系，在“与物为春”的存在处境中，“悲”像白雪那样自然融化，“芒”如春日一般生机含藏。总之，生存之悲的本质是脉脉的温情，存在之芒的本相是清明的理性，庄子正借此“齐物之情”而示其不忍之心，发其唤醒之意，述其齐物之理。

第二节　“成形”与“成心”

对于生命之无处可逃的悲哀底色，对于生活之积重难返的芒惑特征，庄子都有着极为深透的觉察，这在先秦哲学家中是难得一见、独树一帜的。与“存在之芒”相关的本真存在视域问题，本书将在第五章进行阐述，这里先行剖析的是“生存之悲”的由来、特征等问题。庄子认为，人们的生活之所以会陷入“终身役役而不见其成功，苶然疲役而不知其所归”的悲哀境地，其根源在于“成形—成心”之“我”这一基本的生命单位或存在情态。

在先秦思想语境中，“身”可谓生命的代名词，正所谓“近取诸身”（《周易·系辞下》），作为“亲在”的身体构成了往圣先贤理解社会、认识自然的具体而微之模型。随着思维的深化与拓展，“身”逐渐出离本朴之原初境域，并开始产生结构性分化。老子云：“虚其心，实其腹，弱其志，强其骨。”（《老子》第三章）“腹、骨”与“心、志”的并列对应，就

① 杨立华：《庄子哲学研究》，北京大学出版社，2020年，第111页。

② 吴光明：《庄子》，（台北）东大图书股份有限公司，2015年，第124—125页。

是后世流行的“形—心”并立之雏形。与“道术将为天下裂”的进程相表里，“身”在战国中期以降也不再是浑然一体的整体，而产生了“形”与“心”的区分裂变。这种结构性裂变导向的是“心的发现”这一思想史现象：“心的发现是先秦哲学的一个重要标志，而这主要是由孟子和庄子来实现的。”[①] 尽管孟子、庄子对“心”的界说不同，或称“本心”，或谓“常心”，但“心”均被视为生命本质之所在或存在价值之所系，因此堪称“生之主”或人之“真宰”；而且，作为生命价值之所系的本心或常心容易陷溺于习心或成心，这正是生命存在诸种问题的根源。

在庄子那里，“形”与“心”乃生命之两维、存在之两体。《齐物论》载：

> 形固可使如槁木，而心固可使如死灰乎？
> 其寐也魂交，其觉也形开。
> 其形化，其心与之然，可不谓大哀乎？

以上材料中的“形—心”结构可谓一目了然。当然，这一结构不唯体现在《齐物论》中，在内篇中可谓俯拾皆是：

> 岂唯形骸有聋盲哉？夫知亦有之。（《逍遥游》）
> 方今之时，臣以神遇不以目视，官知止而神欲行。（《养生主》）
> 形莫若就，心莫若和。（《人间世》）
> 故德有所长而形有所忘，人不忘其所忘而忘其所不忘，此谓诚忘。（《德充符》）
> 若然者，其心志，其容寂，其颡頯。（《大宗师》）
> 且彼有骇形而无损心。（《大宗师》）
> 是于圣人也，胥易技系，劳形怵心者也。（《应帝王》）

在上述材料中，不管是负面意义的“魂交—形开”“形化—心然”“劳形—怵心”，还是正面意义的“形如槁木—心如死灰”“德有所长—形有所忘”“有骇形—无损心”，均以“形—心”为基本叙述结构。当然，与“形”的单一内涵相比，“心”有“魂”“知”“神”“德”等多维指向，说明“心”在庄子那里是一个“麻烦的问题”[②]，也是一个有趣的问题。关于庄子之

① 王博：《庄子哲学》，北京大学出版社，2020年，第195页。
② 徐复观：《中国人性论史·先秦篇》，九州出版社，2014年，第346页。

"心"，拙著《庄子哲学之诠释与重建》已有较为详细的阐发[1]，兹不赘述。本节将以《齐物论》为主，以其他内篇的材料为辅，对庄子的生存分析进行更为深入的讨论。

《齐物论》以南郭子綦之"荅焉似丧其耦"及"今者吾丧我"为开端而述其"卮言"，"吾丧我"必以"我"为先在前提，亦必以"我"为扬弃对象。

何谓"我"?《齐物论》云：

> 一受其成形，不忘［亡］以待尽。与物相刃相靡，其行尽如驰，而莫之能止，不亦悲乎！终身役役而不见其成功，苶然疲役而不知其所归，可不哀邪！人谓之不死，奚益！其形化，其心与之然，可不谓大哀乎？人之生也，固若是芒乎？其我独芒，而人亦有不芒者乎？夫随其成心而师之，谁独且无师乎？奚必知代而心自取者有之？愚者与有焉。未成乎心而有是非，是今日适越而昔至也。是以无有为有。无有为有，虽有神禹且不能知，吾独且奈何哉！

这段材料点出了"成形"与"成心"，揭示了"形—心"之内在关联，对"我"之结构与特征进行了明确的界定与说述。正如陈赟所说："'我'是人的存在的一个基本面向，而'成形'与'成心'则是构成'我'的'取'的活动的主观根源。"[2] 在庄子这里，所谓"我"，由"成心"与"成形"形构而成；"我"之建立，或者说"我"之所以为"我"，即在"成形"与"成心"之凝成与互构。

一、"成形"

（一）"成形"辨义

《齐物论》云："一受其成形，不忘［亡］以待尽。与物相刃相靡，其行尽如驰，而莫之能止，不亦悲乎！"这句话言简意赅地阐述了人作为现实存在者的基本形态与情态。关于"形"与"生"的相关问题，《德充符》也有下列论述：

---

① 参见王玉彬：《庄子哲学之诠释与重建》，人民出版社，2015 年，第 17—83 页。

② 陈赟：《庄子哲学的精神》，上海人民出版社，2016 年，第 92 页。

惠子曰:“不益生,何以有其身?”庄子曰:“道与之貌,天与之形,无以好恶内伤其身。今子外乎子之神,劳乎子之精,倚树而吟,据槁梧而瞑。天选子之形,子以坚白鸣。”

既受食于天,又恶用人!有人之形,无人之情。有人之形,故群于人;无人之情,故是非不得于身。

综合以上材料,可对“成形”进行如下阐释。

第一,人以成形为基本样态而成其为人。正所谓“有生必先无离形”(《达生》),“物成生理谓之形,形体保神,各有仪则,谓之性”(《天地》),人之“生”因“形”而得以呈现,“心”“神”“性”“德”等亦因“形”而得葆藏。在此意义上,成形即形体之凝成或生命之形成,是人之生命现实存在的根据,也是人的生命活动得以开展的基础。而且,“我”要想区别于他者、外物,维持自身的同一性,就要先通过成形来呈现或实现。

第二,成形并非自生、自有者,而是“一受”之结果——“一”言其偶发,“受”言其被动。正所谓“道与之貌,天与之形”“阴阳于人,不啻于父母”,成形来源于“道”“天”“阴阳之气”,也就是阴阳之气之结聚。阴阳之气的结聚完全是“不测”的,任何具体的成形都不过是偶然的存在,不过是万物之一。

第三,“形化”说明成形并非一成不变之形,而是因化而在之形。换言之,成形既因“化”而生、而有,亦因“化”而亡、而无。鉴于万化是一个永不停歇、未始有极的过程,故纵浪于大化之中的成形必呈现为“不亡以待尽”之叠加态:“不亡”指成形的存而未亡,“待尽”指成形的必趋一死。

第四,“与物相刃相靡”是“我”之生命活动的一般情状。正所谓“有人之形,故群于人”(《德充符》),“造化”不只造就了“我”之成形,同样也造就了芸芸之万形。“我”之所以要面对异形之他者,首先源于“有人之形”这一自然而必然的存在方式。而且,“我”以成形为界域而“有取”于他者,以期通过对外物的占有而确立自身,导致的就是“与物相刃相靡”等因求生之厚而奔驰赴死的生命活动,此之谓“行尽如驰而莫之能止”。

概而言之,“我”以成形的样态存在于宇宙之内、天地之间,呈现“我”的独特性,维持“我”的同一性,尽管这种存在状态会导致很多问题,却是“我”作为现实存在者的本然形态与自然趋向。

问题在于，成形本为天道所赋予、天之所选择或曰“天地之委形”[1]，“我”虽因之而“成”却无法自选其形，自持其成，亦不能固守其然，永葆其在，此即所谓“吾身非吾有”（《知北游》）。吾身之成形并非“吾有”，而为“天选”，具有“一”之偶然性、“受”之被动性以及“化”之必然性。《庄子·天道》云：“知天乐者，其生也天行，其死也物化。”倘若不明天选，不知天乐，不解天行，不顺物化，企图固守成形而“益生”，以“我”抵抗死亡，拒绝形化，就是一种存在性的逆反与僭越了。在这种存在性的悖逆情态之中，成形愈发变得劳攘疲役而支离破碎，此即所谓“遁天之刑”（《养生主》）或曰“天刑”（《德充符》）。

（二）“生死”与“物化”

以“成形”为基本存在形态的“我”，必会产生维持自我、守护自我、延续自我的生命倾向。《逍遥游》曰：“而彭祖乃今以久特闻，众人匹之，不亦悲乎！”众人以彭祖为大寿，并歆羡、追求彭祖之寿，孰不知尚有“以五百岁为春，五百岁为秋”之冥灵及“以八千岁为春，八千岁为秋”之大椿，遑论无终无始之大道及神妙不测之大化了。这种追求形体之长寿的保身倾向可谓仅以“成形”为念，以“益生”为想，忽略了生命的“天选—物化”之本质，也就意味着只愿片面接受“化—生”之必然，而欲拒绝甚至抵抗“化—死”之必然，故生“悦生而恶死”之情累及“益生”之行妨。《齐物论》载：

> 予恶乎知说生之非惑邪！予恶乎知恶死之非弱丧而不知归者邪！丽之姬，艾封人之子也。晋国之始得之也，涕泣沾襟；及其至于王所，与王同筐床，食刍豢，而后悔其泣也。予恶乎知夫死者不悔其始之蕲生乎！

“悦生”为芒惑而不明所以，“恶死”为迷途而不知所归。“悦生而恶死”割裂了生与死，不明“生—死”正是“化”之所以可能、可行的内在两体，此之谓不明所以。不识生死之本质，必以生为悦、为乐，以死为恶、为哀，此之谓有意于生死，有情于生死。有意、有情于生死，就会求生而避死，贪生而怕死，故有“蕲生”“益生”之行为，以求取、增益成形之

[1] 《知北游》:“舜问乎丞曰:‘道可得而有乎?’曰:‘汝身非汝有也,汝何得有夫道?’舜曰:‘吾身非吾有也,孰有之哉?’曰:‘是天地之委形也;生非汝有,是天地之委和也;性命非汝有,是天地之委顺也。’”

客形，而拒绝形化之本貌；这样，不仅无法“安时而处顺”，反而适足以“内伤其身”而无法“终其天年”或“尽年”，此之谓“不知归者”。

长梧子所述之生死观，均以“恶乎知”发端。“恶乎知”既意味着生死是玄秘难知的，也体现了对“悦生恶死”之世俗态度的质疑。更重要的是，“予恶乎知夫死者不悔其始之蕲生乎”并不是要以死为乐，以生为哀，庄子的意思是：既然任何人都不知道“死”究竟是可悲还是可乐的，也就无法断言“死”比“生”更可悲还是更可乐；这样说来，以“死”为悲、以“生”为乐的世俗态度也就是值得怀疑的了。

《齐物论》载：

> 罔两问景曰：“曩子行，今子止；曩子坐，今子起；何其无特操与？”景曰：“吾有待而然者邪？吾所待又有待而然者邪？吾待蛇蚹蜩翼邪？恶识所以然！恶识所以不然！”

这段寓言有着多种阐释可能，在当下的讨论脉络中，可以说“景”即成形之喻象：“景”之行止、起坐即成形的迁化状态，“景”之“有待而然”即成形之因化而在之本态，“景”之“恶识所以然，恶识所以不然”之不明所以，即成形莫名其妙之生化与偶在。于此，《大宗师》的这段话更显露：

> 孟孙氏不知所以生，不知所以死；不知就先，不知就后；若化为物，以待其所不知之化已乎！且方将化，恶知不化哉？方将不化，恶知已化哉？

“化”，不管是在“道之行”的意义上，还是在“命之行”的意义上，均为人之不知所以者。也就是说，“化”既内在于“我”而又超绝于“我”：成形固然以“化”为本质，人却注定在化而不知化。实际上，人之情意与好恶，只有在朝向自己知道的东西时才是有效的。不可知者即“不得已”“不可奈何”者，不知化却又因化而生好恶，有忧虑，可谓庸人自扰。

庄子又说：

> 古之真人，不知说生，不知恶死；其出不訢，其入不距；翛然而往，翛然而来而已矣。（《大宗师》）

郭象释“不知说生，不知恶死”云：“以化为体者也。”[1] 成形生于无常之“大化”，并投身于未始有极之“万化”。或者说，成形之出于大化为“生”，此为偶然，本无可喜；成形之入于大化为“死”，此为必然，莫之能拒。可见，生与死的确存在着“偶然、可能与必然之间的不对称性”[2]，故真人不以成形为念，不以益生为想，不以恶死为然，而在偶然与必然的不对之中安其偶然，因其必然，此即“翛然而往，翛然而来”之和顺情态。

孔子曰：“未知生，焉知死。”（《论语·先进》）以“知生”为本命与要务。仿孔子之言，庄子主张的实际上是“未知化，焉知生，焉知死”。以“化”为“生—死”之本然，以“生—死”为一化之所现。海德格尔说：“死亡作为此在的终结乃是此在最本己的、无所关联的、确知的、而作为其本身则不确定的、超不过的可能性。”[3] 庄子同样看到了死亡的本己性、必然性与不可逾越性。区别在于，庄子并未阐发海德格尔意义上的“向死而生”，而主张“因化而生—因化而死”。成形既以“化”为本质，便注定有其“天年”；在此视域之中，成形的最佳存在可能即“终其天年而不中道夭”（《大宗师》），以“善吾生者，乃所以善吾死也”（《大宗师》）为生命觉解，以“常因自然而不益生”（《德充符》）为生活表现。

《德充符》载：

> 死生存亡，穷达贫富，贤与不肖毁誉，饥渴寒暑，是事之变、命之行也，日夜相代乎前，而知不能规乎其始者也。故不足以滑和，不可入于灵府。

不仅是“死生存亡”，与“形”相关的饥渴欲望、智愚才性、穷达境域，均为无可奈何之“事之变”与“命之行”，不可因之而汩乱心性，壅塞灵府。

二、“成心”

成形本为有“终”可“尽”之“形”，“我”之存在本为有限之存在，企图以有限之存在占有无极之大化，占据无尽之时空，既是不明所以，不

---

① 郭庆藩撰:《庄子集释》,中华书局,2013年,第210页。

② 杨国荣:《庄子的思想世界》,北京大学出版社,2006年,第207页。

③ [德]马丁·海德格尔:《存在与时间》,陈嘉映、王庆节合译,熊伟校,生活·读书·新知三联书店,1987年,第310页。

知所归之大惑，亦为适得其反、自伤其身之徒劳。《齐物论》云：

> 其形化，其心与之然，可不谓大哀乎？人之生也，固若是芒乎？其我独芒，而人亦有不芒者乎？夫随其成心而师之，谁独且无师乎？奚必知代而心自取者有之？愚者与有焉。未成乎心而有是非，是今日适越而昔至也。是以无有为有。无有为有，虽有神禹且不能知，吾独且奈何哉！

“其形化，其心与之然”，意味着心灵无法接受“化”之自然与“形化”之必然，既不明“道之行”，亦不通“命之行”。在庄子那里，好生而恶死就是成心的典型体现：以成形为好、为是，以形化为恶、为非。因此，生死问题可纳入是非问题进行讨论。《齐物论》云：“未成乎心而有是非，是今日适越而昔至也。”① 郭象注：“未成乎心，是非何由生哉？”② 凡是非必因成心而起，无成心即无是非。庄子认为，不管是“知代而心自取”之智者，还是缺乏这种自觉的愚者，都有其成心并因之而存在、生活。③ 在此意义上，成心是人心的普遍样态，是生活的开展基础。成心化生存是人生的平均状态。

（一）“成心”义诠

什么是成心？源于古典庄学并在近现代多有回响的解释主要有三种。

---

① 关于“未成乎心而有是非，是今日适越而昔至也”一句，有三种主要的解释方式。其一，无“成心”而有“是非”就像“今日适越而昔至”一样不可能，这样，“成心”是产生“是非”的必要条件，没有“成心”，必无“是非”。其二，“是非”有两种，一是有“成心”之“是非”，二是“未有成心”之“是非”，惠施的“今日适越而昔至”这种辩题即属于无“成心”而有“是非”一类，“未有成理昭然于心”，纯粹是理论、逻辑上的惹是生非，而不是有“成心”而有之生活、价值上的“是非”问题。其三，“未成乎心”指的是本然之心、真宰之心，依本然之心、真宰而有“是非”是不可能的，就像“今日适越而昔至”一样不可能。三说均可通，本书选取了第一种解读方式。关于这句话更细致的文本解读、更多元的义理解释，参见谢明阳：《庄子“成心”旧注诠评》，（花莲）《东华汉学》2005 年第 3 期。

② 郭庆藩撰：《庄子集释》，中华书局，2013 年，第 61 页。

③ 关于“奚必知代而心自取者有之？愚者与有焉”一句，其中体现出某种“智愚”之别。郭象之意，以成心未成者为愚者，以成心代替不成之心者为智者；成玄英谓“奚必知代而心自取者”为自以为是、不知以彼之长代我之短之人；郭嵩焘则以“知代而心自取者”为知是非之相代而自取是非者；王叔岷谓“知化者不必有成心；自执者有成心；愚者亦有成心也”，不是分智愚，而是一分为三类。本书认为郭嵩焘之说于义最优，“知代而心自取”者是明儒墨之是非之争而仍自取某方以为己是之“智者”，“愚者”则是那些虽缺乏这种“理论自觉”亦不自觉其成心者，简言之，“智者”即自觉其“成心”者，“愚者”不自觉其“成心”者，“成心”都构成了他们固有的生存态度。

其一，成心即成熟之心。郭象曰："夫心足以制一身之用者，谓之成心。""足"表明了成心之于一身之用、现实之用的充足或完足性，并无贬义。韩林合说成心是"完成了的或成熟了的心，即有了完整的心理官能（认识、感受和意欲等）的心，而非特指成见之心……一切正常人——我们所谓经验主体——都具有它"①。徐圣心说："成心原是日常经验习惯的结集，足以使生活便利、生命丰富。"② 正如若无成形即无生命的现实存在，若无作为"心理官能"的成心也就没有主体的建立、现实生活的展开。陈少明认为成心是"成熟的人格结构，它决定了每个人面对新的生活情境时的态度或反应方式"③，在此意义上，成心也是具有个性色彩的心理模式、人格结构。可见，正因"成形"与"成心"之交织，人的存在才不仅是现实的、具体性的，而且是独特的、个性化的。

其二，成心即偏执之心。成玄英云："夫域情滞著，执一家之偏见者，谓之成心。夫随顺封执之成心，师之以为准的，世皆如此，故谁独无师乎。"④ 以成心为封执、偏执之"妄心""惑心"。陆树芝云，"中有定见，谓之成心，已非心之本体"⑤，强调的是成心之限定义；钟泰认为，"'成'者，一成而不变，故'成心'者，执心也"⑥，凸显的是成心之固化义。限定而固化之成心意味着偏执之成见或意见。这种成心并非"心之本体"，无法与道为一、与物为春。

其三，成心即本真之心。吕惠卿云："成心，吾所受于天而无亏者。"⑦ 作为"受于天而无亏"的成心即天然圆成之心。王雱曰："心者，人之真君也。人能不丧其真君，所以谓之成心。"⑧ 以"真君"释成心。释德清说成心是"现成本有之真心"⑨。可见，以成心为天成、本真之心，强调的是成心的本有性、圆成性、现成性。吴怡译"夫随其成心而师之"一段说："如果大家都以他们现成的真心为导师的话，又有谁没有自己的导师呢？不一定那些知道万物变化而心有所主的人有现成的真心，即使愚人也有现成的真心。如果我们不能觉悟这个现成的真心，而好作是非之论，就像名家的诡辩，说什么'今天起程去越国，而昨天早已到达了'等论题，

---

① 韩林合：《虚己以游世：〈庄子〉哲学研究》，北京大学出版社，2004年，第203页。

② 徐圣心：《庄子"三言"的创用及其后设意义》，（台北县）花木兰文化出版社，2009年，第73页。

③ 陈少明：《〈齐物论〉及其影响》，北京大学出版社，2004年，第225页。

④ 郭庆藩撰：《庄子集释》，中华书局，2013年，第60—61页。

⑤ 陆树芝：《庄子雪》，华东师范大学出版社，2011年，第17页。

⑥ 钟泰：《庄子发微》，上海古籍出版社，2002年，第35页。

⑦ 吕惠卿撰，汤君集校：《庄子义集校》，中华书局，2009年，第26页。

⑧ 王雱撰：《南华真经新传》，福建人民出版社，2023年，第17页。

⑨ 释德清：《庄子内篇注》，华东师范大学出版社，2009年，第30页。

这是以‘无’为‘有’的作法。”① 更是以成心为人人具有的现成之“真心”了。

上述三种解释，分别以成心为中性的成熟之心、负面的偏执之心及正面的本真之心，亦即分别视成心为常、为妄、为真。

（二）“成心”“随其成心”与“随其成心而师之”

就诠释之发端而言，以成心为平常心者有玄学色彩，以成心为妄心者有道教色彩，以成心为真心者有理学色彩。历史地看，上述三种解释均言之成理，但哪种更贴合《齐物论》之本旨？本书认可的是第一种看法，理由如下。

首先，就《齐物论》整体的文本脉络来看，叙述“随其成心而师之”的文句既镶嵌于庄子的悲叹段落之中，“随其成心而师之”理应是负面的、批判性的，或者说即是人之所以陷入悲哀、芒惑之境的罪魁祸首。

其次，《人间世》关于“师心”表述与“随其成心而师之”之间存在用词上的一致性。《人间世》载：

> （颜回曰：）“然则我内直而外曲，成而上比……若是则可乎？”仲尼曰：“恶！恶可！大多政，法而不谍，虽固亦无罪。虽然，止是耳矣，夫胡可以及化！犹师心者也。”

“犹师心者也”是孔子对颜回“内直—外曲—成而上比”之术的评价。孔子认为，三术太过繁杂而教条，仅可消极免罪而无法积极教化君主；“师心”的问题在于“支离”与“固执”，无法“及化”。通过《人间世》对“师心”的负面评价来看，“随其成心而师之”同样应该是负面的。

最后，谢明阳发现，《庄子》中与“师”相关的语汇，比如“师心”“师治”“师是”“师天”“师知虑”等，“作取法、依循解释时，均指‘有心’效仿，其意涵每带有负面性”，故“众人所师之‘成心’，必为一家之偏见”。②

通过上述三种证据可见，以成心为本真之心一定是不当的，但至于成心是不是负面性的妄心或偏执之心，尚难定论。杨立华说：“先入为主地将‘成心’理解为单纯负面的，是诸多牵强生硬的注解的根由。”③ 诚然，

---

① 吴怡：《新译庄子内篇解义》，（台北）三民书局，2000年，第54页。

② 谢明阳：《庄子“成心”旧注诠评》，（花莲）《东华汉学》2005年第3期。

③ 杨立华：《庄子哲学研究》，北京大学出版社，2020年，第86页。

单就“成心”而言，郭象所谓“足以制一身之用”之“心”恐怕才是正解。在此意义上，成心即常人普遍具有的感觉、认知、理解、判断等心性能力，“即吾人天然自成之心，用以辨别事物者也”①；不管对这些感知能力有无自觉之认识与积极之运用，常人都或多或少地拥有这样的能力，不过是或自觉知之（“知代而心自取者”），或冥然不知（“愚者”）而已。在此意义上，成心既是一种天赋的“心”之能力，也在后天的培养中渐趋成熟，成熟之后的成心就是成见。“一受其成形”之后，常人正以“成心—成见”为基础而存活于世：成心是人固有的心性结构，成见是人之在世的智慧情态，它们构成了“日常状态下我们理解事物的基本视域”②。而且，正如成形是独有的形体结构，成心同样表征着独特的心性结构，并通过“咸其自取”的方式造就着生命个体独特的、多元的生活方式。可见，成心既有人之类属性上的固有性、有限性，也体现了人之具体存在的独特性、多元性，可谓“有限而特殊之心”。在“有限而特殊之心”的意义上，无成心即无基础性存在，无成见即无现实化生活，因此，“随其成心”首先是日常性的在世方式而非负面性的。

《齐物论》云：“夫随其成心而师之，谁独且无师乎？”准确而言，庄子批判的是“随其成心而师之”，也即以成心为“师”的存在方式。郑玄云：“师，教人以道者之称也。”③“师”既是得道、有道之人，也是传道、教化他人之人。在庄子的视域中，“我”之“师心自用”实即以一己之成心为“道”。以一己之成心为“道”，也就无视成心本来具有的有限特殊性，而欲将之扩展或提升为某种超越而普遍之真理。成心既由有限而特殊之心跃升为超越而普遍之心，必会衍生一种可资辨是非、明善恶的终极标准：符合“我之成心”者为“是”，不符合“我之成心”者为“非”。不符合“我之成心”者既“非”，“我”也就有责任使之痛改前非而依归于我之所“是”，由此而生他人均应以我之成心为师的普遍化诉求。

“成心”只是在世之基本形态，而非主导形态；“随其成心”只能在“我”的生活界域之中最小范围、最低限度地使用，而不能超出“我”的界域大范围、无限度地使用。“师心自用”即“我”对成心的执着与固守，这种自限性、僵固性的心灵状态意味着对“道”也即整全、本真之存在状态的无视与遗忘——“岂唯形骸有聋盲哉？夫知亦有之”（《逍遥游》），甚至是遮蔽与损害——“道隐于小成”（《齐物论》）。一旦作为基础性存

① 蒋锡昌：《庄子哲学》，上海书店，1992年，第124页。

② 陈赟：《庄子哲学的精神》，上海人民出版社，2016年，第92页。

③ 郑玄注：《周礼注》，商务印书馆，2023年，第98页。

在的成心跃升为存在的全部或全部的存在，就会在一成不变中遮蔽存在的超越性，拘限生命的可能性，“游心极视，不睹其外，终年驰骋，思不出位”①，从而导致生命的闭锁与贫乏、劳攘与无归。

第三节　“吾丧我”

《齐物论》对“我”之在世情态的摹写，与海德格尔的“此在”非常类似。陈嘉映说：“只要人存在着，他就总在世界中，总烦忙于事物，烦神于他人，总对他的存在有所领悟、有所作为。”② “我”因“成形”而立身于天地之间，委形于万化之内，此即“在世界中”；“我”以“成心”而与物照面，与人相与，此即“烦忙于事物，烦神于他人”。在庄子看来，生存之惑的真正根源，并非“成形—成心”这种有限而特殊的生命构造自身，而在于成形对无限的追求、成心对普遍的执着。换句话说，在“观—欲—取”的生存活动中，首先，出于“蕲生”之动机、“悦生”之情绪，“我”会以企图成形拒绝形化；其次，通过“随其成心而师之”的方式，“我”会将成心改造为真理化之“道”、普遍化之“同是”。正因如此，《齐物论》开篇即提出了“吾丧我”这一关键命题，以期消解由“我”而生的困境，进而开显一种本真化的存在方式。

（一）“吾”：境界，还是主体？

乍看上去，欲解“吾丧我”，必须辨明何谓“我”、何谓“吾”、何谓“丧”三个问题。学界对这些问题的研究，或大而化之，或细而析之，虽异见纷纭，蔚为大观，却无不强调“吾”“我”在境界上的根本差异。

陈鼓应说：“‘吾丧我’即是由破除偏执成心的小我，而呈现‘万物与我为一’的大我之精神境界。”③ “吾”“我”之间有“大小之别”。

罗安宪说：“‘吾’是第一人称的普通指代，是一种客观化陈述；‘我’是第一人称的特殊指代，其所彰明的是个体自身的特殊品质，是一种情意性表达。”④ “吾”“我”之间有“真俗之别”。这样说来，“吾丧我”就是普通、客观之“吾”对特殊、情意之“我”也即“俗我”的丢弃。

---

① 嵇康著，戴明扬校注：《嵇康集校注》，中华书局，2014年，第448页。

② 陈嘉映：《从感觉开始》，华夏出版社，2005年，第255页。

③ 陈鼓应：《庄子人性论》，中华书局，2017年，第16页。

④ 罗安宪：《庄子“吾丧我”义解》，《哲学研究》2013年第6期。

杨国荣认为,“吾”是庄子试图呵护的因“合乎天性”而“真正具有个体性品格”的“本然、真实之我”,所“丧”之“我”则是“以个性的失落”为特征的“社会化、文明化的‘我’”,也即以礼乐仁义为内容的“我”。[①]“吾”“我”之间有“自然—人文”之别。

崔宜明认为,“吾”是“道”之层次上的存在,“我”是“物”之层次上的存在。[②]“吾”“我”之间有“道物之别”。

袁保新认为,“吾”指“本然的自我”(authentic self),“我”指“非本然的自我”(inauthentic self),“吾丧我”即转化成心而呈现道心。[③]“吾”“我”之间有“道心—成心”之别。

陈赟说:“相对而言,‘我’有主观的意味,‘吾’则是客观性的,二者内含着主观与客观,私与公的区别。”[④]“吾”“我”有“主观—客观”及“公—私”之别。

上述诸说均将“吾”“我”分疏为具有本质差异的存在之维:“吾”即“大我”“真我”“本真之我”“道心”“公心”,相应地,“我”是“小我”“俗我”“异化之我”“成心”“私心”。概而言之,“吾”是理想化、本真性的存在之维,“我”是现实性、负面化的存在之维。按照这种逻辑,“吾丧我”就应该是本真之“吾”对异化之“我”的隔离、遗忘或祛除,但上述学者基本不采取这种应然读法,而是将“吾丧我”理解为通过“丧我”的方式呈现本真之“吾”(可简称为“丧我而得吾”),这意味着本真之“吾”并非某种先在的“主体”,而是由“丧我”之“工夫”而抵达的“境界”。然而,“吾”果然是一种后得的“境界”吗?

“吾丧我”中的“吾”“我”之别,首先或本来只是一种文法现象,胡适《吾我篇》曾对两者的文法区别进行过细致论述[⑤]。王力说:“‘吾’可以作主语、定语,但一般不用作宾语。《庄子·齐物论》‘今者吾丧我’,这是一个典型的例子,不能换成‘今者我丧吾’或‘今者吾丧吾’。但是这只是位置的关系;如果在否定句里,宾语放在动词的前面,却又可以用‘吾’字了。例如:‘居则曰:不吾知也’(《论语·先进》),‘我胜若,若

---

① 参见杨国荣:《庄子的思想世界》,北京大学出版社,2006年,第176—178页。

② 参见崔宜明:《从鹏扶摇到蝶翩跹:〈逍遥游〉〈齐物论〉通释》,上海人民出版社,2018年,第96页。

③ 参见袁保新:《齐物论研究——庄子形上思维的进路与形态》,(新北)《鹅湖月刊》1978年第1期。

④ 陈赟:《天人不相胜——庄子内篇的结构、文本与思想》,福建人民出版社,2024年,第100页。

⑤ 参见欧阳哲生编:《胡适文集》(2),北京大学出版社,1998年,第176—179页。

不吾胜’(《庄子·齐物论》)。”① 以此文法现象为基础，可以进而得出“吾”“我”在字义上的一些显著差别，比如赵德《四书笺义》说：“吾我二字，学者多以为一义，殊不知就己而言则曰吾，因人而言则曰我。‘吾有知乎哉’，就己而言也；‘有鄙夫问于我’，因人之问而言也。”② 以“就己而言”与“因人而言”分判“吾”“我”。通过上文对“我”之内涵特征的说明，可知“我”作为施身自谓的存在者，的确是在与他者的对待性关系中确立自身的，“苔焉似丧其耦”之“耦”透显出的就是“我”之“与他者相对”③ 的特征。《说文》云：“吾，我自称也。”④ 与“对待性”的“我”相比，“吾”则是“我”之自称或者说反身性指称。

不妨再看《齐物论》关于“吾”“我”的如下材料：

> 百骸，九窍，六藏，赅而存焉，吾谁与为亲？汝皆说之乎？
>
> 无有为有，虽有神禹且不能知，吾独且奈何哉！
>
> 今我则已有谓矣，而未知吾所谓之其果有谓乎，其果无谓乎？
>
> 啮缺问乎王倪曰：“子知物之所同是乎？”曰：“吾恶乎知之！”“子知子之所不知邪？”曰：“吾恶乎知之！”“然则物无知邪？”曰：“吾恶乎知之！虽然，尝试言之。……自我观之，仁义之端，是非之涂，樊然淆乱，吾恶能知其辩！”
>
> 吾闻诸夫子，圣人不从事于务，不就利，不违害，不喜求，不缘道，无谓有谓，有谓无谓，而游乎尘垢之外。
>
> 既使我与若辩矣，若胜我，我不若胜，若果是也，我果非也邪？我胜若，若不吾胜，我果是也，而果非也邪？其或是也，其或非也邪？其俱是也，其俱非也邪？我与若不能相知也，则人固受其黮暗。吾谁使正之？使同乎若者正之？既与若同矣，恶能正之！使同乎我者正之？既同乎我矣，恶能正之！使异乎我与若者正之？既异乎我与若矣，恶能正之！使同乎我与若者正之？既同乎我与若矣，恶能正之！然则我与若与人俱不能相知也，而待彼也邪？

以上段落中的“吾”与“我”，不过是因文法、语气之需要的递相为用，很难说有何义理分辨与境界差异。任博克(Brook Ziporyn)将“吾丧我”

---

① 王力:《古代汉语》,中华书局,1962 年,第 352 页。

② 转引自朱桂曜:《庄子内篇证补》,商务印书馆,1935 年,第 37 页。

③ 陈少明:《“吾丧我”:一种古典的自我观念》,《哲学研究》2014 年第 8 期。

④ 许慎撰,段玉裁注:《说文解字注》,上海古籍出版社,1981 年,第 56—57 页。

译为“I have lost me”[①]，“吾”对应着“I”，“我”对应着“me”，正如“I”“me”都是对存在主体的指称，“吾”“我”亦然。杨立华认为，言说“吾丧我”的南郭子綦“是一个有清晰自我意识的言说者”，“吾”一定是“在分别和对待当中的”，“‘吾’更多的是对这一经验的个体性的强调”。[②]同样祛除了“吾”的玄秘意味。

对“吾—我”进行义理性分判的问题在于：第一，不管是在《庄子》还是其他古籍中，对“吾”与“我”的使用都有特定的文法功能，这种文法功能不只在《庄子》书中存在，在《论语》等典籍中同样存在；第二，从字义角度来看，“吾”与“我”是在不同的视域或境遇中对存在个体的指代性称呼，“吾”是一种反身性自称，“我”是处乎对待性关系中的自称，“本真”与“世俗”之区隔不过是以某种次生内涵强行注入两字之中的结果[③]；第三，在“吾丧我”这一表述中，“吾”是“丧我”的施动者或主体，而非“丧我”的结果或目的，“丧我而得吾”这种“工夫—境界”式理解既与“吾丧我”的语序不相匹配，又隐藏或忽视了“丧我而得吾”的主体品格。而且，一旦将“境界之吾”误视为主体，“吾丧我”就容易走向“境界之吾”彻底否定“现实之我”的思路；通过本章第一节的论述可知，“成形—成心”作为现实之“我”的双重生存结构，恰恰是人的现实存在之所以可能的根据，不能被彻底否定；而且，通过“若有真宰，而特不得其眹”等材料来看，“真宰”（相当于“境界之吾”）的面目是浑沌不明的，它无法构成生活的有效起点或现实动力，而是需要在生命过程中亲证的获得性体知。

可见，“吾”在《齐物论》中仅仅是一个普通名词，并非“真宰”“真君”或“真心”“道心”的代名词，也不是与“我”对立或超越“我”的“真我”。“吾”既不与“我”对立，“吾丧我”就不意味着大我抛却小我，

---

① Brook Ziporyn, *Zhuangzi: The Complete Writings*, Indianapolis: Hackett Publishing Company, Inc., 2020, p.11.

② 参见杨立华：《庄子哲学研究》，北京大学出版社，2020 年，第 36 页。

③ 孟琢从“词源学”角度考察了“吾”与“我”的“意义”，他认为，“我”的本义是“倾斜”，体现出的是自我意识的倾斜性，“‘我’在人物关系中是最重要的，一切事物都以之为中心进行倾斜，从而形成了属于‘我’的一隅，这是个体生命牢不可破的角落”；与之相比，“吾”的词源学意义是均平的“相遇”，是人与物“在均平的关联中互相敞开”，体现出“本源性”的平等状态。参见孟琢：《〈庄子〉“吾丧我”思想新诠——以汉语词源学为方法》，《中国哲学史》2020 年第 5 期。孟先生之意，在“由训诂以通义理”，这种致思取向为学界流行的上述“根本性区分”提供了字源学的证据。问题是，如果“吾”“我”在“字源”上既已涵有义理之别，也便意味着“要言妙道皆字典之胜义”[钱锺书：《钱锺书集：管锥编》(二)，生活·读书·新知三联书店，2011 年，第 635 页]，庄子不过是把古圣先贤在造字之初便已含藏的义理道明了而已，“吾丧我”就很难说是庄子的思想创造了。

真我丢弃俗我，道心替代成心，而仅仅指涉存在个体的自我省思与自我批判，以及在此基础上开显的朝向世界、外物与他人的存在态度。换言之，“我”指向的是存在个体的他者性、关系性特征，“吾”强调的是存在个体的自我性、反身性特征，“吾丧我”即作为存在个体的“吾”经由其反身性而对“我”这一他者性存在方式的省察。在此意义上，“吾”仅仅意味着存在主体的生命自觉与自省，而非玄秘的精神境界或超越的理想人格。当然，不可否认的是，通过“丧我”的确可以开出某种“大我”“道心”的本真存在方式，但“大我”“道心”并不与“吾”这一概念直接对应，而是通过“吾丧我”这一观念整体呈现出来。欲解“吾丧我”，就不能以“吾”“我”的二元对立作为契入点，而应在凸显“吾丧我”之自反与自省的基础上，聚焦于何谓“丧我”而求其意涵。

（二）从“我”到“非我”

调整了阐释视域，就可以直面“吾丧我”而阐述其义了。欲解“丧我”，须先明“我”之特征。尽管“吾”在庄子哲学中并非理想化的主体，但“我”的确是庄子借以究明人之现实存在的重要概念。因此，不妨先从宏观角度讨论一下作为在世之基点的“我”的一般特征，以及以“我”为基点而筹划生命的必然走向。

《说文》云：“我，施身自谓也。”段玉裁注：“谓用己厕于众中，而自称则为我也。”[①]“我”是在“众中”自认、自称、自立的结果。关于“我”之“施身自谓”性质，《庄子》中有大量相关阐述。

《齐物论》云：“我与若与人俱不能相知。”尽管这是一个否定性的说法，却说明了“我”必然居处于由“若”（“你”）与“人”（“他”）所构成的“他者”之中，立身于“我”与“彼”构成的“社会—人间”境域之中，此即所谓“有人之形，故群于人”。

《齐物论》云：“天地与我并生，而万物与我为一。”暂不论此句是否为庄子之齐物境界的准确表达，单就其词句推敲，便可知“我”是立身于天地之间、万物之中的，“天地—万物”构成了“我”生存于其中的“自然—空间”。

《大宗师》云：“夫大块载我以形，劳我以生，佚我以老，息我以死。故善吾生者，乃所以善吾死也。”在天地之变、万物之化（即“天道”）的迁变之流中，“我”的生命历程呈现为一个“出生入死”的过程（就生

① 许慎撰，段玉裁注:《说文解字注》，上海古籍出版社，1981 年，第 632 页。

命的过程性来看），或一个“方生方死，方死方生”的过程（就生命的当下性而言），或一个“向死而生”的过程（就生命的有死性而言）。处乎万物之化中的“我”，必有生、老、死之“形化”表现，“物化—形化”也构成了“我”之生命得以流行的“自然—时间”。

他人、万物、天地、天道构成了“我”置身其中的“人文—自然”境域：“他人”指向人文性的人间境域，“万物、天地”指向自然性的空间境域，“天道”指向自然性的时间境域。于“我”而言，他人、万物、天地、天道首先均为“非我”的异质性存在，可以统称为“彼”。正所谓“非彼无我”——“我”是在与“彼”的对立中成就为自身的，没有“彼”就不会有“我”的现身与建立。进而言之，“我”是在与这些“人文—自然”境域的“划清界线”中确立自身的，尽管这种划界并不是要否定这些“人文—自然”境域，或者出离这些“人文—自然”境域，而是要以这些“人文—自然”境域为对象、为工具而确立并维护作为主体或个体之“我”的存在可能。这正是“我”所具有的“对待性”特征：“‘我’是对象性关系中的存在，永远处于物我、人我、彼此、彼是、是非的对待性关系之中。”①

以“我”为基础所建立的生命与生活有何特征？《齐物论》云：

> 非彼无我，非我无所取。
>
> 自我观之，仁义之端，是非之涂，樊然淆乱，吾恶能知其辩！
>
> 故昔者尧问于舜曰：“我欲伐宗、脍、胥敖，南面而不释然。其故何也？”

纯形式地分析这三句话，可知“我”首先会通过“自我观之”的方式来看待他者，论辩是非；其次，“我”会通过“欲”的方式将“我欲”投射到他者身上；最终，“我”通过“伐”的方式“占有”他者以充实“自我”，这就是“取”的最大化实现。在“我”之“观—欲—取”的生存活动中，“我”既体现出了明确的实在化倾向，又体现出了显明的自我中心特征。以自我中心为基点而确立的实在性自我须以“取”为方式才能维持其实在性，故“我”必有强烈的自我保存取向，以及与他人、外物相互对立的态度，而“我”的“攻击性”便顺势而生了。《说文解字》谓“我”字“从戈矛。矛，古文垂也。一曰古文杀字。”② 罗安宪就此论述道：“‘我’从

---

① 陈静：《“吾丧我”——〈庄子·齐物论〉解读》，《哲学研究》2001年第5期。

② 许慎撰，段玉裁注：《说文解字注》，上海古籍出版社，1981年，第633页。

戈，属于戈类，是一种长柄的进攻性武器，并不是一种短柄的防御性武器：不是等人侵犯了‘我’，‘我’才出手防御，而是‘我’认为别人冒犯了‘我’，‘我’就要动手进攻。‘我’所着意的正是这样一种护持、坚守的性质。”① “从戈矛”的字体构形已然表明了“我”的实质：以“我”为基点的生存必然处在与“彼”操戈持矛、剑拔弩张的争斗状态之中。

《齐物论》云：

> 其寐也魂交，其觉也形开，与接为构，日以心斗。缦者，窖者，密者。小恐惴惴，大恐缦缦。其发若机栝，其司是非之谓也；其留如诅盟，其守胜之谓也；其杀若秋冬，以言其日消也；其溺之所为之，不可使复之也；其厌也如缄，以言其老洫也；近死之心，莫使复阳也。

在本段材料中，枕戈待旦、刀光剑影之情态跃然纸上。“我”之生存，实质上是“我”与“彼”的对抗与斗争。在这种对抗与斗争中，天地与天道变成了战场，他人、外物全数化为敌人。在此情此景中，“我”必须不断“守胜”，才能维持“我”之自身。问题在于：其一，“我”是“我”，作为敌人的他者亦有其“我”，“我”与“彼”之间的斗争实质上是“我”与“我”之间的斗争；其二，“彼”在“我”看来是“非我”，“我”在“彼之我”看来亦是“非我”，“非我”内在于“我”之中，“我”与“彼”之间的斗争又是“非我”与“非我”之间的斗争。既然“我”与“非我”是共构而并生的关系，“我”的确立过程就是“非我”的确立过程。

以“我”为中心而构建的世界与生存最终归向“非我”，此即这种存在方式的必败命运：“自我观之”，导向的是“樊然淆乱”；“我欲”之意向性，导向的是内在的“不释然”；不仅“非我无所取”，“有我”亦一无所取。可见，“我”之建构正是一种二律背反：“我”愈想确立“我”，就愈加导向“非我”。由“我”之观念所确立的主体性、个体性必然具有反主体性、非个体性的特征，“我”将“我”困缚在了樊笼之中。这个由“我”自作的樊笼，主要是由成形衍生出的生死樊笼，以及由成心滋生出的是非樊笼。

（三）“吾丧我”：“形”与“心”的另一种可能

在庄子看来，“我”越想以“我”的方式确立“我”，就越会在逻辑上

---

① 罗安宪：《庄子“吾丧我”义解》，《哲学研究》2013年第6期。

内蕴着“非我”，在现实上走向“非我”，这是“我”以“我”来建构生命所遭遇的本质性生存困境。既然通过“我”无法开显出本真性或理想化的存在状态，“吾丧我”便是走出这种生存困境的不二法门。而且，鉴于“我”所具有的基础存在论意涵，“吾丧我”在逻辑上不能以彻底否定现实之“我”为指向。在此意义上，如何打破“我”的自限性樊笼，并消解排他性之“我”所导致的与他者之间的对立、互害状态，方为“丧我”之立意与初衷。

至于“丧我”的具体内涵问题，需要从成形与成心这两个“向来我属”的基本存在维度出发，才能获得清晰的理解。《齐物论》载：

> 南郭子綦隐机而坐，仰天而嘘，荅焉似丧其耦。颜成子游立侍乎前，曰：“何居乎？形固可使如槁木，而心固可使如死灰乎？今之隐机者，非昔之隐机者也。”子綦曰：“偃，不亦善乎，而问之也！今者吾丧我，汝知之乎？女闻人籁而未闻地籁，女闻地籁而未闻天籁夫！”

“形固可使如槁木，而心固可使如死灰乎？”颜成子游的这一提问有两层意蕴：其一，“使”形如槁木而“使”心如死灰者，即子綦所谓“吾丧我”之“吾”；这一存在主体的性格，与其说是超越性、本源性的，毋宁说是自觉性、反思性的。其二，“吾丧我”之内涵，可以从“形”与“心”两个维度着手进行探究；鉴于“形之我”即“我”之成形，“心之我”即“我”之成心，“丧我”即意味着“丧其成形”与“丧其成心”。

借助《大宗师》篇所述之“坐忘”，可以更好地理解这一问题：

> 颜回曰：“回益矣。”仲尼曰：“何谓也？”曰：“回忘仁义矣。”曰：“可矣，犹未也。”他日复见，曰：“回益矣。”曰：“何谓也？”曰：“回忘礼乐矣。”曰：“可矣，犹未也。”他日复见，曰：“回益矣。”曰：“何谓也？”曰：“回坐忘矣。”仲尼蹴然曰：“何谓坐忘？”颜回曰：“堕肢体，黜聪明，离形去知，同于大通，此谓坐忘。”仲尼曰：“同则无好也，化则无常也。而果其贤乎！丘也请从而后也。”（《大宗师》）

这段材料将“坐忘”描述为“堕肢体，黜聪明，离形去知，同于大通”，正是着眼于“堕肢体—离形”与“黜聪明—去知”之“形体—心知”而言的，亦对应着《齐物论》中南郭子綦“形如槁木—心如死灰”之状。可见，“我”之被忘丧者，即在成形之不常、成心之不化。

“我”之成形与成心为何需要“丧”？庄子认为，成形本为天选而生、物化而成之“形”，并以“形化”为其自然形态，但是，人们往往以生为善、以生为悦而以死为恶，并以“益生”的方式守护成形，抵抗“形化”，终而使得生命成为一场“行尽如驰”的劳役；同样，成心本为“有限而特殊之心”，“此心”使“我”的生活世界得以开展，然而，成心亦有“随其成心而师之”也即无限化、普遍化的“师心”倾向，由此导致的是心灵的固化与大道的遮蔽，以及“容私”“自是而非人”的存在取向。在成形与成心的交相为用中，“我”不断流落为执着性、自限性乃至排他性的存在，“与物相刃相靡”“日以心斗”而“不知所归”，“我”也便走向了自我否定，这是庄子对日常之生存情态的描摹、对可悲之生存境况的揭明。简言之，由成形而生者乃生死之惑，因成心而起者为是非之争，如何消解“生死之惑”与“是非之争”，即为“吾丧我”之旨归。

1. 丧成形之我

除了以“命之行”说明“形化”的自然与必然，庄子还在更为根源的生成论层域中审思了这个问题。以“天道”或“阴阳”为视域，庄子认为人之“出生入死”的“形化”过程乃是“一条”或“一体”的：

> 老聃曰：“胡不直使彼以死生为一条，以可不可为一贯者，解其桎梏，其可乎?”（《德充符》）
>
> 子祀、子舆、子犁、子来四人相与语曰：“孰能以无为首，以生为脊，以死为尻，孰知死生存亡之一体者，吾与之友矣。”四人相视而笑，莫逆于心，遂相与为友。（《大宗师》）

以生死为“一条”“一体”，表明的是生与死的同质性、连贯性与整体性，归向的是对死亡之压力与困扰的消解。生死同质、相续、一体的理由何在？“气化”为这一问题提供了答案：人由“天道”以“气”为质素而化成，生、老、病、死等诸种情状不过是气化万变、流转循环的自然形态。生死既属于“气化”之必然与神秘之域，庄子发出了“予恶乎知悦生之非惑邪？予恶乎知恶死之非弱丧而不知归者邪？予恶乎知夫死者不悔其始之蕲生乎”（《齐物论》）这一质问也就顺理成章了。当然，庄子并不主张与

“悦生而恶死”相反的“悦死而恶生”[①]，在他看来，关于生死的任何悦恶都是违背生命之自然性的情感溢出；通过“恶乎知”，庄子表达的怀疑态度不过是为了让人摆脱对“生”的迷恋与对“死”的恐惧而已。甚至，不仅人形的生、老、病、死一体同贯、同状，正所谓“万物一府”，人与其他物形之间也并无不可逾越的鸿沟，这就是“庄周梦蝶”所明之“物化”的最终寓意。正是基于“形”之维度的“物化”观照，方有《齐物论》所谓“死生无变于己”：

> 王倪曰：“至人神矣，大泽焚而不能热，河汉冱而不能寒，疾雷破山［飘］风振海而不能惊。若然者，乘云气，骑日月，而游乎四海之外。死生无变于己，而况利害之端乎！”

“死生无变于己”者，以“形化—物化”观照生命之故也。“死生”之“形化”是内在于人之成形的，我们不能将“生死”的这种内在自然性“外化”为“悦生—益生”的忧心与徒劳；而且，成形不仅有一己之“形化”，更是内在于“大化”之中的，我们也不能将自己“孤绝”于“大化”之外，而必存在于“物化”之流之中。可见，成形必趋“形化”，必属“物化”，“死生”必内在于“己”，固有于“我”。所谓“丧成形之我”，并不意味着丢弃成形之我，而是一种以“化”为存在视域之自然生命观，也即不以成形拒绝“形化”、不将成形剥离“物化”的自然生命观。

2. 丧成心之我

如同成形是人的基本存在结构一样，面对成心这一人之固有的心性结构，庄子同样不主张绝对否定、彻底摒弃之。在此意义上，所谓“丧成心之我”，不过是要避免“随其成心而师之”的心性越界。唯当如此，才有向“道”敞开而不以小成遮蔽之，以及向“外物”敞开而不以私见侵扰之的可能。

成心与大道之关系问题，实质上是“成见”与“真理”之关系问题。正所谓“非我无所取”，“道”的开显是需要怀有“成心—成见”之人的参与才是可能的。庄子还说：“以其知得其心，以其心得其常心。”（《德充

① 《庄子》内篇的“生死观”全然是自然化、天命化的，即便是“以生为附赘县疣，以死为决疭溃痈”（《大宗师》），也不过是用“激烈”的言辞表述生死的自然而已。与之不同，《至乐》篇“庄子之楚，见空髑髅”章以“生人”为“累”，以“人间”为“劳”，并谓死后的快乐乃“虽南面王乐不能过也”，不无美化死亡的倾向；这种“恶生而乐死”生命态度貌似豁达，实则愁苦，是对庄子生命关怀的一种极端化表达。与之相比，《天道》篇“其生也天行，其死也物化”的说法与《庄子》内篇的观点更为契合。

符》)“知人之所为者，以其知之所知，以养其知之所不知。”(《大宗师》)作为人之“知—心”“人之所为”的成心不仅是人之基础存在向度，也是人借以“得其常心”“养其知之所不知”也即“养其天性”的唯一可能。陈嘉映说：“真理是一种克服，是对我们的成见的克服……真理在克服我们的成见之际展现自身。”[①] 与之类似，“道”对于成心而言也是一种“克服”。按照本书的分析，这种“克服”针对的并非成心自身，而是“随其成心而师之”的固着、普遍化倾向。如果成心能够避免“师心自用”，也就获得了在“知止其所不知”之际向“道”敞开自身的可能；敞开自身的成心，同时也就是一颗“虚心”，此之谓“以其心得其常心”；进而，“唯道集虚”(《人间世》)，“道”也便在成心的自我虚化或虚怀敞开之中集止、悬临了。值得一提的是，关于“形”之维度，庄子强调的是“人之貌有与”“道与之貌，天与之形”“一受其成形”，也即天道之“与”和个体之“受”，“与—受”之间呈现出的全然是必然与命定；与之不同的是，庄子并未在“心”与“天道”之间建构出“与—受”的关系，这与主张“天命之谓性”(《中庸》)、以性善或心善为“天之所予我者”(《孟子·尽心下》)的思孟学派形成了鲜明对照。

自我与他者之间的“政治—伦理”关系，实质上就是成心与成心之间的关系。在政治领域中，君主应该追求“人孰敢不听而化诸”的绝对权力，还是“顺物自然而无容私”的政治效果？在伦理领域中，人们要像倏忽那样出于一己之成心而为浑沌凿出七窍，还是尊重“十步一啄，百步一饮”的泽雉，使之蓄息于广莫之野？对于成心开出的上述思想之维，章太炎《齐物论释》已有类似的理解。在佛学的思域中，太炎先生认为成心即唯识学所谓之“种子”，“转此成心则成智，顺此成心则解纷”[②]，明确指出了解读成心的两个方向——“转识成智”与“顺识解纷”；此前之研究，在“转识—成智”方面多有误解，在“顺识—解纷”方面多有缺失。至于如何“转此成心以成究竟智慧，顺此成心以理世间万法”[③]，第七、八两章会讨论这一问题。

总之，在庄子看来，“我”是人的生命存在之本相乃至本性，生活的一切悲欢由之而起，生命的所有迷悟因之而生。而“我”之所以会衍生悲哀与迷惑等问题，根源并不在于其自身的有待性或对待性，而在于“我”对这种事实性的有待或对待的视而不见或错误认知，乃至试图超出这种有

① 陈嘉映:《真理掌握我们》,《云南大学学报》(社会科学版)2005 年第 1 期。

② 章太炎:《齐物论释定本》,《章太炎全集》(六),上海人民出版社,1986 年,第 74 页。

③ 孟琢:《齐物论释疏证》,上海人民出版社,2019 年,第 108—109 页。

待性或对待性去筹划身心，安顿生命，就会滋生对成形的过度护持与对成心的越界使用。这种见“我”而不见“彼”、见“物”而不见“道”的存在方式，使得生活无时无刻不处在与外物、他人乃至自我的对立以至对决之中，此即所谓“与物相刃相靡”“日以心斗”等“我之非我化”的悖论性生存方式。与此同时，鉴于“我”内在于存在主体之中不可须臾而离，故“吾丧我”不会是对“成形—成心”之可能弊端的一劳永逸的解决，而只能是在“成形—成心”之有待性、对待性的基础上向着“物化—虚心”的敞开。

简言之，“吾丧我”是一个基于存在主体之生命自觉、自省的动态去弊与不断解悬，正是在这一过程之中，“我”才能向着他人、外物、天道敞开而非走向自我封闭；这一“同于大通”的“及化”之境使得“我”的有待性与对待性既可避免异化为“无待”，又能真正通达着“无待”。按照《齐物论》的说法，唯当“无待”之“风”吹过“有待”之“窍”，“天籁”之境才能得以生成与证成；在此意义上，“吾丧我”正是让“有待”的生命永葆开“窍”、有“余”状态的存在观念。

第五章 “天钧”与“天倪”：齐物之存在图景

经由“吾丧我”，南郭子綦抵达的是天籁之境：

> 夫吹万不同，而使其自己也，咸其自取，怒者其谁邪！（《齐物论》）

这种存在之境的敞开是以万物的“自己—自取”为表征的。那么，万物的“使其自己”与“咸其自取”如何可能？如果说“怒者其谁邪”意味着庄子对存在之“道”的追问，这种疑问态度又揭示了什么样的理解进路？

“道”在道家哲学中是最为莫名其妙而又妙趣横生的概念。老子对“道”的摹写，即采取了简洁明了的“不可致诘”的遮诠方式，“道可道，非常道”（《老子》第一章）明确表明了“道”的“非物”特征；进而，老子通过“道物关系”表诠出了“道”的“生物”与“成物”功能。从“生”之“总根源”与“成”之“总根据”两个维度来论“道”①，堪称老子道论之要旨。在《庄子》内篇中，“道”字始见于《齐物论》“道恶乎隐而有真伪”一句。《齐物论》与《大宗师》又是内篇论“道”最深彻的两篇：《齐物论》论“道”，以“道通为一”为本；《大宗师》论“道”，以“人相造乎道”为归。与老子一脉相承，庄子对“道”之“已而不知其然”的体会亦颇为深彻，故谓“道昭而不道”“大道不称”（《齐物论》）；与老子不同的是，庄子基本悬置了“道生万物”的宇宙生成论进路，而以“道通（万物）为一”之存在视域为基源，阐发关乎“人”之存在的“道—

---

① 参见刘笑敢：《老子》，（台北）东大图书股份有限公司，2009年，第203—215页。

才”“道—心”关系[①]，以及由“行”所带出的“道—技”“道—事”关系[②]，从而彰明了一种作为存在视域、行动机制与生活方式的“道”。

这种作为存在视域、行动机制与生活方式的“道”也常被称为“天”，《齐物论》中的“天籁”“天钧”“天倪”“天府”等相关概念即由此衍生。毕来德认为，“天”在庄子哲学中要比“道”更根本：“庄子使用‘天’的频率远远超过‘道’，而‘天’对他来说有一种更核心的意义，可以说‘天’乃是他思想核心上的一个概念。”[③] 单就概念使用频次来看，庄子的确更惯于言“天”而非“道”。但另一个文本事实是，庄子常将“天”“道”并论，比如“道与之貌，天与之形”（《德充符》）、“是之谓不以心捐道，不以人助天”（《大宗师》），因此，本书不拟对“天”“道”进行严格的分判，而更注重两者之间的逻辑一贯性与义理一致性，并将之统称为庄子的“天道观”[④]。

正如学者早已指出的，庄子对天道的运思与体察从来不是遗物离人的知识或形上建构，其“焦点不是事物的构成，而是意义的根源或根据”[⑤]。正因如此，庄子才更关注“天人关系”而非老子那样的“道物关系”[⑥]。这种由“道物”而“天人”的理论转换，正透显着庄子揭覆其天道观的理论目的，并非像老子那样解释“物”如何在“无为—自然”的理境交织中“生—成”，而是探讨“人”如何在“天钧—天倪”的存有启迪中“自适”而在。本章即致力于在庄子之“天人之辨”的基础上，围绕“天钧”“天倪”两个核心概念进行辨析，以揭明庄子齐物哲学蕴涵的存在图景与视域。

---

① 关于“道—才”关系，《大宗师》载女偊云：“夫卜梁倚有圣人之才而无圣人之道，我有圣人之道而无圣人之才，吾欲以教之，庶几其果为圣人乎！不然，以圣人之道告圣人之才，亦易矣。”关于“道—心”关系，《人间世》“唯道集虚，虚者，心斋也”为其典型例证。

② 庄子关于“道—技”关系的讨论，呈现于《养生主》“庖丁为文惠君解牛”章之中：“臣之所好者道也，进乎技矣。”关于“道—事”关系，《人间世》有“凡事若小若大，寡不道以欢成”之表述，《大宗师》亦有“相造乎道者，无事而生定”之说。

③ [瑞士]毕来德：《庄子四讲》，宋刚译，（台北）联经出版事业股份有限公司，2011 年，第 31 页。

④ 崔宜明说：“庄子的道是存有论的范畴，天是价值论的范畴，而庄子的存有论和价值论既有逻辑一贯性，又有深刻的矛盾。”（崔宜明：《生存与智慧——庄子哲学的现代阐释》，上海人民出版社，1996 年，第 205 页）庄子的“道”与“天”均兼具存在论、价值论的向度，不宜做出泾渭分明的区分。

⑤ 陈少明：《〈齐物论〉及其影响》，北京大学出版社，2004 年，第 65 页。

⑥ 曹峰指出，《老子》中有两条基本思想线索，一是揭示世界结构的道物关系，二是揭示人事原理的天人关系。参见曹峰：《老子永远不老——〈老子〉研究新解》，中国人民大学出版社，2018 年，第 74—75 页。可见，老子哲学并非不关注“天人关系”。但需要说明的是，在老子那里，“天人关系”是“道物关系”之“附庸”；在庄子那里，“道物关系”则不被讨论，“天人关系”方为其核心关注。

第一节　天人之辨

庄子的“天人之辨”主要有两个层次：一是推扬“天”而贬抑“人”，以天为大、以人为小，以天为真、以人为伪，由此而推出“畸人”之生命形态；二是在“天与人不相胜”的存在视域中，以天之“大”提撕人之“小”，以天之“真”疏瀹人之“伪”，以期化小为大，去伪存真，由此而呼唤“真人”之生命形态。

对于第一个层次的“天人之辨”，庄子云：

> 有人之形，无人之情。有人之形，故群于人；无人之情，故是非不得于身。眇乎小哉，所以属于人也！謷乎大哉，独成其天！（《德充符》）
>
> 为人使，易以伪；为天使，难以伪。（《人间世》）

“属于人”的渺小之物指的是“有人之形”的基础存在诉求，以及由此带出的“群于人”的世俗生活样态。庄子认为，在“形—群”的存在维度上，每个人都处于“与物不殊”的“同质—共在”境域之中。所谓“同质”，是指常人无不好生而恶死，自是而非人；而且，生成这种好恶、是非的私智与成心又有其本质上的“有待性”——“形”之维度上的生命有限性以及“群”之维度上的价值相对性，以这种“同质性”与“有待性”为基础汇聚而成的“共在”之“群”，注定会陷入“名也者，相轧也；知也者，争之器也”（《人间世》）的沉沦境地，导向的是人们对名利、权力的争竞，以及对知识、价值的争胜。这样来看，如果人们以“属于人”者为其存在的合理境域或唯一可能，便只能驻留在“为人使”的樊篱之中，在舍本逐末的流离之中走向“伪”的悲哀境地，此即庄子所谓：

> 一受其成形，不忘［亡］以待尽，与物相刃相靡，其行尽如驰，而莫之能止，不亦悲乎！终身役役而不见其成功，苶然疲役而不知其所归，可不哀邪！（《齐物论》）
>
> 若狐不偕、务光、伯夷、叔齐、箕子、胥馀、纪他、申徒狄，是役人之役，适人之适，而不自适其适者也。（《大宗师》）
>
> 夫不自见而见彼，不自得而得彼者，是得人之得而不自得其得者

也，适人之适而不自适其适者也。夫适人之适而不自适其适，虽盗跖与伯夷，是同为淫僻也。（《骈拇》）

在“形—群”“属于人—为人使”的同质化共在形态之中，虽然“人”的理性、意识与意向性看似可以朝向外物与他人而得以充分发挥，但是，鉴于这种存在形态先天蕴含的有待性、相对性，只会让人们在私智与成心的导引下陷入人对物的单向掊击或人与人的双向互害；这样，所谓“真宰”也便消解于“与物相刃相靡”“役人之役、适人之适”的耗散性、奴役式结构之中，而难以开出“物物而不物于物”“相忘乎道术”的本真性存在形态。

与之相反，“成其天”的浩大追求则与“无人之情”相关。在庄子那里，“无人之情”就是要超离由“形—群”之维衍生出的同质化共在形态，而在“心—独”之维上摆脱生死之惑、是非之争，以成就“为天使”的本己化、本真化生存。在这种“照之于天”“独与天地精神往来”的存在理念或存在境域之中，“人”的私智与成心可以得到有效的化解，从而使反本溯源、归根复命地开启一种遥荡恣睢、自适其适的存在方式成为可能。

当庄子以“小—大”“伪—真”去辨识“人”与“天”之间差别的时候，其所谓之“小”而“伪”之“人”，又与海德格尔所述之“平均状态”类似：“平均状态是常人的一种生存论性质。常人本质上就是为这种平均状态而存在。因此常人实际上保持在下列种种平均状态之中：本分之事的平均状态，人们认可之事和不认可之事的平均状态，人们允许他成功之事的和不允许他成功之事的平均状态，等等。平均状态先行描绘出了什么是可能而且容许去冒险尝试的东西，它看守着任何挤上前来的例外。任何优越状态都被不声不响地压住。一切源始的东西都在一夜之间被磨平为早已众所周知之事。一切奋斗得来的东西都变成唾手可得之事。任何秘密都失去了他的力量。为平均状态操心又揭开了此在的一种本质性的倾向，我们称之为对一切存在可能性的平整。”[①] 海德格尔在中性意义上描绘了“平均状态”，庄子同样没有完全否定“有人之形，故群于人”的基础存在向度。准确说来，庄子批判的是“人”完全陷溺于“属于人—为人使”的平均状态，而遗忘了“属于天—为天使”的优越状态。这样来看，庄子之所以要抉发“天”之本源、本真价值，就是要在映照出“人”之平均状态的同时，开显出作为“此在”之“人”的本真存在可能，此即庄子“天人之

① ［德］马丁·海德格尔：《存在与时间》，陈嘉映、王庆节合译，熊伟校，生活·读书·新知三联书店，1987年，第156页。

辨”的第二层意涵。

《大宗师》云：

> 故其好之也一，其弗好之也一。其一也一，其不一也一。其一与天为徒，其不一与人为徒。天与人不相胜也，是之谓真人。

“真人”亦有“好恶”之情，然而，因其好恶是“喜怒通四时，与物有宜”的，其“好”与“弗好”非如常人那样充斥着偏见与执念，故可称为“一”；而且，“真人”之“一”，不只呈现为“与天为徒”的上遂追求，也体现出“与人为徒”的圆融印迹。所谓“天与人不相胜”，正意味着“天与人之间的理想关系，并不是彼此的克服或否定”①，而是相互通达与成全。可以说，庄子天道观之旨归，正是为了纯化并深化人的存在方式，激活并提升人的存在可能。

庄子所谓“属于天”之“謷乎大哉”者、“为天使”之“难以伪”者的意涵是什么？由此开出的“心—独”之存在方式与以“形—群”为基础的同质化共在形态又有什么差别？下文即围绕《齐物论》中“天钧”与“天倪”两个核心语汇，以及“和之以天倪”与“休乎天钧”两个关键命题，探察庄子天道观的意涵。

第二节 “天钧”与“天倪”

“天钧”与“天倪”分别出现于《齐物论》的两段话之中：

> 是以圣人和之以是非而休乎天钧，是之谓两行。
>
> 何谓和之以天倪？曰：是不是，然不然。是若果是也，则是之异乎不是也亦无辩；然若果然也，则然之异乎不然也亦无辩。化声之相待，若其不相待。和之以天倪，因之以曼衍，所以穷年也。忘年忘义，振于无竟，故寓诸无竟。

先论何谓天钧与天倪。

---

① 杨国荣：《庄子的思想世界》，北京大学出版社，2006年，第49页。

一、“天钧”释义

天钧又作“天均”，除了《齐物论》，该词在《庄子》中尚有如下用例：

> 宇泰定者，发乎天光。发乎天光者，人见其人，[物见其物]。人有修者，乃今有恒；有恒者，人舍之，天助之。人之所舍，谓之天民；天之所助，谓之天子。学者，学其所不能学也；行者，行其所不能行也；辩者，辩其所不能辩也。知止乎其所不能知，至矣。若有不即是者，天钧败之。（《庚桑楚》）
>
> 万物皆种也，以不同形相禅，始卒若环，莫得其伦，是谓天均。（《寓言》）

关于天钧之“钧”，崔譔云：“钧，陶钧也。”① 若此，则天钧乃借“陶钧”之象以寓意。闻一多说：“钧，陶钧也。陶家名模下之轮曰钧。置模于钧上，旋转而成器。此借以喻自然法则之运行。圣人和应是非，任自然以成事，如陶者因钧转以成器，而不假人力，故曰休乎天钧。”② 一如陶匠可因“钧转”而“成器”，“圣人”亦可任“自然法则”而“成事”。天钧即自然法则。闻一多的这种说法凸显了“天”的自然性，亦阐发了“圣人”的任自然以成事，却并未明确揭示在“天”之外，“钧”究竟有何寓意。

“陶钧”必呈圆环之形，必为圆转之态。《淮南子·原道训》云：“钧旋毂转，周而复匝。”杨儒宾说：“陶均有浑圆之形，有不断涌现上来的旋转之力，有东西上下互转的整体性运动轨道。”③ 一如在陶钧的旋转过程中，陶器可不断成就；在天钧的整体性浑化过程中，万物亦得以不断生成。《寓言》云：“始卒若环，莫得其伦，是谓天均。”天钧正意味着造化之连绵，无始无终，周流无穷。这与老子的“寂兮寥兮，独立不改，周行而不殆”（《老子》第二十五章）之“道”非常类似，但也有着实质性的不同：如果说在“周行而不殆”这一点上，庄老尚有相当程度的共识；在是否可将“道”或天钧视为“独立不改”的宇宙生成之总根源这一点上，庄子已然超离了老子的界域——天钧即“道”，“道”并不“独立”于造化之外，而即是连绵、无穷之造化自身。在此意义上，庄子之天钧实际上就是

① 郭庆藩撰：《庄子集释》，中华书局，2013 年，第 72 页。

② 闻一多：《庄子章句》，《闻一多全集·庄子编》，湖北人民出版社，1993 年，第 83—84 页。

③ 杨儒宾：《儒门内的庄子》，（台北）联经出版事业股份有限公司，2016 年，第 185 页。

无极、无穷、无限的整体性存在境域。

冯友兰说：“‘钧’是一个运转着的盘子。盘子绕着它的轴心转。这个轴心就叫‘枢’。自然界和社会的制度在变动之中，好像一个钧，称为‘天钧’。这个‘天钧’的轴心称‘道枢’。‘圣人’站在‘道枢’的立场上，不随着彼、此的是非打圈子。这就叫‘休乎天钧’。”[①]《齐物论》所谓“道枢—环中”即与天钧相关：“枢始得其环中，以应无穷。”在庄子那里，“包含所有可能性，没有不可能性”[②]的天钧不仅指向“无限可能”，还意味着天钧不会有私爱或偏爱，正是以这种“绝对平等”为前提，形式上的“无限可能”才会向“万物”敞开，并以“万物之化”这一“无穷现实”的样态呈现：“物固有所然，物固有所可。无物不然，无物不可。”(《齐物论》)陶渊明《形影神·神释》所谓“大钧无私力，万物自森著”[③]，亦斯之谓也。这样，喻象式的天钧也就开出了义理性的天均。

《经典释文》云：“‘天钧’本又作均。”[④]据王叔岷所见，《道藏》成《疏》本、林希逸《口义》本、褚伯秀《义海纂微》本、陈碧虚《音义》本、罗勉道《循本》本、覆宋本“钧”皆作“均”。[⑤]《寓言》篇相关文字亦写作“天均”。如果说“钧”为陶钧之象，“均”则直接揭示出了均平之理。郭象云：“莫之偏任，故附之自均而止也。”[⑥]成玄英云：“自然均平之理也。夫达道圣人，虚怀不执，故能和是于无是，同非于无非，所以息智乎均平之乡，休心乎自然之境也。”[⑦]郭、成皆以“均”阐释天钧，除了“天”之自然性，还强调了“均”所体现的均平性。

总之，天钧有双重意涵：一是天然性、自然性，二是均一性、平等性。这种无限可能而又绝对平等的自然均平之理，揭示出了万物在天道这一共通境域中的自然性、均平化存在样态。

二、“天倪”释义

班固谓天倪即“天研”[⑧]，这是现存最早的注释，虽然至为可贵，但在庄学史上的影响并不大；直到近代，马叙伦、闻一多、蒋锡昌等学者方

① 冯友兰：《中国哲学史新编》(上卷)，人民出版社，1998年，第409页。

② 此为李若晖对“周行而不殆”的解释。参见李若晖：《道论九章：新道家的“道德”与“行动”》，上海人民出版社，2017年，第127页。

③ 袁行霈撰：《陶渊明集笺注》，中华书局，2003年，第67页。

④ 郭庆藩撰：《庄子集释》，中华书局，2013年，第72页。

⑤ 参见王叔岷撰：《庄子校诠》，中华书局，2007年，第65页。

⑥ 郭庆藩撰：《庄子集释》，中华书局，2013年，第72页。

⑦ 郭庆藩撰：《庄子集释》，中华书局，2013年，第72页。

⑧ 郭庆藩撰：《庄子集释》，中华书局，2013年，第103页。

认真对待并积极认可了这一注释。马叙伦说："倪当从班固作研，疑纽双声相通借也。《说文》曰：'研，䃺也。'天研犹言自然之䃺，䃺道回旋，终而复始，以谕是非之初无是非也。"① 闻一多则将"倪"训为"硯"，并云："硯，磨石也。杨泉《物理论》：'周髀立盖天，言天气循边而行，如磨石也。'是古疑天如磨，故有天倪之称。此借以说自然之理。"② 其《庄子义疏》又补充说："案倪读为硯，硯研一字。《正字通》硯同研。《汉书·叙传》计研，《吴越春秋》七之九作计硯，《越绝书》四九作倪，是其比。"③ 综合马、闻二先生之说，可知天倪即"天硯"或"天研"，"天研"即"天䃺"或"天磨"。这样，天倪以"磨石"为喻象，与天钧以"陶钧"为喻象相似。叶舒宪说："磨盘的转动也呈现为回旋往复之状，也有不动的轴心作为'环中'或'道枢'，所以庄子把天体之运转又类比为'天倪'，就是天磨的意思。"④ 而且，鉴于陶钧、磨石均有"浑圆、旋转、轴心等要素"⑤，天钧与天倪的寓意就是相同的，有着同样的义理指向与同等的理论效力，均拟喻着"天道"的自然性、流转性、均平性，这也就是《寓言》所谓"天均者，天倪也"。

与上述理解不同，魏晋至唐代注家一般以"自然之分际"释天倪："天"即"自然"，"倪"即"分"。《经典释文》载："李云：'分也。'崔云：'或做霓，音同，际也。'"郭象云："天倪者，自然之分也。"成玄英云："天，自然也。倪，分也。"⑥ 李颐、崔譔、郭象、成玄英均以天倪为"自然之分际"，而不取"天研""天磨"之说。在近代，章太炎不仅接续了这种说法，还将班固所谓"天研"也纳入了这种理解进路之中。章太炎云："段玉裁曰：'天倪、端倪，皆借为题。《说文》：端，物初生之题也。'案《天下》篇言'端崖'，则倪当借为崖，李音、崔训，是也。作'天研'者，倪、崖、研，皆双声。《知北游》篇言'崖略'，崖者圻堮，略者经界，皆际义也。"⑦ 可见，"天研"与"天倪"均为"天然之分际"之义。

综合来看，尽管马叙伦、闻一多之说多有音韵学、文字学上的证据，章太炎之说却也不无小学方面的道理；而且，鉴于《庄子》中的其他

---

① 马叙伦：《庄子义证　庄子天下篇述义》，浙江古籍出版社，2019 年，第 94 页。

② 闻一多：《庄子章句》，《闻一多全集·庄子编》，湖北人民出版社，1993 年，第 91 页。

③ 闻一多：《庄子义疏》，《闻一多全集·庄子编》，湖北人民出版社，1993 年，第 397 页。

④ 叶舒宪：《〈庄子〉的文化解析》，陕西人民出版社，2020 年，第 70 页。

⑤ 杨儒宾：《儒门内的庄子》，（台北）联经出版事业股份有限公司，2016 年，第 288 页。

⑥ 郭庆藩撰：《庄子集释》，中华书局，2013 年，第 103 页。

⑦ 章太炎：《庄子解故》，《章太炎全集》（六），上海人民出版社，1986 年，第 130 页。

“倪”字基本上可释为“端”“分”①，故本书认可天倪乃“自然之分际”之说，而不取以天倪为天礲、等天倪于天钧的解释进路。

在庄子那里，天钧与天倪的喻象、寓意是相异而相通的。如果说天钧意在强调万物的平等共在，作为“自然之分际”的天倪凸显的则是万物的多元并生——“宇宙间一切物，乃至一切人，莫不各自有其各自之立场，因亦各自有其各自之地位”②。可见，天倪与天钧在天然性上是一致的，但天钧体现的是万物之间的均平、平等性，天倪体现的是万物的独异、多元性。如果说天钧说明万物是以“以化为体的无限”这一整体状态而在的，天倪则揭示出了作为“无限的具体”的万物的自体状态。

三、“庄周梦蝶”释义

《齐物论》篇末的“昔者庄周梦为胡蝶”章，正体现出了天钧与天倪之间的融通关系。《齐物论》云：

> 昔者庄周梦为胡蝶，栩栩然胡蝶也，自喻适志与！不知周也。俄然觉，则蘧蘧然周也。不知周之梦为胡蝶与，胡蝶之梦为周与？周与胡蝶，则必有分矣。此之谓物化。

关于此章之大意，郭象、成玄英均认为庄子以“梦—觉”喻“死—生”，郭象注云：“夫觉梦之分，无异于死生之辩也。”“夫时不暂停，而今不遂存，故昨日之梦，于今化矣。死生之变，岂异于此，而劳心于其间哉！方为此则不知彼，梦为胡蝶是也。取之于人，则一生之中，今不知后，丽姬是也。而愚者窃窃然自以为知生之可乐，死之可苦，未闻物化之谓也。”成玄英认可郭象，并以“托梦觉于死生，寄自他于物化”述本章之旨。③这种理解方式影响甚大，王叔岷即云：“此庄子由梦觉体悟‘物化’之理，即死生变化之理也。”④ 与上述传统理解方式不同，杨立华认为，《庄子》内篇惯以“昼夜”而非“梦觉”喻生死，“昼夜是外境的变化，梦觉是主体境域的不同”；“物化”证明了外在于我的境域的存在，强调了一切“自”的境域都从“他”的境域转化而来，这就是不得不面对却又不知所

---

① 例如《大宗师》之“反覆终始，不知端倪”，以及《秋水》之“若物之外，若物之内，恶至而倪贵贱？恶至而倪小大？”

② 钱穆：《庄老通辨》，九州出版社，2011年，第137页。

③ 郭庆藩撰：《庄子集释》，中华书局，2013年，第107页。

④ 王叔岷撰：《庄子校诠》，中华书局，2007年，第96页。

从来的“不知之化”，于此，我们唯有“待之而已”，这就是庄子通过“物化”而开启的“真知之路”。[1] 杨先生的分析充满新意，点明了庄子“真知”的核心特征，并启示我们应该在某种更“思辨”而非“审美”的视域中理解“庄周梦蝶”，方能探得其要。实际上，杨先生借以分析此章的《大宗师》“颜回问乎仲尼”章，依然是以“不知所以生，不知所以死”为问题意识而展开的，郭象、成玄英等瞩目的生死问题仍旧是“庄周梦蝶”章的题中之义。当然，这并不妨碍我们可以用一种更新颖的方式来诠释其中的生死意蕴。

本章意蕴，可分疏为六个层次或境界：

1. 觉境 a：“庄周梦蝶”之前之境，或谓“庄周未梦为胡蝶”之时之境。

此境构成了“昔者庄周梦为胡蝶”这一思想史事件的隐含前提。在此境界之中，就客观存在状态而言，庄周为庄周，胡蝶为胡蝶，各各独立，两不相关；就主体知觉状态而言，庄周自知其为庄周，而不知胡蝶。

2. 梦境：“庄周梦蝶”之时之境，“昔者庄周梦为胡蝶，栩栩然胡蝶也，自喻适志与！不知周也”。

“庄周梦蝶”之时，“胡蝶”取代“庄周”而成为觉体与主体，“栩栩然”的自适感充盈着整个梦境。“觉境 a”中的“庄周”被遗忘了，“庄周自知其为庄周”被消泯了，故谓“不知周也”。在此意义上，“梦境”是对“觉境 a”的否定与替代。“不知周也”与《逍遥游》之“无己”、《齐物论》之“丧我”、《人间世》之“心斋”在表面上是类似的，但“不知周也”为冥昧不知，“无己—丧我—心斋”为葆光之状，其间有本质区别，不宜将“不知周也”视为“主客冥合为一”之“快意”表征[2]，或阐释为“主体与客体的会通交感”之精神境界[3]。

3. 觉境 A：“庄周梦蝶”之后之境，“俄然觉，则蘧蘧然周也”。

“庄周”醒来后，其自我意识立刻复原，“胡蝶”旋即烟消云散，在此意义上，“觉境 A”否定了“梦境”。尽管“觉境 A”否定了“梦境”，但“梦境”却对“觉境 A”产生了无法抹除、不容忽视的影响。“觉境 A”中的“庄周”体味到的是“蘧蘧然周”，这一存在感受显然不同于“觉境 a”中那个“自然的庄周”。“蘧蘧然”，李颐释为“有形貌”，成玄英释为“惊

① 参见杨立华：《物化与所待：〈齐物论〉末章的哲学诠释》，《中国哲学史》2019 年第 1 期。

② 参见徐复观：《中国艺术精神》，商务印书馆，2010 年，第 101 页。

③ 参见陈鼓应：《老庄新论》，上海古籍出版社，1992 年，第 147 页。

动之貌”。[1]“觉境 a”中的“庄周”当然也是“有形”的，但这种“有形”是自然状态下安稳的有形；与之不同，“觉境 A”中的“庄周”察觉到了“有形感”的不断涌来，从而引起了关乎“有形”的不安与惊动。在此意义上，“觉境 A”又否定了“觉境 a”。“有形”之所以会从自然转为有意，从安稳转为惊动，是由“梦境”中的“栩栩然胡蝶”引发的存在效应——“胡蝶”的“栩栩然”使“庄周”变得“蘧蘧然”起来。

4. 思境：“不知周之梦为胡蝶与，胡蝶之梦为周与?”

杨立华认为这句话中的“不知”为“思辨意义上的不知”[2]，甚是。在这一“思境”之中，“觉境 a”“梦境”“觉境 A”三境相互纠缠：(1)“梦境”否定了“觉境 a”，但“梦境”又必须依赖“觉境 a”才能产生；(2)“觉境 A”否定了“梦境”，同时也在表述、建构着“梦境”；(3)“觉境 A”否定了“觉境 a”，“庄周”却是两境中的同一主体。可见，“觉境 a”“梦境”“觉境 A”两两之间均存在既否定又肯定的悖论式关系。这种悖论式关系同于“罔两”与“景”：“罔两”依赖着“景”，又质疑、否定着“景”。“思境”无法解决上述悖论，最终导致“庄周”陷入了生存困局之中。在“觉境 A”中，“周之梦为胡蝶”本来是确凿的、肯定的；但是，在存在悖论的支配下，“庄周”提出了一个更大的悖论：“不知周之梦为胡蝶与，胡蝶之梦为周与?”“思境”虚拟了“胡蝶梦周”，在此，我们称之为“梦境 b”：“昔者胡蝶梦为庄周，蘧蘧然周也，不知胡蝶也；俄然觉，则栩栩然胡蝶也。”“梦境 b”不仅否定了“梦境”，也否定了“觉境 a”与“觉境 A”。事情还没有结束，以“梦境 b”为基础，复可建构出与上述境界相应的“觉境 b”“觉境 B”“思境 b”，如此，一种相互嵌套、无限循环式的存在情态也就呼之欲出了。在庄子那里，此一“悖论—循环”之“思境”，乃因推理而至，却非推理可解，亦非理性可知，故谓“不知”。“思境”之“不知”有两种可能走向：一是在“不知”的挫败中继续沉沦于“梦”与“觉”的悖论，迷失在“庄周”与“胡蝶”的纠缠之中；二是知止于“不知”，自反于可知的现实、已信的世界而开出“有分—物化”之齐物存在图景。庄子走向的是第二种可能。这就像于连所说的那样：“‘不知’之所以为智慧开启了一条道路，并不是因为‘不知’让人接受人道的极限，从而走向明智的忍让，也不是让人承认自己无知，养成谦卑的习惯，从而走上信仰之路，而是通过不再‘责其所以’，从而时刻准备顺其

① 参见郭庆藩撰：《庄子集释》，中华书局，2013 年，第 107 页。
② 杨立华：《物化与所待：〈齐物论〉末章的哲学诠释》，《中国哲学史》2019 年第 1 期。

自然，顺应事物之自来。”① 万物正是在“天倪—天钧”之境中成其自身并均衡共在的。

5. 天倪之境：“周与胡蝶，则必有分矣。”

在《齐物论》中，从“思境”中导出的“知止其所不知”反而是一种至知性的存在视域。这一存在视域会引导“庄周”返归于庄周自身与胡蝶自身，并重新肯定“自是之是”：庄周有“庄周之是”，胡蝶有“胡蝶之是”，此即作为自然之分际的天倪，此之谓“周与胡蝶，则必有分矣”。“天倪之境”既能走出“觉境 a”的冥顽不化，避免“觉境 A”的自我否定，又能充分肯定“觉境 a”的自然性、“梦境”的自适性及“觉境 A”的自觉性，故可谓之为真正的“觉境”。

6. 天钧之境：“此之谓物化。”

由“庄周”与“胡蝶”之彼此俱是、自取两行，可知万物无不是、无不行，此之谓“分也者，有不分也”，此之谓“万物尽然，而以是相蕴”，“不分—尽然”即所谓天钧。“物化”即“天钧之境”，它不是万物变化之理，也不是“随顺变化、与物俱化之一体流行的境界”②，而就是均等共在、相蕴相通的万物之化自身。如果说“天倪之境”肯定的是“庄周”或“胡蝶”的“自行其是”之境界，“天钧之境”蕴含的就是“庄周”与“胡蝶”的“各行其是”之境界。

在庄子那里，“不知周之梦为胡蝶与，胡蝶之梦为周与”这一思辨性问题，而非“栩栩然胡蝶也，自喻适志与！不知周也”这一沉沦性梦境，才是解读“庄周梦蝶”的关键。通过上述分析可见，《齐物论》前此各章的核心观念（“天籁”“知止”“天倪”“天钧”等）都可以被纳入“庄周梦蝶”章的思辨脉络之中，从而构成了对“齐物”之旨的融贯性表达。实际上，正是“天倪”与“天钧”两境的澄明，才使如“景”般存在（“有待”而又“不知其所待”）的我们有可能超越“罔两”的否定式提问，而在“物化”的世界中自立根基。

第三节 “道通为一”

庄子的存在图景或曰天道观念，乃由天钧与天倪交织而成，由之又当

① ［法］弗朗索瓦·于连：《圣人无意：或哲学的他者》，闫素伟译，商务印书馆，2019 年，第 189 页。

② 周雅清：《〈齐物论〉诠释及其疑义辨析》，（台北）《中国学术年刊》第廿七期，2005 年。

如何诠解“道通为一”这一《齐物论》的核心命题？

学界常以“一”为枢要，将“道通为一”视为庄子对万物之同一性、统一性的阐述。王中江认为，尽管庄子不否认万物的差异性和多样性，但更注重万物的共同性和齐一性，更重视兼具本源义、精神义、伦理义的“一”。① 赵丽端也承认作为个体性原理的“独”在庄学中的重要性，但认为作为统一性原理的“通”(实际上是“一”）更加根本。② 问题在于，若以“一”为“道”之本质，并将之理解为同一性、普遍化的本体或共相，万物的差异性、个体性在其中必会被湮没、消解——这也正是关于“齐物”的主要解读方式之一。在这种解读进路之中，“道通为一”被曲解成了“道为一”或“道统万物为一”。

与上述思路不同，商戈令认为“道通为一”的重心是“通”而不是“一”。一旦将“通”视为“道之为道的根本特征和条件”“道的基本状态和境界”，就会发现庄子之“道”并非“实体、本源、真宰、本质和目的”，而是“通达、开通、明澈、顺畅、自然之生命之路”；这样说来，“一”就不是“作为万物本根的一”或“本体的一”，而是“个性、差异、多样、开放之一”。因此，“道通为一”意味着对“差异、矛盾、个性、多元等等之肯定与包容”。③ 通过诠释焦点的转换，商先生凸显了“道”之“通”性，有力批判了上述以统一性原理论“道”的常见方式，并提出了关于“一”的新解，在义理上颇为可取。但在具体阐释过程中，商先生既说“道即是通，通即是道，一而二，二而一，故道和通为一”，又说“一就是通，通为（即）一”，道即通，通即一，乃至于将“道通为一”硬拆成了“道、通、一”。④ 支离破碎，文不成句，故这一读法并不完全可取。

不妨回到“道通为一”的文本脉络：

> 故为是举莛与楹，厉与西施，恢恑憰怪，道通为一。其分也，成也；其成也，毁也。凡物无成与毁，复通为一。(《齐物论》)

“道通为一”的主语是“道”，谓语是“通”，宾语省略，当指“莛与楹，厉与西施，恢恑憰怪”。这样，“道通为一”的完整表述就是“道通莛与

---

① 参见王中江:《早期道家“一”的思想展开及其形态》,《哲学研究》2017 年第 7 期。

② 参见赵丽端:《在通与独之间——庄子哲学的阐明》,上海人民出版社,2017 年,第 27、29 页。这同样也是杨国荣的主张:“‘齐物’或‘道通为一’在本体论上意味着超越分化及分裂的世界。”(杨国荣:《庄子的思想世界》,北京大学出版社,2006 年,第 18 页)

③ 参见商戈令:《“道通为一”新解》,《哲学研究》2004 年第 7 期。

④ 参见商戈令:《“道通为一”新解》,《哲学研究》2004 年第 7 期。

楹、厉与西施、恢恑憰怪为一”，可简称为“道通万物为一”。“凡物无成与毁，复通为一”意为万物在道通之境复归为一，浑然一体。需要注意的是，“道”在这里被用作主语并不意味着它是某种实在的主体。为了弱化“道”的这种主格性，既可将之理解为视域化的“以道观之”，“道通为一”即“从道的角度来看都可通而为一”[①]；亦可将之理解为境域化的“在道之中”，“道通为一”即万物在道境之中的“通而为一”，这正是“凡物无成与毁，复通为一”之意，故本书更倾向于采取这一读法。显然，“通”是抵达“为一”的保证，或者说“一”必须通过“通”才能呈现，因此，“通”才是庄子关于“道”的本质界定。

由“通”而言，天钧与天倪均揭示了某种类型的“为一”：从天钧来看，“为一”指万物存在的“均一”；从天倪来看，“为一”指万物存在的“独一”。在此意义上，“一”既非“抽象的全”，而是以化为体的无限也即均一性的天钧；亦非无差别的同一，而是无限的具体也即独一性的天倪。换言之，在庄子那里，“道”并非抽象的“理一”、超绝的“独体”，而是由万物之均一与独一之互通状态而示现的本真存在图景。“道”即“大通”：由天钧而观，万物的存在可能是无限的，万物的现实存在是无尽的，这种无限可能与无尽现实并不区分小大，评判美丑，论断是非，趋向成毁，此即万物的均一姿态；由天倪而观，莛、楹、厉、西施等物既成现实，就会呈现出具体而微的独特形态，各各不同，并以自在、自取、自适为其归宿，这种无限的多元差异与无尽的自在独体昭显着万物的独一姿态。庄子云：“休乎天钧。”又云：“和之以天倪。”“道通为一”之“通”，正可解为“休”之息止与“和”之安适，万物在此境域之中息止、安适，此即“吹万不同，而使其自已也，咸其自取”之天籁。

与“道通为一”相对的存在图景是“分—成”式的“小成”：“其分也，成也；其成也，毁也。”这里的“分”并非天倪、自然之分，而是人为之分，在“属于人”的人为世俗视域中，莛与楹有着清楚的小、大之别，厉与西施有着明晰的丑、美之分，人们也总能通过“以己出经式仪度”（《应帝王》）的方式对恢恑憰怪之物进行分类与评判；这里的“成”也不是天钧那样的自然均成，而是以人为之分为标准的“裁成”，以使物符合属人之度，满足属人之用。《庚桑楚》云：

> 道通。其分也，其成也，毁也。所恶乎分者，其分也以备；所以

① 陈鼓应注译：《庄子今注今译》（最新修订重排本），中华书局，2009年，第74页。

> 恶乎备者，其有以备。

这句话与《齐物论》的表述极为类似，明确道出了“分—成”的根本缺陷在于“备”与“有以备”：所谓“备”，就是“全”或“同一”；所谓“有以备”，意即这种“大全”或“同一”的本质是人为之谋划与追求，也即“求备—求全”。在庄子看来，“求备”会将天钧误置为某种无差别的整体，将天倪打造为无个性的个体，此即“其成也，毁也”——真正意义上的“求全之毁”。反过来说，“分—成”既破坏了天钧之均一与天倪之独一，也就使得“道隐于小成”，被“毁”之万物绝无可能在天钧之境中“咸其自取”，也无法以天倪的姿态“自适其适”。在此境况之中，庄子吁求“不以心捐道，不以人助天”（《大宗师》），期许“凡物无成与毁，复通为一”，由人为的“分—成”复归到本然的“独一—均一”之境。

“道通为一”之“一”不是形上学的同一，而是存在论的均一与独一；“通”也不是本体论的统一，而是生存论意义上的相蕴与相通。在此意义上，庄子之“道”并非消解差异、统一多元的同一性本质或本体，而是可让差异、多元之万物得以均等共在并成就自身的大通之境。在大通之境中，均一化的万物都能成就其独一性；或者说，万物之独一性的普遍实现使得世界成为均一化的大通之境。

可见，庄子之天道，并非普遍化的天钧，也不是孤立性的天倪，而是天钧与天倪的融合、均一与独一的会通。如果人的存在观念缺乏这种通达与会通，就会或走向极端的天钧而追求以消泯多元、抹除差异为特征的“同质化共在”，或走向极端的天倪而追求以无视共在、否定他者为特征的“孤绝化独在”。在这两种极端路向的尽头，同质化共在与孤绝化独在又会不期而遇，合而为一。在庄子那里，唯有通过天钧与天倪的辩证领会与交相为用，将“道通为一”的存在图景转化为“照之于天”的存在视域，“人”才能超越对立，避免孤立，保持独立，从而走出孤绝离散与僵固同质两种极端化的存在形式，而开出生命的通达，守护存在的自由。

在庄子之外，先秦时期的天道思想与存在观念还有《尚书》之“天叙—天秩”与《礼记》之“天地之和—天地之序”等经典类型：

> 天叙有典，敕我五典五敦哉。天秩有礼，自我五礼有庸哉。（《尚书·皋陶谟》）
>
> 乐者，天地之和也；礼者，天地之序也。和，故百物皆化；序，故群物皆别。乐由天作，礼以地制。过制则乱，过作则暴。明于天

地，然后能兴礼乐也。（《礼记·乐记》）

在西周或儒家的存在视域中，五典（即君臣、父子、兄弟、夫妇、朋友五伦）、五礼（即公、侯、伯、子、男五等之礼）等伦常法则即体现着“天叙—天秩”或曰“天地之序”，这种类型的“别”与天倪之“分”约略相当，但作为“自然之分”的天倪意在守护个体的边界、独体的价值，作为“天地之序”的“天叙—天秩”不过是伦位的安排、等级的划分而已。由此来看，天倪意味着庄子对传统存在观念的本质性突破，正是在这种视域之中，“咸其自取”“自事其心”才会成为某种可欲之善。另外，通过“明于天地，然后能兴礼乐”来看，“天地”构成了儒家所能想象或肯认的最大存在境域，人间的一切也必须对应、遵照“天—地”架构来落实其生存方式。而在庄子的天钧视域之中，我们能看到比天更高明、比地更博厚的东西，那就是蕴涵一切可能、成就一切现实的天道。

第六章 “因是”与“寓诸庸”：齐物之应物理念

《齐物论》载：

> 故为是举莛与楹，厉与西施，恢恑憰怪，道通为一。其分也，成也；其成也，毁也。凡物无成与毁，复通为一。唯达者知通为一，为是不用而寓诸庸。庸也者，用也；用也者，通也；通也者，得也；适得而几矣。因是已。已而不知其然谓之道。劳神明为一而不知其同也，谓之朝三。何谓朝三？狙公赋芧，曰：“朝三而暮四。”众狙皆怒。曰：“然则朝四而暮三。”众狙皆悦。名实未亏而喜怒为用，亦因是也。是以圣人和之以是非而休乎天钧，是之谓两行。
>
> 是以圣人不由而照之于天，亦因是也。

以“道通为一”之存在图景为根基，“达者”会进一步将之转化为“知通为一”之存在视域，此即《齐物论》所谓“其知有所至矣”，《大宗师》所谓“有真人而后有真知”。进而，“至知—真知”之存在视域又会衍生“因是—寓诸庸”之应物精神与实践方式，此即本章之论述主题。

在《齐物论》中，“是非”是出现频率最高的一对概念，也是该篇最被人关注的核心话题之一；甚至可以说，庄子的齐物思想正是以“是非”问题为开端，并以解决“是非”问题为旨归的。《齐物论》云：

> 道隐于小成，言隐于荣华，故有儒墨之是非，以是其所非而非其所是。
>
> 唯其好之也，以异于彼，其好之也，欲以明之。彼非所明而明之，故以坚白之昧终。

对“是非”问题的重视，起始于庄子对儒墨之争以及名学之辩的忧虑：

“战国之世，学问不同，更相是非，故庄子以为不若是非两忘而归之自然。”[①] 战国之时，政治失序不定，社会动荡不安，思想领域也出现了百家争鸣之局面。以独立之精神为内质的自由之思想一方面给人们带了无穷的智慧与启发，成为孤悬在黑暗现实之上的盏盏明灯，照亮着残酷的时代，温暖着冰冷的心灵；另一方面，由于各学派均以解决时代之问题为关注，相互之间也就免不了攻讦与辩难，思想“战场”上的激烈程度不亚于列国之间残酷的军事争战。这种思想战争的实质就是“是非之争”。庄子关注的“是非之争”，既有儒墨之“是非”，亦有名学之“是非”。在儒墨那里，“是非”是判教的重要依据，“以儒为是，以墨为非”便是儒家信徒，“以墨为是，以儒为非”便是墨家信徒。“是非”正如无垠思想疆域上的国界线，规定着各学派的“思想国”。当然，儒墨之“是非”亦有其现实指向与理想期许，他们呼唤的是不同品质的圣人，宣扬的是不同理型的盛世，从而构建着各自的“理想国”。与之相比，以惠施等为代表的名家则“合同异，杂坚白，然不然，可不可，困百家之知，穷众口之辩”(《秋水》)，在汩乱是非界限的智慧缠绕与逻辑思辨中享受标新立异的思辨乐趣，但终究不过是“饰人之心，易人之意，能胜人之口，不能服人之心”(《天下》)，故庄子论之为“以坚白之昧终”。

正所谓“其学无所不窥”，庄子对各家之思想有着清楚的认知，对各学派之优劣高下也有明晰的思考。可以说，庄子正是在思想极致自由同时也极端混乱的思想背景下，深入省察诸子之“是非之争”问题的。蒋锡昌说，“《齐物论》之作，其目的纯在息天下各派是非之辩，盖亦当时辩士好辩之反动也”[②]，认为庄子始于“反辩”，终于“止辩”，看到了庄子哲学缘生的时代背景。伍非百说：“《齐物论》大旨，乃批评当日儒、墨百家名辩之学。谓是非之论，可以不立，而立是非者，其是非转无穷也。不特是非之本身无据，即治是非之方法亦无据，故不如两行而付诸天倪。”[③] 在伍先生那里，“是非之争”是《齐物论》的触发点，通过“莫若以明”的方式泯除“是其所非而非其所是”是《齐物论》的落脚点，而庄子对“治是非之方法”这一根本问题的思考，即是链接此触发点与落脚点的主脉。然而，庄子关注“是非”问题的初衷，难道仅仅通过上述逻辑问题、认识问题或思想问题就可以完美体察吗？

《齐物论》并未止于概念的推演或抽象的辩证。就“是非”议题而言，

---

① 林希逸著，周启成校注：《庄子鬳斋口义校注》，中华书局，1997年，第13页。

② 蒋锡昌：《庄子哲学》，上海书店，1992年，第104页。

③ 伍非百：《中国古名家言》，中国社会科学出版社，1983年，第633页。

尽管庄子承认“是非”是人之现实生存的固有视角，但“是非”问题的樊然淆乱则会导致生活的流离失序、生命的劳攘难安。在庄子看来，“是非”既是人之芒昧、悲哀之生存情状的根源，也是人转化成心而“和之以天倪”的关键。总之，《齐物论》中的“是非”问题并非纯粹的逻辑或抽象的思想问题，而是关涉人之生活与生命的存在与价值问题。如果仅仅将《齐物论》之“是非”视为时代谈辩思潮的一种反映，并将其限定在名辩之学或抽象思理的领域，必会错解庄子之初意。以上述理解为基础，本章尝试通过《齐物论》对“是”之多元意蕴的探讨，阐明“是非”问题的隐含本质——“我”应当如何对待“彼”这一作为“应物精神”的齐物问题。

第一节　“是”之三义

在《齐物论》中，“是”一共出现了65次，与其他内篇相比①，频率可谓相当高；而且，其他篇章中的“是”基本不外乎两种功能：一是被用作代词，二是以“是以”“是谓”“是故”等形式起连词作用。尽管《齐物论》中的“是”也不乏这两种一般用法，比如“是唯无作”之“是”代指“风”，“是故滑疑之耀”之“是故”为连词，但在更多情况下，“是”出现于“是非”“因是”“物无非彼，物无非是”“彼出于是，是亦因彼”“万物尽然，而以是相蕴”等观念性语句中，有着非同寻常的表意功能。此外，“为是”“果是”“同是”“因是”等概念化语词的出现，也说明“是”在《齐物论》的文本脉络中起到了草蛇灰线般的义理贯通作用。有趣的是，与“是”的比比皆是、通贯全篇相比，“齐”这一篇题关键字在《齐物论》中反而难觅踪影。可见，对于探讨《齐物论》之要旨、“齐物”之大义而言，与其先行形式化地玄思“齐物论”三字的可能意涵，再从文本中发明义理以凑泊之，不如从“是”这一微言直接契入《齐物论》的文本与思想脉络，或能有效避免前一种研究方式可能引生的“以名乱实”之弊，而对庄子的齐物观念进行更客观而深入的解读。

《齐物论》云：

> 道恶乎隐而有真伪？言恶乎隐而有是非？道恶乎往而不存？言恶

① 《逍遥游》《养生主》各6次、《人间世》21次、《德充符》18次、《大宗师》13次、《应帝王》8次。

乎存而不可？道隐于小成，言隐于荣华。故有儒墨之是非，以是其所非而非其所是。欲是其所非而非其所是，则莫若以明。

物无非彼，物无非是。自彼则不见，自知则知之。故曰彼出于是，是亦因彼。彼是方生之说也，虽然，方生方死，方死方生；方可方不可，方不可方可；因是因非，因非因是。是以圣人不由而照之于天，亦因是也。是亦彼也，彼亦是也。彼亦一是非，此亦一是非，果且有彼是乎哉？果且无彼是乎哉？彼是莫得其偶，谓之道枢。枢始得其环中，以应无穷。是亦一无穷，非亦一无穷也。故曰莫若以明。

唯达者知通为一，为是不用而寓诸庸。庸也者，用也；用也者，通也；通也者，得也；适得而几矣。因是已。已而不知其然谓之道。劳神明为一而不知其同也，谓之朝三。何谓朝三？狙公赋芧，曰："朝三而暮四。"众狙皆怒。曰："然则朝四而暮三。"众狙皆悦。名实未亏而喜怒为用，亦因是也。是以圣人和之以是非而休乎天钧，是之谓两行。

奚旁日月，挟宇宙？为其脗合，置其滑涽，以隶相尊。众人役役，圣人愚芚，参万岁而一成纯。万物尽然，而以是相蕴。

在"是"的上述用例中，"是非"的确是出现频率最高的基础概念，这也直观说明庄子的齐物思想是以是非问题为开端、以解决是非问题为旨归的。然而，"是"在上列文句中除了与"非"对言，还与"彼"并列，与"尽然"互释，并衍生出了"因是""为是""以是相蕴"等概念性、观念性表达，若将这些"是"统一理解为"是非"之"是"或"主体的立场"[①]，势必会在文义疏通方面遇到一些困难。实际上，无论在传统注疏还是现当代研究之中，如何解释《齐物论》中的"是"以使句意通顺，文义明晰，始终是一个难题。这些难题的存在，既影响着对《齐物论》文本的释读，又妨碍着对齐物的理解，在此意义上，将"是"这一微言释读清楚，正是疏通《齐物论》文本、贯通齐物大义的通幽曲径。目前来看，多有学者对《齐物论》之"是"进行了多样化的注释，比如将"彼是"之"是"解为"此方，己方"[②]，将"因是"之"是"译作"自然的道理"[③]，

① 李巍：《立场问题与齐物主旨：被忽视的庄子"因是"说》，《湖北大学学报》（哲学社会科学版）2015年第4期。

② 刘笑敢说："'彼'即彼方、对方，'是'即此方、己方，'彼''是'泛指存在的对立双方。"[刘笑敢：《庄子哲学及其演变》（修订版），中国人民大学出版社，2010年，第179页]

③ 陈鼓应注译：《庄子今注今译》（最新修订重排本），中华书局，2009年，第64页。

揭示了“是”所具有的多重意蕴，也有学者将“因是”视作《齐物论》的基本主旨而进行了富有创造性的研究①，但这些灼见仍然需要更系统的论证与更细致的阐发，才能真正起到如其所“是”的理论效应。

庄子说：“是非之彰也，道之所以亏也。道之所以亏，爱之所以成。”（《齐物论》）“是非”上与“道”之存在视域相关，下与“爱”之价值选择相关，仅在认识论范围内通过阐述“是非”的相对性、知识的有限性无法解决“是非之彰”问题。在《齐物论》中，“是非”并非一般的认识论问题，而是指向更广阔的思想境域。陈静已经注意到了“是非”蕴含的存在论、价值论指向，并将之分疏为“认识论意义的是非”（对错）、“价值论意义的是非”（好坏）与“存在意义的是非”（是这个、这样或那个、那样）三种。② 然而，如果说“认识论意义的是非”可资辨别，“价值论意义的是非”可供选择，存在论意义的是非则既缺乏可分辨性，又不具备可选择性，本质上无所谓“是非”，“存在意义的是非”这一说法并不妥当。此外，所谓“是这个、这样或那个、那样”实即“此”或“彼”，尽管“彼此”的确要比“是非”更贴近本源，但可分辨、有对待的“彼此”终非最高的存在视域，以之界说庄子的“存在论”亦不准确。

在庄子那里，最高之存在视域一定是“无是无非”且“不分彼此”的，它拒绝相互否定的是非对立、涵容相互对待的彼此对立。牟宗三将这种“是”界定为“绝对意义的，超越于是非相对的”③，杨立华则以“根源性的是”④ 释之。所谓绝对的、根源的“是”，实即“道”之代名词。问题在于，庄子否定了相对、一般的“是”，是否意味着他一定会走向绝对、根源的“是”？《齐物论》云，“若有真宰，而特不得其眹。可行己信，而不见其形，有情而无形”，直面无形无相的真宰的不可能，使得人们只能通过现成之“物”来观照其可行，体察其已信，在此意义上，“真宰”的绝对性、根源性似乎只是一种虚悬的形上特征。正所谓“如求得其情与不得，无益损乎其真”（《齐物论》），对绝对性、根源性之“真宰”的这种虚悬，并不妨碍“真”的如是、如实呈现。在回应啮缺“子知物之所同是”这一问题的时候，王倪“吾恶乎知之”之答语正说明了“同是”——绝对的、根源的“是”——的不可知、不必知。可见，庄子之“道”既与

① 参见李巍：《立场问题与齐物主旨：被忽视的庄子“因是”说》，《湖北大学学报》（哲学社会科学版）2015 年第 4 期。

② 参见陈静：《“吾丧我”——〈庄子·齐物论〉解读》，《哲学研究》2001 年第 5 期。

③ 牟宗三讲演，卢雪崑整理，杨祖汉校订：《牟宗三先生讲演录（四）：庄子·齐物论》，（新北）东方人文基金会，2019 年，第 105 页。

④ 杨立华：《庄子哲学研究》，北京大学出版社，2020 年，第 105 页。

“是非”之“是”无关，也不指向实体意义的根源之“是”或价值意义的绝对之“是”。

根据《庄子·齐物论》的文本材料与运思脉络，在上述研究的启发下，本书主张将其中的“是”区分为“尽然之是”“彼是之是”“自是之是”三种。在此基础上，或可对相关文句与“齐物”义理进行更加通顺而融贯的解读。

一、尽然之是

《齐物论》云：

> 万物尽然，而以是相蕴。

郭象说：“积是于万岁，则万岁一是也；积然于万物，则万物尽然也。故不知死生先后之所在，彼我胜负之所如也。”[①]“是”即“然”，“相蕴”即“积是”。郭象认为，通过“尽然——一是”之宏大视域，即可超越生死与是非的束缚。与这种正向理解不同，成玄英说：“夫物情封执，为日已久。是以横论万物，莫不我然彼不然；竖说古今，悉皆自是他不是。虽复万物之多，古今之远，是非蕴积，未有休时。”[②]成玄英认为“然—是”即“我然—自是”，故“以是相蕴”意味着是非之争的恶性蕴积。郭注、成疏之所以大相径庭，关键即在对“以是相蕴”之“是”的不同理解。“万物尽然，而以是相蕴”的文本语境是：

> 奚旁日月，挟宇宙？为其脗合，置其滑涽，以隶相尊。众人役役，圣人愚芚，参万岁而一成纯。万物尽然，而以是相蕴。予恶乎知说生之非惑邪！予恶乎知恶死之非弱丧而不知归者邪！丽之姬，艾封人之子也。晋国之始得之也，涕泣沾襟；及其至于王所，与王同筐床，食刍豢，而后悔其泣也。予恶乎知夫死者不悔其始之蕲生乎！

可见，“万物尽然，而以是相蕴”正好处在圣人境界（“奚旁日月，挟宇宙？为其脗合，置其滑涽，以隶相尊。众人役役，圣人愚芚，参万岁而一成纯”）与众人境界（“予恶乎知说生之非惑邪！予恶乎知恶死之非弱丧而不知归者邪！”）的交界点上，郭象的解法是视之为描述圣人境界的结

① 郭庆藩撰：《庄子集释》，中华书局，2013年，第97页。

② 郭庆藩撰：《庄子集释》，中华书局，2013年，第97页。

语，成玄英的解法是视之为描述众人境界的开端。本书认可郭象的解读方式，因为，“万物尽然，而以是相蕴”与上文一脉相承，在圣人愚芚无知的齐物视域之中，尊卑、贵贱、是非、生死等对立性的封畛视域均被消融，故“尽然”之“然”不与“不然”相对（可称为“无不然”），“以是相蕴”之“是”不与“非”相对（可称为“无不是”），这种不论是非、不分彼此的至大无外的存在图景，正可简称为“尽然之是”。

在理论层次上，“尽然之是”相当于陈静所谓“存在意义的是非”、杨立华所谓“根源性的是”。在思想内涵上，“尽然之是”并非绝对的超越本体，而是一种原初性、自然性的存在视域。正所谓“物固有所然，物固有所可。无物不然，无物不可”（《齐物论》），这种“然—可”内在于万物的实存形态之中，拒绝任何否定性的“不然—不可”，故“是—非”之否定式对立无从显现，万物在其中“不论是非”；普遍而内在的肯定性的相蕴相积（“以是相蕴”）使得万物以“一体”的样态而在，“彼—此”之对待在此境域中无从显现，故万物在其中“不分彼此”，此即所谓“圣人达绸缪，周尽一体矣”（《则阳》）。这种拒绝“是非”、通达“彼此”的存在视域即所谓“天钧”。在自然均平的存在图景中，万物以“尽然”样态而在——“尽”言其一体性、均平性，“然”言其自然性、现实性。

二、彼是之是

以“尽然之是”观照万物，万物即相蕴为“一体”。然而，一旦将眼光聚焦于处乎“一体”状态中的“具体”之物，就会发现物与物的“彼此”之分，此即所谓“彼是之是”。《齐物论》云：

> 物无非彼，物无非是。自彼则不见，自知［是］则知之。故曰彼出于是，是亦因彼。彼是方生之说也……是亦彼也，彼亦是也……彼是莫得其偶，谓之道枢。枢始得其环中，以应无穷。

“彼出于是”“是亦彼也”之“是”均为“尽然之是”：“彼”作为个体的、现实的存在物，总是通过“尽然之是”而如实呈现，如是存在。

一旦“因彼”，“尽然之是”就会具体化为“彼是之是”。而且，正是在“具体”层面上，才有所谓“彼是莫得其偶”——“彼是之是”的独体性使之无偶无对，一个“彼是之是”恒异于另一个“彼是之是”，由此而有万物之间的无限差异。《齐物论》所谓“道枢—环中”可“应无穷”，“应无穷”即“因彼”，“道枢应无穷”即“是亦因彼”，从而道出了“尽然之是”与“彼是之是”之间的辩证关系。

当然，就个体“自身”而言，所谓“彼”即“此”，“彼是之是”即“此是之是”。在庄子看来，这种“彼—此”之别是万物之间的自然之分际，也即“天倪”。

三、自是之是

除了天然的“尽然之是”与自然的“彼是之是”，还有在“彼—此”这一自然之分的基础上进一步衍生的人为之别——“自是之是”。

伍非百从认知论角度将“彼—此”区分为三种位格，并道出了“彼此”生“是非”的逻辑推理：

第一位之彼此：“彼者彼也，此者此也。”“彼此”只是一种界说，也就是“以为有封焉，而未始有是非也”。

第二位之彼此：“彼者，非此也。此者，非彼也。”由此而生是非。

第三位之彼此：“彼者，此之彼而彼之此也。此者，此之此而彼之彼也。”这里的彼此可以互换，故是非亦可互换，所谓“此非彼是，彼是此非”者也。①

在伍先生看来，由“第一位”之“彼此”，会生出“第二位”之“此是而彼非”，也就是“是非之争”；由第二位之“此是而彼非”，会生出第三位之“此亦一是非，彼亦一是非”，也就是“是非无定”；这样，彼此之分、是非之别也就自然失却其意义了。这种纯逻辑思辨富于理趣，然而，鉴于伍先生将《齐物论》关注的“存在问题”完全限定为了名辩问题，最终还是将庄子之齐物推向了“不辩则已，辩则终莫能外”② 的吊诡处境。实际上，这种对庄子齐物思想进行名辩化处理的方式，虽然能揭示庄学中的名辩因素，却不足以道明庄学的究竟旨归。

在庄子看来，“人”首先是居于“此是之是”“彼是之是”之中的，但凭借其语言、认知等理性能力，“人”更倾向于将自然性的“此是”转化为认识论、价值性的“自是”。如果说“此是”意味着个体性或具体性，“自是”就凸显着人的主体性与独特性，“人”正是以主体建构个体、以独特打造具体的存在者。正如本书第四章所揭示的，这种生命建构是以“成心”的发用、“成见”的形成为特征的。在庄子那里，成心意味着作为一个正常人普遍具有的感觉、认知、理解、判断等心性能力，不管对这些感知能力有无自觉之认识与积极之运用，常人都具备这样的能力，不过是或

---

① 参见伍非百：《中国古名家言》，中国社会科学出版社，1983年，第654页。

② 伍非百：《中国古名家言》，中国社会科学出版社，1983年，第632页。

日用而知之，或日用而不知而已。在此意义上，成心既是一种天赋的“心”之“固然”，亦因后天之培养而渐趋“成熟”，成熟之后的成心也就是“成见”——“自是之是”。可见，“自是之是”既有人之类属性上的固有性、有限性，也体现了人之具体存在的独特性、多元性。

在庄子看来，“是非之彰”源生于“我—彼”这种人之基本生存结构或在世形态。正所谓“非彼无我”，“我”总在与“彼”的照面、共在中现身；每一存在个体不仅都是“我”，亦均以他者为“彼”。自“我”而言，“彼”是“我之彼”；自“彼”而言，“彼”是“彼之我”，“我”是“彼之彼”。这样来看，每一存在主体无不以“我—彼之彼”或“彼—彼之我”的形态而在，从而兼具“我”“彼”两性。问题在于，“我”总是理所当然地认为“我是”，当遇到与“我”不同之“彼”的时候，也理所当然地认为“彼非”；然而，因为“彼非”之“彼”亦有“我”性，自然也会有其“彼之我是”。面对来自“我”的否定，“彼”为了维护其“彼之我”，亦会因之而对抗否定他自身的“我之我是”，“我之我是”与“彼之我是”之间的“是其所非而非其所是”最终使得“彼亦一是非，此亦一是非”，“我”最终沉沦为“是非”的矛盾体与“相非”的否定体。这样，“我是—彼非”之认知结构也就遮蔽、替代了“此是—彼是”之存在结构，“彼亦一是非，此亦一是非”，“争是非”“司是非”就成了人生在世的沉沦形态。

总之，“是非”之所以孳生，是人以其认识、价值遮蔽“存在”，从而导致“存在的遗忘”的结果。一旦“彼—此”这种存在论意义上的自然区分被误植到以“自我”为中心的认识论、价值论的层面，“彼—此”所共同植根于其中的“本然之是”以及各自具有的“彼是之是—此是之是”就会在“彼—我”的对立中被消解或破坏，而代之以“我是—彼非”的“是非之争”“是非之彰”。

第二节 “知”之四境

通过“是”之三义，庄子建构了这样一幅存在图景：与“尽然之是”相应的是作为“一体”的万物，“万物尽然，而以是相蕴”表述的正是这种无彼此之别、是非之辨的本朴之“是”；与“彼是之是—此是之是”相应的是作为“具体”的万物，彼此之别是作为个体而存在的万物的现实形态；与“自是之是”相应的是作为“主体”的自我，是非之辨是人建构其存在形态的主要方式。在庄子那里，作为“主体”的人既有其“具体”

性，又有其“一体”性，三体并建当是最完善的存在形态。可惜的是，“主体”经常会忽略“具体”，破坏“一体”，世俗观念也容易流于以“一体”统制“具体”，消泯“主体”，三体之间的融通关系也就被颠覆并破坏了。这样，如何通过存在视域、行动精神的调整而开出一种整全的存在方式，就成了庄子齐物的问题意识。

“尽然之是”“彼是之是”“自是之是”既是存在的三种形态，也构成了人之在世的三种视域，通过“是”之三义与“知”之四境的对应关系，可以更明晰地理解这一点。《齐物论》云：

> 古之人，其知有所至矣。恶乎至？有以为未始有物者，至矣，尽矣，不可以加矣。其次以为有物矣，而未始有封也。其次以为有封焉，而未始有是非也。是非之彰也，道之所以亏也。道之所以亏，爱之所以成。

作为“至知”的“以为未始有物者”为第一境，“以为有物而未始有封”为第二境，“以为有封而未始有是非”为第三境，“是非之彰”为第四境。“是”之三义与“知”之四境之间的对应关系如下。

首先，“是非之彰”与“自是之是”相应。人无不由“自是之是”而建构生活。但从主体间的关系来看，以“我”的方式确立“我”，意味着与“我”相异的“彼”成了被否定（“非”）的对象。然而，“彼”亦有其“我”，为了维护“彼之我”，“彼之我”必与“此之我”对抗。“此之我”与“彼之我”的争斗，使得“我”沉沦为“是非”的矛盾体（“彼亦一是非，此亦一是非”）与“相非”的否定体（“是其所非而非其所是”）。换言之，“自是之是”逸出了“此”的“此是之是”，否定着“彼”的“彼是之是”，“彼此”之共在与平衡被打破，而代之以“自是而相非”的否定与偏斜。

其次，“以为有封而未始有是非”与“彼是之是”相应。“封”即封畛、界限。伍非百说：“有封，则有封之内，封之外。有内有外，而彼此之界起矣。”[1]“以为有封”即意识到了“彼—此”之分与“内—外”之别。倘若“此”能“如此”，“彼”能“如彼”，“彼”“此”即可各自安立于其“彼是之是”“此是之是”之中，“是非”也就不会产生。

最后，“以为有物而未始有封”与“尽然之是”相应。“彼—此”之封

① 伍非百：《中国古名家言》，中国社会科学出版社，1983年，第668页。

界在此知境中被进一步消弭，世界与万物以“有物”的浑沦形态而在，此即对世界与万物进行一体化肯定的“尽然之是”。

既然“自是之是”对应第四境，“彼是之是”对应第三境，“尽然之是”对应第二境，那么，该如何理解上述对应关系之外的第一境？第二、三、四境与第一境的关系又是什么？

通过“古之人，其知有所至矣”，可知“古之人”即至人，其知乃至知。至知以“以为未始有物”为表征，伍非百等之于《老子》第四十章“天下万物生于有，有生于无”之“无”①，也即万物产生之前的“混成”“无物”之境。这种理解忽略了“以为未始有物”中的“以为”二字——“以为”说明“未始有物”并非关乎宇宙本源的玄思界定，而是“至人”理解世界、观照万物的存在视域。《逍遥游》云：“至人无己。”“无己”是通往至人“以为未始有物”之境的工夫。“无己”即“无我”，“无我”故“不与物对”，“不与物对”故“同于大通”（《大宗师》）。

既然第一境之要义在于“无我”，“有我”之第四境便与之直接对立。正所谓“是非之彰也，道之所以亏”，“有我之境”遮蔽着“无我之境”，这是显而易见的。问题在于，处乎“无我”与“有我”之间的第二、三境与在上之“无我”、在下之“有我”的关系是什么？乍看上去，“道”似乎的确是在“物”的显现、“封”的建立、“是非”的彰明中逐渐模糊的。依照这种理解模式，第一境之外的其余诸境均是有待否定、需要排除的“劣等判断”②。然而，“是非之彰也，道之所以亏”说明，第一境被遮蔽的根源在于“是非之彰”，而不是“有物”“有封”乃至“是非”自身，这意味着第二、三境并不构成对第一境的遮蔽。因此，第二、三境应该是值得肯定的，至少不能被彻底否定。这与前述“尽然之是”“彼是之是”“自是之是”之三重存在图景正相一致。于此，很多学者已有先见之明，福永光司认为，如果说第一境意味着“至高无上的境界”，第二境就是与之“最为接近”的境界，第三境则“保留着些微道的纯粹性”。③ 黄勇认为，第二境指“万物形成了统一的整体”，第三境指“万物相异而又齐同”，这两种知识都以第一境之“至知”为前提。④ 两说都看到了前三境与第四境之间的本质差异，不同在于：福永光司认为，“道”在前三境中的呈现程度并

① 伍非百：《中国古名家言》，中国社会科学出版社，1983 年，第 668 页。

② ［日］池田知久：《道家思想的新研究：〈庄子〉为中心》，王启发、曹峰译，中州古籍出版社，2009 年，第 172 页。

③ 参见［日］福永光司：《庄子内篇读本》，王梦蕾译，北京联合出版公司，2019 年，第 54—55 页。

④ 参见黄勇：《论〈庄子〉中的行为对象道德相对论》，崔雅琴译，《社会科学》2016 年第 3 期。

不相同，前三境依然是由高而低的退行序列；而在黄勇看来，第一境与第二、三境密不可分：“一方面，认为万物相异却又齐同的知识（第三类）和万物形成统一整体的知识（第二类）要求我们具备关于道的知识（第一类）。另一方面，关于道的知识实际上并不是与其他两类知识相分或在它们之外的知识。”[①] 福永光司的理解符合原文两处“其次”标明的等而下之之意，黄勇则回避了这一文本现象；然而，按照福永光司的看法，如果第二境只是接近第一境，第三境只是些微保留第一境，“道之所以亏”实际上还是从第二、三境就开始了，这样来看，黄勇指出的义理链条又更显圆融。接下来，本书尝试给出一种兼顾文本与义理的释义方式。

在《齐物论》的四种知境中，第一境的确是最极致而纯粹的知识形态或存在视域，第二、三境等而下之，无法与之相提并论。然而，首先，正所谓“知天之所为，知人之所为者，至矣”（《庄子·大宗师》），“知天”与“知人”的融通同样是至知性的存在视域，这意味着“以为未始有物”并非直造先天未画前的空无之境，而需落实为“以为有物而未始有封”及“以为有封而未始有是非”，既彰显万物的一体性与存在的整体性，又尊重万物的个体性与存在的多元性，由此方可谓“彼其充实不可以已”（《庄子·天下》）。在此意义上，第二、三境并非对第一境的遮蔽，而是第一境的顺向流行与自然发用，两者之间有着“体—用”关系。其次，在“体道→天钧→天倪→是非”的脉络中，如果说“是非之彰”是人陷入存在困境的根源，那么“是非之彰”之外的三种知境就都是克服这一困境的工夫：通过第三境的“彼是之是”，可以克服“自是之是”否定他者的倾向；通过第二境的“尽然之是”，可以约束“自是之是”的自我中心倾向；通过这种双重否定与复归，“无我”的视域能被最终证成。在此意义上，第二、三境与第一境之间又存在“工夫—境界”关系。

就“体—用”与“境界—工夫”两种视域来看，第一境与第二、三境都是通达无间的，此之谓“道通为一”。如果说第二境即“尽然之是”，第三境即“彼是之是”，与第一境相应的就是“是”或“天道”自身。但在庄子那里，纯粹之“是”、至极之“天道”不可知、不可言；唯有通过“尽然之是—彼是之是”之大用流行、“休乎天钧—和之以天倪”之工夫实践，才能抵达第一境之“至知”。

① 黄勇：《论〈庄子〉中的行为对象道德相对论》，崔雅琴译，《社会科学》2016年第3期。

第三节　“果是”与“同是”

上文陈述了“尽然之是—第二境”与“彼是之是—第三境”的肯定价值与积极意义，接下来要讨论的是“是”之第三义（“自是之是”）与第四境（“是非之彰”）的相关问题。《齐物论》云：“是非之彰也，道之所以亏也。道之所以亏，爱之所以成。”“是非之彰”就是“此”之“自是之是”与“彼”之“自是之是”的冲突与争执。当然，“是非之争”不仅出现在自然主体之间，以自然主体为基点而建构出的思想主体、政治主体、文化主体之间的争斗尤为激烈而残酷：“儒墨之是非”是思想主体之间的争斗，“尧欲伐宗、脍、胥敖”是政治主体、文化主体之间的冲突。自然的世界与本朴的生活就是在主体间的“是其所非而非其所是”之中零落殆尽的。“此”之“自是之是”与“彼”之“自是之是”之所以会产生尖锐对立与激烈冲突，主要是因为“自是之是”有着本质化为“果是”、普遍化为“同是”的存在取向。《齐物论》有如下两则记载：

长梧子曰：“……既使我与若辩矣，若胜我，我不若胜，若果是也，我果非也邪？我胜若，若不吾胜，我果是也，而果非也邪？其或是也，其或非也邪？其俱是也，其俱非也邪？我与若不能相知也，则人固受其黮暗。吾谁使正之？使同乎若者正之？既与若同矣，恶能正之！使同乎我者正之？既同乎我矣，恶能正之！使异乎我与若者正之？既异乎我与若矣，恶能正之！使同乎我与若者正之？既同乎我与若矣，恶能正之！然则我与若与人俱不能相知也，而待彼也邪？何谓和之以天倪？曰：是不是，然不然。是若果是也，则是之异乎不是也亦无辩；然若果然也，则然之异乎不然也亦无辩。化声之相待，若其不相待。和之以天倪，因之以曼衍，所以穷年也。忘年忘义，振于无竞，故寓诸无竟。”

啮缺问乎王倪曰：“子知物之所同是乎？”曰：“吾恶乎知之！”“子知子之所不知邪？”曰：“吾恶乎知之！”“然则物无知邪？”曰：“吾恶乎知之！虽然，尝试言之。庸讵知吾所谓知之非不知邪？庸讵知吾所谓不知之非知邪？且吾尝试问乎女：民湿寝则腰疾偏死，鳅然乎哉？木处则惴慄恂惧，猨猴然乎哉？三者孰知正处？民食刍豢，麋鹿食荐，蝍蛆甘带，鸱鸦耆鼠，四者孰知正味？猨猵狙以为雌，麋与鹿交，鳅与鱼游。毛嫱丽姬，人之所美也；鱼见之深入，鸟见之高飞，麋鹿见之决骤。四者孰知天下之正色哉？自我观之，仁义之端，是非之涂，樊然殽乱，吾恶能知其辩！”

第一段材料以“果是”的不可能否定了“辩”的有效与可行，第二段材料以存在之物的“各得其正”否认了建构“同是”的可能与必要。所谓“果是”，即果真是、一定是，可理解为一种本质形态的真理；所谓“同是”，即共同是、普遍是，可理解为一种普遍形态的标准。①

如上所述，纯粹意义上的“是”唯有在第一境中才是可能的，它不是“物”的属性，不是“彼此”的属性，也不是“是非”的属性；这种形态的“是”是“虚”而不“果”、“通”而不“同”的，拒绝被本质化、普遍化。第二境的“彼是之是”虽有似于“果是”，却是被严格限定在“彼”的界域之内的“果是”，并不具有普遍化的表征。第三境的“尽然之是”虽有似于“同是”，但它只彰明“是”的自然平等而非本质相同。这样说来，“果是”与“同是”的根源只能是“自是之是”了。在庄子看来，如果“自是之是”未知止于其主体限度、个体限度而过度衍拓自身，就会跃升为真理化的“自是之是”——“果是”，以及普遍化的“自是之是”——“同是”。

在庄子看来，“自是之是”根本无法超越“自”的天然限度而客观抵达“果是”。然而，这一客观限度根本无法阻止人们的主观建构。通过上引两段材料来看，这一建构过程主要通过“辩”与“正”来实现。伍非百说：“儒、墨百家之论，则以为必有真知，且有求真知之方法。其法维何？则‘辩’、‘正’二术是已。谓‘辩’可以明是非，‘正’可以定是非。故庄子特举二术而破之。谓‘辩’不足以明是非，‘正’亦不足以定是非。‘辩’、‘正’二术既穷，则是非之论，终莫由明，而求真知之道绝矣。”②“辩”可“明是非”，以“果是”为鹄的；“正”可“定是非”，以“同是”

① 与本书解释“同是”的思路不同，赵广明认为庄子所谓“同是”即“道”，是超是非、无利害的齐同之理、普遍价值。参见赵广明：《庄子哲学沉思——自由儒学奠基》，社会科学文献出版社，2022年，第23—32页。通过“啮缺问乎王倪”章的问答脉络来看，“同是”实际上有两个层次：首先，王倪所谓“吾恶乎知之”是对“啮缺理解的‘同是’”的明确否定；接着，王倪又说“庸讵知吾所谓不知之非知乎”，说明通过对“啮缺理解的‘同是’”的否定（“不知”），又可以在某种程度上推衍出“王倪理解的‘同是’”（“知”）。本书否定的是“啮缺理解的‘同是’”，赵广明肯定的是“王倪理解的‘同是’”。实际上，“王倪理解的‘同是’”当与“有以为未始有物者”相应，也即“天”“道”自身。换言之，“天”“道”只能通过“用”来彰显，经由“工夫”来体验，而无法作为论述对象或立论前提，故不宜以“普遍价值”称之。

② 伍非百：《中国古名家言》，中国社会科学出版社，1983年，第693页。

为标准。因“辩”而求“正”，即“自是之是”由“果是”而建构“同是”的内在逻辑。

《齐物论》明确批判了“儒墨之是非”，而儒墨两家恰好都坚信“辩”与“正”的思想能量。“好辩”为孟子之标签，“君子必辩”乃荀子之宣示，《墨子》亦云：

> 辩，争彼也。辩胜，当也。（《经上》）
>
> 夫辩者，将以明是非之分，审治乱之纪，明同异之处，察名实之理，处利害，决嫌疑。（《小取》）
>
> 谓辩无胜，必不当。说在辩。（《经下》）

在墨家看来，“辩”即与彼相争之方法；“辩”之胜利，就是“我”之正确性的确立；“是非”既分，治乱、同异、名实、利害等社会政治问题便可得到纲举目张的解决，此即“正”的过程。故后期墨家明确否认庄子的“辩无胜”之说，而主张“辩”“正”可明辨是非。问题在于，墨家所谓“明辨是非”的根本即“天志”之“义”，此“义”是通过“天—天子—三公—诸侯—大夫—士—庶人”的等级结构逐级向下渗透的，此即墨子所谓“自上正下”：

> 然而正者，无自下正上者，必自上正下。是故庶人不得次己而为正，有士正之；士不得次己而为正，有大夫正之；大夫不得次己而为正，有诸侯正之；诸侯不得次己而为正，有三公正之；三公不得次己而为正，有天子正之；天子不得次己而为政，有天正之。（《墨子·天志下》）

墨家所谓“辩”与“正”，虽然看上去是通过逻辑、理性的方式追求天下之公义，但其落脚点却依然是传统的政治等级与权力结构。与之相比，庄子从来不企图将生命问题置于政治等级与权力结构之中进行强制性、名位化的处理，而是尝试在虚灵的天道境域中予之以一体化、均平化的观照。相较之下，主张“辩无胜”的庄子反而要比墨子更显客观、理性、审慎。

在庄子看来，诸子之“明是非”，以“果是”为辩论之鹄的；百家之“定是非”，以“同是”为取正之标准。关于“果是”，庄子说：

> 是若果是也，则是之异乎不是也亦无辩；然若果然也，则然之异

乎不然也亦无辩。

关于“同是”，庄子说：

吾恶乎知之！

庄子认为，“此是”只能是“此是”，“彼是”只能“彼是”，任何具体的“是”都不能越出“彼—此”之界限而跃升为本质化的“果是”与普遍化的“同是”。或者说，尽管“彼是”“此是”均与“本然之是”有内在关联，但无论“彼是”还是“此是”，都无法永远占据“本然之是”，这就是“本然之是”也即“天道”之本相，也是“彼是莫得其偶，谓之道枢”的另一重意蕴。

从庄子的是非观念来看，如果“自是之是”不能知止于“自”之主体限度与“此”之个体限度，就会背离“彼是之是”的天然分限，违背“尽然之是”的自然均平，从而被主观建构为“果是”与“同是”。当“果是”替代了“彼是之是”，“同是”僭居于“尽然之是”，“自是而非人”的存在态度就会油然而生。更有甚者，“非人”不仅意味着“彼”是错的，更会衍生于同化“彼”的诉求，此即“以己出经式义度，人孰敢不听而化诸”（《应帝王》）的内在逻辑。

在上引“啮缺问乎王倪”章中，啮缺之“四问”隐含着一以贯之的思想逻辑：“子知物之所同是乎”带出的是世界的普遍标准问题；“子知子之所不知邪”带出的是个体的自我理解问题；“然则物无知邪”带出的是外物的可知性问题；啮缺在段末提出的“利害”问题，带出的是至人如何治天下、利天下的问题。面对啮缺的提问，王倪三以“吾恶乎知之”应答之，这一答语首先意味着对啮缺之问题意识的拒绝：一旦接受了啮缺的提问，必会陷入这些问题所衍生出的思考方式与义理脉络之中，这一脉络最终指向的是第四问中的“利害”考量；此外，“吾恶乎知之”还体现了王倪对由“随其成心而师之”而兴起的“以己出经式义度”的同一思维及照临逻辑的反省，以及由之而开出的虚怀敞开与顺物自然。在这些问题之中，“物之所同是”不仅是问题之开端，也是问题之核心，故王倪“尝试言之”之内容，即以“正处—正味—正色”为例，揭示出了以“同是”教化“彼”的本质即“正”。《说文解字》云：“正，是也。从止，一以止。”“同是”必归于“一是”，以“同是”为正，即以“一是”为正，亦使天下同归于一正，同止于一是。《齐物论》所载尧之伐宗、脍、胥敖三国，即欲通过“征伐”的暴力形式正其不正，使天下同归于一统，“所以总一海内而整齐万民也”①。这里的“尧”实际上是“皇极”也即“同是”的最高象征。然而，尧据其政治理念或价值观念而追求之“天下之正”，果然是“天地之正”吗？天下之正，不容有“变”，故万物必须舍弃自己的自然状态而入其樊篱之中；天地之正，谐乎六气之“变”而言，万物在其中可各得其正，自适其适。“天下之正”非“天地之正”，非“自然之正”，故并非究极的存在域与价值域。

儒家与墨家相信“果是”与“同是”的思想能量，也都有在政治层面“一同天下”“一天下”之追求。与之不同，庄子不仅质疑了“果是—同是”的合理性，更对确立“果是—同是”的方法——“辩”与“正”进行了批判。在此意义上，庄子的确“并不承认有一个普遍的东西，一种普遍的生活态度，或者一种普遍的哲学”②。

第四节　“因是”与“寓诸庸”

以“是”之三义与“知”之四境的分疏为基础，庄子肯定了“尽然之是—彼是之是—自是之是”的整全存在图景，批判了因“自是之是”而生的“果是—同是”追求，那么，他欲抵达的究竟是何种存在方式与生命态度？答案蕴含在“因是”一词之中。

一、“因是”辨义

在《齐物论》中，“因是”有如下用例：

> 虽然，方生方死，方死方生；方可方不可，方不可方可；因是因非，因非因是。是以圣人不由而照之于天，亦因是也。
>
> 其分也，成也；其成也，毁也。凡物无成与毁，复通为一。唯达者知通为一，为是不用而寓诸庸。庸也者，用也；用也者，通也；通也者，得也；适得而几矣。因是已。已而不知其然谓之道。劳神明为一而不知其同也，谓之朝三。何谓朝三？狙公赋芧，曰：“朝三而暮四。”众狙皆怒。曰：“然则朝四而暮三。”众狙皆悦。名实未亏，而喜怒为用，亦因是也。是以圣人和之以是非而休乎天钧，是之谓两行。

① 司马迁撰：《史记》，中华书局，1959年，第1158页。

② 王博：《庄子哲学》，北京大学出版社，2020年，第78页。

> 天下莫大于秋豪之末，而大山为小；莫寿乎殇子，而彭祖为夭。天地与我并生，而万物与我为一。既已为一矣，且得有言乎？既已谓之一矣，且得无言乎？一与言为二，二与一为三。自此以往，巧历不能得，而况其凡乎！故自无适有以至于三，而况自有适有乎！无适焉，因是已。

“因是”在《齐物论》中共出现了六次，看上去的确并非只是“仅为便利行文的语法缩略词”或“空洞的语法辞令”，而是一个重要的思想观念。[①] 林云铭甚至认为，“‘因是’两字，是《齐物论》本旨，通篇俱发此义”[②]，将“因是”的理论价值推向了极致。牟宗三也说：“‘因是’就是顺是，这是《庄子》里面的重要概念，是个专门概念，是专词。道家讲‘因是’，这是道家的精神。”[③]

何谓“因是”？李巍认为“因是”重在说明“一切观察与言说皆为因循特定立场的产物”[④]；葛瑞汉译之为“随境而变的‘是’”（“That's it” which goes by circumstance）[⑤]。前说以“是”为需要因循的主观立场，后说强调“是”取决于变动不居的外在境况，两说各自点明了“因是”义蕴之一端，但无法系统而准确地解释“因是”的主客融合之义。古今学者常将“因是”分为“圣人之因是”与“世人之因是”两类，例如，释德清注“是以圣人不由而照之于天，亦因是也”云：“言圣人不由世人之是非，而独照明于天然之大道，故是为真是，故曰‘亦因是也’。此言圣人之因是，乃照破之真是，不似世人以固执我见为是，而妄以人为非也。”[⑥] 牟宗三也说“因是”有两种：一是“顺着是非相对而讲的”，此以“因是因非，因非因是”“名实未亏，而喜怒为用，亦因是也”之“因是”为代表；二是超越于是非相对的、具有绝对意义的“因是”，也即“因是已，已而

---

① 参见李巍：《立场问题与齐物主旨：被忽视的庄子“因是”说》，《湖北大学学报》（哲学社会科学版）2015 年第 4 期。

② 林云铭：《庄子因》，华东师范大学出版社，2011 年，第 16 页。

③ 牟宗三讲演，卢雪崑整理，杨祖汉校订：《牟宗三先生讲演录（四）：庄子·齐物论》，（新北）东方人文基金会，2019 年，第 101 页。

④ 李巍：《立场问题与齐物主旨：被忽视的庄子“因是”说》，《湖北大学学报》（哲学社会科学版）2015 年第 4 期。

⑤ A. C. Graham, *Chuang-tzŭ: the Inner Chapters*, London: Unwin Hyman Limited, 1989, p.54.

⑥ 释德清：《庄子内篇注》，华东师范大学出版社，2009 年，第 34 页。

不知其然谓之道”“圣人不由而照之于天，亦因是也”之“因是”。① 福永光司认为，“圣人不由而照之于天，亦因是也”之“是”指的是“真正的是，也就是天，即自然”，而“因非因是”的“是”指的是与“非”相对的“是”。② 尽管上述两层划分看到了“因是”的多义性，却无不面临着一个难题：若谓“圣人之因是”是“真正的是”“绝对的是”，“世人之因是”就是有待涤除的虚假俗见，两者旋即落入了“是非之辨”之窠臼，而与“和之以是非”的齐物精神难以契合。

实际上，既然《齐物论》之“是”有“自是之是”“彼是之是”“尽然之是”三义，“因是”理应也会有三种内涵——“因自是之是”“因彼是之是”“因尽然之是”。而且，既然“自是之是”“彼是之是”“尽然之是”都是值得肯定的存在图景，三种“因是”便都有其正面价值与积极意义。在释德清等人的两层“因是”理解中，“圣人之因是”与“因尽然之是”相应，“世人之因是”与“因自是之是”相应，唯独遗漏了居于其间的“因彼是之是”。正由于“因彼是之是”这一居间视域的阙如，释德清等人的两种“因是”才最终陷入真俗之别、是非之辨而无法有效弥合、融通。

通过“因是”三义，可对六次“因是”进行如下解读。

首先，“因是因非，因非因是”之两处“因是”即“因自是之是”。“因自是之是”意味着按照“我”理解、认可的观念去做，这是常人皆具的世俗、基础的存在方式；在此意义上，“因自是之是”就是“随其成心”。然而，这种存在态度只有在“我”的范围内才是成立的，一旦面对同样持守其“自是之是”的异己他者，“我之自是”与“彼之自是”就容易陷入彼此对立、相互否定之境，这样，“彼”之“因彼之自是”在“我”眼里就是“因非”，“我”之“因我之自是”在“彼”眼里也是“因非”。可见，一旦将主体性的“因自是之是”泛化为对待他者的态度与方式，便会陷入是非对立、彼此争斗的生存境地；在“因非”的境况中，“彼”“我”之“因自是之是”均无法实现。尽管“因自是之是”是一种基础性存在态度，但由之奠基的生存方式只会在相互对立中颠覆自身。

其次，“名实未亏，而喜怒为用，亦因是也”之“因是”，释德清云：“狙之所执己见，以朝四为必是，故不核其实，而但喜其名耳。此皆不能忘是非者，如夷、齐之类是也。”③ 牟宗三说：“这个‘因是’就是是非相

---

① 参见牟宗三讲演，卢雪崑整理，杨祖汉校订：《牟宗三先生讲演录（四）：庄子·齐物论》，（新北）东方人文基金会，2019 年，第 105 页。

② 参见［日］福永光司：《庄子内篇读本》，王梦蕾译，北京联合出版公司，2019 年，第 44—45 页。

③ 释德清：《庄子内篇注》，华东师范大学出版社，2009 年，第 38 页。

对的层次上的。"[1] 在释德清、牟宗三那里，此处"因是"当为众狙的"因自是之是"。问题在于，尽管众狙的确有"因自是之是"之倾向，"喜怒为用"也指众狙之情绪变换，但"名实未亏而喜怒为用"分明是由狙公的主体行动而引发的事件效应——狙公通过调整喂养方案使众狙由怒转喜。因此，这里的"因是"应解为狙公的"因彼是之是"，而非众狙的"因自是之是"。狙公开始提出的"朝三而暮四"方案实际上是"因狙公之自是之是"，但这种方案与众狙之"自是之是"并不合拍，故"众狙皆怒"；意识到这一点后，狙公立刻做出调整，不再以"狙公之自是之是"主导行动，而通过"因众狙之自是之是"引导实践，故"众狙皆悦"。就"狙公"这一主体而言，"因众狙之自是之是"就是"因彼是之是"。在此意义上，"因彼是之是"意味着行动主体对行动对象之"自是之是"的理解与尊重。当然，狙公的"因彼是之是"不仅满足了众狙"因自是之是"，也在更高的程度上符合他自身的"自是之是"。此外，庖丁解牛所谓"因其固然"（《养生主》）就是这种类型的"因是"："固然"即"物固有所然"之"彼是之是"，"因其固然"即"因牛之是""因彼是之是"。显然，狙公赋芧、庖丁解牛均为"因彼是之是"之实践活动，但这一事件活动仅限于"解牛""赋芧"等具体事件，无法抵达"因尽然之是"之至境。

最后，"圣人不由而照之于天，亦因是也""因是已，已而不知其然谓之道"及"无适焉，因是已"之"因是"，均可理解为"因尽然之是"。显然，"因尽然之是"仅是"道"之特质或"圣人"之境界，但此特质与境界不与"因彼是之是""因自是之是"矛盾或对立：其一，"因尽然之是"是通过"因彼是之是"的方式践行出来的，只不过超越了狙公、庖丁的一事之限制、一技之范围，而有"以应无穷""周尽一体"之普遍效应；其二，"因尽然之是"以让万物实现其自身的"因自是之是"为依归，这种作为理想状态的"因自是之是"异于作为自然情态的"因自是之是"，从而在更本源的层面上确立了"自是之是"的至高价值。如果说孤立的"因自是之是"不过是一种作为自然状态的"自取"，"因尽然之是"境域中的"因自是之是"就是作为自由状态的"咸其自取"。

可见，"因彼是之是"与"因尽然之是"都是主体的应物态度与待物方式："因彼是之是"即"和之以天倪"，以尊重存在者的个性与多元为要；"因尽然之是"即"休乎天钧"，以守护存在者的一体与共在为归。唯

---

① 参见牟宗三讲演，卢雪崑整理，杨祖汉校订：《牟宗三先生讲演录（四）：庄子·齐物论》，（新北）东方人文基金会，2019年，第105页。

有在“和之以天倪—休乎天钧”的存在视域中，万物才能“咸其自取—自适其适”，人才能在尊重其他个体、通达存在一体中完善其生命主体，这样，“因自是之是”就从自然的存在方式转化成了自由的存在方式。在此意义上，“‘因是’就是庄子提出的人生自由之道，因而也是他以道应物的处世之方”①。

二、“寓诸庸”辨义

与“因是”相辅，庄子还提出了“寓诸庸”这一观念：

> 唯达者知通为一，为是不用而寓诸庸。庸也者，用也；用也者，通也；通也者，得也；适得而几矣。因是已。已而不知其然谓之道。
>
> 是故滑疑之耀，圣人之所图也。为是不用而寓诸庸，此之谓以明。

通过“为是不用而寓诸庸”“庸也者，用也”来看，尽管“寓诸庸”以“不用”为归，但它不管在起点处还是归宿处，都是与“用”相关的议题。庄子反思的是“有用之用”，祈向的是“无用之用”（即“庸”）。如何摆脱“有用之用”之功利性思维的束制，而让万物在“无用之用”中安立自身（即“寓诸庸”），构成了庄子齐物思想的内在考量。

徐复观说：“从观念上说，是‘因是’；从生活上说，是‘寓诸庸’。”②以“因是”为“观念”，以“寓诸庸”为“生活”，徐先生认为两者有“知—行”之别。实际上，庄子关于“是”的讨论才是“观念”，“因是”与“寓诸庸”均与生活、行动相关：“因是”是行动主体面向行动对象的应物精神与实践方式，“寓诸庸”意味着行动双方之“庸—用”的开显与实现——行动对象之“庸—用”即“彼是之是”，行动主体之“庸—用”即“自是之是”。在此意义上，“庸”即“是”之呈现或实现，“寓诸庸”即让万物在寄寓于“无用之用”之境实现其“是”。

在庄子那里，“有用之用”是面对他者、外物的一种常见的待人接物方式，但并非合理的待人接物方式，因为，这种待人接物方式以支配他者、占有外物为诉求，而不以“人成其人，物成其物”为旨归。《齐物论》云：“其分也，成也；其成也，毁也。”“分”是抵达“成”也即世俗之“用”的关键。在《庄子》书中，“剖”“剥”“斩”“伐”“割”等语汇均为

① 陈清春：《六合内外：庄子内篇道论研究》，科学出版社，2012年，第143页。

② 徐复观：《庄子人性论史·先秦篇》，九州出版社，2013年，第368页。

这种剥离性行为方式的体现：

> 剖之以为瓢。（《逍遥游》）
>
> 实熟则剥。（《人间世》）
>
> 宋有荆氏者，宜楸、柏、桑。其拱把而上者，求狙猴之杙者斩之；三围四围，求高名之丽者斩之；七围八围，贵人富商之家求樿傍者斩之。（《人间世》）
>
> 桂可食，故伐之；漆可用，故割之。（《人间世》）

“剖”“剥”“斩”“伐”“割”都是将“物”从其“朴”之中分离、割裂出来的行为，这种“人为之分”显然不是天倪之“自然之分”。“自然之分”与天钧之朴境不离不异，“人为之分”则将“物”带离出了天钧之朴境。这种分离使得自在之物或者像果实那样被消耗，或者转制为瓢等人为之器，通过对外物的索取与占有，人满足了自身的欲望与需求，这就是所谓“其分也，成也”。然而，被消耗或转制的自在之物面临的却是“不终其天年而中道夭”“未终其天年而中道已夭于斧斤”的后果，如果说“天年”即“物”之自在状态，“不终其天年”就意味着“物”之自在状态的湮灭，此即“其成也，毁也”。

不妨看一个具体的例子。《逍遥游》载：

> 惠子谓庄子曰：“魏王贻我大瓠之种，我树之成而实五石，以盛水浆，其坚不能自举也。剖之以为瓢，则瓠落无所容。非不呺然大也，吾为其无用而掊之。”庄子曰：“夫子固拙于用大矣。……今子有五石之瓠，何不虑以为大樽而浮乎江湖，而忧其瓠落无所容？则夫子犹有蓬之心也夫！”

通过“历物十事”来看，惠子在思辨层面堪称灵活变通、宛转无穷，但这种高明的智慧却无法落实为“顺物自然”“与物为春”的应物态度。惠施“蓬心”的思考脉络是：开口的葫芦可用来盛水，大瓠盛水则“其坚不能自举”；剖开的葫芦可以作为瓢，瓠大瓢亦大，导致无处落瓢；既然大瓠既不能以壶为用，又无法以瓢为用，故大瓠“无用”；“无用”之大瓠毫无存在之必要，故可毁而弃之。赖锡三认为，惠施的“蓬心”无法理解的是，“水不只可以装在葫芦里面，水也可以装在葫芦外面”；大瓠不只是被制作成水壶、剖解为瓢之后才能用，完整的大瓠亦有其用。[①] 可见，在惠施那里，壶与瓢是“瓠”的定然之“用”，这种“因自是之是”的观念左右着他对“瓠”的态度：可以制作成壶或瓢的“瓠”为“是”，无法做成壶或瓢的“大瓠”为“非”。如果放下“因自是之是”的逻辑，采取“因彼是之是—因尽然之是”的态度，就可以因顺“大瓠”而开显其本然之“用”——“虑以为大樽而浮乎江湖”。将大瓠“结缀”为大樽，是在守护大瓠之“整全性—本朴性”的基础上生发出的“用”，完全异于将大瓠制作为壶或剖解为瓢，这种“因彼是之是—因尽然之是”的应物方式，就是“为是不用而寓诸庸”。“为是不用”即不用“为是”，也即不“因自是之是”，从“因自是之是”开出的“用”意味着人以其“自是之是”否定或改造物之“自是之是”，“不用”就是这一否定或改造行为的“知止”；这种“知止”使物变得“无所可用”或“无用”，但正是在“无用”的敞开之境中，人才能在“浮乎江湖”的恬淡心境中“因彼是之是—因尽然之是”，物也才能得其“自适之适”，这就是由“因是”之应物态度而开出的“寓诸庸”之实践方式。

再举两例，以示“因是—寓诸庸”之妙用。其一，《达生》载吕梁丈夫之蹈水，其要在于“与齐俱入，与汩俱出，从水之道而不为私焉”：“从水之道”即“因水之是”，“不为私”即不“因自是之是”。“因水之是”方能随顺水势变化而沉浮，故吕梁丈夫可在他人不能游处自在浮游。“吾生于陵而安于陵，故也；长于水而安于水，性也；不知吾所以然而然，命也”之中的“安故—安性—安命”即吕梁丈夫之“是”的安顿与实现。其二，《达生》又载：“工倕旋而盖规矩，指与物化而不以心稽，故其灵台一而不桎。”“指与物化”即“因彼是之是”，“不以心稽”即不“因自是之是”。工倕之所以能徒手画出合乎规矩的圆圈，其要即在不以一己之成心规划、操控之，故有“因物施巧”之“因是”，以及“旋而盖规矩”之“寓诸庸”。

尽管“寓诸庸”可以理解为“寄于用”或“偶于俗”，但其根本精神却与“因是”相关，或者说是“因是”的结果呈现。而且，“庸也者，用也；用也者，通也；通也者，得也”一句说明，“寓庸”是人与物的存在性的“通”之绽放、“得”之实现，与功利性之“用”全然相异。相较而言，儒家反对功利思维的核心方法是摆出与“利”相对的“义”，陈义甚高，却无法摆脱“非此即彼”的是非争辩与二元对立。庄子对功利之

---

① 参见赖锡三：《道家型知识分子论——〈庄子〉的权力批判与文化更新》，（台北）台大出版中心，2013年，第388页。

“用”的反思是基源性的，这种基源性的反思与解决并不制造对立，而是通过“庸”的方式重新肯定“用”，从而为存在状态的通达、意义的敞开提供至极之可能。

三、“莫若以明”

通过上文对“因是”与“寓庸”的讨论，即可再来解释“以明”这一《齐物论》中的另一个核心概念了。《齐物论》载：

> 道恶乎隐而有真伪？言恶乎隐而有是非？道恶乎往而不存？言恶乎存而不可？道隐于小成，言隐于荣华。故有儒墨之是非，以是其所非而非其所是。欲是其所非而非其所是，则莫若以明。
>
> 是亦彼也，彼亦是也。彼亦一是非，此亦一是非，果且有彼是乎哉？果且无彼是乎哉？彼是莫得其偶，谓之道枢。枢始得其环中，以应无穷。是亦一无穷，非亦一无穷也。故曰莫若以明。
>
> 是故滑疑之耀，圣人之所图也。为是不用而寓诸庸，此之谓以明。

学界关于“以明”的理解更是多种多样，兹举其要者如下。

其一，反覆相明、互相印证。郭象注：“今欲是儒墨之所非而非儒墨之所是者，乃欲明无是无非也。欲明无是无非，则莫若还以儒墨反覆相明。反覆相明，则所是者非是而所非者非非矣。”成玄英承之。郭嵩焘云：“莫若以明者，还以彼是之所明，互取以相证也。”① 胡适说：“‘以明’，是以彼明此，以此明彼。”②

其二，以本然之明、明静之心观照。钟泰认为，“明”之义“本老子‘复命曰常，知常曰明’之明”③。王先谦说：“莫若以明者，言莫若即以本然之明照之。”陈鼓应说：“‘以明’是指空灵明觉之心无所偏地去观照。”④

其三，止其不知。方以智云：“以明者，即止其不知者也。”⑤ 又云：“此之谓‘以明’，乃所以‘知止其所不知’也。”⑥ 通过征引王夫之对

---

① 郭庆藩撰：《庄子集释》，中华书局，2013年，第64页。

② 胡适：《中国哲学史大纲》，商务印书馆，2011年，第216页。

③ 钟泰：《庄子发微》，上海古籍出版社，2002年，第38页。

④ 陈鼓应：《庄子的开放心灵与价值重估——庄子新论》，中华书局，2017年，第19页。

⑤ 方以智撰：《药地炮庄》，中华书局，2022年，第89页。

⑥ 方以智撰，庞朴注释：《东西均注释（外一种）》，中华书局，2016年，第495页。

“明”的理解，楼宇烈认为“明”即“智”，“以”通“已”，训“止”，“以明”即《大宗师》所谓“黜聪明”“去智”。① 王钟陵、张和平、劳悦强认可这种说法。

其四，任物自然。吴根友说：“庄子所说的‘以明’的意思，其实即是庄子自己说的‘和之以天倪’、‘休乎天钧’，即任物之自然，让万物自是其是，自可其可。”②

其五，以是明是，以非明非。屠友祥认为，结合“以指喻指之非指，不若以非指喻指之非指”“以马喻马之非马，不若以非马喻马之非马”，“莫若”即“不若”，“明”即“喻”，因此可以简洁明快地释“以明”为“以是明是，以非明非”③。这样说来，“以明”即所谓“然于然，不然于不然”“可乎可，不可乎不可”。

其六，以冥明之。詹康引《越绝书》“明者，去昭昭，就冥冥”、《邓析子·转辞》“视昭昭，知冥冥”、《吕氏春秋·离谓》“冥冥之中有昭焉”、《荀子·劝学》“是故无冥冥之志者，无昭昭之明”等说法，以及《知北游》“昭昭生于冥冥”、《天地》“冥冥之中，独见晓焉”等材料，认为“以明”的意思“乃是混同为冥而不解决之”；而且，“以明”仍然可以意为用明，但用明的意思不是引进更多的光线，照亮问题最棘手的部位，反而是由昭明通向冥冥，去羡知，黜聪明，息神光，玄冥一切，与道冥合。④

其七，莫能以明。任继愈认为，“若”通“乃”，“乃”通“能”，“‘莫若以明’就是‘莫能以明’。庄子以取消回答作为答案，以否认认识作为认识”⑤。

以上七说都反映了庄子思想的某个思想侧面，但哪种才是最可取的呢？结合上引文本材料来看，“以明”是与“是其所非而非其所是”相反的应物态度，同时也是与世俗之“用”相反的行为方式。在前者的意义上，“以明”可释为“因是”，这是屠友祥的思路；在后者的意义上，“以明”则可释为“寓诸庸”。这样，“以明”意味着“因是”与“寓诸庸”之结合，而两者均有“任物自然”之意，这正是吴根友的思路。另外，就

① 参见楼宇烈：《“莫若以明”释——读〈齐物论〉杂记一则》，中国哲学编辑部编：《中国哲学》第七辑，生活·读书·新知三联书店，1982 年。对“以”训“已”，《老子》第三十九章可提供一例证，王弼本“天无以清将恐裂，地无以宁将恐发”，帛书甲、乙本及北大汉简本“无以”均作“毋已”。

② 吴根友：《庄子〈齐物论〉“莫若以明”合解》，《哲学研究》2013 年第 5 期。

③ 屠友祥：《言境释四章》(修订本)，上海古籍出版社，2011 年，第 178 页。

④ 参见詹康：《争论中的庄子主体论》，(台北)台湾学生书局，2014 年，第 465—470 页。

⑤ 任继愈：《释〈庄子·齐物论〉篇的以明》，《文汇报》1962 年 9 月 6 日。

《齐物论》中与“光亮”相关之视觉语词相关的一些材料来看，“以明”之“明”与“非所明而明之，故以坚白之昧终”之“昧”相对，亦与“人之生也，固若是芒乎？其我独芒，而人亦有不芒者乎”之“芒”相对。就此而言，“以明”还意味着对“芒—昧”之生存状态的某种克服，故庄子云：“是以圣人不由而照之于天，亦因是也。”“以明”即“照之于天”。当然，“照之于天”之“照”，并非“十日并出，万物皆照”之“照”，实质上是“冥冥”之天道境域的自然敞开，这正是詹康的说法。

总之，“以明”乃“因是”与“寓诸庸”之统合：“因是”，故可在应物态度层面消解“随其成心而师之”之“自是—果是—同是”，“欲是其所非而非其所是，则莫若以明”之“以明”偏于此义；“寓诸庸”，故可在“因是”之应物态度的指引下开显出“成物”之理想现实，“枢始得其环中，以应无穷。是亦一无穷，非亦一无穷也。故曰莫若以明”之“以明”偏于此义。

《齐物论》中的“是非”问题并非纯粹的逻辑问题、抽象的思想问题，而是与万物的存在、人类的生存等密切相关的价值问题，若将“是非”限定在名辩之学或抽象思理的领域，不仅容易陷入相对主义的认识论困境之中，也会遮蔽庄子之本怀，错失庄子之初意。在“是非”这一触目而显见的概念之外，《齐物论》实际上蕴含着广阔而深微的关于“是”的思考，这些存在论层面的思考才是人们走出“是非之彰”“是非之争”的理据与方法。

《齐物论》中的“是”有“尽然之是”“彼是之是”“自是之是”三种含义，分别从一体、具体与主体的角度肯定了芸芸万物的存在样态，从而勾画出了一幅整全的存在图景。换言之，人的存在是由“自是之是”呈示的主体、“彼是之是”呈示的个体、“尽然之是”呈示的一体三个维度交织而成的，一种完整而理想的存在视域与生活方式应当三体共建，相互融通。就“人”之生存而言，唯有立足于“自是之是”而尊重“彼是之是”，领会“尽然之是”，才能在避免“自是之是”越界使用的同时，确立自主而自适的生存方式——实现“自是之是”，体会“自适其适”，此之谓“咸其自取”。换言之，庄子的齐物观不仅不抹杀个体的多元性、主体的独特性，反而以“咸其自取—自适其适”之自由生活（“逍遥”）为根本关切，在此意义上，齐物即意味着逍遥的自我达成与普遍圆成，此之谓“寓诸庸”。

概而言之，“因是”即“齐物”：“齐”者，因顺、通达之谓也；“物”

者，尽然之是、彼是之是、自是之是之谓也。“因尽然之是”是圣人的齐物至境，这一至境意味着“因彼是之是”与“因自是之是”的普遍实现；“因彼是之是”是一种以相互理解和尊重为根本精神的应物态度，由之既可上达“因尽然之是”，亦可下至“因自是之是”；“因自是之是”是人之所欲、人之所安的自由境界，这一自由境界之所以可能，端赖“因彼是之是”与“因尽然之是”的两行并立。唯有通过“因尽然之是”“因彼是之是”“因自是之是”的因而通之、交互为用，才能全面揭示“齐物”的思想意蕴及其存在关切。换言之，“因自是之是”是存在主体面对自我的生命态度，“因彼是之是”是伦理主体面对异己之他者的态度，“因尽然之是”是政治主体面对异己之民众的政治态度。在庄子看来，只有在理想的“伦理—政治”境域之中，“因自是之是”才能从一种自然而有限的存在方式跃升为自由而本真的存在方式。

第七章 "天籁"：齐物之政治意蕴

近现代以来，学界关于庄子齐物哲学的研究更惯于或乐于强调其生命关切、精神境界、美学情调或神秘体验，如此一来，也便不能充分理解他"岂曾设对独遘而游谈乎方外"① 的理论用心，从而遮蔽了庄子对"方内"世界的烛微照察与深沉关切。比如，那薇说，"在体道之人心境中呈现的统一和特殊，并不是截然对立的逻辑关系，并不是抽掉了万物鲜活生动的'殊性'才得到那种包括一切的统一，而是说当体道之人应合了无形无名之道的呼唤，让道贯通于自己和万物时，既体验了与天地万物为一的快乐，也体验到一散为万物的舒畅"②，完全将"和之以是非而休乎天钧"理解为圣人的精神体验。这种理解固然不错，庄子所谓"圣人"必以"真人"为精神性内核，然而，"和之以天倪而休乎天钧"并不意味着圣人对"道"的孤绝体验，而是在"天钧—天倪"这一"天道"存在视域的基础上尊重多元、融合共在的"应物"话题；所谓"和之"与"休乎"，实际上也可以解读为"因是"与"寓诸庸"的结果呈现。如果仅看到"圣人—道"的独与式冥契，而看不到"圣人与人"以及"人与人"之间的政治伦理关系，也就忽视了齐物的应物指向与成物关怀。

第一节 《齐物论》的政治解读

在《庄子》内篇中，《人间世》的政治批判意味最为明显，《应帝王》的政治建构特征最为清晰。然而，尽管《人间世》与《应帝王》明确体现出了庄子哲学的人间关怀与外王向度，若仅就这两篇材料而叙述庄子的"内圣外王"，在理路上却并不充实饱满。这是因为，《人间世》的政治批

① 郭庆藩撰：《庄子集释》，中华书局，2013 年，郭象《庄子序》第 3 页。

② 那薇：《天籁之音 源自何方——庄子的无心之言与海德格尔的不可说之说》，商务印书馆，2009 年，第 360—361 页。

判多属于现象之表征，《应帝王》的政治建构多属于理想之形式。我们更应该追问的是：庄子之政治批判的内在理路是什么？庄子之政治建构的理论根柢是什么？《齐物论》即隐含着这两个问题的答案。换言之，《应帝王》所谓“顺物自然”“使物自喜”的“明王之治”之所以成立，在理路上端赖“齐物”观念的证成。在此意义上，《齐物论》不仅是庄子哲学的思想渊薮，也是庄子政治哲学的理论宝藏。

“齐物”在何种意义上是政治性的？可从以下三个维度进行说明。

一、“圣人”与政治

通过“文本”来看，《齐物论》所谓“因是”“两行”“寓诸庸”“以明”等均是“圣人”的存在视域：

> 是以圣人不由而照之于天，亦因是也。
>
> 是以圣人和之以是非而休乎天钧，是之谓两行。
>
> 是故滑疑之耀，圣人之所图也。为是不用而寓诸庸，此之谓以明。
>
> 六合之外，圣人存而不论；六合之内，圣人论而不议。春秋经世先王之志，圣人议而不辩。故分也者，有不分也；辩也者，有不辩也。曰：何也？圣人怀之，众人辩之以相示也。
>
> 吾闻诸夫子，圣人不从事于务，不就利，不违害，不喜求，不缘道，无谓有谓，有谓无谓，而游乎尘垢之外。
>
> 众人役役，圣人愚芚，参万岁而一成纯。

“圣人”有两个重要特征。其一，“圣人”与“天”有着系统性的关联，“照之于天”“和之以天倪而休乎天钧”的主语均为“圣人”，这也便意味着，“天倪—天钧”是“圣人”的存在视域，“和之以天倪而休乎天钧”是“圣人”的行道方式。其二，“圣人”与“众人”之间存在本质性差异：众人以“我”的方式在世，故“辩之以相示”而“终身役役而不见其成功”；圣人以“丧我”的方式在世，故“和之以是非”而“游乎尘垢之外”。

关于《庄子》内篇的“圣人”形象，马思劢认为“圣人与王之间的联系是无法确定或不存在的”[①]；然而，结合《齐物论》关于“圣人”的两种讨论，实际上是可以确定“圣人”的应世、应物品格的。所谓“照之于

① 马思劢：《论〈庄子〉中先秦道家圣人的神秘性》，陈鼓应主编：《道家文化研究》第三十一辑，中华书局，2017年，第288页。

天”“和之以是非”之“照”与“和”的对象，正是与圣人在存在品性上有其差异的“众人”与“万物”。可见，作为一种存在视域的“天倪—天钧”，是精神化、境界性的；作为一种行道方式的“和之以天倪而休乎天钧”，是政治化、实践性的。

不妨再看《齐物论》中的“至人”：

> 啮缺问乎王倪曰：“子知物之所同是乎?”曰：“吾恶乎知之!”“子知子之所不知邪?”曰：“吾恶乎知之!”“然则物无知邪?”曰：“吾恶乎知之！虽然，尝试言之。庸讵知吾所谓知之非不知邪？庸讵知吾所谓不知之非知邪？且吾尝试问乎女：民湿寝则腰疾偏死，鳅然乎哉？木处则惴慄恂惧，猨猴然乎哉？三者孰知正处？民食刍豢，麋鹿食荐，蝍蛆甘带，鸱鸦耆鼠，四者孰知正味？猨猵狙以为雌，麋与鹿交，鳅与鱼游。毛嫱丽姬，人之所美也；鱼见之深入，鸟见之高飞，麋鹿见之决骤。四者孰知天下之正色哉？自我观之，仁义之端，是非之涂，樊然殽乱，吾恶能知其辩!”啮缺曰：“子不知利害，则至人固不知利害乎?”王倪曰：“至人神矣！大泽焚而不能热，河汉冱而不能寒，疾雷破山［飘］风振海而不能惊。若然者，乘云气，骑日月，而游乎四海之外。死生无变于己，而况利害之端乎!”

此段问答之结尾处，啮缺所谓“子不知利害，则至人固不知利害乎”，已从质问“王倪”过渡到了烘托“至人”；“至人”之“知利害”，主要就“政治”界域内的利害问题而言。啮缺的最后一问，说明“同是”这一初始问题乃以政治问题为最终指向；王倪“死生无变于已，而况利害之端乎”之回应，与其说消解了啮缺的政治关怀，毋宁说超越了啮缺以“利害”为核心关注的政治关怀。

这段材料的政治意蕴，在《应帝王》之续篇中昭然若揭：

> 啮缺问于王倪，四问而四不知，啮缺因跃而大喜，行以告蒲衣子。蒲衣子曰：“而乃今知之乎？有虞氏不及泰氏。有虞氏，其犹藏仁以要人，亦得人矣，而未始出于非人。泰氏，其卧徐徐，其觉于于；一以己为马，一以已为牛；其知情信，其德甚真，而未始入于非人。”

 蒲衣子的回答毫不拖泥带水，在有虞氏（舜）与泰氏的比照中直奔主题地道出了王倪之“四不知”的政治底蕴，并对由“同是”而抵达的舜之治道与由“道通为一”而达至的泰氏之治道进行了分辨与对比。

二、“是非”与政治

通过《齐物论》中“是非”观念的义理特征来看，在庄子与其他先秦诸子的眼中，“是非”问题的究竟乃一政治议题。“是非”当然关涉真理的标准、知识的结构、语言的运用等问题，可以被归入知识论语境，庄子在这一方面有着充分的论说，相关内容亦构成了《齐物论》的主体部分。然而，先秦诸家“是非之争”的目的，不是通过理性的思考而求索客观的真理，而是反映了诸子在“时之弊”“世之衰”的晦暗背景中对救世之方的积极筹谋，的确可以用“政治论辩学”① 称之。

以《齐物论》最为关注的儒、墨两家为例，《墨子·尚同上》云：

> 古者民始生未有刑政之时，盖其语人异义。是以一人则一义，二人则二义，十人则十义，其人兹众，其所谓义者亦兹众。是以人是其义，以非人之义，故交相非也。是以内者父子兄弟作怨恶，离散不能相和合。天下之百姓，皆以水火毒药相亏害，至有余力不能以相劳，腐朽余财不以相分，隐匿良道不以相教，天下之乱，若禽兽然。夫明乎天下之所以乱者，生于无政长。是故选天下之贤可者，立以为天子。天子立，以其力为未足，又选择天下之贤可者，置立之以为三公。天子三公既以立，以天下为博大，远国异土之民、是非利害之辩，不可一二而明知，故画分万国，立诸侯国君。诸侯国君既已立，以其力为未足，又选择其国之贤可者，置立之以为正长。正长既已具，天子发政于天下之百姓，言曰：“闻善而不善，皆以告其上。上之所是，必皆是之，所非必皆非之，上有过则规谏之，下有善则傍荐之。上同而不下比者，此上之所赏而下之所誉也。意若闻善而不善，不以告其上。上之所是弗能是，上之所非弗能非。上有过弗规谏，下有善弗傍荐。下比不能上同者，此上之所罚而百姓所毁也。”上以此为赏罚，甚明察以审信。

① 参见[比]戴卡琳：《解读〈鹖冠子〉——从论辩学的角度》，杨民译，辽宁教育出版社，2000年，第113—114页。

《荀子·正论》云：

> 故所闻曰：“天下之大隆，是非之封界，分职名象之所起，王制是也。”故凡言议期命，是非以圣王为师。

墨子“尚同”之义，以“上之所是，必皆是之，所非必皆非之”为枢要。荀子所谓“王者之制”，以“是非之封界”为基底，“以圣王为师”说明“圣王”乃判定是非的终极标准。可见，墨子之所以“非儒”，孟子之所以“辟杨墨”，荀子之所以“非十二子”，所争辩之“是非”均与政治层面的考量密切相关。

具体到《齐物论》的“是非”问题，我们不认为庄子完全脱离或超离了这种现实背景与思想关切。也就是说，鉴于“儒墨之争”是为了“务为治”，庄子对儒墨之“是其所非而非其所是”的理论批判便必然内蕴着对儒墨之治道（尤其是儒家）的批判与扬弃，这在《庄子》的文本中有着相当清楚的表达：

> 意而子见许由。许由曰：“尧何以资汝？”意而子曰：“尧谓我：‘汝必躬服仁义，而明言是非。’”许由曰：“而奚为来轵？夫尧既已黥汝以仁义，而劓汝以是非矣，汝将何以游夫遥荡恣睢转徙之涂乎？”（《大宗师》）
>
> 蒲衣子曰：“而乃今知之乎？有虞氏不及泰氏。有虞氏，其犹藏仁以要人，亦得人矣，而未始出于非人。泰氏，其卧徐徐，其觉于于；一以己为马，一以己为牛；其知情信，其德甚真，而未始入于非人。”（《应帝王》）

“是非”构成了尧舜所奉行的政治运作方式的核心理念。在儒家的政治图景中，“是非”必须得到明确的说述，才能佐证仁义价值的真确性；“非人”即“以人为非”，蕴含着“以己为是”的价值自信以及“强人以从己”的行动诉求。可见，“是非”以及与之相关的知识、语言、论辩等活动均与治道相关，庄子对“是非”问题的关注即意味着他对尧舜所代表的儒家治道的反思，以及对以儒家为代表的先秦诸子之治道的反思。庄子之所以试图从根本上泯除“是非之争”的合理性或正当性，在于樊然淆乱的“仁义之端，是非之涂”是世道丧乱的根本缘由，或者说流行于世的“明言是非”的治理方式是天下沉浊的直接原因。无论是从思想背景还是理论指向来看，均可谓作为“齐是非”的“齐物”与政治有着天然而内在的关联。

宋刚说：“庄子在对知识的分析当中，着力揭示知识内在的运作方式，试图阐明知识在服务于权力之必然矛盾的发生机制；他那些字面上看是属于知识论的陈述，一旦放回这一特定的知识背景中，便同样呈现出批判的内涵。真理的标准、认知的局限以及知识的价值等问题，都参与了他对权力的批判。”① 庄子“齐是非”最终指向的依然是诸子所究心的“治道”问题。鉴于“齐物”是庄子处理“是非”问题的理论根据与目的，此一观念自然也有浓厚的政治性。

三、“经国莫如《齐物论》”

通过庄学史的诠释脉络来看，庄子“齐物”观念的政治意蕴亦为后世学者所关注并阐发。着意于将庄学解读为“涉俗盖世之谈”“游外冥内之道”的郭象既已对《齐物论》的很多文本进行了政治化的解读，其注“若是而不可谓成乎？物与我无成也”曰：

> 故圣人不显此以耀彼，不舍己而逐物，从而任之，各冥其所能，故曲成而不遗也。②

注“是故滑疑之耀，圣人之所图也。为是不用而寓诸庸，此之谓以明”曰：

> 夫圣人无我者也。故滑疑之耀，则图而域之；恢恑憰怪，则通而一之；使群异各安其所安，众人不失其所是，则己不用于物，而万物之用用矣。③

“曲成而不遗”“使群异各安其所安”即郭象通过对“物与我无成”“不用而寓诸庸”的诠释而阐发的政治理想。“曲成而不遗”取自《周易·系辞上》之“曲成万物而不遗”，直观体现了郭象调和儒道、摄道归儒的思想取向。因此，郭象在其注文中致力于扭转庄子对尧、舜、孔子等儒家圣人的显白批判。可惜的是，这种隐微解读恰恰弱化或歪曲了庄子政治哲学的真正品质。

---

① 宋刚：《庄子之怒——试论古代中国一种权力批判》，（台北）《中国文哲研究通讯》2012 年第 4 期。

② 郭庆藩撰：《庄子集释》，中华书局，2013 年，第 76 页。

③ 郭庆藩撰：《庄子集释》，中华书局，2013 年，第 76 页。

真正将庄子独具一格的“齐物”之政治理趣发扬光大的哲人，非近代之章太炎莫属①。章太炎的《齐物论释》以唯识学对《齐物论》进行了佛理重构，不仅以唯识学概念与《齐物论》的核心概念进行了深入的“格义”（比如以“真如”与“齐物”格义，以“阿赖耶识”与“真宰”格义等），“既将庄学提升到佛学出世间法之高度，又始终强调庄学是以出世间之精神对世间进行观照和拯救，庄学因此而成为兼世间出世间两全之法”②，“内存寂照，外利有情”，有力回应了彼时西方文明与时代思潮的挑战。在章太炎看来，庄子乃“方内之圣哲”③，《齐物论》为“内外之鸿宝”④，并由之发明了一种崭新的齐物义理——“齐文野”。所谓“文”，即尧所代表的德化文教；所谓“野”，即宗、脍、胥敖所代表的朴野不文。尧对这三个小国的攻伐意味着“文明/进步”对“野蛮/落后”的粗暴摧毁。章太炎认为，“世情不齐，文野异尚，亦各安其贯利，无所慕往”⑤，尊重弱者的政治状况与生活方式方为更文明的做法。如欲避免假借“使彼野人，获与文化”的“高义”而行侵略兼并之实，就应承认风纪万殊，政教各异，文野异尚。

梁启超说，“炳麟用佛学解老庄，极有理致。所著《齐物论释》，虽间有牵合处，然确能为研究‘庄子哲学’者开一新国土”⑥，强调的是章太炎的“以佛解庄”。实际上，《齐物论释》更着意于凸显“齐物”的“方内”特征和“外王”指向，以佐证“经国莫如《齐物论》”⑦、“齐物者，一往平等之谈”⑧ 等石破天惊之断语。王汎森认为，对于章太炎而言，“齐物可说是他的社会政治思想之最后定论。它坚持每一个体都可以拥有自己的一个标准，不必受任何首出群伦的标准所笼制，世界文化亦不必求其大同，而人类文化最可贵处也正是在每个文化之间各有着独特性，最重要的不是去寻求统一，而是对相互间的差异抱同情的理解”⑨。章太炎实际上为“齐物”思想开辟了两块“新国土”：一是以唯识学解齐物之理，

① 鉴于章太炎在《齐物论释》中以佛学、平等、科学注解庄子，陈少明喻之为庄子之“新形象的设计师”。参见陈少明：《启蒙视野中的庄子》，《中山大学学报》（社会科学版）2016 年第 2 期。

② 李智福：《内圣外王：郭子玄王船山章太炎三家庄子学勘会》，中国社会科学出版社，2019 年，第 313 页。

③ 章太炎撰，庞俊、郭诚永疏证：《国故论衡疏证》，中华书局，2008 年，第 566 页。

④ 章太炎：《菿汉三言》，上海书店出版社，2011 年，第 27 页。

⑤ 章太炎：《齐物论释定本》，《章太炎全集》（六），上海人民出版社，1986 年，第 100 页。

⑥ 梁启超：《清代学术概论》，东方出版社，1996 年，第 86—87 页。

⑦ 章太炎撰，庞俊、郭诚永疏证：《国故论衡疏证》，中华书局，2008 年，第 475 页。

⑧ 章太炎：《齐物论释定本》，《章太炎全集》（六），上海人民出版社，1986 年，第 61 页。

⑨ 王汎森：《章太炎的思想——兼论其对儒学传统的冲击》，上海人民出版社，2018 年，第 216 页。

二是以齐文野释齐物之义。前者是学理性的，后者是政治性的。可惜的是，由于他的学理性解读过于炫目而深涩，其政治性解读的开创性价值也便隐藏在这种光耀之后的暗影里了①。

第二节　“十日并出”辨

章太炎关于《齐物论》之政治意涵的阐发，主要依据的是“辞旨渊博，含藏众宜”而又“精入单微，还以致用”② 的“故昔者尧问于舜”章：

> 故昔者尧问于舜曰：“我欲伐宗、脍、胥敖，南面而不释然。其故何也？”舜曰：“夫三子者，犹存乎蓬艾之间。若不释然，何哉！昔者十日并出，万物皆照，而况德之进乎日者乎！”

尽管古籍对“五帝”之构成的说法并不一致，但大都将尧、舜视为辉煌的“五帝时代”的最后两位圣王。③ 据《尚书》《论语》《孟子》《唐虞之道》等典籍的相关描述，尧、舜堪称儒家思想谱系中往古圣王的集大成者或曰至高典范：尧、舜既意味着黄金时代的终结，也呈现着那个时代的圣人所可能具备的最完美的政治德性。《尚书·尧典》载：

> 曰若稽古，帝尧，曰放勋，钦明文思安安，允恭克让，光被四表，格于上下。克明俊德，以亲九族。九族既睦，平章百姓。百姓昭明，协和万邦。黎民於变时雍。
>
> 帝曰：“咨！四岳。朕在位七十载，汝能庸命，巽朕位？”岳曰：“否德忝帝位。”曰：“明明扬侧陋。”师锡帝曰：“有鳏在下，曰虞舜。”帝曰：“俞，予闻，如何？”岳曰：“瞽子，父顽，母嚚，象傲，克谐以孝，烝烝乂，不格奸。”帝曰：“我其试哉！女于时，观厥刑于

---

① 章太炎更关注“齐物”对国际政治交往原则的参考价值。近年来，陈鼓应也有多篇文章阐述“齐物精神”对“多元文明”与“异质对话”的启发意义。参见陈鼓应：《道家的人文精神》，中华书局，2015 年，第 94—111、178—197 页。与之不同，本书所欲探讨的是“齐物”对治国的启示。

② 章太炎：《齐物论释定本》，《章太炎全集》（六），上海人民出版社，1986 年，第 101、64 页。

③ 刘起釪从古文献中概括出了关于“五帝”的六种不同排列组合，仅有一种尧、舜未列其中。参见刘起釪：《古史续辨》，中国社会科学出版社，1991 年，第 97—106 页。

二女。”厘降二女于妫汭，嫔于虞。帝曰：“钦哉！”

在《尚书》的记载中，尧的政治德性体现为两个方面：一是作为权力运作方式的德教，即“克明俊德，以亲九族。九族既睦，平章百姓。百姓昭明，协和万邦”这一“修齐治平”的过程；二是作为权力转移方式的禅让，即在暮年传贤不传子，体现出了“天下为公”的高明与博大。

《庄子》内篇对尧的批判正从德教与禅让两方面展开：

意而子见许由。许由曰：“尧何以资汝？”意而子曰：“尧谓我：‘汝必躬服仁义而明言是非。’”许由曰：“而奚为来轵？夫尧既已黥汝以仁义，而劓汝以是非矣，汝将何以游夫遥荡恣睢转徙之涂乎？”（《大宗师》）

尧让天下于许由，曰：“日月出矣而爝火不息，其于光也，不亦难乎！时雨降矣而犹浸灌，其于泽也，不亦劳乎！夫子立而天下治，而我犹尸之，吾自视缺然。请致天下。”许由曰：“子治天下，天下既已治也。而我犹代子，吾将为名乎？名者，实之宾也，吾将为宾乎？鹪鹩巢于深林，不过一枝；偃鼠饮河，不过满腹。归休乎君！予无所用天下为。庖人虽不治庖，尸祝不越樽俎而代之矣。”（《逍遥游》）

第一段材料批判了尧“躬服仁义”的德教之悖谬，第二段材料揭露的是尧禅让之荒诞[1]。庄子敏锐而精准地触探到了儒家从尧身上提炼或重构出来的核心特征，并试图予之以某种还原。

《齐物论》中的“故昔者尧问于舜”章是与德教相关的讨论，王叔岷即认为其目的在于“证重德化而不重讨伐之义”[2]。然而，或许是庄子“以寓言为广”的写作笔法所致，历代解庄者对该章文义的理解颇为歧杂，对“十日并出，万物皆照”的释读更是疑谳难定。尧之“不释然”与舜之回应究竟是证成了儒家圣人的德化，还是庄子通过对讨伐的凸显而进行的反讽式展演呢？

所谓“宗、脍、胥敖”，至少有三种可能的解释：其一，成玄英认为“是尧时小蕃三国号也”[3]，应是从“存乎蓬艾之间”引申而来；其二，马

① 《庄子·外物》亦载：“尧与许由天下，许由逃之；汤与务光，务光怒之，纪他闻之，帅弟子而踆于窾水，诸侯吊之，三年，申徒狄因以踣河。”

② 王叔岷撰：《庄子校诠》，中华书局，2007年，第79页。

③ 郭庆藩撰：《庄子集释》，中华书局，2013年，第85页。

叙伦认为“此文伐宗，即放讙兜。伐脍者，流共工也。伐胥敖者，投三苗也”①，比附的是《尚书·尧典》的内容；其三，林希逸说“宗、脍、胥敖之事，无经见，亦寓言耳”②，视之为庄子之杜撰。三说之中，材料的阙如使得马叙伦的比附对应难以落实，林希逸的虚化处理不无为尧舜洗白的倾向，故成玄英的说法相对来说更可取。虽然宗、脍、胥敖三国的历史早已湮没，但对本身即由各种传说构成的尧舜时代来说，“有经见”自然可能为真，“无经见”却也并非一定是假。也就是说，尧对三国的攻伐不能被简单视为庄子的向壁虚构，它反而可能体现着历史的某种真实，或者说被正史刻意忽略的某种真实。

如果说《尚书·舜典》所载之“流共工于幽州，放驩兜于崇山，窜三苗于三危，殛鲧于羽山，四罪而天下咸服”尚属师出有名，是对大逆不道之“四罪”的流放与刑戮，尧对“存乎蓬艾之间”的宗、脍、胥敖的攻伐，则很难说有这种道义支撑，否则，尧心下就不会如此忸怩不安了。对于尧攻伐三国的原因，成玄英说：“三国贡赋既愆，所以应须问罪。”③ 恐为“欲加之罪，何患无辞”之说。成玄英还说：“尧攻丛支，禹攻有扈，成汤灭夏，周武伐殷，并上合天时，下符人事。”④ 亦为文饰之论。

与成玄英的“强为之容”相比，范耕研的推测更显合理：

> 尧之伐国，以文压野，然心知其非，故师行之顷，为之不怡也。⑤

从尧“南面而不释然”的忸怩之情来看，宗、脍、胥敖三国都很可能是“无辜”的。鉴于“蓬艾之间”的说法透露出鲜明的“野”也即荒蛮之意味，尧攻伐三国的理由，或许正是它们文化朴野、文明落后甚至不服管束，而欲主动往教之。退一步讲，即便三国果如成玄英所说是有“罪”的，尧之“不释然”也透露出攻伐这种“以力服人”的方式是对“以德服人”之德教的实质性背离，并非一个圣王所宜采取的正当方式⑥。目的的

① 马叙伦：《庄子义证　庄子天下篇述义》，浙江古籍出版社，2019 年，第 82 页。

② 林希逸著，周启成校注：《庄子鬳斋口义校注》，中华书局，1997 年，第 37 页。

③ 郭庆藩撰：《庄子集释》，中华书局，2013 年，第 85 页。

④ 郭庆藩撰：《庄子集释》，中华书局，2013 年，第 212 页。

⑤ 范耕研：《庄子诂义全稿》，（台北）文史哲出版社，1998 年，第 33 页。

⑥ 张守节《史记正义》引《龙鱼河图》云：“万民欲令黄帝行天子事，黄帝以仁义不能禁止蚩尤，乃仰天而叹。”（司马迁撰：《史记》，中华书局，1959 年，第 4 页）黄帝之“仰天而叹”与尧之“南面而不释然”，可谓异曲同工。

正义并不能完全掩盖手段的不义，这与汤武革命在后世引发的争论倒有异曲同工之处。

《庄子·在宥》云："尧于是放讙兜于崇山，投三苗于三峗，流共工于幽都，此不胜天下也夫！"在庄子后学那里，尧发动的所有讨伐与战争甚至均为"不胜天下"也即《古本竹书纪年》所谓"德衰"的体现①。

《徐无鬼》载：

> 啮缺遇许由，曰："子将奚之？"曰："将逃尧。"曰："奚谓邪？"曰："夫尧，畜畜然仁，吾恐其为天下笑。后世其人与人相食与！夫民，不难聚也；爱之则亲，利之则至，誉之则劝，致其所恶则散。爱利出乎仁义，捐仁义者寡，利仁义者众。夫仁义之行，唯且无诚，且假乎禽贪者器。是以一人之断制利天下，譬之犹一瞥也。夫尧知贤人之利天下也，而不知其贼天下也，夫唯外乎贤者知之矣。"

尧虽然表面上"畜畜然仁"，有恤爱勤劳之貌，但却为后世埋下了大乱的种子，仁义的功利化、工具化不可避免，此即所谓"夫仁义之行，唯且无诚，且假乎禽贪者器"。通过"故昔者尧问于舜"章来看，尧之仁义之道的负面效果，已然开始萌生并有"贼天下"的实际表现了。

尧之攻伐无法完全通达德教，就会显得别有用心，《人间世》载：

> 且昔者桀杀关龙逢，纣杀王子比干，是皆修其身以下伛拊人之民，以下拂其上者也，故其君因其修以挤之。是好名者也。昔者尧攻丛枝、胥敖，禹攻有扈，国为虚厉，身为刑戮，其用兵不止，其求实无已。是皆求名实者也。而独不闻之乎？名实者，圣人之所不能胜也，而况若乎！

这里的"尧攻丛枝、胥敖，禹攻有扈"与"故昔者尧问于舜"章的记载形成了互文关系。对于"其用兵不止，其求实无已"一句，郭象云："夫暴君非徒求恣其欲，复乃求名，但所求者非其道耳。"② 成玄英曰："言此三国之君，悉皆无道，好起兵戈，征伐他国。岂唯贪求实利，亦乃规觅虚

---

① 《古本竹书纪年》载："尧之末年，德衰，为舜所囚。"（范祥雍编：《古本竹书纪年辑校订补》，上海人民出版社，1957年，第6页）

② 郭庆藩撰：《庄子集释》，中华书局，2013年，第131页。

名，遂使境土丘虚，人民绝灭，身遭刑戮，宗庙颠殒。”① 郭象、成玄英均将“其用兵不止，其求实无已”之“其”释为了丛枝、胥敖、有扈的国君。果若如此，就是丛枝、胥敖、有扈等国的国君为了追逐利益而主动惹起了战争，诚属不得不讨伐的有罪之人了。如果理由的确如此充足，尧何以“不释然”？而且，这种读法没有顾及这段话的语境：此文首先批判了关龙逢、比干之“好名”，然后抨击了尧、禹之“求实”，最后总结说名、实是关龙逢、比干、尧、禹等“圣人”都无法妥当处理的。如果“求实”的不是尧、禹，而是丛枝、胥敖、有扈的国君，他们怎么会被称为“圣人”？或许是郭象深文周纳之注文的影响太大，又契合了后世学者不忍污蔑圣人光辉形象的心意，才导致了很多学者既不尊重文义，又背离庄子“剽剥儒墨”的基本取向，而将庄子哲学与儒家思想同质化了。

《吕氏春秋》《说苑》也都记载了“禹攻有扈”之事：

> 禹攻曹魏、屈骜、有扈，以行其教。（《吕氏春秋·召类》）②
>
> 昔禹与有扈氏战，三陈而不服，禹于是修教一年，而有扈氏请服。（《说苑·政理》）③

按照《吕氏春秋》的说法，禹攻打有扈的目的的确是“行教”，也即推行其德教，以实现“荣且利”的效果；但根据《说苑》来看，禹一开始采取的也是军事方式，结果久攻不下，于是便主动调整策略，通过“修教一年”这种“远人不服，则修文德以来之”（《论语·季氏》）的方式，使得有扈氏主动请服。可见，儒家实质上也的确是倾向于德教而非攻伐的。在庄子看来，既然尧、舜、禹对小国的攻伐无法服务于德教之目的，以“人文”为单一本性、以“文化”为本质认同的尧就难免会陷入“用兵不止”的暴虐以及“求实无已”的卑劣之中。这样，所谓德教便流于虚伪，圣人之俊德亦属徒有虚名了。

对于尧之攻伐，即便郭象也承认“于安任之道未宏”④；不过，郭象旋即将舜所说的“昔者十日并出，万物皆照，而况德之进乎日者乎”一句解读为了舜对尧的称颂之辞：“夫日月虽无私于照，犹有所不及，德则无

① 郭庆藩撰：《庄子集释》，中华书局，2013 年，第 131 页。

② 许维遹撰：《吕氏春秋集释》，中华书局，2009 年，第 559 页。

③ 刘向撰，向宗鲁校证：《说苑校证》，中华书局，1987 年，第 147 页。

④ 郭庆藩撰：《庄子集释》，中华书局，2013 年，第 85 页。

不得也。”[①] 郭象无视“十日并出，万物皆照”的字义与寓意，而有“德则无不得”之说；以此为基础，他对本句之“德”的理解自然也偏离了庄子批判德教的理路[②]。

郭象的这种解读方式影响甚广。比如，宋儒林希逸说：

> 言日于万物无所不照，况我之德犹胜于日，而不能容此三子者乎？此意盖喻物我是非圣人所以置之不辩者，照之以天也。十日之说，即莫若以明之喻也。[③]

明代道人陆西星云：

> 昔者十日并出，万物皆照。夫日一出则一照，并出则并照，乃天地之无私也，而况德之无私又进于日者乎？置之不辩而照以天，可也。[④]

接下来，不妨先对“十日并出”这一寓言故事进行一些辨析，或可更有助于理解“万物皆照”的本义为何，以及这则寓言的寓意究竟是什么。

关于“十日”，《山海经·海外东经》云：“汤谷上有扶桑，十日所浴，在黑齿北。居水中，有大木，九日居下枝，一日居上枝。”[⑤] “十日”共居于扶桑的大木之上，轮替着登临高枝，此即循环有序的“十日代出”[⑥]。重要的是，“十日代出”虽然不能遍照万物，但这种“缺陷”却恰恰是万物生长、天下和顺的必要条件，也是天道的自然流转与正常状态。

再来看“十日并出”。《淮南子·本经训》云：

> 逮至尧之时，十日并出，焦禾稼，杀草木，而民无所食。猰貐、凿齿、九婴、大风、封豨、修蛇皆为民害。尧乃使羿诛凿齿于畴华之

---

① 郭庆藩撰：《庄子集释》，中华书局，2013年，第86页。

② 这是郭象对《庄子》原文经常做出的“义理扭转”，其目的是为了消解庄子对尧、舜、孔子等圣人的批判，而重构作为涉俗盖世之谈、内圣外王之道的“新庄学”。

③ 林希逸著，周启成校注：《庄子鬳斋口义校注》，中华书局，1997年，第37页。

④ 陆西星撰：《南华真经副墨》，中华书局，2010年，第36页。

⑤ 袁珂校注：《山海经校注》，上海古籍出版社，1980年，第260页。

⑥ “十日代出”一词语出《楚辞·招魂》：“十日代出，流金铄石些。”不过，“流金铄石”显然是“十日并出”的结果，《招魂》原文中的“代”恐为“并”之误。参见汤炳正等注：《楚辞今注》，上海古籍出版社，1995年，第225页。

> 野，杀九婴于凶水之上，缴大风于青丘之泽，上射十日而下杀猰貐，断修蛇于洞庭，禽封豨于桑林。万民皆喜，置尧以为天子。[①]

与“十日代出”相比，“十日并出”的结果显然是灾难性的——“焦禾稼，杀草木，而民无所食”，各种怪兽祸害人间，因此尧不得不委派后羿“上射十日”，以恢复天地万物之秩序。依《淮南子》，“十日并出”的传说正是发生在帝尧时代，而且，正因尧委派羿解决了这一难题，才被民众拥戴为了天子。对于解读“十日并出”章而言，这个“历史背景”非常重要。果若如是，尧对“十日并出”的灾难性后果无疑是如在目前、记忆犹新的，舜之所以以此事为喻，正欲通过尧的这个“切身经历”警示无度“攻伐”可能导致的惨淡后果。

很多学者注意到了《淮南子》的记载，却依然坚持认为“十日并出”章的寓意与之毫无关联，而将“十日并出”与庄子的积极意旨相凑泊。张默生说：

> 《淮南子》言尧时十日并出，使羿射落其九，故援以为喻。但此则取重明登天，六合俱照之义。[②]

陈鼓应说：

> “十日并出，万物皆照。”即是开放心灵的写照，亦为上文“葆光”、“天府”的譬喻。“葆光”的圣人，心量广大，如同“天府”，其光外照，普及万物，这说明开放的心灵互融性之广大。[③]

方勇、陆永品说：

> 庄子此处所写“十日并出”，是以十日普照万物，无所偏私，比喻“物我是非，圣人所以置之不辩”（林希逸语），显然与《淮南子》以“十日”为灾害之意不同。[④]

---

① 何宁撰：《淮南子集释》，中华书局，1998年，第574—577页。

② 张默生：《庄子新释》，齐鲁书社，1993年，第120—121页。

③ 陈鼓应：《老庄新论》，上海古籍出版社，1992年，第143页。

④ 方勇、陆永品：《庄子诠评》，巴蜀书社，1998年，第72页。

上述学者对“十日并出”的义理性解读尽管切合庄子的“齐物”之义，却已然脱离了这个故事的原初语境，也消解了庄子对儒家“德教”的批判性努力，从而使得这则含藏众宜的思想性文本变成了歧义丛生的一般化寓言。

令人遗憾的是，王叔岷注意到了郭璞《山海经·海外东经注》所引的《庄子》佚文——“昔者十日并出，草木焦枯”，却仍然认为“此谓有形之十日出，万物自无不得其所矣。《淮南》（《本经篇》）云云，与此取义不同”①。关于这则佚文，如果不是郭璞的记忆错误，就有三种可能：其一，它独立于“昔者十日并出，万物皆照”，出现在《庄子》另外的段落或篇章之中；其二，它是“昔者十日并出，万物皆照”的异文，或出自不同的《庄子》版本；其三，它是郭璞对“昔者十日并出，万物皆照”的理解性阐述，这种理解与“焦禾稼，杀草木”之说相同。不管哪一种可能，都能为理解“万物皆照”之本义提供极大帮助。

马其昶、马叙伦从训诂角度对“万物皆照”之文意进行了说明：

> “照”与“炤”、“灼”同字。《说文》：“灼，炙也。”《淮南》言尧时“十日并出，焦禾稼，杀草木”，即此所谓并炤也。②
>
> 照、灼音同照纽，《诗·大明》笺：“照哲见乎天。”《释文》：“照，本作灼。”是其例证。③

训“照”为“灼”，更能坐实“十日并出”的灾难性后果。

可见，“万物皆照”的本义即“万物皆灼”“万物焦枯”，而非高明的政治德性之象征。此义既定，本章即无疑义了。王闿运云：

> 日以照物，过照为灾，所谓“昭而不道”。进，甚也。日无心而德有心，故害甚于日，物无所容。旧注以德无不照，则十日非灾。其说非也。④

“十日并出，万物皆照”描绘的是十日之光让生灵涂炭的景象，“而况德之进乎日者乎”意味着以“攻伐”为形式的尧之“德教”是比“十日并出”

---

① 王叔岷撰：《庄子校诠》，中华书局，2007年，第79页。

② 马其昶撰，马茂元编次：《定本庄子故》，黄山书社，2014年，第17页。

③ 马叙伦：《庄子义证　庄子天下篇述义》，浙江古籍出版社，2019年，第84页。

④ 王闿运：《庄子内篇注》，转引自崔大华：《庄子歧解》，中州古籍出版社，1988年，第90页。

更严厉的政治作为，必然会导致宗、脍、胥敖等小国之生活方式与文化的夷灭。可见，“进乎日者”之“德”并非庄子所肯认的“德不形”（《德充符》）之“德”，而是亟须停止的“临人以德”（《人间世》）之“德”。“临人以德”就是以“自是非人”的心态、“居高临下”的姿态，追求“以文压野”的效果。

尽管《齐物论》“照之于天”等肯定性说法很容易让我们将“十日并出，万物皆照”与之联系起来，但是，首先，“天照”与“十日之照”显然有着本质性差异——如果说“天照”是一种“不照之照”，“十日之照”就是“照”的极端化表现；其次，王闿运所引“道昭而不道”也在提醒我们，庄子之“道”并非那种释放光芒的太阳，而是包括太阳在内的万物各自“闪耀”的玄冥之境。总之，对于理解《庄子》的文句而言，仅仅凭借个别文辞的相似或相悖都不足以让我们对其文义产生客观认知，望文生义或断章取义的做法并不可取；只有将文本置放在历史与思想语境之中，通过对文本材料的整合解读，对训诂考据的综合运用，才有求得其本义的可能。

总之，“十日并出”章的大意如下：尧对小国的攻伐是背离其德教理念的，体现了儒家价值理念的异化；舜是庄子的“代言人”，他的答语意味着庄子对尧的批判[①]；“十日并出，万物皆照”喻示傲慢而专断的德教会对小国形成毁灭性的伤害，其本质不过是道德与武力的互为利用，规训与惩罚的交相纠缠；最终，这种“进乎日者”之“德”不仅会让小国“国为虚厉”，使小国之民丧失他们熟习的生活空间与生活方式，还会让小国的国君“身为刑戮”，他们所代表的朴野文化也便彻底湮没在历史的灰烬之中了。

第三节　“未始出于非人”

“故昔者尧问于舜”章体现了庄子对以尧为代表的儒家治道的严厉批判。尧对宗、脍、胥敖等小国的攻伐实则意味着儒家标榜的“德教”的异化；在尧的强力推行之下，这种理念比“十日并出”更显光耀，会导致“万物皆照”也即生灵涂炭、万国夷灭的灾难性后果。郑开指出，庄子

① 《庄子·天道》：“昔者舜问于尧曰：‘天王之用心何如？’尧曰：‘吾不敖无告，不废穷民，苦死者，嘉孺子而哀妇人。此吾所以用心已。’舜曰：‘美则美矣，而未大也。’尧曰：‘然则何如？’舜曰：‘天德而出宁，日月照而四时行，若昼夜之有经，云行而雨施矣。’尧曰：‘胶胶扰扰乎！子，天之合也；我，人之合也。’”该章之笔法与“十日并出”章有异曲同工之妙。

"针对任何一种政治制度以及依附于其上的意识形态和价值观念，都抱有某种强烈质疑与彻底批判的反思精神"，其锋芒所向，主要就是"当时徜徉于世的、深植于传统之中的礼治方式和德政（仁政）理念"。[①] 那么，儒家的德政与礼治究竟有何弊端？齐物又在何种程度上体现了庄子对儒家治道的批判？

尽管尧对攻伐宗、脍、胥敖感到"不释然"，但站在儒家立场上来看，这种行为却有着道义支撑与价值根据：文明是可欲的，野蛮是可耻的，"己欲立而立人，己欲达而达人"（《论语·雍也》），推己及人是仁爱、正义的表现。这种政治逻辑的本质是"是非"问题——文明为"是"，野蛮为"非"，这样，文明对野蛮的攻伐也便意味着改邪归正，或曰"杀无道以就有道"（《论语·颜渊》）。"杀无道以就有道"，正是庄子所谓"非人"（否定人，以人为非）之政治逻辑的极致表现。

关于"非人"，《应帝王》载：

> 啮缺问于王倪，四问而四不知，啮缺因跃而大喜，行以告蒲衣子。蒲衣子曰："而乃今知之乎？有虞氏不及泰氏。有虞氏，其犹藏仁以要人，亦得人矣，而未始出于非人。泰氏，其卧徐徐，其觉于于；一以己为马，一以己为牛；其知情信，其德甚真，而未始入于非人。"

本段为《齐物论》"啮缺问乎王倪"章之续篇，并明确以"政治"为主题。在这里，庄子首先借蒲衣子之口揭示了儒家政治观念的内在逻辑——"藏仁以要人"，以及这一政治逻辑的本质缺陷——"未始出于非人"。"藏仁以要人"，即成玄英所谓"包藏仁义，要求士庶"[②]。按照本书的分析来看，"藏仁"实即以"仁"为内容的"成心"，或者说以"仁"为"果是"并欲推之为"天下之所同是"的意态。《齐物论》所谓"仁常而不成"之"仁常"，可与"藏仁"互相阐释："藏仁"意味着"仁"的恒常化与绝对化、真理化与普遍化。而且，既然"藏仁"以"要人"为旨归，说明"藏仁"也被外在化为某种价值标准，或者说被工具化为某种政治手段，"仁"由此而被异化为要求他者的硬性标准、要结人心的外在工具，而有违其爱人本意与内在价值。

---

① 郑开：《〈庄子〉浑沌话语：哲学叙事与政治隐喻》，陈鼓应主编：《道家文化研究》第二十九辑，生活·读书·新知三联书店，2015 年，第 94 页。

② 郭庆藩撰：《庄子集释》，中华书局，2013 年，第 262 页。

此外，就有虞氏（舜）所“要”之“人”而言，其中肯定有很多本来就认同或服膺仁义价值的人，故可与大舜一拍即合而觉察不到任何强制性，此之谓“亦得人矣”。然而，一方面，认同仁义价值并不意味着民众的生命完全是居仁由义的，或者说与仁义相关的事情足以构成生命的全部感受与所有内容；另一方面，民众服膺仁义价值也有可能不是出于内心的自然倾向与理性认可，而只是为了通过“行仁义”的方式追名逐利。这就是嵇康描绘的名教生活：“区别群物，使有类族，造立仁义，以婴其心，制为名分，以检其外，勤学讲文，以神其教。故《六经》纷错，百家繁炽，开荣利之涂，故奔骛而不觉。”[①] 大舜等圣人的区别群物、造立仁义、制为名分使得生活于其中的人们被迫“奔骛”于其中，即便是那些认同或服膺仁义者，也只能按照仁义的普遍标准来抑制生命中的自然之维与个性之维，其“自是之是”不被尊重，也就无从实现“自适其适”。这样，“名教”自身就构成了是非之标准、善恶之界域，名教之内或曰符合名教的生活是可欲之善，不符合此一标准、不属于此一界域的生活就是离经叛教。

至此，“藏仁以要人”就暴露出了它的“非人”本貌。由此而言，“仁义之端”就是“是非之涂”。关于“非人”，郭象云：“夫以所好为是人，所恶为非人者，唯以是非为域者也。”[②] 王夫之云：“我者为是，人者为非，则以我之是，治人之非。”[③] 均以“是非”之“非”解“非人”之“非”，“未始出于非人”即未曾超离是非界域。与之不同，宣颖说：“非人者，物也。”[④] 这样，“未始出于非人”即未尝超然物外。在原文的语境中，“要人”“得人”“非人”三词一脉贯通，“得人”与“非人”同为“要人”之结果；而且，“非人”是与“得人”相反的结果。可见，郭象与王夫之的解法更可取。如果说“得人”意味着对人的肯定与成全，“非人”就是对人的否定与损害。

按照庄子对“是非之彰”问题的分析，“非人”以“自是”为其根源。“未始出于非人”意味着大舜未能走出“以己为是，以人为非”的窠臼。而且，“藏人以要人”的他不仅没有摆脱是己非人之念，也没有放下强人从己之想，这正是以“自是”为“果是—同是”之师心自用心态的政治表现。

在《齐物论》中，尧欲伐宗、脍、胥敖就是“非人政治”的典型事

① 嵇康著，戴明扬校注：《嵇康集校注》，中华书局，2014年，第447页。
② 郭庆藩撰：《庄子集释》，中华书局，2013年，第262页。
③ 王夫之：《庄子解》，中华书局，1964年，第70页。
④ 宣颖撰：《南华经解》，广东人民出版社，2008年，第62页。

例。尽管尧的目的是推行仁道于天下，但对宗、脍、胥敖三国的君民来说，他们根本无法心悦诚服地接受这种粗暴教化。这种“强不齐以为齐”的征伐手段说明尧不仅没有自省其“成心”的天然限度，也没有尊重民众的“彼是之是”。庄子曰：“意有所至而爱有所亡，可不慎邪！”（《人间世》）目的的正义并不能保证手段的合理、结果的完美。在庄子看来，只有充分尊重民众的意图，体察民众的心意，才能采取合理的施政方式，这一切的前提就是“丧我”或“无己”。

《齐物论》所谓“大仁不仁”，正是“藏仁以要人”的反命题。在庄子看来，真正的仁者会将理解、尊重民众作为首要原则，以期开出一种奠基于“道”的“大仁”。王博说：“作为爱的仁和道是对立的，‘道之所以亏，爱之所以成’……仁爱是有‘我’的，而且也是以‘我’为前提的。不仁则意味着对万物的一视同仁以及‘我’的放弃，而这就是齐物。”[①] 有“我”与否是区别“藏仁以要人”与“大仁不仁”的关键。“藏仁”者，有“我”之境也；“大仁”者，无“我”之境也。尧舜之仁道，是一种“有我”“容私”的治道：

> 肩吾见狂接舆。狂接舆曰：“日中始何以语女？”肩吾曰：“告我君人者以己出经式义度，人孰敢不听而化诸！”狂接舆曰：“是欺德也；其于治天下也，犹涉海凿河而使蚊负山也。夫圣人之治也，治外乎？正而后行，确乎能其事者而已矣。且鸟高飞以避矰弋之害，鼷鼠深穴乎神丘之下以避熏凿之患，而曾二虫之无知！”（《应帝王》）

“日中始”这一名号很容易让人想起热烈而残酷的“十日并出”。日中始向肩吾陈述的是“以己出经式义度，人孰敢不听而化诸”这种闪耀着“光之暴力”的统治方式。在这段材料中，“己”与“人”的对立是很明确的——“己”是法制政令的创作者，“人”是法制政令的承受者，“人”必须听信并遵从“己”的号令，才能存活于世间并实现价值。然而，就庄子的存在观念而言，不管是凡人还是圣人，“己”并非完美无缺的，“我”不是圆满无限的，而均是有其“成形—成心”的有限而特殊之存在。实际上，尧舜等儒家眼中的完美圣人在庄子那里从来都不是尽善尽美的：尧在攻伐三国的时候察觉到了内心的“不释然”，在让天下于许由的时候产生了“吾自视缺然”的自省，“往见四子，藐姑射之山”的时候会有“窅然丧其天下

---

① 王博：《庄子哲学》，北京大学出版社，2020年，第104页。

焉”的觉悟。这些内心深处的不安情绪与自省精神，正是走出“非人政治”的关键之所在。换言之，如果我们意识不到人类在智慧、知识、道德、价值等方面的天然限度，就容易一厢情愿地以己为是而强人从己，推己及人。①

就像“庖丁解牛”那样，庄子触探到了儒家式权力结构、政治图景中的罅隙与骨节，并对之进行了细致入微、游刃有余的剖解。那么，在政治解构之后，庄子是否有更进一步的理论关怀，或者说建构一种理想治道的努力？王安石认为，庄子意在“矫天下之弊而归之于正”②；徐复观说庄子并未一味否定政治，“在积极方面，要成就每一个人的个性；在消极方面，否定一切干涉性的措施”③。接下来要阐述的是庄子的政治建构方式，其核心关注是：“齐物”在何种意义上意味着可将天下“归之于正”并“成就每一个人的个性”？

第四节　作为政治理想的“天籁”

与“藏仁以要人”的尧舜不同，“其卧徐徐，其觉于于”的泰氏不会产生“南面而不释然”的焦虑，“一以己为马”则“天下一马”，“一以己为牛”则“天下一牛”，此即“唯达者知通为一”，而不以是非为念，从而能够做到“未始入于非人”——这正是有虞氏不及泰氏的关键所在。

孔子曾以“齐之以礼”陈述儒家治道，并认为它优于“齐之以刑”。④鉴于庄子“齐物”的理据在“天道”（“天钧—天倪”之存在图景），由之推演出的治道也就可以称为“齐之以天”或“齐之以道”。这种政治意义上的“齐物”就是“齐民”⑤。“齐之以道”与“齐之以礼”的区别在于：

---

① 《尹文子·大道下》：“圣人者，自己出也。圣法者，自理出也。理出于己，己非理也；己能出理，理非己也。故圣人之治，独治者也；圣法之治，则无不治矣！此万物之利，唯圣人能该之。”倡导以“圣法之治”替代“圣人之治”，亦对“圣人”的有己性、私意化、成心化等弊端颇为戒惕。

② 王安石：《临川先生文集》，中华书局，1959 年，第 724 页。

③ 徐复观：《中国人性论史·先秦篇》，九州出版社，2014 年，第 373 页。

④ 《论语·为政》：“子曰：‘道之以政，齐之以刑，民免而无耻；道之以德，齐之以礼，有耻且格。’”

⑤ 关于“齐物”之“齐民”意涵，《文子·自然》云：“故圣人之牧民也，使各便其性，安其居，处为其所能，周其所适，施其所宜，如此即万物一齐，无由相过。”此所谓“万物一齐”即“牧民”之结果，也就是让民众“各便其性”的政治状态。王弼云：“夫以正齐物，不可卒也；民迷固久，直不可肆也。”（王弼：《周易注》，商务印书馆，2023 年，第 199 页）此所谓“齐物”也是“齐民”之意。

“礼”指涉着对贵贱贤愚的人为区分，“道”意味着对小大美丑的天然肯认；“礼”源自圣人之制作而有立场之限定，“道”蕴示万物之自然而无容私之困扰。换言之，庄子的“齐之以道”并非“齐其不齐”，而是“不齐而齐”，透显着对个体之独立的肯认，对个体之价值的尊重，以及对“不齐”之差异、多元的彻底维护。

在庄子那里，自由而独立的多元主体对理想政治的自发构建，不可避免地与圣王的所思所行关系密切。只不过，圣王的所思所行不是“以己出经式义度”的，而是“顺物自然—使物自喜”的。《应帝王》云：

> 明王之治，功盖天下而似不自己，化贷万物而民弗恃，有莫举名，使物自喜，立乎不测，而游于无有者也。
>
> 汝游心于淡，合气于漠，顺物自然而无容私焉，而天下治矣。

圣人应该“立乎不测，游于无有”或“游心于淡，合气于漠”，既不限定自己的立场，也不拘束自己的心神，才能去除“名”的负累（“有莫举名”）、“私”的困扰（“无容私”），从而“放宽一切标准而平等扩大之”[①]，最终抵达“使物自喜”[②]的理想政治状态。吴肇嘉认为：“庄子理想中的圣人之治，以根据的内在性为起点，而以作用的普遍性为终点。根据内在，故不会自我异化；作用普遍，故不致有所不及。”[③]庄子的“齐物”观念即链接内在之根据（“游心于淡”）与普遍之作用（“顺物自然”）的枢轴，既能挺立“自是之是—真我”的生命观照，亦可通达“尽然之是—大我”的政治关怀。作为一种政治结果或理想的政治状态，“顺物自然”“使物自喜”与《齐物论》开篇所述之“天籁”遥相呼应：

> 夫吹万不同，而使其自己也，咸其自取，怒者其谁邪！（《齐物论》）

理想的政治亦如“天籁”，“圣人的政治活动，使得个人的逍遥变成了个人

---

① 钱穆：《庄老通辨》，九州出版社，2011年，第129页。

② 这里的“使物自喜”“顺物自然而无容私”与《老子》第六十四章“辅万物之自然而不敢为”一脉相承。通过“齐物”，庄子试图回答老子提出但未曾思考的关键问题：“万物”的“自然”是什么？只有解答了这一问题，万物或民众才能呈现出其主体性或价值性，而非沦落为消极或辅从之维。

③ 吴肇嘉：《庄子应世思想研究》，（台北）台湾学生书局，2011年，第120页。

自己的问题，而不再是一个社会、历史、文化、政治的问题”① ——每个人都可以在其中“使其自己”“咸其自取”，既不用承担社会、政治的外在压力，也不用“引领而望”，期待可遇而不可求的圣人来解救或教化一己之生命。不仅如此，多元主体还可与“天籁”式的政治境域发生通达往复的关系，最终成就的不仅是个体的发抒（“自是之是”的自由实现），也导向“吹万”这种和谐而生动的社会共同体，此之谓“因尽然之是”——“藏天下于天下”（《大宗师》）。

“天籁”与“风”相关，而“风”本来就是充满政治寓意的语词。孔子云：“君子之德风，小人之德草。草上之风，必偃。”（《论语·颜渊》）在儒家看来，君子与小人之间是教化与从化的关系，在圣人之德的风化中，“草”随风摇摆，被动地展现统一的姿态，屈从地朝着同一的方向。与之相比，庄子的“天籁”之所以能成就“小和/大和”的和谐情状，除了“泠风/飘风”的吹拂，实际上更依赖“万窍”自身——它们呈现的是鼻、口、耳、枅、圈、臼、洼、污等异状，发出的是激、謞、叱、吸、叫、譹、宎、咬等殊音。“使其自己”“咸其自取”表明，“万窍”之“自”在“小和/大和”之境得到了天然的畅发，各各呈现了自身，各各实现了自身，这就是“自是之是”的自主实现与自由完成。也就是说，在政治所指涉的公共空间中，圣王如果固执于自己的主体性，民众的主体性就会被压抑或消解；圣王如果放弃或克制自己的主体性，民众的主体性就能得到释放与成就。万窍之畅发可以蕴成畅达美妙的“天籁”，民众主体性的释放则能通达最为良善的政治秩序，此即庄子之“齐物政治”。

在庄学史上，嵇康对庄子“天籁”之政治内涵深有领会。在引用“吹万不同，而使其自己”一句之后，其《声无哀乐论》接着说：“风俗之流，遂成其政。”② 嵇康认为，理想的政治就像“和声”（也就是“天籁”）般“无象”，此一“无象”之境是“万殊之声”得以自由畅发、不同之人能够“发其所怀”的根基。实际上，嵇康之所以要论证“声无哀乐”，不过是想把“哀乐”的权能交还给个人，而不是托付给那些制礼作乐的圣人。只有自主表现情感、自由表达意志的人才是真实的、自然的，对此个体之一己情感、意志的尊重与守护，对个体之万殊情感、意志的调谐与涵容，构成了政治的价值与目的之所在。

可见，庄子之齐物蕴含着一种崭新的政治哲学与生命哲学路向。这种

① 陈赟：《逍遥境界的政治向度——〈庄子·逍遥游〉“知效一官”章的政治学解读》，《学海》2009 年第 2 期。

② 嵇康著，戴明扬校注：《嵇康集校注》，中华书局，2014 年，第 346 页。

政治哲学与生命哲学以挺立主体的独立性为起点，以激发主体的创造性为追求，以维护主体的多元性为鹄的。这种政治观念将具有反思、对话、行动等创造性能力的生命主体视为政治施设的价值根源，显然超出了中国传统政治思想普遍重视整体而忽略个体的樊囿。在庄子那里，上述政治价值的实现只需要一个“未始入于非人”的基础与氛围，只有“不非人”的政治才能养人之自然，葆人之自由，才能让人有“敢问天籁”的平淡勇气以及“自适其适”的至高期许，此之谓作为政治理境的“天籁”与“无物不然，无物不可”。

第八章 “相尊”与“相蕴”：齐物之伦理意蕴

如果说庄子“齐物”观念的政治意蕴主要是通过“圣人”如何“天下”这一问题而呈现的，其伦理意蕴指向的就主要是“人与人”之间的关系问题。在本书的叙述脉络中，这个问题的实质是：从“齐物”之观念出发，人们当如何看待或对待与“我”共在而相异的“彼”?“共在”意味着“我”在本质上无法离群索居而必须面对作为他者的“彼”；“相异”意味着“我”不能按照自己的方式对待作为他者的“彼”。那么，“彼”“我”之间的关系应当通过何种方式才能得到恰如其分的建构？实际上，《齐物论》中的“卮言”之语言观念、“吾丧我”之生存意识、“天钧—天倪”之存在视域、“因是—寓诸庸”之应物精神乃至“天籁”之政治思想，都可为庄子伦理观念的开出提供必要的准备。庄子的这种“齐物伦理”迥异于以儒家为代表的世俗伦理，并因之而对儒家价值与世俗伦理展开了批判；然而，鉴于“儒家伦理”并非“伦理”的唯一可能形态或合理表现，庄子对儒家伦理的批判并不意味着其思想是“反伦理”或“非伦理”的。郑开说：“道家伦理学本质上说是批判性的，但其建设性恰恰寓于批判性之中。”① 本书认可这种观念。在批判中建设，或者说通过批判来建设，才是庄子伦理之思的取径与方法。本章对庄子齐物思想之伦理意蕴的讨论，意在从“伦理”出发对《齐物论》的相关文本进行新的解读与阐发，以在自然性、批判性、境界性的传统关注之外，透过庄子的伦理之思凸显其人文性、建构性、实践性。

① 郑开：《道家政治哲学发微》，北京大学出版社，2019 年，第 103 页。

第一节　从“独与”到“相与”

《天下》述庄子之学云：

> 独与天地精神往来而不敖倪于万物，不谴是非，以与世俗处。其书虽瑰玮而连犿无伤也，其辞虽参差而諔诡可观。彼其充实不可以已，上与造物者游，而下与外死生无终始者为友。

所谓“独与天地精神往来”“上与造物者游”，与《齐物论》“天地与我并生，而万物与我为一”差可对应；所谓“不谴是非”，与《齐物论》“欲是其所非而非其所是，则莫若以明”若合符节；所谓“外死生无终始”，实即《齐物论》之“忘年忘义，振于无竟，故寓诸无竟”。可见，《天下》对庄子的齐物观念有着透辟的理解与精准的概括。

如果说《天下》所谓“天地精神”“造物者”等词汇即“道”的代名词，“独与天地精神往来”“上与造物者游”也就是与“道”往来或游于“道”，这显然是一种极高明的精神境界与心灵体验。此外，《齐物论》所谓“游乎四海之外”“游乎尘垢之外”、《大宗师》所谓“游方之外”，也表述着类似的意思。然而，鉴于“四海之外”“尘垢之外”“方之外”等说法均有鲜明的超凡脱俗、遗世独立、独善其身色彩，循之将庄子哲学界定为“方外之学”似乎也就顺理成章了；既为“方外之学”，庄子哲学即与“方内”世界绝缘，而以精神境界为归。崔大华认为，庄子的自由追求“在现实世界中是不可能真实地和完全地存在着的，而只能以想象的形态在观念世界里表现出来”，“心理上、精神上的那种本然的宁静状态，基本上是一个没有任何社会实践的个人心理、精神的自我净化过程”。[①] 这样说来，“独与天地精神往来”的庄子哲学与现实世界、社会实践毫无关联，不过是“精神生命之极诣”[②] 的表征而已。

关于“方内”与“方外”的关系，福永光司有着不同的意见，他说：“《庄子》中，超越者即自由人。所谓自由人，必然是超越了一切对立，甚至是内与外的对立之人。而超越内与外的对立，则意味着非内非外，却又亦内亦外。因此，真正的超越者在身处方外的同时，亦置身方内。换言

① 崔大华：《庄学研究》，人民出版社，1992年，第161、196页。

② 方东美：《生生之德》，（台北）黎明文化事业股份有限公司，1982年，第300页。

之，应称之为‘无方之人’。‘无方之人’是成为真正自由之人，也就是超越者的前提。若是一味拘泥于方外这一立场，那么这种拘泥所带来的束缚，与方内的立场所造成的束缚便无甚区别了。因此，孔子在文中将自我称为方内者，将庄子式的超越者称为方外者，这其实不过是权宜性的区分。而庄子式的绝对者则与这种区分无关，确切说来应是同时包容超越了方内与方外的‘无方之人’。”① 在福永先生看来，无论是站在“方内”拒绝“方外”，还是站在“方外”否定“方内”，均未摆脱“是其所非而非其所是”的对立思维，也就一定不是庄子式的超越者或自由人。一个典型例证是，在《大宗师》中，作为“游方之外者”的孟孙才反而是鲁国人公认的“善处丧”者，而非否定、无视“方内”的“方外主义”者。

通过上引《天下》的材料来看，“为一”之超越与“不谴”之达观显然只是庄子哲思的半解而非全部。如果研究者仅欲通过“识其一，不识其二；治其内，不治其外”（《天地》）的视域审视庄子哲学，必会有意忽略后文所谓之“不敖倪于万物”“以与世俗处”。这样，庄子哲学也就注定会呈现虚悬而无所归往、空洞而无处落实的特征，或者说不过是对“万物—世俗”的否定式、抽象化超越，而难称“充实不可以已”了。

所谓“不敖倪于万物”“以与世俗处”，在《天下》的叙述中就是“下与外死生无终始者为友”呈现出的人际与伦理关系。所谓“下与外死生无终始者为友”，又与《大宗师》的下列内容呼应：

> 子祀、子舆、子犁、子来四人相与语曰：“孰能以无为首，以生为脊，以死为尻，孰知死生存亡之一体者，吾与之友矣。”四人相视而笑，莫逆于心，遂相与为友。
>
> 子桑户、孟子反、子琴张三人相与友，曰：“孰能相与于无相与，相为于无相为？孰能登天游雾，挠挑无极；相忘以生，无所终穷？”三人相视而笑，莫逆于心，遂相与为友。莫然有间而子桑户死，未葬。孔子闻之，使子贡往侍事焉。或编曲，或鼓琴，相和而歌曰：“嗟来桑户乎！嗟来桑户乎！而已反其真，而我犹为人猗！”子贡趋而进曰：“敢问临尸而歌，礼乎？”二人相视而笑曰：“是恶知礼意！”

“相与”“相视”“相为”“相和”等“相×”类语词的反复出现，直观地说明“内篇有一基本主张贯穿始终，便是赞美独往独来，厌弃人际交

① ［日］福永光司：《庄子内篇读本》，王梦蕾译，北京联合出版公司，2019 年，第 237 页。

往”[1] 的常见理解是不真确的。庄子赞美并追求“独与”，并不意味着无视或否定“相与”。通过上述材料来看，“独与天地精神往来”反而构成了“相与”的真正根基：子祀、子舆、子犁、子来以及子桑户、孟子反、子琴张等人都是“外死生无终始”者，也即对“独与天地精神往来”之境界、“齐物”之精神有所了悟者（可简称为“齐物者”或“体道者”）；每个“齐物者”的“独与天地精神往来”，都是他们之间“相视而笑”“相和而歌”“相与为友”之所以可能的根本前提。

总之，若谓“下与外死生无终始者为友”之“下与”标明了一种“回真向俗”式的“回向”姿态，“相与于无相与，相为于无相为”之“相与”则指示着“回向”之后均衡而对等的人际关系之展开。这样，如何在兼顾“独与”与“相与”、统合“方外”与“方内”的基础上对“彼—我”之间的伦理关系进行建构，也就成了庄子齐物观念的“题中之义”。

第二节　“八德”与“人伦”

庄子“相与于无相与”的伦理关切既明，面对庄子的伦理批判尤其是“诋訾孔子之徒”的儒家伦理批判，我们就能摆正心态，调整视角，并由之切入庄子对伦理问题的深入反思，而不会将之误解为对伦理问题的简单拒斥或彻底抹杀了。《庄子》载：

> 仲尼曰：“天下有大戒二：其一，命也；其一，义也。子之爱亲，命也，不可解于心；臣之事君，义也，无适而非君也，无所逃于天地之间。是之谓大戒。是以夫事其亲者，不择地而安之，孝之至也；夫事其君者，不择事而安之，忠之盛也；自事其心者，哀乐不易施乎前，知其不可奈何而安之若命，德之至也。”（《人间世》）
>
> 彼特以天为父，而身犹爱之，而况其卓乎！人特以有君为愈乎己，而身犹死之，而况其真乎！（《大宗师》）

父子、君臣乃人伦关系之核心，“子之爱亲”为在内之“情之必然”，“臣之事君”为在外之“理所当然”。“孝”乃情之必然之要求，此之谓“命”；“忠”乃理所当然之选择，此之谓“义”。“命”与“义”构成了古典政教

① 颜世安：《庄子性恶思想探讨》，《中国哲学史》2009 年第 4 期。

的大纲洪范以及古典心性的相传心法，由外而内地形塑着生命的存在形态，此之谓“大戒”。可见，庄子明确意识到父子、君臣关系是人之在世存活的两个重要维度。然而，这是否意味着“命”与“义”就是生命的全部可能呢？“孝”与“忠”是不是最完美的德性呢？在庄子看来，答案显然是否定的：在“事其亲—事其君”之外，尚有“自事其心”之诉求；在“父—君”之外，尚有既“卓”且“真”的东西也即“道”更值得追求。可见，与儒家倾向于将亲子之爱看成“天性”，将君臣关系视为“天理”不同①，庄子试图将“心”与“道”从父子、君臣等人伦关系中独立、超拔出来，而视之为更本真、更卓越的存在之维——“心”代表的是个体化、独特性的存在之维，“道”指向的是整体性、超越性的存在之维②。

天道与人伦的本质差异是：前者“无封”，而后者“有畛”。《齐物论》说：

> 夫道未始有封，言未始有常，为是而有畛也，请言其畛：有左，有右，有伦，有义，有分，有辩，有竞，有争，此之谓八德。

“道未始有封”，即“以为有物矣而未始有封”之天钧之境；“言未始有常”，即“言者有言，而所言者特未定也”。在“道”境之中，“道通（万物）为一”而无封畛；于“言”境之中，“物谓之而然”而无定常。“为是而有畛”意味着在“未定—无常”之“言”滋生之后，以“八德”为典要的人文世界也就会在此基础上逐步得到建构。

前贤关于“八德”之解释，歧解颇多且难有统系，乃至有庄子不过是“随便举说”③、“随意列举”④之见，足见论者之无奈。本书尝试给出一种更富体系化的理解，主张左、右、伦、义、分、辩、竞、争分别指向阴、阳、仁、义、礼、智、名、利，简要论证如下：

“有左，有右”，成玄英说：“左，阳也。右，阴也。”⑤关于阴阳与左

---

① 二程对儒家的这种理路有着精要表达：“父子君臣，天下之定理，无所逃于天地之间。”（程颢、程颐：《二程集》，中华书局，2004年，第77页）“无所逃于天地之间”正是庄子之语。

② 庄子后学对儒家无视独特之“心”、真卓之“道”的特点亦可谓洞若观火。关于“心”，《田子方》中的温伯雪子有“中国之君子，明乎礼义而陋于知人心”的评判；关于“道”，《天运》载孔子求道于“度数”“阴阳”而不得，终而“问道”于老聃并得到了启发。

③ 牟宗三讲演，卢雪崑整理，杨祖汉校订：《牟宗三先生讲演录（四）：庄子·齐物论》，（新北）东方人文基金会，2019年，第152页。

④ 杨儒宾：《道家与古之道术》，（新竹）清华大学出版社，2019年，第131页。

⑤ 郭庆藩撰：《庄子集释》，中华书局，2013年，第81页。

右的对应关系，《黄帝内经·素问》："阳从左，阴从右。"[①]《诗经·小雅·裳裳者华》"左之左之，君子宜之。右之右之，君子有之"，毛亨传："左，阳道，朝祀之事。右，阴道，丧戎之事。"[②]《礼记·檀弓上》"二三子皆尚左"，郑玄注："丧尚右，右，阴也。吉尚左，左，阳也。"[③] 以上材料可证玄英之说。正所谓"一阴一阳之谓道"（《周易·系辞上》），"有左有右"指阴阳生成并主导万物之变化，这正是《周易》为儒家伦常观念确立的天道基础。

"有伦，有义"，郭象说："物物有理，事事有宜。"[④]"伦"为自然世界之"物理"，"义"乃人文世界之"事理"。无论"物理"还是"事理"，均以"左—右"也即阴阳之道为本源："万物负阴而抱阳"（《老子》第四十二章）乃万物之理，"左之左之，君子宜之。右之右之，君子有之"乃人事之宜。此外，"伦—义"可进一步被理解为"仁—义"[⑤]，《周易·说卦》云："立天之道曰阴与阳，立地之道曰柔与刚，立人之道曰仁与义。"作为人道的"仁—义"正承顺阴阳天道而来。

"有分，有辩"，"辩"即"辨"，郭象注："群分而类别也。"[⑥]《荀子·非相》云："辨莫大于分，分莫大于礼。""分—辨"均可指明分使群之"礼"。此外，"辨"亦涉及以"是非之心"而"辨是非"，"是非之心"则为"智"之表征[⑦]。总之，"分"对应"礼"，"辨"指向"智"，仁、义既立，礼、智即生。

"有竞，有争"，《人间世》云："名也者，相轧也；知也者，争之器也。"仁义礼智既立，则趋于"名位化"，故有"名"之"竞"；仁义礼智既立，亦趋于"功利化"，故有"利"之"争"。《骈拇》云："小人则以身殉利，士则以身殉名。"殉利、殉名，正是逐利追名之后果。

综上，"八德"的成立实际上是一个"失道而后德"（《老子》第三十八章）的过程，阴、阳、仁、义、礼、智、名、利构成了"六合之内"世

---

① 姚春鹏译注：《黄帝内经》，中华书局，2010 年，第 789 页。

② 毛亨传，郑玄笺：《毛诗笺》，商务印书馆，2023 年，第 515 页。

③ 郑玄注：《礼记注》，商务印书馆，2023 年，第 124 页。

④ 郭庆藩撰：《庄子集释》，中华书局，2013 年，第 81 页。

⑤ 刘黛曾这样论证"伦—义"与"仁—义"之间的对应关系："伦"是发自人的内在情感而向外扩散的亲疏感，它与儒家的"仁"相应，只不过"伦"刻画亲疏关系，而"仁"表达贯穿亲疏之伦的共同情感"仁爱"。所以，父子、兄弟等称为"伦"。而"义"是以贵贱等级区分为基础的一种关系，"应该"与"不应该"的区分包含着杀伐、决断的意味，所以，君臣关系称"义"。参见刘黛：《〈齐物论〉中圣人使用语言的层次》，《中国哲学史》2015 年第 4 期。

⑥ 郭庆藩撰：《庄子集释》，中华书局，2013 年，第 82 页。

⑦ 《孟子·公孙丑上》："是非之心，智之端也。"

界的价值体系与伦常边界，此即常人生活于其中的世俗价值与人伦世界。[①] 嵇康《难自然好学论》描述的内容与“八德”极为类似：

> 及至人不存，大道陵迟，乃始作文墨，以传其意，区别群物，使有类族，造立仁义，以婴其心，制为名分，以检其外，勤学讲文，以神其教。故《六经》纷错，百家繁炽，开荣利之涂，故奔骛而不觉。[②]

“阴阳”乃“区别群物”之至高原则，“造立仁义”对应“仁义”，“制为名分”与“勤学讲文”对应“礼智”，“荣利之涂”就是“名利之途”。

“八德—人伦”即《天下》所谓“数度”：“其明而在数度者，旧法世传之史尚多有之；其在于《诗》《书》《礼》《乐》者，邹鲁之士、搢绅先生多能明之。”这些伦常观念载于史书，蕴于经典，并以其经验性与历史性规定着人们的生活方式与价值追求：“立《六经》以为准，仰仁义以为主，以规矩为轩驾，以讲诲为哺乳。由其涂则通，乖其路则滞，游心极视，不睹其外，终年驰骋，思不出位。”[③] 这样，《六经》及其承载的“八德”也就构成了人之“同是”与“正”。在“游方之内者”看来，“八德”既是这个世界的“同是”与“正”，如何将世间的存在者都纳入“正轨”而使之“同归”，也就成了儒者念兹在兹之责任。兹举两例言之：

其一，《逍遥游》载：

> 尧让天下于许由，曰：“日月出矣而爝火不息，其于光也，不亦难乎！时雨降矣而犹浸灌，其于泽也，不亦劳乎！夫子立而天下治，而我犹尸之，吾自视缺然，请致天下。”许由曰：“子治天下，天下既已治也。而我犹代子，吾将为名乎？名者，实之宾也，吾将为宾乎？鹪鹩巢于深林，不过一枝；偃鼠饮河，不过满腹。归休乎君！予无所用天下为。庖人虽不治庖，尸祝不越樽俎而代之矣。”

---

① 《在宥》同样批判了八种世俗之德（聪、明、仁、义、礼、乐、圣、知）对人之性情的扰乱，并说：“天下将安其性命之情，之八者，存可也，亡可也；天下将不安其性命之情，之八者，乃始脔卷狁囊而乱天下也。”此所谓“八德”与《齐物论》不同，但思想取向类似。

② 嵇康著，戴明扬校注：《嵇康集校注》，中华书局，2014年，第447页。

③ 嵇康语。参见嵇康著，戴明扬校注：《嵇康集校注》，中华书局，2014年，第448页。

这则寓言首先是政治性的，呈现了庄子对“禅让”的思考以及对以“尧”为代表的“圣人”的批判。然而，如果暂且搁置尧与许由之间的君臣关系，就会发现“尧让天下于许由”的根本问题在于：尧认为“天下”是人人所欲的至高价值，许由自然也不例外。因此，尽管尧对许由的意愿与心志毫无了解，但他还是“随其成心而师之”地展开了“让天下于许由”的禅让行动。这样来看，“尧让天下于许由”之所以失败，并不在于尧对许由是否“贤能”有所失察，而在于尧对许由是否“乐意”有所失察，在此意义上，禅让失败的根源是伦理性的，而非政治性的。换言之，尧一直在“以己出经式义度”并由之而推己及人，在实践活动中丝毫没有顾及行为对象的意愿与感受。同样，若从伦理角度分析《齐物论》所载尧欲伐宗、脍、胥敖三国之事，亦可知尧之所以“不释然”，或许正是因为他隐隐意识到了文明与正义在“伦理”层面的本质缺陷。

其二，《德充符》载：

> 申徒嘉，兀者也，而与郑子产同师于伯昏无人。子产谓申徒嘉曰：“我先出，则子止；子先出，则我止。”其明日，又与合堂同席而坐。子产谓申徒嘉曰：“我先出，则子止；子先出，则我止。今我将出，子可以止乎，其未邪？且子见执政而不违，子齐执政乎？”申徒嘉曰：“先生之门，固有执政焉如此哉？子而说子之执政而后人者也？闻之曰：‘鉴明则尘垢不止，止则不明也。久与贤人处，则无过。’今子之所取大者，先生也，而犹出言若是，不亦过乎！”子产曰：“子既若是矣，犹与尧争善，计子之德不足以自反邪？”申徒嘉曰：“自状其过以不当亡者众，不状其过以不当存者寡。知不可奈何而安之若命，惟有德者能之。游于羿之彀中，中央者，中地也，然而不中者，命也。人以其全足笑吾不全足者多矣，我怫然而怒；而适先生之所，则废然而反。不知先生之洗我以善邪？吾与夫子游十九年矣，而未尝知吾兀者也。今子与我游于形骸之内，而子索我于形骸之外，不亦过乎！”子产蹴然改容更貌曰：“子无乃称！”

作为“贤者”与“齐执政”的子产之所以不愿与申徒嘉合堂同席、同出共入，是因为他认为无论在“德”还是“位”上，申徒嘉都是低自己一等的。这种源自“德”与“位”的傲慢既阻碍了子产对伯昏无人之道术的体会，也使得他无法与申徒嘉成为真正意义上的“同道中人”。伯昏无人不仅十九年未尝知申徒嘉为“兀者”，同样也不会以子产为“齐执政”，也就是说，子产的“贵”与“善”、申徒嘉的“贱”与“恶”在伯昏无人那里是被敉平或谓“两忘而化其道”的。子产引以为傲、自鸣得意的“德”与“位”显然都属于“八德”畛域、“庙堂”价值，与之相比，伯昏无人“不言而喻”的“先生之所”则象征着一种“江湖”情怀、“浑沌”境域。在作为“浑沌之地”的“先生之所”，子产与申徒嘉本应“相与于无相与，相为于无相为”，可惜的是，临人以“德”、傲人以“位”的子产不曾体会如何在更原初的伦理境域中面对作为异己者的申徒嘉，也就失去了与之“相与为友”的可能。

以尧与子产为代表的“圣君贤相”在面对他者的时候总是跳脱不出是非、善恶、贵贱等种种区分性观念，“八德”之封畛让他们只能以对立性的视域、评判性的眼光去看待并对待他人，也就无法在“照之于天”的境域中照见他人的本然而独特之“心”、契会整体而超越之“道”。换言之，仅仅悬留在“八德”的界域之内讲求“相与”，人与人之间的关系就会在画地为牢、故步自封中逐渐转变为一种规范性（“名”）乃至功利性（“利”）的交往方式与伦常体系，或者说，“伦”成了独立于“人”并规定着“人”的结构与规制，并通过“由外而内”的限制性乃至“自上而下”的压制性方式发挥其效力。在这样的人伦机制（比如“三纲五常”）中，身份或名位规定着人与人之间的交流方式，纲常意味着这个封闭性系统中不可逾越的至高价值，“自事其心”的个体之维并不被认可。

第三节　“相尊”与“相蕴”

在《齐物论》中，面对啮缺“子知物之所同是乎”的追问，王倪有如下回应：

> 且吾尝试问乎女：民湿寝则腰疾偏死，鳅然乎哉？木处则惴慄恂惧，猨猴然乎哉？三者孰知正处？民食刍豢，麋鹿食荐，蝍蛆甘带，鸱鸦耆鼠，四者孰知正味？猨猵狙以为雌，麋与鹿交，鳅与鱼游。毛嫱丽姬，人之所美也；鱼见之深入，鸟见之高飞，麋鹿见之决骤。四者孰知天下之正色哉？自我观之，仁义之端，是非之涂，樊然殽乱，吾恶能知其辩！（《齐物论》）

王倪否认了“正处”“正味”“正色”的同一性与普遍性，以及“仁义之端、是非之涂”的绝对合理性。在庄子看来，以“八德”为核心的“人伦”尽管不无天道或情感基础，但它无论如何都不是“未始有封”之天道自身。一旦人们将“有畛”之人伦误解为“无封”之天道，天道就会“隐于小成”。这样，“八德”也就无异于倏忽为“浑沌”凿出的“七窍”。“七窍”既成，“浑沌”也便“死”去了；“天道”既隐灭，“人伦”也就成了“人之所以为人”的唯一可能，由之，人们再也无法“合于天伦”（《刻意》）。

由此，也就不难理解庄子为何会批判“相濡以沫”了。《大宗师》云：

> 泉涸，鱼相与处于陆，相呴以湿，相濡以沫，不如相忘于江湖。
>
> 鱼相造乎水，人相造乎道。相造乎水者，穿池而养给；相造乎道者，无事而生定。故曰，鱼相忘乎江湖，人相忘乎道术。

“相呴以湿，相濡以沫”是一种在困境中互爱互助的相与方式，这种温情与美德当然是难能可贵、感动人心而值得褒扬的；甚至可以说，“相呴、相濡”正是儒家所倡导之“恻隐之心”或“不忍之心”在极端境域之中的丰沛展现，也是“爱人如己”或“舍己为人”的生动表达。实际上，对人的悲剧性存在有甚深之悲悯的庄子并非一个冷酷无情的人，他对仁爱、互爱在极端情景中绽放出的人道光芒也不会视而不见，更不会彻底否定。那么，庄子何以认为这种高尚的美德“不如相忘于江湖”？钟泰的解释是：“‘相呴以湿，相濡以沫’，非不相爱也，然而不足以救死者，湿沫有尽时，不如江湖之恃源而往者也，故江湖者，鱼之天也。”[①] “相呴以湿，相濡以沫”之所以“不如相忘于江湖”，是因为“鱼”是“相造乎水”的，而“江湖”中恰有可供鱼儿们“穿池而养给”的不竭之水。问题在于，钟先生仅仅凸显出了“湿沫”之有尽与“江湖”之无尽的差异，却忽略了居于“湿沫”与“江湖”之间的“泉”之寓意。关于“泉”，孟子有这样一段经典表述：“源泉混混，不舍昼夜，盈科而后进，放乎四海，有本者如是。”（《孟子·离娄下》）孟子认为，“泉”乃水之本源，“四海”以及“江湖”不过是水之汇归结果而已。在庄子看来，永不枯竭的“江湖”才是水之真

① 钟泰：《庄子发微》，上海古籍出版社，2002年，第141页。

源，方为“源泉混混”之所以可能的最终依据。① 一旦“泉”与“江湖”隔绝，它就会变成“无源之水”，必会在不断消耗中趋于枯竭。因此，如果说“江湖”是“绵绵若存，用之不勤”之“道术”的象征，“泉”表征的就是以“八德”为枢纽而建构出的人伦世界。在庄子那里，“八德”并非“道术”之自身或全部，而且必以“道术”为本源方可发挥其有限的效用；正如“泉”本可以在“江湖”的默养之中活水不断，“八德”也必须以“道术”为本源才能滋养而不损害存活于其中的人与物。可见，庄子之所以说“相呴以湿、相濡以沫”不如“相忘于江湖”，并非反对可歌可泣的恻隐之心，而是给出了这样的提示：以“江湖”为本源的“泉”不会干涸；与其在“泉涸”的危难之际示现美德，不如在“江湖”这一自然之域出游从容。

“相忘于江湖”并不意味着人与人之间的两不关心，形同陌路，而是提示我们在面对他者的时候，应致力于悬解“同是”之标准，破除“自是”之成心，既不以世俗之“同是”度人，亦不以一己“自是”待人，而能尊重他人之“心”及其存在的独特性，如此，“彼”与“我”才有在“江湖—道术”中各行其“是”、各得其“正”之可能。按照黄勇的说法，这就是“遵循我们的行动对象的道而行”②。经由“相忘乎道术”，人们就会自然达成“人相造乎道”之效应。在庄子那里，“相造”兼具“相生”与“相成”两义③：作为“相生”的“相造”意味着一种原初意义上的存在关系，作为“相成”的“相造”指的是经由“无事”之存在活动而呈现的生命的安顿情态，此即“齐物者”之“相与于无相与”的大致情状。

在“相造乎道”的伦理情境之中，这种以“彼”也即“他者”为重的观念显然迥异于儒家的“由己及人”或“推己及人”。在儒家那里，不管是“己所不欲，勿施于人”（《论语·颜渊》），还是“己欲立而立人，己

① 老子云：“江海所以为百谷王者，以其善下之，所以为百谷王。”（《老子》第六十六章）正所谓“泉出通川为谷”（《说文解字》，“百谷”实即“泉”盈科而后进的状态。老子关于“泉—海”之关系的定位与孟子不同。在孟子那里，“海”不过是“泉”之本源之水流衍与汇集的一种必然结果；在老子那里，“海”则是以其“善下之德”而让“泉”汇归自身的。换言之，孟子之“泉—海”关系，意在说明通过每个人内在固有的“善性”（“泉”）之道德力量的推动，就可以实现一个理想的社会（“四海”）；老子之“泉—海”关系，强调的是圣王应该像“海”一样使“泉”归于一统。在“泉—海”关系问题上，庄子的思路与老子类似，只不过，他关心的是“泉”与“江海”之存在境域之于“人”的不同意味。

② 黄勇：《再论〈庄子〉中的以行为对象为中心的道德相对论》，《道德与文明》2022年第1期。

③ 关于“相造”，王叔岷说：“造犹生也。”（王叔岷撰：《庄子校诠》，中华书局，2007年，第254页）“相造”即“相生”，或谓“并生”“共在”。此外，钟泰释“造”为“就也，成也”（钟泰：《庄子发微》，上海古籍出版社，2002年，第157页），“相造”即“相成”，或谓“互得”“共成”。

欲达而达人”(《论语·雍也》),均以“己”之意愿与立场为出发点与归宿处,“人”不过是沉默而被动的行动对象;与之不同,庄子的齐物伦理可表达为“人所不欲,勿施于人”或“人所欲,施于人”①,这种“由人及人”的伦理态度更愿意尊重他人之意愿,理解异己之立场,尊重并接受万物的多元性与独立性,并致力于“辅助”他人实现其所是。那么,如何才能实现“相造乎道”?《齐物论》云:

> 奚旁日月,挟宇宙?为其脗合,置其滑涽,以隶相尊。众人役役,圣人愚芚,参万岁而一成纯。万物尽然,而以是相蕴。

“相尊”与“相蕴”正是庄子齐物伦理之根本精神的凝练表达。在庄子看来,若以“脗然自合”的“天钧—天倪”视域去看待外物与他人,一切由“仁义之端、是非之涂”等“八德”而衍生的“纷乱”都会得到消解②;这样,即便是等级体系中“皂隶”这样的低贱、卑下者,亦有其不容忽视之尊贵与不容蔑视之尊严,由此而有“相尊”之吁求;“万物尽然”意味着对万物之独特性与存在之合理性的双重肯认,多元主体之间的“相蕴”由此而成为可能。如果说“相尊”强调的是彼我双方对对方之独特性、万物之多元化的尊重与理解,伦理行动的开展应以“物固有所然”为基源或中心,那么“相蕴”就意味着“相尊”并不导向“敬而远之”,或者说多元主体之间的相互隔绝、孤立,而是在“万物尽然”之境中的相互激发与通达。

“相忘乎道术”之要,在于以“道术之通”消解“八德之畛”,而将人与人之间的相与关系还原到“原初”的存在境域之中,以开出一种以平等的照察、同情的理解、交感的呼应、开放的精神、超越的向度③为核心精神的“齐物伦理”。这样,“彼”与“此”才有“之间”可言;有了“之间”,“彼”与“此”才有相尊、相蕴的伦理空间,而在避免“相刃相靡”之际开出“相与为友”式的伦理效应。

---

① 参之以儒家式的“道德金律”“道德银律”,黄勇将“人所不欲,勿施于人”“人所欲,施于人”称为“道德铜律”。参见黄勇:《道德铜律与仁的可能性》,上海交通大学出版社,2018年,第17—52页。赵汀阳也主张将“道德金规则”修正改进为“人所不欲,勿施于人”,但在论证过程中没有援引《庄子》资源。参见赵汀阳:《论道德金规则的最佳可能方案》,《中国社会科学》2005年第3期。

② “滑涽”即“乱”,也即《齐物论》所谓“仁义之端,是非之涂,樊然淆乱”之“淆乱”;此外,由此也很容易让我们想到《老子》第三十八章所谓“礼者,忠信之薄而乱之首也”。

③ 叶海烟《庄子齐物论与当代交谈伦理》[(新北)《哲学与文化》2001年第1期]一文认为,平等的照察、同情的理解、交感的呼应、开放的精神、超越的向度是庄子思想中五个关键性的观点,本书化用了这种说法。

第四节　“相与为友”

《应帝王》载：

> 南海之帝为倏，北海之帝为忽，中央之帝为浑沌。倏与忽时相与遇于浑沌之地，浑沌待之甚善。

若以“倏—忽”拟喻相异而对立的“彼—此”，“浑沌”就是“道术”的象征。“倏与忽相与遇于浑沌之地”说明，倏、忽只有在“浑沌之地”才能相遇并相与；“浑沌待之甚善”并不是说浑沌“有意”善待了倏与忽，而是意味着倏与忽在“浑沌之地”感受到了其乐融融的氛围，并将这种“相蕴”氛围理解为了“浑沌待之甚善”。也就是说，倏与忽在“浑沌之地”不是对立对峙、相刃相靡的，而是相谈甚欢、相与甚乐的，这种“化敌为友”的友爱状态，正体现了庄子之人际伦理的理想情境。

与对“父子”“君臣”两伦的批判反思相比，庄子对“友”之伦理的积极建构非常值得关注。《天下》所谓“彼其充实不可以已，上与造物者游，而下与外死生无终始者为友”，《大宗师》所谓“相视而笑，莫逆于心，遂相与为友”，都体现出了对“做朋友”的认可与追求。在庄子笔下，那些“外死生、无终始”或“知死生存亡为一体”的人是可以“相视而笑、莫逆于心”的。如果说“知死生存亡为一体”是一种“真知”，子桑户等人也就是所谓“真人”：“古之真人，不知说生，不知恶死。”（《大宗师》）可见，“真人”之间的“相与为友”是以“真知”为精神基础、伦理场域的。所谓“真知”，即《天下》所谓“独与天地精神往来”“上与造物者游”，《大宗师》称之为“知之能登假于道”，实际上也就是“自事其心者”的“体道”状态。这种奠基于“道”、立足于“独与”的友爱关系导向的是“莫逆于心”：“莫逆”即不逆、不悖、不反，“莫逆于心”即“心”之感会与通达。从“自事其心”到“莫逆于心”，处乎“独在”与“共在”之间的人也便获得了最佳的存在形态。至此，庄子在“父子—君臣”这两个“大戒”之外开显的“真”之“心”与“卓”之“道”，也就双双在伦理之境中得到了落实。可见，“心”与“道”是庄子友爱伦理的两环，或者说构成了人际关系得以展开的心性基础与伦理境域。正如“相与于无相与”一语所示，“无相与”是“相与”之所以可能的根据，“相与”是“无相与”的应然指向。

《礼记·礼运》云：“何谓人义？父慈、子孝、兄良、弟弟、夫义、妇听、长惠、幼顺、君仁、臣忠十者，谓之人义。”在这里，父慈子孝、君仁臣忠等的确道出了父子、君臣等伦常关系之间的交互性以及对双方的品德要求。问题在于，这种交互性品德要求的根基或背景本来就是牢不可破的等级关系与权力结构，故而在本质上都是不平等的。与这种以“八德”为界域的不平等伦理关系相比，“真人”之间的“相与为友”可谓是一种基于本真德性[①]的平等友爱。[②] 在庄子那里，“相与为友”之所以可贵，在于只有以这种本真德性的平等友爱为基础，人与人之间才能摆脱伦常、权力、名利的限制与束缚，免于以名相轧，以德相争，相刃相靡，并促成人与人之间情感、思想、德性等方面的均衡交流，以实现相互之间的理解、尊重与通达。

于此，《庄子》中恰有两种不同的“君臣”关系可资对照。

在《人间世》篇，颜回意欲前往卫国教化作恶多端而又年富力强之卫君，孔子劝止说：“且德厚信矼，未达人气；名闻不争，未达人心。而强以仁义绳墨之言术暴人之前者，是以人恶有其美也，命之曰灾人。灾人者，人必反灾之，若殆为人灾夫！”在孔子看来，当德信深厚、淡泊名利的颜回在面对卫君的时候，他的高尚之“德”与卫君的尊贵之“位”之间一定会在对抗中走向相灾，在此情境之中，颜回不仅无法通达卫君之“心”，实现教化卫君、拯救卫国的本愿，还会被掌握绝对权力的卫君杀害。也就是说，不论从谁的立场来看，卫君与颜回之间的关系建构都是不平等的：在以“善”自居的颜回那里，卫君就像一个亟需医治的病人；而在以“位”自恃的卫君眼中，颜回不过是一只有待宰杀的羔羊。这种善与恶、尊与卑的不平等，使得颜回与卫君的君臣关系处在失衡与失控的状态之中。

在《德充符》篇，鲁哀公在向孔子请教了何谓“才全而德不形”之后，向闵子说：“始也吾以南面而君天下，执民之纪而忧其死，吾自以为至通矣。今吾闻至人之言，恐吾无其实，轻用吾身而亡其国。吾与孔丘，非君臣也，德友而已矣！”在两人的交谈之中，孔子并不以鲁哀公为教化

---

① 这里的本真德性即“真知”。《大宗师》云：“其知情信，其德甚真。”

② 庄子笔下的真人之“相与为友”，非常类似于亚里士多德所谓“德性友爱”。亚里士多德的“友爱”论述，参见[古希腊]亚里士多德：《尼各马可伦理学》，廖申白译注，商务印书馆，2017 年，第 248—314 页。此外，孟子也有“友也者，友其德也，不可以有挟也”（《孟子·万章下》）之说，同样主张基于“德性”的友爱。在庄子那里，孟子与儒家提倡的“德”依然是一种“临人以德”的压制性力量，《德充符》所载子产对申徒嘉的“傲慢”即其例证。

的对象，他只是借“哀骀它”这一畸人形象陈述了对“全德”的理解；然而，这番话却让鲁哀公产生了深刻的自省，他意识到自己并非“至通”之君主，他和孔子的关系也不是“君臣”而是“德友”。可见，面对鲁哀公的孔子丝毫没有上文中颜回那样“以道化势”的心态，这种“听之以气”的姿态反而使鲁哀公得到了某种更根本的“教化”：他主动悬置了高高在上的权位，泯除了洋洋自得的感觉，并致力于在某种“真知”境域中重新理解自己的权位并调整与孔子的关系。这种从“君臣”向“德友”的转变，说明理想的人际关系不应是因“善”而生的单向教化或凭“位”而成的任性予夺，而应在“天道—真知”的浑沌境域中打破“八德—小成”的僵化与封畛，以使君臣关系的互动、互通、互成成为可能。

既然“君臣”可以转化“德友”，那么，父子、兄弟、长幼、夫妇等伦常关系是否也可以通过“德友”的方式来建立呢？或者说，“德友”或“相与为友”是不是庄子心目中最理想的人际关系形态？按照庄子的示例与逻辑来看，答案无疑是肯定的。宋刚即注意到，除了对君臣关系的颠覆，《大宗师》中对颜回说“丘也请从而后也”的孔子、《德充符》中那些“与人为妻，宁为夫子妾”的妇人，以及《应帝王》中“为其妻爨，食豕如食人”的列子等形象，都意味着对师徒、夫妻等社会伦常关系的颠覆，在此意义上，的确可以说“庄子想像的理想社会应该是一个友人社会”①。只不过，“友人社会”并不意味着取消朋友之外的其他伦常关系，而是致力于以“相与为友”来消解父子、君臣、夫妻、兄弟、师徒等“不平等关系”中易于出现的单向要求或外在压制，以更好地调谐并建构人与人之间的伦理关系。

《知北游》云：“圣人处物不伤物。不伤物者，物亦不能伤也。唯无所伤者，为能与人相将迎。”究极而言，庄子倡导的“无所伤”“相与于无相与”“相与为友”只有在“圣人”也就是“齐物者”“体道者”那里才是可能的，这也是为什么曹晓虎会坚持认为庄子的伦理思想是一种无标准、去中心的超越性观念②；然而，庄子摹画出的伦理图景并未悬停在高高的云端，就常人而言，一旦自己意识到自我的有限性、他者的独立性、双方的平等性、关系的均衡性等基础性的伦理态度，于“道”即可谓“虽不中，不远矣”，在人际关系中也还是能规避“相刃相靡”的患害并期待“相与为友”的快乐、“无所伤”的和谐的。正如黄勇所说：“庄子不仅关心伦理

① 宋刚：《庄子之怒——试论古代中国一种权力批判》，(台北)《中国文哲研究通讯》2012年第4期。

② 参见曹晓虎：《〈庄子〉道德论是“以行为对象为中心”吗》，《道德与文明》2021年第6期。

问题，而且其伦理学正是我们当今这个多元时代所需要的，因为它要求我们在考虑涉及他人的行动时，要考虑他人的独特性。”[①] 庄子的齐物伦理不但有落地生根的必要，也有硕果累累的可能。

总之，在“独与天地精神往来”的境界追求之外，庄子更有“下与为友”“相与为友”的伦理关注，可称之为“齐物伦理”。庄子的“齐物伦理”迥异于以儒家为代表的传统伦理思想，并围绕“八德”对后者的核心价值与践行方式展开了明显的批判；鉴于“八德”并非“伦理”的唯一表现形态，庄子的儒家伦理批判并不意味着他否定一切伦理关系。在庄子看来，人与人之间应该有一种“相尊”的态度、“相蕴”的识见，才能超越是非对立，打破八德封畛而建立起“相与为友”的新型伦理关系，进而开出独立而自在、平等而均衡、开放而通达的“齐物伦理”与“友人社会”。此外，庄子的齐物伦理在理论层面也有与西方现代伦理思想进行对话的多种可能，比如：“相忘乎道术”与海德格尔的“原初伦理学”之间的相似性[②]；对“彼”的尊重与列维纳斯“他者伦理”之间的通达[③]；作为语言沟通方式的“齐物论”与哈贝马斯的“交谈伦理”之间的互相启发[④]；“相与为友”也是通向亚里士多德“友爱伦理”的津梁；等等。可见，庄子的“齐物伦理”自身亦有与西方的各种伦理观念“相与为友”的可能。

---

① 黄勇：《论〈庄子〉中的行为对象道德相对论》，崔雅琴译，《社会科学》2016 年第 3 期。

② 林明照曾将庄子的相忘伦理类比于海德格尔的“原初伦理学”，也即“让伦理学从是非对错的规范性思考之中，转向生存的安居与本真性，开展出伦理思考的深层面向”。参见林明照：《反思、他者与气应——〈庄子〉与列维纳斯的伦理学对话》，方勇主编：《诸子学刊》第十辑，上海古籍出版社，2014 年，第 189 页。

③ 参见林明照：《反思、他者与气应——〈庄子〉与列维纳斯的伦理学对话》，方勇主编：《诸子学刊》第十辑，上海古籍出版社，2014 年。

④ 参见叶海烟：《庄子齐物论与当代交谈伦理》，(新北)《哲学与文化》2001 年第 1 期。

结语　“敢问天籁”

《齐物论》是《庄子》的核心篇目之一，也是中国哲学史上的典范之作。尽管这篇三千六百余言的“小文章”在文本与篇名等方面均存在一些问题与争议，但结合《庄子》的成书情况及一些其他的文献证据来看，《齐物论》并不是问题文本，将之视为出自庄子之手的“大文章”是可靠的。当然，在《庄子》的文本流传过程之中，《齐物论》的文字章句同样多有更动，在此意义上，它既不是原初文本，也不是完美文本。面对《齐物论》，我们既不能因为其并不十全十美而不屑一顾，也要避免将之视为一字不可改易的神圣经典。

不管“齐物论”这一篇名是庄子自拟，还是刘安或刘向等汉人所拟，必须要承认的是，这三个字与《齐物论》的文本内容之间存在着关联性与一致性。关于“齐物论”的读法，通过思想史的梳理来看，“齐物—论”是先秦至唐代的初始读法，“齐—物论”是宋代理学兴盛背景下的新兴读法，明末清初之际产生的“齐物—齐论”是基于前两种读法的融合读法。就研究《齐物论》而言，只有回到“齐物—论”这一初始读法，才能恰当领会庄子阐发其“齐物观念”“齐物哲学”的思想语境与理论旨归。

就先秦哲学史来看，“齐物”并不是庄子的独创观念，而是一个普遍流行的哲学命题：老子、孔子、墨子等早期贤达对之已经有所关注；战国中后期的慎到、惠施、许行、庄子等将之推向了思想巅峰；《礼记》《易传》《文子》《尹文子》《鹖冠子》《荀子》等典籍中均有与“齐物”相关的材料。甚至可以说，先秦哲学史上出现过一股汹涌澎湃的“齐物思潮”。在问题意识与思考方法方面，庄子深受“齐物思潮”的影响并与之有深入互动，但其思想视域与理论关怀终究还是超越了时代思潮的一般取向，而呈现着“独与天地精神往来而不敖倪于万物”的异彩。

尽管先秦“齐物思潮”最终呈现为某种“争鸣”的局面，但这一思潮之所以出现，与先秦诸子尝试通过不同的路径解决并回应“时代问题”相关。在此意义上，与其过度关注《齐物论》中那些与“论”相关的元素，将之解读为以辩证法、诡辩论、相对主义为特质的“名学”著作，或界定为“辩多而情激，岂真忘是非者哉”的“空存其理”之篇[①]，不如体察庄子独出机杼的“卮言”这一“言说—思考—存在”方式，钩沉庄子齐物观念之中隐含着的“齐物之情”，或可更精准地锚定其问题意识，更真切地探明其义理旨归。

《齐物论》云：“物谓之而然。”又云：“言隐于荣华。”庄子既承认“言”这一“谓之”方式是将“物”带入人的生活世界的创造性力量，也看到了这一创造性力量因不断自我赋权而给万物带来的伤害。所谓“荣华之言”，当然与《齐物论》所谓“论”“议”“辩”等有关，但这些与“是非”绑定的语言形式已经背离了“物谓之而然—物固有所然”的容纳与肯定，也就只能进一步滋生“是亦一无穷，非亦一无穷”式的恶之无限，从而将人的生存带向一种悲哀的境地。在庄子看来，“天下—万物”本以“沉浊—浑沌”为其存在态势，因之而起的“言”也应呈现出“未定—无常”之貌。如果“言”未能知止于此，就会衍化成在浑沌中固化价值、论辩是非的庄语。通过“有用—无用”之辨与“是—非”之辨，庄语试图定性乃至重构万物，从而形成了对外物的限制与宰制。正是为了解决语言因隐于荣华与小成而使人无法合理观物、应物的生存难题，庄子才提出了寓言、重言与卮言这三种根植于人的存在本质之中的崭新语言形式。在庄子那里，寓言与重言是以常人之是非与古今观念为观照而生成的语言策略，意在弱化言说对象的是非对抗心理、因顺言说对象的尊古崇圣心理；卮言是依乎天理、因物为正之言，由之可敞开一个“咸其自取”的生活世界。可以说，寓言、重言是一种别有意味的语言形式、独具匠心的语言策略，卮言是这种形式与策略的实质性表达与具体化运用。不仅如此，《齐物论》乃至《庄子》内七篇，都可以被视为庄子利用寓言、重言、卮言而进行的创作实践。在《齐物论》中，庄子以及“王倪”“长梧子”等寓言人物在表述齐物之理的时候，其语言姿态体现出了“尝试言之”的戒慎、“妄言之”的自省，这种戒慎、自省的语言姿态既是一种“知止于其所不知”的有限性认知姿态，也是一种邀请听者共同参与的开放性存在姿态。在此意义上，卮言既是一种“因物随变”的言说方式，也是一种可资“通彼我之

① 苏舆语，转引自王先谦撰：《庄子集解》，中华书局，1987年，第9页。

怀，常使两情皆得，彼此俱畅”① 的存在方式。

观诸《齐物论》之文，既遍布着“不亦悲乎”“可不哀邪”“可不谓大哀乎”等哀悲化表达，亦充盈着“莫知”“不得”“不见”“不知”等无知类词汇。哀悲化表达陈述着人生在世的现实性沉沦，此之谓“生存之悲”；无知类词汇道明了人生在世的根源性芒惑，此之谓“存在之芒”。《齐物论》涌动着丰沛的情绪、至深的情感，盈荡着无奈的生存悲感、无尽的存在悲悯，从而汇聚为庄子的“齐物之情”。“齐物之理”之所以动人心弦，恰是因为“齐物之情”的情真意切。仅仅以冷静深约的理性观照《齐物论》，的确可以像郭象那样提出某种类型的齐物理解，但终究会因为不察、不契庄子的“齐物之情”而遮蔽、歪曲了“齐物之理”。在庄子看来，“生存之悲”是人生的歧途，“存在之芒”是人生的本然。问题在于，首先，人们不但不以“生存之悲”为悲，反而会像“天选子之形，子以坚白鸣”（《德充符》）的惠施那样自鸣得意；其次，就像质问影子的罔两那样，人们对“存在之芒”的晦暗与偶然充满了疑惑、恐惧与敌意，无法接受并安居于浑浑沌沌的“存在之芒”。于此，《天地》说，“知其愚者，非大愚也；知其惑者，非大惑也。大惑者，终身不解；大愚者，终身不灵”，不知其愚、不知其惑的我们正是大愚、大惑之人。《天地》又云：“而今也以天下惑，予虽有祈向，不可得也。不亦悲乎！”与《齐物论》之“不亦悲乎”相比，这句话表达的悲哀之情要更显无奈而深彻，可视为庄子之“齐物之情”的极致表达。透过这种悲哀之情，我们看到了庄子的深情与深情的庄子。在与屈原的对比中，胡文英这样评价庄子：“庄子最是深情。人第知三闾之哀怨，而不知漆园之哀怨有甚于三闾也。盖三闾之哀怨在一国，而漆园之哀怨在天下；三闾之哀怨在一时，而漆园之哀怨在万世。”② 尽管屈原的一国、一时之哀怨亦可称情真意切、哀婉动人，但庄子对生存之悲与存在之芒的揭示、对人生之悲哀情态的描绘，更能击中沉沦于日常生活、疲役于世俗价值之中的“我们”，不管这个“我们”生于何时，存于何地。但是，正如《徐无鬼》所说，“嗟乎！我悲人之自丧者，吾又悲夫悲人者，吾又悲夫悲人之悲者，其后而日远矣”，庄子深沉而极致的“齐物之情”并没有让他走向“死人之理”，反而重新给出了一种“日远”之

① 《世说新语·文学》：“傅嘏善言虚胜，荀粲谈尚玄远。每至共语，有争而不相喻。裴冀州释二家之义，通彼我之怀，常使两情皆得，彼此俱畅。”（刘义庆撰，刘孝标注，余嘉锡笺疏：《世说新语笺疏》，中华书局，2015 年，第 219 页）魏晋清谈之所以令人心驰神往，之所以引人入胜，正是因为清谈、玄谈在本质上是一种“卮言场景”，这里所说的“两情皆得，彼此俱畅”而非论辩是非、区分优劣才是清谈的最终追求与完美形态。

② 胡文英：《庄子独见》，华东师范大学出版社，2011 年，第 6 页。

可能。所谓“日远”，不是逃离万物，远离世界。成玄英释之云：“悲而又悲，遣之又遣，教既彰矣，玄玄之理斯著，与众妙相符，故日加深远矣。”① “日远”是朝向现实世界的真正扎根，是与莫名其妙的万物之化的相契，也是直面浑沌与黮暗的存在之理的存在方式。以此为契机，庄子的“齐物之情”开始向“齐物之理”转化。

通过“卮言”与“齐物之情”来看，《齐物论》中的“是非”问题并非纯粹的逻辑问题、客观的知识问题，而是与万物的存在、人类的生存密切相关的价值问题。由此也可以说，“‘齐物’是一种生活态度和生存方式，而不是知识”②。面对《齐物论》，倘若只是游目于其雄辩的说理方式，骋怀于其至极的境界表征，也就遮蔽了其他更广阔的问题意识而失却了系统探研齐物义旨的可能。有鉴于此，本书着意于从生存论与存在论的角度对之展开体察，更强调《齐物论》这一经典文本自身的奠基作用，以走出以往研究中见“理”而不通“情”、究“体”而不达“用”、明“一”而不通“异”等偏蔽，凸显庄子齐物观念的情理交融、体用兼赅、一多相即等特征。庄子的理性论辩必须融会于以生命感受为基础的齐物理解之中（情理交融），方可避免“空存其理”之讥；作为存在视域、精神境界的齐物亦须转化为某种政治实践与伦理行动（体用兼赅），才能走出虚廓而神秘的孤绝状态，从而向外物敞开，与他者通达；“齐物”的归宿并非“齐其不齐”的齐同与统一，而是“不齐而齐”的通达与多元（一多相即）。

历代学者常以“同”释“齐物”之“齐”，郭象就曾给出过两种“齐同”的思路：其一，“夫自是而非彼，美己而恶人，物莫不皆然。然，故是非虽异而彼我均也”；其二，“所谓齐者，岂必齐形状，同规矩哉！故举纵横好丑，恢恑憰怪，各然其所然，各可其所可，则理虽万殊而性同得，故曰道通为一也”。③ 郭象认为，在“自是而非彼”之日常心理结构与“适性逍遥”之理想存在状态这两个方面，人们都是相同而无差别的。与不接受“造物者”的郭象不同，王雱更愿意通过“同根”而论万物之同状：“万物受阴阳而生，我亦受阴阳而生，赋象虽殊，而所生同根，惟能知其同根，则无我。无我则无物，无物则无累，此庄子所以有《齐物》之篇也。”④ 这种论证方式显然更简洁而有力。冯友兰也认为，齐物是“自

① 郭庆藩撰:《庄子集释》,中华书局,2013 年,第 748 页。
② 王博:《庄子哲学》,北京大学出版社,2020 年,第 108 页。
③ 郭庆藩撰:《庄子集释》,中华书局,2013 年,第 44、69 页。
④ 王雱撰:《南华真经新传》,福建人民出版社,2023 年,第 12 页。

无限之点以观物，即所谓‘以道观之’也。以道之观点观物，即见物无不齐矣”[①]。通过本书的研究来看，“齐物”之“齐”并非植根于某种玄冥之境或道境的万物相同、齐同，反而是以万物殊异为立论基点的相蕴与共成。万物既以“独一”的姿态卓立而在，亦以“均一”的样态平等并生，“齐”不应是泯灭独立、敉平差异、消解多元的整齐、齐一或相同，而恰恰以万物之差异、多元为基点与归宿。可见，庄子并不试图通过“齐物”去建构一种囊括万有的“道体”或超脱一切的“心体”，其所谓“道”反而正是通过万物的独立性、多元性得以呈现的，这也就是作为“自然之分际”的天倪。同样，所谓“道通为一”也不是泯除一切差异的浑沦道体，而是让多元化、差异性的个体在其中均可“咸其自取”的天钧之境，此之谓“和之以天倪—休乎天钧”。如果一定要给“齐”下一个定义的话，与其说它意味着齐同或相同，毋宁说是齐通或通达。

方以智、章太炎对庄子齐物的“不齐”要旨有真切之领会。方以智云：“《齐物论》正谓其不可齐即是至齐。”[②]“不可齐”者，即万物之独立性与多元性。章太炎云：“任其不齐，齐之至也。”[③]“任其不齐”，即对外物之独立性的尊重、对万物之多元性的因顺。在此意义上，“齐物”既是一种本真性的“观物”视域，万物之“不可齐”在此视域中显现；也是一种理想化的“应物”精神与“通物”实践，这就是所谓“任其不齐”。庄子之齐物展现出了一条由“观物”而“应物”而“通物”的义理脉络：“观物”即“照之于天”，“应物”即“因是”，“通物”即“寓诸庸—与物有宜”。三者一体同贯，缺一不可。[④]

所谓“照之于天”之“观物”，并不意味着“圣人”即天道之化身。在庄子那里，天道视域之获得与敞开，是通过“吾丧我”而实现或抵达的。“我”的吊诡之处在于：首先，通过“我”只能走向“非我”，“丧我”是走出非我化生存的唯一可能；其次，“吾丧我”的确是对“我”化之存在方式的批判，但又不能走向对“我”的彻底否定。因此，只有当存在者既意识到了“我”的事实性存在维度，又形成了对这种维度之可能弊端的明觉的时候，“吾丧我”这一真卓性的存在观念才有绽开的可能。在庄子

---

① 冯友兰：《中国哲学史》，生活·读书·新知三联书店，2009年，第263—264页。

② 方以智撰，庞朴注释：《东西均注释（外一种）》，中华书局，2016年，第495页。

③ 章太炎：《齐物论释》，《章太炎全集》（六），上海人民出版社，1986年，第58页。

④ 在此意义上，庄子的齐物哲学与海德格尔所谓“对于物的泰然任之与对于神秘的虚怀敞开”有着跨越古今的共鸣，它们都致力于“允诺给我们以一种可能性，让我们以一种完全不同的方式逗留于世界上”。参见[德]海德格尔：《海德格尔选集》，孙周兴选编，上海三联书店，1996年，第1240页。

看来，“自是之是”是“我”的生存原点，由之可衍生本质化的“果是”与普遍化的“同是”；一旦“果是”取代了“彼是之是”，“同是”占有了“尽然之是”，必会开出“自是而非人”的实践取向；“非人”不仅意味着“彼”是错的，更有将“彼”同化的诉求，在此否定性的同化过程之中，“彼是之是”与“尽然之是”之本然存在形态也就被颠覆或遮蔽了。由此，庄子提出了“因是”之应物精神与实践方式，以在限定“因自是之是”的基础上充分肯定“彼是之是”，尽力维护“尽然之是”；正是在“因尽然之是”“因彼是之是”的前提下，人的“自是之是”才能被尊重、承认，“因自是之是”才能从一种自然而有限的存在现实转化为自由而通达的存在方式。

“天钧—天倪”之存在视域、“因是”之应物精神在社会政治领域的落实，即体现为“齐之以道”的政治实践与“相与于无相与”的伦理行动。作为政治观念的“齐物”并不预设任何道德价值或伦理观念的优位性或真理性，因此能够超越“师心自用”的知识、价值、权力专断与“彼是相非”的是非之争；“齐之以道—照之于天”并不主张“爱人”的情感表达、“推己及人”的主观志愿，从而可以免除“爱有所无”的情感落差、“万物皆照（灼）”的惨淡结局。在伦理维度上，阴、阳、仁、义、礼、智、名、利等“八德”构成了“六合之内”的价值体系与伦常边界，此即常人生活于其中的人伦世界。“八德”的封畛性使得生活于其中的人们只能以是非、善恶等对立性、评判性的视域去看待并对待他人，以名相轧，以德相争，也就无法在“照之于天”的视域中照见他人的独特之“心”，领会一体的存在之“道”。庄子所谓“人相忘乎道术”，就是要以“道术之通”消解“八德之畛”，而将人际关系还原到“相尊—相蕴”的“齐物伦理”境域中：“相尊”即对他者之独特性的尊重与理解，“相蕴”即多元主体之间的共在与通达。终而，庄子期许的是一种“相与为友”式的伦理效应。通过作为“政治—伦理”的“齐物”理念，可知在秩序与生命之间，庄子并不主张以某种秩序来规范或宰化生命，毕竟，生命的独立性与多元性并非任何现成或约定的秩序所能框缚。

可见，庄子的齐物观念不仅涵有“独与—上与”之境界追求与精神体验，也蕴有“下与—相与”之政治关切与伦理关怀，从而体现出上下贯通、内外皆应的“充实不可以已”之思想品质。释德清论庄子之学云：“以其人宏才博辩，其言汪洋自恣，故观者如捕风捉影耳。”[①] 研读《齐物

① 释德清:《庄子内篇注》,华东师范大学出版社,2009年,第1页。

论》，才是真正意义上的“捕风捉影”——捕大块噫气之“风”，捉罔两责问之“影”。来去无踪之“风”与坐起无操之“影”，正是这个变化无常而飘忽不定之“物化”世界的绝佳喻象。“风”出自不知所出之“大块”，“影”然于不知其然之“有待”，这个莫名其妙的物化世界终究是“芒”而不失其“真”的。“风—影”不可捕捉，作为以“风”相吹、与“影”相伴的存在者，人们又不得不去捕之捉之。在此吊诡的存在境域中，为了避免捕风捉影沦为两手空空的追逐与徒劳，“敢问天籁”式的探问以及“尝试言之”式的陈词，就成了适当的思考姿态与合理的阐释方式：“敢问”出于不能问而又不得不问，“尝言”归于不可答而又不得不答。面对不能问、不可答之“不知”之“芒”，“知”的展开往复徘徊于“敢问”与“尝言”之间，才有与日出之卮言、无竟之物化相偕而在、相须而行的机会。

“百计思量，且交付天风吹籁。”①

① 王夫之《玉连环·述蒙庄大旨答问者》词云：“生缘何在，被无情造化，推移万态。纵尽力难与分疏，更有何闲心，为之偢睬。百计思量，且交付天风吹籁。到鸿沟割后，楚汉局终，谁为疆界。长空一丝烟霭，任翩翩蝶翅，泠泠花外。笑万岁顷刻成虚，将鸠鹭鲲鹏，随机支配。回首江南，看烂漫春光如海。向人间，到处逍遥，沧桑不改。”（王夫之：《船山全书》第十五册，岳麓书社，1996年，第728—729页）

附录一　《齐物论》疏解

本书正文已经论及了《齐物论》中的绝大多数文献材料，本附录意在依照原文次序而对之进行贯通性疏解。需要说明的是：首先，本附录将《齐物论》分为十一章，只是出于笔者私意的划分，并不具有文献学方面的考量；其次，疏解内容与正文有不少重合之处，但更多顾及了整体文脉与具体细节。

（一）“南郭子綦隐机而坐”章

南郭子綦[1]隐机而坐，仰天而嘘[2]，苔焉似丧其耦[3]。颜成子游[4]立侍乎前，曰：“何居乎？形固可使如槁木，而心固可使如死灰乎[5]？今之隐机者，非昔之隐机者也[6]。”

子綦曰：“偃，不亦善乎，而问之也！今者吾丧我，汝知之乎？女闻人籁而未闻地籁，女闻地籁而未闻天籁夫[7]！”

子游曰：“敢问其方[8]。”

子綦曰：“夫大块噫气，其名为风。是唯无作，作则万窍怒呺。而独不闻之翏翏乎？山林之畏佳，大木百围之窍穴，似鼻，似口，似耳，似枅，似圈，似臼，似洼者，似污者；激者、謞者、叱者、吸者、叫者、譹者、宎者，咬者，前者唱于而随者唱喁。泠风则小和，飘风则大和，厉风济则众窍为虚。而独不见之调调，之（刁刁）［刀刀］乎？”[9]

子游曰：“地籁则众窍是已，人籁则比竹是已。敢问天籁[10]。”

子綦曰：“夫吹万不同，而使其自已也，咸其自取，怒者其谁邪[11]！”

【疏解】

［1］南郭子綦：字子綦，因居南郭，故以为号。成玄英谓之为“楚昭王之庶弟，楚庄王之司马”①，当据《让王》“（楚昭）王谓司马子綦曰”

① 郭庆藩撰：《庄子集释》，中华书局，2013年，第44页。

章而为说。《人间世》有“南伯子綦游乎商之丘”[①]，李颐谓“南伯”即“南郭”，“伯”言其“长”。[②]《大宗师》有“南伯子葵问乎女偊”[③]，成玄英认为“葵当为綦字之误，犹《人间世篇》中南郭子綦也”[④]。若“南郭子綦”“南伯子綦”“南伯子葵”为一人，其于《齐物论》言“天籁”，于《人间世》说“不材”，于《大宗师》问“学道”，堪称内篇中“孔子”之外的另外一个关键人物。

在杂篇中，《徐无鬼》有“南伯子綦隐几而坐”及“子綦有八子”，《寓言》有“颜成子游谓东郭子綦”，《让王》有“王谓子綦曰”之记载，这些“子綦”或许也都是这里的南郭子綦。

《徐无鬼》“南伯子綦隐几而坐”章与本章相关：

> 南伯子綦隐几而坐，仰天而嘘。颜成子入见曰：“夫子，物之尤也。形固可使若槁骸，心固可使若死灰乎？”曰：“吾尝居山穴之中矣。当是时也，田禾一睹我，而齐国之众三贺之。我必先之，彼故知之；我必卖之，彼故鬻之。若我而不有之，彼恶得而知之？若我而不卖之，彼恶得而鬻之？嗟乎！我悲人之自丧者，吾又悲夫悲人者，吾又悲夫悲人之悲者，其后而日远矣。”

---

① 《庄子·人间世》：南伯子綦游乎商之丘，见大木焉有异，结驷千乘，隐将芘其所藾。子綦曰：“此何木也哉？此必有异材夫！”仰而视其细枝，则拳曲而不可以为栋梁；俯而视其大根，则轴解而不可为棺椁；咶其叶，则口烂而为伤；嗅之，则使人狂酲，三日而不已。子綦曰：“此果不材之木也，以至于此其大也。嗟乎神人，以此不材！”宋有荆氏者，宜楸、柏、桑。其拱把而上者，求狙猴之杙者斩之；三围四围，求高名之丽者斩之；七围八围，贵人富商之家求椫傍者斩之。故未终其天年，而中道已夭于斧斤，此材之患也。故解之以牛之白颡者与豚之亢鼻者，与人有痔病者不可以适河。此皆巫祝以知之矣，所以为不祥也。此乃神人之所以为大祥也。

② 郭庆藩撰：《庄子集释》，中华书局，2013 年，第 162 页。

③ 《庄子·大宗师》：南伯子葵问乎女偊曰：“子之年长矣，而色若孺子，何也？”曰：“吾闻道矣。”南伯子葵曰：“道可得学邪？”曰：“恶！恶可！子非其人也。夫卜梁倚有圣人之才而无圣人之道，我有圣人之道而无圣人之才，吾欲以教之，庶几其果为圣人乎！不然，以圣人之道告圣人之才，亦易矣。吾犹守而告之，参日而后能外天下；已外天下矣，吾又守之，七日而后能外物；已外物矣，吾又守之，九日而后能外生；已外生矣，而后能朝彻；朝彻，而后能见独；见独，而后能无古今；无古今，而后能入于不死不生。杀生者不死，生生者不生。其为物，无不将也，无不迎也；无不毁也，无不成也。其名为撄宁。撄宁也者，撄而后成者也。”南伯子葵曰：“子独恶乎闻之？”曰：“闻诸副墨之子，副墨之子闻诸洛诵之孙，洛诵之孙闻之瞻明，瞻明闻之聂许，聂许闻之需役，需役闻之於讴，於讴闻之玄冥，玄冥闻之参寥，参寥闻之疑始。”

④ 郭庆藩撰：《庄子集释》，中华书局，2013 年，第 230 页。

这段故事发生在齐国，卢文弨说“田禾”即齐太公和[①]，与成玄英所谓“楚昭王庶弟、楚庄王司马”不合，孰是孰非很难断定。就义理而言，“我必先之，彼故知之；我必卖之，彼故鬻之”一句，可视为子綦“吾丧我”之前缘。

［2］隐机而坐，仰天而嘘：“隐机而坐”，为凭靠几案之坐姿；“仰天而嘘”，有“游乎天地之一气”之意。“隐机而坐，仰天而嘘”与《大宗师》颜回所述之“堕肢体，黜聪明，离形去知，同于大通，此谓坐忘”相似。

［3］荅焉似丧其耦：“荅焉”，即成玄英所谓“解释貌”[②]。“耦”即“偶”。司马彪谓“身与神为耦”，成玄英说“身与神为匹，物与我为耦”。[③] 依司马彪，“丧其耦”即存神而忘身。依成玄英，“丧其耦”即忘身、忘物，也即不与他者、外物对立之存在状态。

［4］颜成子游：南郭子綦弟子。李颐曰：“子綦弟子也，姓颜，名偃，谥成，字子游。”[④] 颜成子游或以孔门之言偃（子游）为人物原型，“假托孔子弟子之名、字耳”[⑤]。子綦与颜成子游之问答方式与孔门明显不同，《论语·阳货》载：

> 子曰：“予欲无言。”子贡曰：“子如不言，则小子何述焉？”子曰：“天何言哉？四时行焉，百物生焉，天何言哉？”

就形式言，孔子与弟子之问答，为孔子“作”而弟子“述”之“作—述”“教—学”模式。由“今之隐机者，非昔之隐机者也”可知，子綦之教，不由言传，而凭身教，这就是孔子欲而未能之不言之教。就旨归言，孔子之述作，必属“人伦”；子綦之隐机，乃归“天籁”。

［5］形固可使如槁木，而心固可使如死灰乎：本句分述“形”“心”之状态。然“槁木”燃尽，方有“死灰”，由此譬喻，可知“形—心”之相续一体，不可断然离分为二。另外，《知北游》有“形若槁骸，心若死灰”，《庚桑楚》有“身若槁木之枝而心若死灰”，《徐无鬼》有“形固可使若槁骸，心固可使若死灰乎”，所述均与本句相似。

［6］今之隐机者，非昔之隐机者也：于子綦之“隐机—身教”，颜成

---

① 参见郭庆藩撰：《庄子集释》，中华书局，2013年，第747页。

② 郭庆藩撰：《庄子集释》，中华书局，2013年，第44页。

③ 参见郭庆藩撰：《庄子集释》，中华书局，2013年，第44—45页。

④ 郭庆藩撰：《庄子集释》，中华书局，2013年，第45页。

⑤ 王叔岷撰：《庄子校诠》，中华书局，2007年，第42页。

子游觉其"今—昔"之不同，甚有所得，若有所悟。依后文子綦"女闻人籁而未闻地籁，女闻地籁而未闻天籁"之点评，可知子游之辨"今—昔"，已超离"闻人籁"之境，而进乎"闻地籁"之境。于地籁，子游徘徊于"未闻"与"闻"之间，故子綦述之甚详；于天籁，子游"闻所未闻"，故子綦隐默不言。

[7] 今者吾丧我，汝知之乎？女闻人籁而未闻地籁，女闻地籁而未闻天籁夫：以子綦之答语反观，"昔之隐机"，或居于地籁之境；"今之隐机"，乃游乎天籁之境。由地籁登遐天籁，关窍即在"吾丧我"。"我"者，"成形—成心"之谓也。"形如槁木—心如死灰"，为"成形—成心"失丧之状；"丧我"，故"见独"而"与天地精神往来"，可闻天籁，至天和，得天乐。关于"吾丧我"与"丧其耦"之关联，宣颖云："从旁观之，曰丧其耦，是外边揣摩说话。子綦自道，直云吾丧我，方是从心地净尽中流出一丝不挂之语。"[①] 王夫之云："我丧而偶丧，偶丧而我丧，无则俱无，不齐者皆齐也。"[②] 宣颖以"自道""旁观"分判两者，船山以本末一如之理融通两者，均有理趣。

[8] 敢问其方：子游不明地籁、天籁，故发此问。在答语中，子綦于地籁之情状有细致入微之描述，其意或冀望子游借此而领会天籁。"敢问其方"，亦见于《人间世》颜回之问孔子、《大宗师》子贡之问孔子，是《庄子》中常用的提问方式。

[9] "夫大块噫气，其名为风"至"而独不见之调调，之刀刀乎"："大块"，司马彪释为"大朴"，郭象释为"无物"，成玄英释为"造物"，俞樾释为"地"[③]，陆西星释为"天地"[④]。本段旨在述说地籁，故以"大地"为是。《大宗师》有"大块载我以形"之说，《德充符》云，"天无不覆，地无不载"，能"载"之"大块"固为大地。《列子·天瑞》云，"地积块耳，充塞四虚，亡处亡块"，亦可证之。所谓地籁，非风之声，非窍之声，而为风吹万窍之和声：既因"风"之作，亦依"窍"之虚。苏轼《琴诗》云，"若言琴上有琴声，放在匣中何不鸣？若言声在指头上，何不于君指上听"[⑤]，琴声不独在琴，不独在指，而在乎指弹琴；同理，地籁不单凭风，不单凭窍，而生于风吹窍。"万窍"之形千差万别，故谓"万

---

① 宣颖撰：《南华经解》，广东人民出版社，2008年，第11页。

② 王夫之：《庄子解》，中华书局，1964年，第11页。

③ 以上诸说，参见郭庆藩撰：《庄子集释》，中华书局，2013年，第47页。

④ 陆西星撰：《南华真经副墨》，中华书局，2010年，第15页。

⑤ 苏轼：《苏轼文集》，中华书局，1986年，第1729页。

一不同”。“风”吹“万一不同”而发众声，成异响。声响固多而异，然“前者唱于而随者唱喁”，故有“泠风则小和，飘风则大和”之“不同而和”。“不同而和”，即《齐物论》所谓“和之以天倪”“休乎天钧”。

［10］地籁则众窍是已，人籁则比竹是已。敢问天籁：子游已闻地籁，然于天籁尚无任何领会，故有向上攀援之问。地籁者，风吹万窍是也；人籁者，人吹比竹是也；天籁者，天吹万物是也。天吹万物，即“野马也，尘埃也，生物之以息相吹也”（《逍遥游》）、“从容无为而万物炊累焉”（《在宥》）。

［11］夫吹万不同，而使其自己也，咸其自取，怒者其谁邪：本句释天籁①。地籁由风与众窍相蕴而成，人籁由人与比竹相蕴而成，天籁由天与万物相蕴而成。

地籁之“怒者”，“地”也；人籁之“怒者”，“人”也；“天籁”之“怒者”，不知其谁也，故谓“怒者其谁”。天籁之境，唯见万物之“自己”“自取”，而不知其“怒者”也。果有“怒者”乎？果无“怒者”乎？“如求得其情与不得，无益损乎其真”，此为天籁与地籁、人籁之异。然天籁亦有同于地籁、人籁者。众窍、比竹，以“虚”为状；地籁、人籁，以“和”为归。天籁亦以“虚”为状，以“和”为归。由此言之，自然存在之万物，均为天道之通孔；人惯于改虚为实，以分为成，此之谓“有我之境”。有“我”则“实”，实则不虚，不虚则隔绝天道之“吹”；有“我”则“成”，“成”则不全，不全则乖离天道之“通”，此之谓“道隐于小成”。天籁之境，“无我之境”也，此之谓“吾丧我”。

“天籁”可“闻”乎？曰：可。有要乎？曰：有。《人间世》云：“无听之以耳而听之以心，无听之以心而听之以气。听止于耳，心止于符。气也者，虚而待物者也。唯道集虚。虚者，心斋也。”“虚”乃“闻天籁”之要，“吾丧我”之子綦，正其人也，“冥冥之中，独见晓焉；无声之中，独闻和焉”（《天地》）。

（二）“大知闲闲”章

大知闲闲，小知间间；大言炎炎，小言詹詹[1]。其寐也魂交，其觉也形开，与接为构，日以心斗。缦者，窖者，密者。小恐惴惴，大恐缦缦。

① 《世说新语》刘孝标注：“《庄子》曰：‘天籁者，吹万不同，而使其自己也。’”（刘义庆撰，刘孝标注，余嘉锡笺疏：《世说新语笺疏》，中华书局，2015年，第254页）郭象注：“此天籁也。夫天籁者，岂复别有一物哉？”（郭庆藩撰：《庄子集释》，中华书局，2013年，第51页）王叔岷认为刘孝标注之“天籁者”乃“据郭注所增”。参见王叔岷撰：《庄子校诠》，中华书局，2007年，第48页。

其发若机栝，其司是非之谓也；其留如诅盟，其守胜之谓也；其杀若秋冬，以言其日消也；其溺之所为之，不可使复之也；其厌也如缄，以言其老洫也；近死之心，莫使复阳也。喜怒哀乐，虑叹变慹，姚佚启态；乐出虚，蒸成菌。日夜相代乎前而莫知其所萌。已乎，已乎！旦暮得此，其所由以生乎[2]！

非彼无我，非我无所取。是亦近矣，而不知其所为使。若有真宰，而特不得其眹。可行已信，而不见其形，有情而无形。百骸，九窍，六藏，赅而存焉，吾谁与为亲？汝皆说之乎？其有私焉？如是皆有为臣妾乎？其臣妾不足以相治乎？其递相为君臣乎？其有真君存焉？如求得其情与不得，无益损乎其真[3]。

一受其成形，不忘［亡］以待尽。与物相刃相靡，其行尽如驰，而莫之能止，不亦悲乎！终身役役而不见其成功，苶然疲役而不知其所归，可不哀邪！人谓之不死，奚益！其形化，其心与之然，可不谓大哀乎？人之生也，固若是芒乎？其我独芒，而人亦有不芒者乎？夫随其成心而师之，谁独且无师乎？奚必知代而心自取者有之？愚者与有焉。未成乎心而有是非，是今日适越而昔至也。是以无有为有。无有为有，虽有神禹且不能知，吾独且奈何哉[4]！

【疏解】

[1] 大知闲闲，小知间间。大言炎炎，小言詹詹：成玄英据“小知不及大知”（《逍遥游》），释“闲闲”为“宽裕”、“间间”为“分别”。① “宽裕”故无是无非，“分别”故惹是生非。李颐释“炎炎”为“淡淡”、“詹詹”为“小辩之貌”。② “大言淡淡”即“道之出口，淡乎其无味”（《老子》第三十五章）、“言无言”（《寓言》）。依成玄英、李颐，“大知—大言”与“小知—小言”有本质差别。与之不同，梁简文帝萧纲释“闲闲”为“广博之貌”、“炎炎”为“美盛貌”。③ 如此，“大知—大言”非“真知”，故与“小知—小言”同质，均未超离“是非”之域。《齐物论》云：“夫随其成心而师之，谁独且无师乎？奚必知代而心自取者有之？愚者与有焉。”“大知—大言”对应“知代而心自取”之“智者”，“小知—小言”对应“愚者”，“大知—大言”与“小知—小言”，均为“成心”造作之表现，故以萧纲之说为是。

[2] “其寐也魂交”至“旦暮得此，其所由以生乎”：人之日常生存，

---

① 参见郭庆藩撰：《庄子集释》，中华书局，2013 年，第 52 页。

② 参见郭庆藩撰：《庄子集释》，中华书局，2013 年，第 52 页。

③ 参见郭庆藩撰：《庄子集释》，中华书局，2013 年，第 52 页。

所争者唯是非，所辨者唯胜负，故有魂交、形开、心斗之态，或发、或留、或杀、或溺、或厌之状。与人争是非，辨胜负，易于滋生喜怒哀乐之情绪动荡、虑叹变慹之思虑涌动、姚佚启态之行为转换，故《大宗师》云："夫尧既已黥汝以仁义，而劓汝以是非矣，汝将何以游夫遥荡恣睢转徙之涂乎？"是非与胜负，乃生命之刑罚。沉溺其中，生机日消，生气日衰，"近死之心，莫使复阳"。常人之"近死之心"，与子綦"如死灰"之心不同。子綦之"心如死灰"，殆如《应帝王》壶子之"杜德机"（地壤），可化为"善者机"（天文）、"衡气机"（太冲莫胜）、"天机"（未始出吾宗）。神巫季咸视壶子之"杜德机"为"湿灰"，子綦之"心如死灰"亦颜成子游之观感，然"心如死灰"并不"近死"，而可"复阳"。常人之"近死之心"则不然，"心斗"似为生机之发显、生气之流衍，实乃生机之消耗、生气之弥散，故渐趋"近死"。

［3］"非彼无我，非我无所取"至"无益损乎其真"："非彼无我"之"彼"，承上文"旦暮得此"之"此"而来。"非我无所取"，与上文"咸其自取"呼应。"不知其所为使"，与上文"使其自己"呼应。"旦暮得此"之"此"，"非彼无我"之"彼"，均指"真宰"。在庄子看来，"日夜相代乎前"之自然现象及"我"之此在，均以"真宰"为根由，然"真宰"为"已而不知其然"之"道"，非人之有限之"知"之可知，故"莫知其所萌"，"不知其所为使"。"真宰"在人之认知范畴之外，然又内在于人之存在范畴之中，故"求得其情与不得，无益损乎其真"。"真宰"之未知性，凸显"真"而弱化"宰"，为一存在论、价值论概念，而非宇宙论、形上学概念。

［4］"一受其成形"至"吾独且奈何哉"："我"与"成形—成心"相伴而生，相随而行，"行尽如驰"而莫肯知止，"终身役役"而不知所归。看似占据外物为己有，实则"物于物"而与外物羁缠，被外物消磨；看似胜人之口而逞胜，实则"溺于心"而损其真，丧其实。如此，人生必进退失守，流荡无归，如行尸等死（待尽），似走肉赴死（行尽），可悲可哀。至于吾人何以沦落至此，竟似不可解、无可逃者。庄子于此而述两种"齐物之情"：一为生存之悲，即"不知其所归"之生活情状；二为存在之芒，即"不知其所为使"之存在情态。生存之悲乃"成心"造作之结果，存在之芒乃"成心"有限之反映。"其我独芒"，存在之芒是也。"而人亦有不芒者乎？"不芒者，不惑也。孔子自谓"四十而不惑"（《论语·述而》）。孔子之不惑，不惑于"人"；庄子之独芒，独芒于"天"。庄子者，独芒之人也；《庄子》者，解惑之书也。

（三）“夫言非吹也”章

夫言非吹也，言者有言，其所言者特未定也。果有言邪？其未尝有言邪？其以为异于鷇音，亦有辩乎，其无辩乎[1]？道恶乎隐而有真伪？言恶乎隐而有是非？道恶乎往而不存？言恶乎存而不可？道隐于小成，言隐于荣华。故有儒墨之是非，以是其所非而非其所是。欲是其所非而非其所是，则莫若以明[2]。

物无非彼，物无非是。自彼则不见，自知则知之。故曰彼出于是，是亦因彼。彼是方生之说也，虽然，方生方死，方死方生；方可方不可，方不可方可；因是因非，因非因是。是以圣人不由而照之于天，亦因是也。是亦彼也，彼亦是也。彼亦一是非，此亦一是非，果且有彼是乎哉？果且无彼是乎哉？彼是莫得其偶，谓之道枢。枢始得其环中，以应无穷。是亦一无穷，非亦一无穷也。故曰莫若以明[3]。以指喻指之非指，不若以非指喻指之非指也；以马喻马之非马，不若以非马喻马之非马也。天地一指也，万物一马也[4]。

可乎可，不可乎不可。道行之而成，物谓之而然。恶乎然？然于然。恶乎不然？不然于不然。物固有所然，物固有所可。无物不然，无物不可。故为是举莛与楹，厉与西施，恢恑憰怪，道通为一[5]。其分也，成也；其成也，毁也[6]。凡物无成与毁，复通为一。唯达者知通为一，为是不用而寓诸庸。庸也者，用也；用也者，通也；通也者，得也；适得而几矣。因是已。已而不知其然谓之道[7]。劳神明为一而不知其同也，谓之朝三。何谓朝三？狙公赋芧，曰：“朝三而暮四。”众狙皆怒。曰：“然则朝四而暮三。”众狙皆悦。名实未亏而喜怒为用，亦因是也。是以圣人和之以是非而休乎天钧，是之谓两行[8]。

【疏解】

[1]“夫言非吹也”至“其以为异于鷇音，亦有辩乎，其无辩乎”：“吹”，可依崔譔释为“籁”①，“言非吹”即言说并非天籁。人之成心发而为言，激而为辩，此之谓“言者有言”；言之意难测，辩之当难定，此之谓“其所言者特未定也”。“鷇音”即“鸟子欲出卵中而鸣”②，有声而无心，然其声固可“宣称”鸟子之在。人之言有心而心意难明，鸟之鸣无心而其意自见，此其异也。

[2]“道恶乎隐而有真伪”至“欲是其所非而非其所是，则莫若以

① 郭庆藩撰：《庄子集释》，中华书局，2013年，第62页。
② 成玄英语，见郭庆藩撰：《庄子集释》，中华书局，2013年，第62页。

明”：“隐”，郭象释为“隐蔽”①，章太炎释为“依据”②。结合下文“道隐于小成，言隐于荣华”，以“隐蔽”为优。道之真伪，言之是非，非谓“道”自身有真有伪，“言”自身有是有非。“道”蔽于“小成”而有真伪之别，故“往而不存”；“言”蔽于“荣华”而有是非之分，故“存而不可”。“小成”，成玄英释为“仁义五德”③，章太炎释为“帝王之法”④，均可成立。“荣华”，成玄英释为“浮辩之辞，华美之言”⑤，章太炎释为“京洛之语”⑥，亦可兼采。结合“故有儒墨之是非”一句，“小成—荣华”以儒、墨诸家之言为典范。儒墨之争，以“是其所非而非其所是”为表征，在此二元对立、相互非难之中，“道”难以澄明，“言”无法复朴。

[3]“物无非彼，物无非是”至“故曰莫若以明”：此段述“莫若以明”之缘由。“物无非彼，物无非是”之“彼”固与“此”对，然“是”不与“非”对。“物无非是”之“是”并非“是非之是”，而为“尽然之是”，也即不论是非、不分彼此之存在图景。“彼物”之存在之所以可能，乃基于“尽然之是”，此之谓“物无非是”“彼出于是”；“尽然之是”通过“彼物”而具体呈现，此之谓“是亦因彼”；一旦“因彼”，“尽然之是”即转化为“彼是之是”。以“彼”观之，“彼是之是”在“彼—此”对立中被“此是之是”遮蔽；以“是”观之，方可兼顾“此是之是”与“彼是之是”，“彼—此”为一体之两面而非对立之两体，此之谓“自彼则不见，自知[是]则知之”。

“尽然之是”与“彼物”之体用一如即所谓“彼是方生”：“彼”因“尽然之是”而生，“尽然之是”因“彼”而成。任一具体之“彼”无法占有“尽然之是”，所有具体之“彼”无法穷尽“尽然之是”，“彼—彼是之是”与“尽然之是”并非平行之对偶关系，故谓“彼是莫得其偶”；相反，“尽然之是”（道枢、环中）可照应“无穷”之“彼是之是”，此之谓“枢始得其环中，以应无穷”。

“彼物”之存在，乃“彼”将“尽然之是”之一种可能锚定为现实之呈现。就“彼物”之现实存在而言，可谓“彼是方生”；就“尽然”之无限可能被锚定为一而言，可谓“方死”。“彼”之外面总有“彼”，“彼”之对面总有“此”；“此”之外面总有“此”，“此”之对面总有“彼”。以

---

① 郭庆藩撰：《庄子集释》，中华书局，2013年，第63页。

② 章太炎：《庄子解故》，《章太炎全集》（六），上海人民出版社，1986年，第129页。

③ 郭庆藩撰：《庄子集释》，中华书局，2013年，第63页。

④ 章太炎：《齐物论释定本》，《章太炎全集》（六），上海人民出版社，1986年，第76页。

⑤ 郭庆藩撰：《庄子集释》，中华书局，2013年，第63页。

⑥ 章太炎：《齐物论释定本》，《章太炎全集》（六），上海人民出版社，1986年，第76页。

“尽然之是”观之，“彼 a”与“彼 b”均为合理之存在，此之谓“方可”；以“彼 a”之“此”为视域，作为“彼”之“彼 b”的存在不必然合理，此之谓“方不可”。正因“彼 a”与“彼 b”之多元，万物之差异化存在成为现实，此之谓“方不可方可”。万物均以“彼是之是”也即“此是之是”之状态而在，且“‘彼 a/此 a’之是”即“‘彼 b/此 b’之非”，交互言之，即有所谓“因是因非，因非因是”“彼亦一是非，此亦一是非”。圣人“因是”而不“因非”，其“因是”为“因尽然之是”，此之谓“照之于天”。

［4］“以指喻指之非指”至“天地一指也，万物一马也”：本句可结合《公孙龙子》之“指物论”与“白马论”释之。《指物论》云：“物莫非指，而指非指。”此即“以指喻指之非指”。正所谓“物谓之而然”，人们通过将“物 a”称为“指 a”而指称之、把握之。一旦将“物 a”称为“指 a”，“指 a”与“物 a”即存在现实对应，而“指 a”又是“指”之一种，故可谓“物 a”通过“指”而被认定，此之谓“物莫非指”。与此同时，“指 a”以“物 a”为具体所指，“指”却是无具体所指之抽象符号；而且，“指 a”仅为“指”之一体，“物 a”亦不与“指”现实对应，故可谓“指 a 非指”“物 a 非指”。庄子认为，欲论证“指 a 非指”，“物莫非指”这一立论前提实际上无关紧要——“物 a”与“指 a”现实对应，“物 a”不与“指”现实对应，故“指 a 非指”，此即“以非指喻指之非指”。同样，“以马喻白马之非马”，也不如“以白（非马）喻白马之非马”来得简洁明快。

进而，依“指 a 非指”，可推“指 b 非指”“指 c 非指”等等；依“白马非马”，可推“黑马非马”“黄马非马”等等。这样，可以推出“天下无指”“天下无马”之结论。《齐物论》所谓“天地一指”“万物一马”，可理解为对“天下无指”“天下无马”之回应：既然“指 a”“指 b”“指 c”等等均非“指”，“白马”“黑马”“黄马”等等均非“马”，“指”“马”之无限、无穷之特征昭然若揭。天地之无限正如“一指”之无限，万物之无穷正如“一马”无穷，此之谓“天地一指也，万物一马也”。这样来看，“指非指、白马非马”“天下无指、天下无马”“天地一指、万物一马”三个的命题均可讲通，均有其“可”之范围与“不可”之界域。换言之，“白马是马”与“白马非马”、“天下无马”与“万物一马”等看似针锋相对之命题，实质上是“两可”的，也是“可乎可，不可乎不可”的。

［5］“可乎可，不可乎不可”至“恢恑憰怪，道通为一”：“可乎可，不可乎不可”回应的是“可不可”这一辩者常用之诡辩方法。《天地》载：“夫子问于老聃曰：‘有人治道若相放，可不可，然不然。辩者有言曰：离坚白，若县宇。若是，则可谓圣人乎？’老聃曰：‘是胥易技系，劳形怵心

者也。’”《秋水》载：“公孙龙问于魏牟曰：‘龙少学先生之道，长而明仁义之行，合同异，杂坚白，然不然，可不可，困百家之知，穷众口之辩，吾自以为至达已。今吾闻庄子之言，汒焉异之，不知论之不及与，知之弗若与？’”颠倒黑白、指鹿为马的“可不可，然不然”并不被庄子学派接受，与之不同，他们更愿意以“可乎可，不可乎不可”之方式为“可”“不可”划界，此之谓“方可方不可”。就“彼是之是”而言，“物固有所然，物固有所可”，其“然”“可”不能超出“彼物”之界域，否则就会成为混淆是非之方法；而且，其“然”“可”也不能僭居为绝对价值，否则就会成为抹杀是非之手段。就“尽然之是”而言，可谓“无物不然，无物不可”。

［6］其分也，成也；其成也，毁也：自然之“物”在被剥分之际而成人造之“器”，正所谓“朴散则为器”（《老子》第二十八章），器之成以物之“朴”之分散为代价。器必有其用，此之谓“器成之”“器之用”。“器成之”“器之用”使物“不终其天年而中道夭”，“天年”即物之自在存在、自然圆成，“不终其天年”即此自在、自然状态的彻底丧失，此之谓“其成也，毁也”。

［7］“为是不用而寓诸庸”至“已而不知其然谓之道”：“用”乃“有用之用”“为我所用”，“庸”乃“无用之用”“因是之用”。“为我所用”，即以“我”为中心宰控外物而榨取其“有用之用”。如此，有用之物必遭分解，无用之物必遭毁弃。“寓诸庸”，即人与物在“无用之用”中通达彼此，实现自身，此之谓“通—得”。在《逍遥游》中，大瓠不具有水壶、水瓢等“有用之用”，故惠施欲“为其无用而掊之”；水壶、水瓢必破坏大瓠之完整（“其成也，毁也”），而庄子所谓“大樽”须以大瓠之完整为前提方可让人“浮乎江湖”。人与大樽于“江湖”浮游，即是两者之相蕴相通、共生共成，此之谓“寓诸庸”。

［8］“劳神明为一而不知其同，谓之朝三”至“是之谓两行”：狙公、众狙皆有“成心”，皆有各自之“自是之是”。“朝三而暮四”为狙公之自是，“朝四而暮三”为众狙之自是。狙公之始欲“因狙公之自是”，故众狙皆怒；狙公转而“因众狙之是”，故众狙皆悦，此之谓“亦因是也”。狙公“因众狙之自是”，即“因彼是之是”之一例。圣人与万事万物照应，可普遍实现“因彼是之是”，也即“因尽然之是”，此之谓“和之以是非而休乎天钧”。圣人之“因尽然之是”，可让万物各各实现其“自是之是”，其自身之“自是之是”亦得以实现，此之谓“两行”。

“狙公赋芧”亦见诸《列子·黄帝》：

宋有狙公者，爱狙，养之成群，能解狙之意；狙亦得公之心。损其家口，充狙之欲。俄而匮焉，将限其食。恐众狙之不驯于己也，先诳之曰："与若芧，朝三而暮四，足乎?"众狙皆起而怒。俄而曰："与若芧，朝四而暮三，足乎?"众狙皆伏而喜。物之以能鄙相笼，皆犹此也。圣人以智笼群愚，亦犹狙公之以智笼众狙也。名实不亏，使其喜怒哉！

本段将狙公赋芧附会为"圣人以智笼群愚"之政治驯服术，与《齐物论》之连犿无伤、諔诡可观相较，思想意趣可谓悬若天壤。

（四）"古之人，其知有所至矣"章

古之人，其知有所至矣。恶乎至？有以为未始有物者，至矣，尽矣，不可以加矣[1]。其次以为有物矣，而未始有封也[2]。其次以为有封焉，而未始有是非也[3]。是非之彰也，道之所以亏也。道之所以亏，爱之所以成[4]。果且有成与亏乎哉？果且无成与亏乎哉？有成与亏，故昭氏之鼓琴也；无成与亏，故昭氏之不鼓琴也。昭文之鼓琴也，师旷之枝策也，惠子之据梧也，三子之知几乎，皆其盛者也，故载之末年。唯其好之也，以异于彼，其好之也，欲以明之。彼非所明而明之，故以坚白之昧终。而其子又以文之纶终，终身无成。若是而可谓成乎？虽我亦成也。若是而不可谓成乎？物与我无成也[5]。是故滑疑之耀，圣人之所图也。为是不用而寓诸庸，此之谓以明[6]。

【疏解】

［1］"古之人"至"不可以加矣"："古之人，其知有所至矣"即《大宗师》所谓"且有真人而后有真知"。所谓"至知""真知"，以"有以为未始有物"为最高表征。"以为"二字说明，"未始有物"并非万物未生之时之"混成""无物"的客观之境，而是"真人"对天地万物之浑然、本然状态的体认之境。钱穆云："'未始有物'，亦即'未始有我'，于是而有'丧我'之教。"① 无我，则不与物对；不与物对，即可"同于大通"，"旁礴万物以为一"（空间）而"参万岁而一成纯"（时间）。

［2］其次以为有物矣，而未始有封也："封"即封界、封畛、分辨。正所谓"道未始有封"，"无封"之"道"即"通万物而为一"之"道"，"至知"之境即道物浑然一体之境。一旦"我"从浑然之境中凸显出来，

① 钱穆：《庄老通辨》，九州出版社，2011年，第324页。

“物”就不再作为“未始有物”之整体浑然而在，而是作为外在于“我”之浑然整体而在，此之谓“以为有物矣，而未始有封也”，也即“天地与我并生，而万物与我为一”。与天地、万物一体无别之“我”，可谓“大我”，然非“无我”。

[3] 其次以为有封焉，而未始有是非也：“以为有封”之“封”，即下文“为是而有畛也。请言其畛：有左，有右，有伦，有义，有分，有辩，有竞，有争，此之谓八德”。“八德”之建构意味着人伦世界与浑沦天道之剥离。左与右、伦与义、分与辩、竞与争之间均为相对关系，然此种相对并不相互矛盾或互相否定，而是互补性的相对相成①，此之谓“有封焉，而未始有是非也”。

关于上述三境，《庚桑楚》有如下阐释：

> 古之人，其知有所至矣。恶乎至？有以为未始有物者，至矣，尽矣，弗可以加矣。其次以为有物矣，将以生为丧也，以死为反也，是以分已。其次曰始无有，既而有生，生俄而死；以无有为首，以生为体，以死为尻；孰知有无死生之一守者，吾与之为友。是三者虽异，公族也，昭景也，著戴也，甲氏也，著封也，非一也。

该段描述之“至知”，与《齐物论》相同。但在阐释其余二境的时候，该段结合了“生死”：“有无死生之一守”对应“有物未始有封”；“以生为丧，以死为反，是以分已”对应“有封而未始有是非”。可见，《庚桑楚》之三种知境的实质是三种生死观——无死无生、死生一体、出生入死。郭象注云：“或有而无之，或有而一之，或分而齐之，故谓三也。此三者，虽有尽与不尽，然俱能无是非于胸中，故谓之公族。”② 三种生死观均以“不悦生而恶死”为共识，此之谓“公族”。

[4] 是非之彰也，道之所以亏也。道之所以亏，爱之所以成：“是非”之彰显导致“道”之亏损。“是非”源自“自是”，“自是”导向“私爱”，此即下文所谓“唯其好之也，以异于彼，其好之也，欲以明之”。“私爱”意在彰明“我”之独异性，却将之完全寄托、系缚在了“爱”之对象上。

[5] “果且有成与亏乎哉”至“物与我无成也”：昭文之善琴、师旷之善击节、惠子之善辩，均为由“私爱”衍生之“小成”。“小成”，故昭文、师旷、惠子“逐物而不反”而“不见道”，此之谓“非所明而明之”之

---

① 参见刘黛：《〈齐物论〉“八德”新诠》，《现代哲学》2020 年第 1 期。

② 郭庆藩撰：《庄子集释》，中华书局，2013 年，第 707 页。

“昧”，也即上文所谓“终身役役而不见其成功，苶然疲役而不知其所归”。通过“我”来建构生活与意义世界，似为“明”“耀”，实质上不过是更深层之“暗”“昧”。

[6] 是故滑疑之耀，圣人之所图也。为是不用而寓诸庸，是之谓以明：“非所明而明之”会引发混乱，滋生疑惑，故圣人“图而域之”，限制自以为是的成心之施用范围，避免有用之用的私心之无度扩张。“寓诸庸”之“庸”，即与自以为是相对之“因是”、与有用之用相对之“无用”。以此为根基，物才能成其为物，人才能成其为人，此即“照之于天”之“明”——“以明”。

（五）“今且有言于此”章

今且有言于此，不知其与是类乎？其与是不类乎？类与不类，相与为类，则与彼无以异矣。虽然，请尝言之[1]。有始也者，有未始有始也者，有未始有夫未始有始也者；有有也者，有无也者，有未始有无也者，有未始有夫未始有无也者。俄而有无矣，而未知有无之果孰有孰无也[2]。今我则已有谓矣，而未知吾所谓之其果有谓乎，其果无谓乎？天下莫大于秋豪之末，而大山为小；莫寿乎殇子，而彭祖为夭。天地与我并生，而万物与我为一。既已为一矣，且得有言乎？既已谓之一矣，且得无言乎？一与言为二，二与一为三。自此以往，巧历不能得，而况其凡乎！故自无适有以至于三，而况自有适有乎！无适焉，因是已[3]！

【疏解】

[1] “今且有言于此”至“请尝言之”：“有言—有谓”之“言”以“未定”为其本质，庄子之“言”亦不能自外于此而与之相类，故有“今且有言于此，不知其与是类乎？其与是不类乎”及“今我则已有谓矣，而未知吾所谓之其果有谓乎？果无谓乎”之自诘自问。庄子之所以自诘自问，并不欲在“果”之向度上彻底解决这一生存本质，而是在不断“自省—发问”中直面这一生存本质，从而为有限之生存奠基：“有限性和界限感成为自我不断遭遇外物的经验触发机制，而这些经验又进一步地激生了自反性的省察。”① “尝试言之”道明了“卮言”之曼衍本质：唯有在不断“尝试”之际，人的言说与行动才能奠基于无穷之天道而日生日成。钟泰云：“盖执之，则无亦有也，无谓亦有谓也。不执，则有亦无也，有谓亦无谓也。”② 以“执”与“不执”区别“有谓”与“无谓”，亦有理趣。

① 程乐松：《物化与葆光——〈齐物论〉中所见的两种自我形态》，《中国哲学史》2020年第3期。

② 钟泰：《庄子发微》，上海古籍出版社，2002年，第47页。

［2］“有始也者”至“而未知有无之果孰有孰无也”：“始”与“无”出自《老子》所谓“无名，天地之始”（第一章）、“天下万物生于有，有生于无”（第四十章），乃与世界起源、宇宙生成相关之概念。《齐物论》云：“日夜相代乎前而莫知其所萌。”又云：“若有真宰，而特不得其眹。”面对不可知之宇宙根源，庄子主张通过“知止其所不知”而让神秘保持其神秘性，而非以有限之知臆测或否定之。以逻辑推理追溯宇宙根源问题，一定会陷入永无止境之无限后退。《淮南子・俶真训》将“有始”“有未始有有始”“有未始有夫未始有有始”以及“有有”“有无”“有未始有有无”“有未始有夫未始有有无”阐释为宇宙演化的不同阶段①，彻底改变了庄子之致思方向，可谓买椟还珠。

［3］“天下莫大于秋豪之末，而大山为小”至“无适焉，因是已”：关于“天下莫大于秋豪之末，而大山为小；莫寿乎殇子，而彭祖为夭”，陈鼓应以大小、寿夭之相对阐释之：“每一个东西都比它小的东西大，也都比它大的东西小，所以每一个东西都是大的，也都是小的。”② 着眼于语言符号之脉络性、转换性，林明照说：“若以‘大’这一语言符号表意微小，则‘小’这符号便转而表意巨大，反之亦然；若以‘寿’这语言表意短寿或时间的短暂，则‘夭’一词便改以表意长寿或较长的时间，同样反之亦然。依此，‘大’与‘小’、‘寿’与‘夭’之语言表意乃是规定性的，依其脉络性来规定；相对地，这也意味着语言表意是不确定或灵活的，它在不同的脉络中自由地转换着。”③ 两说各有道理。这句话颠覆了小大、寿夭之常见，可以视为揭示“天地与我并生，而万物与我为一”之境的思想工具：唯有破除常识性的小大定见、寿夭常论，才有悟入“天地与我并生，而万物与我为一”之可能。此外，刘武认为本句所论“不合事理”，

---

① 《淮南子・俶真训》：“有始者，有未始有有始者，有未始有夫未始有有始者。有有者，有无者，有未始有有无者，有未始有夫未始有有无者。所谓有始者，繁愤，未发萌兆牙蘖，未有形埒垠堮，无无蝡蝡，将欲生兴而未成物类。有未始有有始者，天气始下，地气始上，阴阳错合，相与优游竞畅于宇宙之间，被德含和，缤纷茏苁，欲与物接而未成兆朕。有未始有夫未始有有始者，天含和而未降，地怀气而未扬，虚无寂寞，萧条霄霓，无有仿佛，气遂而大通冥冥者也。有有者，言万物掺落，根茎枝叶，青葱苓茏，萑蔰炫煌，蠉飞蝡动，蚑行哙息，可切循把握而有数量。有无者，视之不见其形，听之不闻其声，扪之不可得也，望之不可极也，储与扈冶，浩浩瀚瀚，不可隐仪揆度而通光耀者。有未始有有无者，包裹天地，陶冶万物，大通混冥，深闳广大，不可为外，析毫剖芒，不可为内，无环堵之宇，而生有无之根。有未始有夫未始有有无者，天地未剖，阴阳未判，四时未分，万物未生，汪然平静，寂然清澄，莫见其形，若光耀之间于无有。”（何宁撰：《淮南子集释》，中华书局，1998 年，第 91—96 页）

② 陈鼓应注译：《庄子今注今译》（最新修订重排本），中华书局，2009 年，第 81 页。

③ 林明照：《反思、他者与气应——〈庄子〉与列维纳斯的伦理学对话》，方勇主编：《诸子学刊》第十辑，上海古籍出版社，2014 年，第 185 页。

与惠施历物之言类似，“并非庄子自明其道”，而是对“其果有谓乎，其果无谓乎”以及“言者有言，其所言者特未定也”的实证之言。①

关于“天地与我并生，而万物与我为一”，王叔岷说：“《齐物论》主旨为‘天地与我并生，万物与我为一’二句。破除时间观念，则可忘生，忘生则无时而非生，故‘天地与我并生’。破除空间观念，则可忘我。忘我则无往而非我，故‘万物与我为一’。”② 与之不同，冯友兰认为这实际上是惠施主张的“天地一体”，庄子欲先举惠施之说再予以驳倒。③ 詹康认为，通过后文“既已为一矣，且得有言乎？既已谓之一矣，且得无言乎？一与言为二，二与一为三。自此以往，巧历不能得，而况其凡乎”来看，“这一小段至少是用自我矛盾、随说随扫的手法，先主张‘一’再随即否定之”，“乐谈合一的庄学学者却对庄子质疑‘一’维持不住的论证视而不见，截出‘并生’与‘为一’而造生出圣人与物无际或相合的界说，知情或不知情地令庄子和惠施、慎到、老子同一阵线”。④ 冯友兰、詹康之说有其道理，“天地与我并生，而万物与我为一”是有别于“未始有物”的“有我之境”。不离“有以为未始有物”这一根源性视域，“天地与我并生，万物与我为一”可以解读为“天钧”；一旦脱离“有以为未始有物”这一根源性视域，“天地与我并生，万物与我为一”就与惠子的“天地一体”无别了。

（六）“夫道未始有封”章

夫道未始有封，言未始有常，为是而有畛也，请言其畛：有左，有右，有伦，有义，有分，有辩，有竞，有争，此之谓八德[1]。六合之外，圣人存而不论；六合之内，圣人论而不议。春秋经世先王之志，圣人议而不辩。故分也者，有不分也；辩也者，有不辩也。曰：何也？圣人怀之，众人辩之以相示也。故曰辩也者有不见也[2]。夫大道不称，大辩不言，大仁不仁，大廉不嗛，大勇不忮。道昭而不道，言辩而不及，仁常而不成，廉清而不信，勇忮而不成。五者园而几向方矣，故知止其所不知，至矣。

---

① 参见刘武撰：《庄子集解内篇补正》，中华书局，1987 年，第 57—58 页。

② 王叔岷：《慕庐论学集》（一），中华书局，2007 年，第 623 页。

③ 冯友兰：“《齐物论》说：‘天下莫大于秋毫之末，而泰山为小。莫寿于殇子，而彭祖为夭。天地与我并生，而万物与我为一。’这个结论，也就是惠施说‘泛爱万物，天地一体也’的结论。”“《齐物论》的这个意思，与惠施的意思，完全相同。”而“既已为一矣……”的“转语”，“是庄子比惠施更进一步处”，因为，“万物与我为一”之一，“是超乎形象底，亦是不可思议，不可言说底”，惠施则不明了这一点。参见冯友兰：《新原道：中国哲学的精神》，生活·读书·新知三联书店，2009 年，第 53—54 页。

④ 詹康：《争论中的庄子主体论》，（台北）台湾学生书局，2014 年，第 70 页。

孰知不言之辩，不道之道？若有能知，此之谓天府。注焉而不满，酌焉而不竭，而不知其所由来，此之谓葆光[3]。

【疏解】

[1]“夫道未始有封”至“此之谓八德”：“道未始有封”，即“以为有物矣而未始有封”之“天钧”之境；“言未始有常”，即“言者有言，而所言者特未定也”之意。“道”“言”均基于“物”而言：于“道”境中，“道行之而成”“道通为一”而物无封畛；于“言”境中，“物谓之而然”而无定常。“为是而有畛”，即以“未定—无常”之“言”为基础而建构之人文世界。“八德”即人文世界中的八个基本范畴。“有左，有右”，成玄英云：“左，阳也。右，阴也。”① 阳为春，主生，阴为秋，主成。②“有左有右”亦即万物由阴阳生成并主导。“有伦，有义”，成玄英云：“伦，理也；义，宜也。”郭象云：“物物有理，事事有宜。”③“伦”即自然世界之“物理”，“义”即人伦世界之“事理”。“伦—义”亦可解为“仁—义”，《周易·说卦》云，“立天之道曰阴与阳，立地之道曰柔与刚，立人之道曰仁与义”，人道之“仁—义”与天道之“阴—阳”相应。“有分，有辩”，“辩”即“辨”，郭象云：“群分而类别也。”《荀子·非相》云：“辨莫大于分，分莫大于礼。”故“分—辨”可释为“礼”。“辨”亦指向“辨是非”，依孟子，“是非之心”乃“智”之表征④。“有竞，有争”，《人间世》云：“名也者，相轧也；知也者，争之器也。”仁义礼智既立，必趋于名位化而成可欲之价值，此之谓“竞”；亦趋于功利化而成可求之利益，此之谓“争”。综上，“左右”即“阴阳”，“伦义”即“仁义”，“分辨”即“礼智”，“竞争”即“名利”。正所谓“失道而后德”（《老子》第三十八章），“八德”之产生即阴阳、仁义、礼智、名利之确立。

[2]“六合之外，圣人存而不论”至“故曰辩也者有不见也”：“六合”即“天”“地”两仪与“东”“西”“南”“北”四方，乃万物存在之空间。“六合之外”与“未始有物”同义，“圣人存而不论”即“圣人怀之”“葆光”之存有论态度，“以为未始有物”者也。“六合之内”，即两仪、四方所涉之自然世界整体；圣人以“天钧—天倪”观照世界万物，见其自然之均平，亦见其自然之分际，故谓“圣人论而不议”。“春秋经世先王之志”，成玄英云：“春秋者，时代也。经者，典诰也。先王者，三皇五帝也。志

① 郭庆藩撰：《庄子集释》，中华书局，2013年，第81页。

② 《老子》第三十四章：“大道泛兮，其可左右。”此处之左右，亦可以阴阳释之。

③ 郭庆藩撰：《庄子集释》，中华书局，2013年，第81页。

④ 《孟子·公孙丑上》：“是非之心，智之端也。”《告子上》：“是非之心，智也。”

者，记也。”①“春秋经世先王之志”即仁、义、礼、智之价值世界。于此，圣人仅借之述价值而不以之辨是非，此之谓“圣人议而不辩”。唯当奠基于“存”之存有论态度，“论—议”方可避免走向“其分也，成也；其成也，毁也”之灭裂，而有“分也者，有不分也；辩也者，有不辩也”之切己性与内发性，此之谓“怀之”；相反，“论—议”一旦疏离于“存”，就会变成“辩之以相示”的分辨性、外在性名位符号。

[3]“夫大道不称，大辩不言”至“此之谓葆光”：“大道不称，大辩不言”，与“道未始有封，言未始有常”呼应；“大仁不仁，大廉不嗛，大勇不忮”，与“圣人议而不辩”之人伦价值相关。庄子认为，人文价值宜“圆”不宜“方”，“圆”意味着内在自发与生动灵动，“方”意味着外在规范与固滞执着。“知止其所不知”，乃对“六合之外”“真宰”“道”等自然府藏（天府）之敬畏与尊重。“注焉而不满，酌焉而不竭，而不知其所由来”，喻“天府”为灵动源泉而非死水一潭，万物可饮之而满腹，穿池而养给，故可如“鱼相造乎水”般“相造乎道术”。圣人因存在之神秘而“知止其所不知”，此之谓“葆光”。

（七）“故昔者尧问于舜”章

故昔者尧问于舜[1]曰：“我欲伐宗、脍、胥敖，南面而不释然。其故何也[2]？”舜曰：“夫三子者，犹存乎蓬艾之间。若不释然，何哉！昔者十日并出，万物皆照，而况德之进乎日者乎[3]！”

【疏解】

[1] 故昔者尧问于舜：“尧”在内篇中多次出场，《逍遥游》有“尧让天下于许由”章、“尧治天下之民，往见四子”章，《大宗师》“意而子见许由”章借许由之口批判了尧之“躬服仁义，明言是非”。“躬服仁义，明言是非”可视为尧伐三国的价值理由；许由拒绝尧之“让天下”，是对“躬服仁义，明言是非”之教化方式的彻底否定。或许，正因大舜之开导、许由之拒绝，尧才得以窥见姑射之山之“神人”，而有“窅然丧其天下焉”之最终觉悟。

[2] 我欲伐宗、脍、胥敖，南面而不释然。其故何也：关于尧之征伐，《尚书·尧典》载，“流共工于幽州，放驩兜于崇山，窜三苗于三危，殛鲧于羽山，四罪而天下咸服”，讨四罪乃平天下之重要步骤；《庄子·在宥》则说，“尧于是放讙兜于崇山，投三苗于三峗，流共工于幽都，此不

① 郭庆藩撰：《庄子集释》，中华书局，2013年，第85页。

胜天下也”，以讨四罪为尧“不胜天下”之表现。宗、脍、胥敖，“是尧时小蕃三国号也”①。“不释然”即“不怡悦”，王博解释说：“也许他觉得以自己的圣德，天下应该没有不随风而化的地方，可是竟然有例外。这是‘我’所不能接受的，所以他要讨伐，但是在讨伐的同时尧或许也会思考诸如其他的‘我’的权利，因而会导致对讨伐的正当性的怀疑。这怀疑当然就会出生不释然的感觉。”② 尧之“欲伐宗、脍、胥敖”，乃“我”之占有欲与攻击性的表现；“不释然”，呈现了攻伐与德教之间的悖谬性张力。

［3］“夫三子者”至“而况德之进乎日者乎”：“三子”即三国之君；“存乎蓬艾之间”说明三国居处偏远荒蛮之地，为与诸夏相对之夷狄。尧本应对“存乎蓬艾之间”之三国感到“释然”，故舜有“若不释然，何哉”之叹。“十日”，《山海经·海外东经》云：“汤谷上有扶桑，十日所浴，在黑齿北。居水中，有大木，九日居下枝，一日居上枝。”③ “十日”共居于扶桑大木之上，轮替登临高枝，此即循环有序之“十日代出”。“十日并出”，《淮南子·本经训》载：“逮至尧之时，十日并出，焦禾稼，杀草木，而民无所食。猰貐、凿齿、九婴、大风、封豨、修蛇皆为民害。尧乃使羿诛凿齿于畴华之野，杀九婴于凶水之上，缴大风于青丘之泽，上射十日而下杀猰貐，断修蛇于洞庭，禽封豨于桑林。万民皆喜，置尧以为天子。”尧委派后羿纾解了“十日并出”之难，方被民众拥戴为天子。“万物皆照”，马其昶曰：“‘照’与‘炤’、‘灼’同字。《说文》：‘灼，炙也。’《淮南》言尧时‘十日并出，焦禾稼，杀草木’，即此所谓并炤也。德之求辩乎是非，方且以有心出之，民何所措手足乎？”④ “十日并出，万物皆照”并非德性普照万物、无所容私之象征，而是自是非人、以文轧野之表现。在庄子看来，尧之“德教”堪比“十日并出”，必会夷灭宗、脍、胥敖等小国的生活方式与文化习俗，故此所谓“进乎日者”之“德”非“才全而德不形”之“上德”，而是亟需知止的“临人以德”之“下德”。

（八）“啮缺问乎王倪”章

啮缺问乎王倪[1]曰：“子知物之所同是乎？”曰：“吾恶乎知之！”

“子知子之所不知邪？”曰：“吾恶乎知之！”

“然则物无知邪？”曰：“吾恶乎知之！虽然，尝试言之。庸讵知吾所

---

① 郭庆藩撰：《庄子集释》，中华书局，2013年，第85页。

② 王博：《庄子哲学》，北京大学出版社，2020年，第102页。

③ 袁珂校注：《山海经校注》，上海古籍出版社，1980年，第260页。

④ 马其昶撰，马茂元编次：《定本庄子故》，黄山书社，2014年，第17页。

谓知之非不知邪？庸讵知吾所谓不知之非知邪？且吾尝试问乎女：民湿寝则腰疾偏死，鳅然乎哉？木处则惴慄恂惧，猨猴然乎哉？三者孰知正处？民食刍豢，麋鹿食荐，蝍蛆甘带，鸱鸦耆鼠，四者孰知正味？猨猵狙以为雌，麋与鹿交，鳅与鱼游。毛嫱丽姬，人之所美也；鱼见之深入，鸟见之高飞，麋鹿见之决骤。四者孰知天下之正色哉[2]？自我观之，仁义之端，是非之涂，樊然殽乱，吾恶能知其辩[3]！”

啮缺曰：“子不知利害，则至人固不知利害乎[4]？”王倪曰：“至人神矣！大泽焚而不能热，河汉冱而不能寒，疾雷破山［飘］风振海而不能惊。若然者，乘云气，骑日月，而游乎四海之外。死生无变于己，而况利害之端乎[5]！”

【疏解】

［1］啮缺问乎王倪：许由、啮缺、王倪、被衣（蒲衣子）是《庄子》中一个重要的师生组合①。《天地》载：“尧之师曰许由，许由之师曰啮缺，啮缺之师曰王倪，王倪之师曰被衣。”成玄英以啮缺为“许由之师，王倪弟子”②。《应帝王》开篇云，“啮缺问于王倪，四问而四不知，啮缺因跃而大喜，行以告蒲衣子”，“蒲衣子”即“被衣”。《逍遥游》说“尧往见四子藐姑射之山”，“四子”或为许由、啮缺、王倪、蒲衣子。

［2］“子知物之所同是乎”至“四者孰知天下之正色哉”：“物之所同是”即万物之同然，“子知物之所同是乎”，关乎天下万物之普遍标准是否可知；“子知子之所不知邪”，关乎个体对普遍标准之认知能力；“然则物无知邪”，关乎外物之可知性。王倪“吾恶乎知之”之三答，意在彻底拒绝啮缺之问题意识与隐含前提。一旦接受啮缺之问题，一定会陷入这些问题隐含的思考方式与义理脉络之中。三问之中，“物之所同是”不仅是问题之开端，亦是问题之根本，故王倪之“尝试言之”之内容，即以“正处—正味—正色”为例，揭明了“同是”之不必要、不可能。

［3］自我观之，仁义之端，是非之涂，樊然殽乱，吾恶能知其辩：“仁义之端，是非之涂”即孟子所谓“心之所同然”（《孟子·告子上》）。“端”即“本”，“涂”即“路”，两者均与“道”之意象有关，“仁义之端，是非之涂”亦可理解为“先王之道”。在王倪看来，“心之所同然—先王之道”并非理所当然之至高价值，反而是天下“樊然殽乱”之根源。

［4］子不知利害，则至人固不知利害乎：此为啮缺之第四问。《应帝王》所谓“啮缺问于王倪，四问而四不知”之“四问”，与此呼应。王倪

① 参见张文江：《“四子”的隐显和出处：论〈庄子〉中一个师生组合》，《上海文化》2018年第9期。
② 郭庆藩撰：《庄子集释》，中华书局，2013年，第87页。

不认可“物之所同是”之提问方式，必不认可通过“物之所同是”而建构某种“人孰敢不听而化诸”的政治模式。“知利害”与圣人之治天下、利天下问题相关。此“利”不与“义”对，而与“害”对；故其所谓“利害”与儒家“义利之辨”无关，而与“以义为利”相关。

[5]“至人神矣”至“死生无变于己，而况利害之端乎”：面对“利害”，长梧子之所以以“死生无变于己”回应之，盖因“生”为“利”之大者，“死”为“害”之大者。“死生无变于己”，利害固不足论矣。此处之“生死”，亦引出下文对“悦生—恶死”之讨论。

（九）“瞿鹊子问乎长梧子”章

瞿鹊子问乎长梧子[1]曰：“吾闻诸夫子，圣人不从事于务，不就利，不违害，不喜求，不缘道；无谓有谓，有谓无谓，而游乎尘垢之外。夫子以为孟浪之言，而我以为妙道之行也。吾子以为奚若[2]？”

长梧子曰：“是（皇）[黄]帝之所听荧也，而丘也何足以知之！且女亦大早计，见卵而求时夜，见弹而求鸮炙[3]。

予尝为女妄言之，女以妄听之[4]。奚旁日月，挟宇宙？为其脗合，置其滑涽，以隶相尊。众人役役，圣人愚芚，参万岁而一成纯。万物尽然，而以是相蕴[5]。

予恶乎知说生之非惑邪！予恶乎知恶死之非弱丧而不知归者邪！丽之姬，艾封人之子也。晋国之始得之也，涕泣沾襟；及其至于王所，与王同筐床，食刍豢，而后悔其泣也。予恶乎知夫死者不悔其始之蕲生乎[6]！

梦饮酒者，旦而哭泣；梦哭泣者，旦而田猎。方其梦也，不知其梦也。梦之中又占其梦焉，觉而后知其梦也。且有大觉而后知此其大梦也，而愚者自以为觉，窃窃然知之。君乎，牧乎，固哉！丘也与女，皆梦也；予谓女梦，亦梦也。是其言也，其名为吊诡。万世之后而一遇大圣，知其解者，是旦暮遇之也[7]。

既使我与若辩矣，若胜我，我不若胜，若果是也，我果非也邪？我胜若，若不吾胜，我果是也，而果非也邪？其或是也，其或非也邪？其俱是也，其俱非也邪？我与若不能相知也，则人固受其黮暗。吾谁使正之？使同乎若者正之？既与若同矣，恶能正之！使同乎我者正之？既同乎我矣，恶能正之！使异乎我与若者正之？既异乎我与若矣，恶能正之！使同乎我与若者正之？既同乎我与若矣，恶能正之！然则我与若与人俱不能相知也，而待彼也邪[8]？

何谓和之以天倪？曰：是不是，然不然。是若果是也，则是之异乎不是也亦无辩；然若果然也，则然之异乎不然也亦无辩。化声之相待，若其不相待。和之以天倪，因之以曼衍，所以穷年也。忘年忘义，振于无竟，故寓诸无竟[9]。”

【疏解】

[1] 瞿鹊子问乎长梧子：瞿鹊子为庄子杜撰之人物。但俞樾认为，本章之“夫子”“丘”均指孔子，故“瞿鹊子必七十子之后人”，为孔子之再传弟子，可备一说。① 长梧子，李颐云：“居长梧下，因以为名。”简文云：“长梧封人也。”② 钱澄之《田间诗学》云：“盖鹊性多惧，就利违害，庄子所谓‘瞿鹊子’者，义取此言，其时瞿瞿惊顾以防患也。”③ 此说与后文“见卵而求时夜，见弹而求鸮炙”相应，表现出瞿鹊子“太早计”之瞻前品性。王夫之云：“鹊有知，梧无知。瞿，两目惊视貌。鹊目不宁，梧寿最长，亦寓之为名。”④ 亦可参考。

[2]“吾闻诸夫子”至“吾子以为奚若”：此所谓“夫子”，或为长梧子。然瞿鹊子既闻之于长梧子，不宜再询之于长梧子，俞樾说“夫子”与下文之“丘”均指孔子⑤，亦可从。“圣人不从事于务”，即《逍遥游》所谓“孰肯以物为事”；“不就利，不违害”，紧承“啮缺问乎王倪”章末尾之“利害之端”而来；“不喜求，不缘道”，与《大宗师》“不以心捐道，不以人助天”义同；“有谓无谓，无谓有谓”，与上文“今且有言于此，其与是类乎？其与是不类乎？类与不类，相与为类，则与彼无以异矣。虽然，尝试言之”呼应，亦与“庸讵知吾所谓知之非不知邪？庸讵知吾所谓不知之非知邪”相合；“游乎尘垢之外”，即上文所谓“乘云气，骑日月，而游乎四海之外”。可见，“圣人不从事于务，不就利，不违害，不喜求，不缘道；无谓有谓，有谓无谓，而游乎尘垢之外”一句，确与庄子之“神人”“至人”“真人”形象相通。将这种“圣人”形象理解为“孟浪之言”，也即“无所趋舍”⑥（向秀）之言，非常符合“孔子”的身份与定位。与之不同，瞿鹊子颂赞之为“妙道之行”，并期望长梧子对“孟浪之言”与“妙道之行”进行评判；这似乎正是长梧子在后文中述及“辩无胜”之理由。

[3]“是黄帝之所听荧也”至“见弹而求鸮炙”：长梧子在其回应中批判了黄帝、孔子与瞿鹊子。“黄帝”在《庄子》内篇中出现了三次，此处

① 参见俞樾：《诸子平议》，中华书局，1954 年，第 330 页。
② 郭庆藩撰：《庄子集释》，中华书局，2013 年，第 93 页。
③ 钱澄之：《田间诗学》，黄山书社，2005 年，第 328 页。
④ 王夫之：《庄子解》，中华书局，1964 年，第 26 页。
⑤ 参见俞樾：《诸子平议》，中华书局，1954 年，第 330 页。
⑥ 郭庆藩撰：《庄子集释》，中华书局，2013 年，第 94 页。

之外，尚有《大宗师》“黄帝得之，以登云天”及“黄帝之亡其知”两处。据文义，“黄帝之所听荧”似为“听之以心”（《人间世》）之结果，也即未“亡其知”“登云天”之情态。在外杂篇中，黄帝多次出现：《在宥》篇有黄帝问道于广成子；《天地》有黄帝遗其玄珠于赤水之北；《知北游》有黄帝以“无私无虑”“无处无服”“无从无道”回应“知”关于“道”之问题。综合来看，黄帝本为“知者”，后经广成子、无为谓等之点化而“得道”。“而丘也何足以知之”，此为对孔子之批判，与《德充符》叔山无趾所谓“天刑之，安可解”相近。“且女亦大早计，见卵而求时夜，见弹而求鸮炙”，此为对瞿鹊子之批判，瞿鹊子本无“圣人之才”，却在听闻“圣人之道”之后颂赞之为“妙道之行”，有“愚者自以为觉”之意态。

［4］予尝为女妄言之，女以妄听之：道不可言，故长梧子须“妄言之”；瞿鹊子不可学道，故不妨“妄听之”。“妄”者，姑妄之谓也。“姑妄听之”，可消解瞿鹊子之“前识”，化解瞿鹊子之“成心”。

［5］“奚旁日月”至“而以是相蕴”：此句为长梧子妄言“圣人”之文。“旁日月，挟宇宙”，义同“乘云气，骑日月，而游乎四海之外”。司马彪释“旁”为“依”，崔譔本“挟”为“扶”[①]，“旁日月，挟宇宙”即“依乎天理”（《养生主》）。圣人“依乎天理”而“休乎天钧”，故可去分别（“置其滑涽”）、等贵贱（“以隶相尊”）、无古今（“参万岁而一成纯”）、和是非（“万物尽然，以是相蕴”）而至一生死。

［6］“予恶乎知说生之非惑邪”至“予恶乎知夫死者不悔其始之蕲生乎”：“悦生而恶死”为“爱之所以成”之表现，或者说是人之情执。庄子以“物之化”“命之行”释“生死”，《大宗师》云，“且方将化，恶知不化哉？方将不化，恶知已化哉”，死生均为“化”之表现，而“将化”“已化”“不化”均为神秘莫测之大化流行，故以生为乐、以死为哀并无根据。“予恶乎知夫死者不悔其始之蕲生乎”，并非主张生为悲苦，死为安乐，而是对“悦生而恶死”之质疑。

［7］“梦饮酒者，旦而哭泣”至“是旦暮遇之也”：此段紧承上文之生死讨论，故多有学者认为梦觉喻生死。“吊诡”，郭象、成玄英均谓之为“吊当卓诡”，陆德明释之为“至异”。[②] 此所谓“梦”，可理解为对得失之斤斤计较，对是非之喋喋不休，对生死之念念不忘。庄子将“解梦”之希望寄托于“万世之后”之“大圣”，既可理解为彻底无望之悲观，亦可理解为充满希望之乐观。袁保新说：“在这段文字里，我们看到庄子似乎有

---

① 参见郭庆藩撰：《庄子集释》，中华书局，2013 年，第 96 页。

② 参见郭庆藩撰：《庄子集释》，中华书局，2013 年，第 100 页。

意地将人的理智引导到一条死路上去。盖所谓‘予谓女梦，亦梦也’之论，使吾人难辨孰是梦者，而‘既已为一矣，且得有言乎，且得无言乎’的设难，也令吾人的思考陷入绝地。于是，就在‘心行路绝，言语道断’的境界中，我们发现庄子的诡辞为用不仅没有在思想上留下任何可以让成心执着的内容，而且粉碎了成心意欲将一切事理都予以理性化于某一格度的企图。它翻上一层，要求吾人面对世间存在的诸种可能性，不顾成心所设置的评价尺度，如鉴照物般来朗现当前境遇中事物的本来面目。换言之，庄子‘言无言’这种诡辞为用的表意方式，除了消极地破斥了师心自用的理智运作，它还积极地准备虚静心的朗现，以期真实存在行动的展开。”① 庄子用吊诡之方式传示了一种无望之希望，一种化“独芒”为“以明”之希望。

［8］“既使我与若辩矣”至“而待彼也邪”：瞿鹊子意在让长梧子评判其与孔子之是非。长梧子之回应，表明了“不谴是非”，而非“明辨是非”。“不谴是非”之缘由，既在于“果是”“同是”之无法确立，又是“因是”之内在要求。

［9］“何谓和之以天倪”至“故寓诸无竟”：“是不是”与辩者之“可不可”貌合而神离，既可解为“自是之是并非果是”，亦可解为“由自是之是而判定不是之对象，亦有其彼是之是”。“和之以天倪”，以破除“自是之是”之“果是”为前提方可开显。“和之以天倪，因之以曼衍，所以穷年也”，有“缘督以为经，可以保身，可以全生，可以养亲，可以尽年”（《养生主》）之义。约略言之，“齐物”核心要义有二：“忘年”与“忘义”。“忘年”，可无古今，一生死；“忘义”，可等贵贱，和是非。“寓诸无竟”，“竟”可释为“穷”②，“无竟”即“无穷”，“寓诸无竟”即“游乎无穷”。另，崔譔本“竟”作“境”③，“无竟”即“无境”，“寓诸无境”即“树之于无何有之乡，广莫之野”（《逍遥游》）。

（十）“罔两问景”章

罔两问景［1］曰：“曩子行，今子止；曩子坐，今子起；何其无特操与［2］？”

景曰：“吾有待而然者邪？吾所待又有待而然者邪？吾待蛇蚹蜩翼邪？恶识所以然！恶识所以不然［3］！”

① 袁保新：《齐物论研究——庄子形上思维的进路与形态》，（新北）《鹅湖月刊》1978年第1期。

② 成玄英语，参见郭庆藩撰：《庄子集释》，中华书局，2013年，第104页。

③ 参见郭庆藩撰：《庄子集释》，中华书局，2013年，第104页。

【疏解】

[1] 罔两问景："罔两"即"景之景"（向秀）或"景外之微阴"（郭象）；崔譔本作"罔浪"，并释为"有无之状"。① "景"，即"影"。"问"，非"敢问其方"之探问，而为质问与责问。"罔两"依附"景"而在，其理直气壮之责问，可谓反客为主。吴光明说："我们看这情况比《逍遥游》里的小鸟讥笑大鸟还更荒谬无稽。因为这罔两的存在依系于影子的。依存影子的，怎敢向影子盘诘独立呢？可是我们反过来想。影子之存在原来是由其轮廓画定的，而其轮廓就是罔两。罔两规定影子之存在；同样地，影子也呈出其物，使那物显有具体的深度。相似地，蛇有皮，蜩子有其翼，蛇蜩各依其皮翼生存。如此，生死、是非、相待而相生。而且我们的思'想'这些也像罔两，这罔两又规定影子又依存影子。思想依存于生命存在，也规定而让生命存在显出。"②

[2] "曩子行"至"何其无特操与"：此为罔两责景之内容。"曩"与"今"相对，罔两所以不满于景，乃在景之行止无常，坐起不定，故谓之"无特操"。景既无操持，则依之而生之罔两更无操持。

[3] "吾有待而然者邪"至"恶识所以不然"：此为景之回应。其义可结合《寓言》篇之文而解之：

> 众罔两问于景曰："若向也俯而今也仰，向也括撮而今也被发，向也坐而今也起，向也行而今也止，何也？"景曰："搜搜也，奚稍问也！予有而不知其所以。予，蜩甲也？蛇蜕也？似之而非也。火与日，吾屯也；阴与夜，吾代也。彼，吾所以有待邪？而况乎以有待者乎！彼来则我与之来，彼往则我与之往，彼强阳则我与之强阳。强阳者，又何以有问乎？"

此中之要，在"有待而然"四字。"有待而然"，为世间存在者之本状；罔两之责问，说明罔两于此本状不识不知，故有固守自身之痴心妄想。

景之所待者为"形"与"光"（火与日）。关于"形"，《齐物论》云："一受其成形。""形"亦非无待之物，而必有其所待者（造物者），故曰"受"。关于"光"，《齐物论》云："日夜相代乎前而莫知其所萌。""光"随日夜而显明、黯淡，日夜变换之缘由（造化）亦不可知。合而言之，景有待于"形"与"光"，"形"有待于"造物者"，"光"有待于"造化"，

---

① 参见郭庆藩撰：《庄子集释》，中华书局，2004年，第104页。

② 吴光明：《庄子》，（台北）东大图书股份有限公司，2015年，第198页。

此之谓“吾所待又有待而然”。

“吾待蛇蚹蜩翼邪”句，《寓言》述之为：“予，蜩甲也，蛇蜕也。”“蜩翼”即“蜩甲”，“蛇蚹”即“蛇蜕”。成玄英云：“言蛇蜕旧皮，蜩新出甲，不知所以，莫辩其然，独化而生，盖无待也。”① 以后文“不知其所以然”释之。刘武云：“成说非也。言吾之行止坐起，有待而然，而所待者，似蛇之行待于蚹，蜩之飞待于翼也，与《寓言篇》文略同而义异。彼言甲言蜕，其下接‘似之而非也’句。此言蚹与翼，盖景与形附，犹蚹附于蛇，翼附于蜩，若蜕与甲，则脱离蛇蜩而不附，故曰‘似之而非也’。”② 以前文“有待”释之。此句中有“待”字，故以刘武之说为长。《齐物论》云：“恶乎然，然于然。恶乎不然，不然于不然。”“然”与“不然”之“所以”，均为不可识者；存在者只能接受其“然”与“不然”；至于“所以然”与“所以不然”，“如求得其情与不得，无益损乎其真”，故谓“恶识所以然！恶识所以不然！”

（十一）“昔者庄周梦为胡蝶”章

昔者庄周梦为胡蝶，栩栩然胡蝶也，自喻适志与！不知周也。俄然觉，则蘧蘧然周也。不知周之梦为胡蝶与，胡蝶之梦为周与？周与胡蝶，则必有分矣。此之谓物化[1]。

【疏解】

[1]“昔者庄周梦为胡蝶”至“此之谓物化”：此章“徘徊在梦与醒之间”③，可分疏为六个环环相扣的境域层次。

其一，“庄周梦蝶”之前之境，即“庄周未梦为胡蝶”之时之境（简称“觉境 a”）。此境为“昔者庄周梦为胡蝶”之隐含前提。在“觉境 a”中，庄周为庄周，胡蝶为胡蝶，各各独立，互不相关；庄周自知其为庄周，尚不知胡蝶。

其二，“庄周梦蝶”之时之境（简称“梦境”）：“昔者庄周梦为胡蝶，栩栩然胡蝶也，自喻适志与！不知周也。”在“梦境”中，胡蝶取代庄周而成为觉体或主体，“栩栩然”之自适感充盈着整个梦境。于此，“觉境 a”中的庄周被遗忘了，“庄周自知其为庄周”被消泯了，故谓“不知周也”。“梦境”是对“觉境 a”的否定与替代。而且，尽管“不知周也”与“无己”“丧我”“心斋”等语汇在表面上是类似的，但“不知周也”为冥昧不

① 郭庆藩撰：《庄子集释》，中华书局，2013 年，第 105 页。

② 刘武撰：《庄子集解内篇补正》，中华书局，1987 年，第 72 页。

③ 王博：《庄子哲学》，北京大学出版社，2020 年，第 107 页。

知，“无己”等为葆光之状，故不宜将“不知周也”视为主客冥合为一之快意表征或物我一体的艺术境界，实际上，庄周这一“主体”在“梦境”之中恰恰是被否定的对象。

其三，“庄周梦蝶”之后之境（简称“觉境 A”）：“俄然觉，则蘧蘧然周也。”庄周醒来后，随着其自我意识的复苏，胡蝶烟消云散，“觉境 A”又否定了“梦境”。尽管如此，“梦境”对“觉境 A”却产生了无法抹除、不容忽视的影响。“觉境 A”中的“庄周”体味到的是“蘧蘧然周”，这一存在感受不同于“觉境 a”中的“自然的庄周”。“蘧蘧然”，李颐释为“有形貌”，成玄英释为“惊动之貌”[①]。尽管“觉境 a”中的庄周也“有形”，但却是自然状态下现实安稳的有形；在“梦境”的不绝余韵中，庄周在“觉境 A”的“有形感”越来越强，乃至引发了某种不安与惊动。在此意义上，“觉境 A”否定了“觉境 a”。换言之，“有形”之所以会从自然转为有意，从安稳转为惊动，正是由“梦境”引发的存在效应——梦为胡蝶的“栩栩然”使得庄周在醒来后变得“蘧蘧然”起来。

其四，庄周的思辨与追问之境（简称“思境”）：“不知周之梦为胡蝶与，胡蝶之梦为周与?”这句话中的“不知”可理解为“思辨意义上的不知”[②]。在“思境”中，“觉境 a”“梦境”“觉境 A”三境纠缠在了一起：(1)“梦境”否定了“觉境 a”，但“梦境”又必须依赖“觉境 a”才能产生；(2)“觉境 A”在否定了“梦境”的同时，也在表述、建构着“梦境”；(3)“觉境 A”否定了“觉境 a”，两境又以“庄周”为共同主体。可见，三境两两之间都存在既相互否定又相互依赖的悖论式关系。这与“罔两”和“景”的关系类似：“罔两”依赖着“景”，又质疑、否定着“景”；对“景”的质疑、否定又导向“罔两”对自身的质疑、否定。“思境”无法解决上述悖论，从而让“庄周”陷入了生存困局。在“觉境 A”中，“周之梦为胡蝶”本确凿无疑，在存在悖论的支配下，庄周索性提出了一个更大的悖论：“不知周之梦为胡蝶与，胡蝶之梦为周与?”“思境”虚拟了一场“胡蝶梦周”（“梦境 b”）：“昔者胡蝶梦为庄周，蘧蘧然周也，不知胡蝶也；俄然觉，则栩栩然胡蝶也。”“梦境 b”否定了“梦境”，也否定了“觉境 a”与“觉境 A”。而且，若以“梦境 b”为基础，也可以建构出与“庄周梦蝶”相应的“觉境 b”“觉境 B”“思境 b”，如此，一种相互嵌套、无限循环式的存在情态也就呼之欲出了。在庄子那里，此一“悖论—循环”之“思境”，乃因推理而至，却非推理可解，亦非理性可

---

① 参见郭庆藩撰:《庄子集释》,中华书局,2013 年,第 107 页。

② 杨立华:《物化与所待:〈齐物论〉末章的哲学诠释》,《中国哲学史》2019 年第 1 期。

知，故以“不知”称之。“思境”之“不知”有两种可能走向：一是在“不知”的挫败中继续沉沦于“梦”与“觉”的悖论，迷失在庄周与胡蝶的纠缠之中，这正是“罔两”的疑惑；二是知止于“不知”，自反于可知的现实、已信的世界而开出“有分—物化”之“齐物”存在图景，这才是“景”的彻悟之导向。在此意义上，“庄周梦蝶”正是“罔两问景”的延续。

其五，“天倪”之境：“周与胡蝶，则必有分矣。”从“思境”中导出的“知止于其所不知”构成了一种至知性的存在视域。这一“不知其所由来”的存在视域引导着“庄周”返归于自身，并重新肯定其“自是之是”。庄周既有其“庄周之是”，胡蝶亦必有其“胡蝶之是”，这种作为自然之分际的“天倪”，就是庄周与胡蝶之“必有分”。这一“天倪之境”既能克服“觉境 a”的冥顽不化，避免“觉境 A”的自我否定，又能充分肯定“觉境 a”的自然性、“梦境”的自适性及“觉境 A”的自觉性，堪称真正的“觉境”。

其六，“天钧”之境：“此之谓物化。”由庄周与胡蝶之彼此俱是、自取两行，可知万物无不自是，无不自行，此之谓“分也者，有不分也”，此之谓“万物尽然，而以是相蕴”。“不分—尽然”之自然均衡即“天钧”，或曰“物化”。所谓“物化”，就是均等共在、相蕴相通的万物之化自身。若谓“天倪”肯定了庄周或胡蝶之“自行其是”，“天钧”就通达着庄周与胡蝶的“各行其是”。万物基于“自行其是”的“各行其是”，即为独立而均衡的自然至理，此即“吹万不同”“咸其自取”之“天籁”。

附录二　《齐物论》核心命题集注

《齐物论》中的“吾丧我”“天籁”“成心”“天钧”“两行”“天倪”“以明”“寓诸庸”等概念化、观念化程度极高的语词与命题有着深刻的思想意蕴，对理解《齐物论》有着不言而喻的重要价值。历代学者对这些语词与命题的阐释众说纷纭，体现了对庄子齐物思想的不同理解。本附录注意在萃集庄学史上的典型阐释，以窥历代学者解读方式之差异与多元。

所谓典型阐释，一是指这些阐释足以体现各自时代的诠解特色，二是指这些阐释对《齐物论》有系统之理解。以此为标准，本附录依注释者年代先后而辑录了以下 11 部著作的相关注文：西晋郭象（252—312）《庄子注》、唐成玄英（608—669）《南华真经注疏》、北宋王雱（1044—1076）《南华真经新传》、南宋林希逸（1193—1271）《庄子鬳斋口义》、明释德清（1546—1623）《庄子内篇注》、明末清初王夫之（1619—1692）《庄子解》、民国章太炎（1869—1936）《齐物论释定本》以及近代以来的刘武（1883—1957）《庄子集解内篇补正》、钟泰（1888—1979）《庄子发微》、伍非百（1890—1965）《齐物论新义》及王叔岷（1914—2008）《庄子校诠》。①

（一）“齐物论”解题

夫自是而非彼，美己而恶人，物莫不皆然。然，故是非虽异而彼我均也。（郭象《庄子注》）

万物受阴阳而生，我亦受阴阳而生，赋象虽殊，而所生同根，惟能知

① 本集注辑自如下书目：郭庆藩《庄子集释》（中华书局，2013 年）、王雱《南华真经新传》（福建人民出版社，2023 年）、林希逸《庄子鬳斋口义校注》（中华书局，1997 年）、释德清《庄子内篇注》（华东师范大学出版社，2009 年）、王夫之《庄子解》（中华书局，1964 年）、章太炎《齐物论释定本》[《章太炎全集》（六），上海人民出版社，1986 年]、刘武《庄子集解内篇补正》（中华书局，1987 年）、钟泰《庄子发微》（上海古籍出版社，2002 年）、伍非百《中国古名家言》（中国社会科学出版社，1983 年）、王叔岷《庄子校诠》（中华书局，2007 年）。部分标点、段落、文字略有调整，下文不再一一出注。

其同根，则无我。无我则无物，无物则无累，此庄子所以有《齐物》之篇也。（王雱《南华真经新传》）

物论者，人物之论也，犹言众论也。齐者，一也，欲合众论而为一也。战国之世，学问不同，更相是非，故庄子以为不若是非两忘而归之自然。此其立名之意也。天籁、地籁、人籁，就声上起譬喻也。（林希逸《庄子鬳斋口义》）

物论者，乃古今人物众口之辩论也。盖言世无真知大觉之大圣，而诸子各以小知小见为自是，都是自执一己之我见，故各以己得为必是。既一人一己为是，则天下人人皆非，竟无一人之真是者。大者则从儒、墨两家相是非，下则诸子众口，各以己是而互相非，则终竟无一人可正齐之者，故物论之难齐也久矣，皆不自明之过也。今庄子意，若齐物之论，须是大觉真人出世，忘我忘人，以真知真悟，了无人我之分，相忘于大道，如此则物论不必要齐而是非自泯，了无人我是非之相。此齐物之大旨也。（释德清《庄子内篇注》）

当时之为论者夥矣，而尤盛者儒墨也：相竞于是非而不相下，唯知有己，而立彼以为耦，疲役而不知归。其始也，要以言道，亦莫非道也。其既也，论兴而气激，激于气以引其知，泛滥而不止，则勿论其当于道与否，而要为物论。物论者，形开而接物以相构者也，弗能齐也。使以道齐之，则又入其中而与相刃。唯任其不齐，而听其自已；知其所自兴，知其所自息，皆假生人之气相吹而巧为变；则见其不足与辨，而包含于未始有之中，以听化声之风济而反于虚，则无不齐矣。故以天为照，以怀为藏，以两行为机，以成纯为合，而去彼所谓明，以用吾真知之明；因之而生者，因之而已，不与之同，不与之异，唯用是适；则无言可也，虽有言以曼衍穷年，无不可也。不立一我之量，以生相对之耦，而恶有不齐之物论乎？此庄生之所以凌轹百家而冒其外者也。（王夫之《庄子解》）

齐物者，齐物属读，旧训皆同。王安石、吕惠卿始以物论属读，不悟是篇先说丧我，终明物化，泯绝彼此，排遣是非，非专为统一异论而作也。应从旧读。因物付物，所以为齐，故与许行齐物不同。一往平等之谈，详其实义，非独等视有情，无所优劣，盖离言说相，离名字相，离心缘相，毕竟平等，乃合《齐物》之义。次即《般若》所云，字平等性、语平等性也。其文既破名家之执，而即泯绝人法，兼空见相，如是乃得荡然无阂。若其情存彼此，智有是非，虽复泛爱兼利，人我毕足，封畛已分，乃奚齐之有哉。然则兼爱为大迂之谈，偃兵则造兵之本，岂虚言邪！夫托上神以为祢，顺帝则以游心，爱且暂兼，兵亦苟偃。然其绳墨所出，校然有量，工宰之用，依乎巫师。苟人各有心，拂其条教，虽践尸蹀血，犹曰秉之天讨也。夫然，兼爱酷于仁义，仁义惨于法律，较然明矣。齐其不齐，下士之鄙执；不齐而齐，上哲之玄谈。自非涤除名相，其孰能与于此。……夫以论摄论，即论非齐。所以者何？能总摄故。方谓之齐，已与齐反。所以者何？遣不齐故。是故《寓言》篇云："不言则齐，齐与言不齐，言与齐不齐也。"《大般若经》四百七十八云："若于是处，都无有性，亦无无性，亦不可说为平等性，如是乃名法平等性。当知法平等性既不可说，亦不可知。除平等性，无法可得。离一切法，无平等性。"又云："非一切法平等性中有戏论，若离戏论，乃可名为法平等性。"此义正会《寓言》之旨。徒以迹存导化，非言不显，而言说有还灭性，故因言以寄实，即彼所云"言无言，终身言，未尝言；终身不言，未尝不言"。《大乘入楞伽经》云："我经中说，我与诸佛菩萨不说一字，不答一字。所以者何？一切诸法离文字故，非不随义而分别说。"是与《寓言》所说，亦如符契。夫能上悟唯识，广利有情，域中故籍，莫善于《齐物论》。《天下》篇云："内圣外王之道，郁而不发。"尔则庄生著书，非徒南面之术。盖名家出于礼官，而惠施去尊；道家本以宰世，而庄周残法，非与旧术相戾，故是舍局就通耳。老聃但说"民多利器，国家滋昏"，而犹未说圣人经国，复是天下利器，故国多利器，民亦滋昏也。老聃但说"人之所教，我亦教之，强梁者不得其死，吾将以为教父"，唯是政教分离之说，而犹未说"九洛之法，监照下土，此谓上皇"。其说出乎巫咸，乃因天运地处、日月云雨之故，不可猝知，而起大禹、箕子之畴，则以之涂民耳目而取神器也。夫然，有君为不得已，故其极至于无王；有圣或以利盗，故廓然未尝立圣。论中言圣人者，但是随俗之名。终举世法差违，俗有都野，野者自安其陋，都者得意于娴，两不相伤，乃为平等。小智自私，横欲以己之娴，夺人之陋，杀人劫贿，行若封豨，而反崇饰徽音，辞有枝叶，斯所以设尧伐三子之问。下观晚世，如应斯言。使夫饕餮得以逞志者，非圣智尚文之辩，孰为之哉？渊哉若人，用心如砥，干蛊德于上皇之年，杜莠言于千载之下，故曰道家者流，出于史官，其规摹闳远矣。能仁之书，译于东夏，园吏之籍，不至殊方，近世虽见译述，然皆鄙生为之。云行雨施，则大秦之豪丧其夸，拂菻之士忘其奡，衣养万物，何远之有。旧师章句，分为七首，尧问一章，宜在最后，所以越在第三者，精入单微，还以致用，大人利见之致，其在于斯，宜依旧次，无取颠倒云尔。（章太炎《齐物论释定本》）

齐物论，谓齐一论物之言也。……至庄子之撰本文，所以明道也。何以篇题为《齐物论》，而不为《齐道论》？盖道无形无名，绝于言议。故

《知北游篇》云："道不可言，言而非也。"又云："所以论道，而非道也。"是则可论者唯物耳。故《则阳篇》云："言之所尽，知之所至，极物而已。"然号物之数曰万，至不齐也，逐不齐之物而论之，论亦何能齐哉？日驰不齐之论，如《徐无鬼篇》所谓"驰其形性，潜之万物"，徒劳精敝神，伤生损性，此修道者之大患也。故庄子于《逍遥游篇》之后，继以斯篇。良以心之能逍遥者，无已也，无已则不齐齐矣。物本不齐，心则可齐，故《人间世篇》仲尼以"斋"语颜回。斋者，齐也。又曰："一若志。"即齐其心也。夫心何以不齐？由感于不齐之物，而有审辨彼此、是非、美恶之知，因而生好恶之情，随发而为不齐之论矣。故欲论之齐，则在冥情去知。情冥知去，则心如死灰矣，蝶我胥忘矣。此之谓"丧我"，丧我则齐之极致也。故本篇先言心，即带言情，然后继以不齐之大知、小知，大言、小言，中则举彼此、是非、成亏、齐与不齐之知与言，反覆申说之，末则逐节引证以事实，而本篇之义无余蕴矣。（刘武《庄子集解内篇补正》）

"齐物论"者，齐物之不齐，齐论之不齐也。言论先及物者，论之有是非、然否，生于物之有美恶、贵贱也。刘勰《文心雕龙·论说篇》云："庄周齐物，以论为名。"后人因之，遂谓庄子有齐物之论。此大谬也。若曰论，则《消摇游》以次七篇皆论也，安得此独以论名哉！齐之为言，非如《孟子》"比而同之"之云也。"子比而同之，是乱天下也"，见《滕文公篇》。美者还其为美，恶者还其为恶；不以恶而掩美，亦不以美而讳恶，则美恶齐矣。是者还其为是，非者还其为非；不以非绌是，亦不以是没非，则是非齐矣。《至乐篇》曰："名止于实，义设于适。"止者不过其当，适者不违其则。不过当，不违则，此齐物、齐论之要旨也，故篇中特举《春秋》以为说，曰："《春秋》经世，先王之志，君子议而不辩。"夫《春秋》者，正名之书也。子曰："名不正则言不顺，言不顺则事不成。"见《论语·子路篇》。言之不顺，过其当也。事之不成，违其则也。过当在不能明，违则在不知因。故篇中特标"以明"、"因是"两端，反覆言之。文虽极其变，义则极其平，要之曰正名而已矣。人于正名则安之，于齐物则骇之，无他，习与不习之故也。虽然，欲能明，必先去其固必之执。语本《论语》曰："勿意、勿必、勿固、勿我。"见《子罕篇》。而去执莫如"无己"，故篇以"丧我"发端。欲知因，必先洞夫万物之情，而洞物莫如顺化，故乃以"物化"作结也。（钟泰《庄子发微》）

《齐物论》大旨，乃批评当日儒、墨百家名辩之学。谓是非之论，可以不立，而立是非者，其是非转无穷也。不特是非之本身无据，即治是非之方法亦无据，故不如两行而付诸天倪。……题篇三字，古今读法不一。或以“齐物”连读，“论”为文体之称。或以“物论”连读，“齐”为平亭之语王安石、吕惠卿有此说。余按《庄子》立篇，颇有义法。内七，皆以义名篇。外、杂二十六，皆以首字首句名篇。内篇题名用三字，外、杂篇题名用二字，其间作三字者，则人名不可割裂者也。如《田子方》、《列御寇》、《徐无鬼》、《庚桑楚》是。《知北游》一篇，北游虽非人名，但以一知字不能成词，故以北游二字足之。《齐物论》三字，与《逍遥游》《养生主》《人间世》《德充符》《应帝王》《大宗师》同例。诸篇皆无特标文体之语，此自不得独异。则“物论”二字连读者为近是。物论，犹论物也。论物者，所以谓物者也。儒墨百家，于物各有所论。而其论物也，又各有其论之方法。今庄子乃取而一一平亭之。谓儒墨百家于物虽若有谓，而实则谓其无谓。虽若各有所谓，而实则其谓平等。故曰：“其果有谓乎，其果无谓乎?”又曰：“道行之而成，物谓之而然。”又曰：“物固有所然，物固有所可。无物不然，无物不可。”“物谓之而然”，即“齐物论”三字之正解。是故谓《齐物论》者齐万物之论，可也，齐百家论万物之论可也。持此义以读《南华》第二篇，庶无疑滞。(伍非百《齐物论新义》)

《史记·庄子传》称“庄子与梁惠王、齐宣王同时”。《文心雕龙·论说篇》云：“庄周齐物，以论为名。”据《史记·田完世家》，称慎到为齐宣王上大夫，《孟子荀卿列传》称“慎到著十二论”。是慎到与庄子同时，然则其时著书以论名篇者，非仅庄子一人而已。惟后人颇有反对庄子《齐物论》系论“齐物”者。王应麟《困学纪闻》一〇云：“齐物论，非欲‘齐物’也，盖谓‘物论’之难齐也。是非毁誉，一付于物，而我无与焉，则‘物论’齐矣。邵子诗：‘齐物到头争。’恐误。张文潜曰：‘庄周患夫彼是之无穷，而物论之不齐也，而托之于天籁，其言曰：吹万不同，而使其自已也。此言自以为至矣，而周固自未离夫万之一也，曷足以为是非之定哉！虽然，如周者，亦略税驾矣。’”案张、王二氏于齐物论，皆主“物论”连读。钱大昕申其说，证明“六朝人已误以‘齐物’二字连读”。(《十驾斋养新录》一九)孙志祖亦申其说，证明“齐物”为六朝旧读，但不以为误。(《读书脞录》四)岷以为“物论”连读，“齐物”连读，说并可通。然齐物论之主旨，在“天地与我并生，万物与我为一”二句。则庄子之意，明是以“齐物”连读；《秋水篇》发挥《齐物论》其主旨在“万物一齐，孰短孰长”，亦正是“齐物”之义。至如《德充符篇》：“自其同者视之，万物皆一也。”《天地篇》：“万物一府，死生同状。”亦皆“齐物”之义也。《淮南子·齐俗篇》《论衡·齐世篇》，并阐发庄子“齐物”之义，

“齐俗”“齐世”，亦所谓“齐物”也。庄子之意，固非以“物论”连读者矣。《鹖冠子·能天篇》：“道者，开物者也。非齐物者也。”道固非齐物者。然明齐物，乃通于道耳。又《王鈇篇》：“齐殊异之物。”陆佃注：“齐鹏鹍之大小，等凫鹤之长短。”（鹍当作鲲。上句本《逍遥游》，下句本《骈拇》）颇符庄子齐物之旨。欲了解庄子，须明三种境界：一、常人，迷于是非毁誉。二、智者，争于是非毁誉。三、大智，超乎是非毁誉。庄子，大乃智人也。王应麟所谓“是非毁誉，一付于物，而我无与”，乃肤浅之遁辞，何足以论庄子！庄子通达是非毁誉之后，而超乎是非毁誉者也。邵子诗“齐物到头争”，乃自囿于智者争辩之境界，庄子已洞悉争辩之后，而超乎争辩者矣。张文潜谓“周未离夫万之一”，夫庄子所谓“吹万不同，而使其自己”，乃由万不同以观其同，庄子已超乎万矣，而张氏尚以“万之一”论之，何所见之小也！（王叔岷《庄子校诠》）

（二）吾丧我

子綦曰：“偃，不亦善乎，而问之也！今者吾丧我，汝知之乎？女闻人籁而未闻地籁，女闻地籁而未闻天籁夫！”（《齐物论》）

吾丧我，我自忘矣；我自忘矣，天下有何物足识哉！故都忘外内，然后超然俱得。（郭象《庄子注》）

丧，犹忘也。……而子綦境智两忘，物我双绝。（成玄英《南华真经注疏》）

生者，天地之委和也。有生俱受委和也，惟子綦能知其所然，故绝累忘形，而以吾丧我，物我所以俱齐也。（王雱《南华真经新传》）

吾即我也，不曰我丧我，而曰吾丧我，言人身中才有一毫私心未化，则吾我之间亦有分别矣。吾丧我三字下得极好！洞山曰：“渠今不是我，我今正是渠。”便是此等关窍。（林希逸《庄子鬳斋口义》）

吾，自指真我。丧我，谓丧忘其血肉之躯也。（释德清《庄子内篇注》）

此《齐物论》以“丧我”发端，要显世人是非，都是我见。要齐物论，必以忘我为第一义也。故《逍遥》之圣人，必先忘己，而次忘功、忘名。此其立言之旨也。（释德清《庄子内篇注》）

夫论生于有偶：见彼与我异，而若仇敌之在前，不相下而必应之。而有偶生于有我：我之知见立于此，而此以外皆彼也，彼可与我为偶矣。赅物之论，而知其所自生，不出于环中而特分其一隅，则物无非我，而我不足以立。物无非我者，唯天为然。我无非天，而谁与我为偶哉？故我丧而

偶丧，偶丧而我丧，无则俱无，不齐者皆齐也。（王夫之《庄子解》）

《齐物》本以观察名相，会之一心。名相所依，则人我、法我为其大地，是故先说丧我，尔后名相可空。子綦坐忘，自言丧我，若依定境，则《毗婆沙论》八十四云：瑜伽师初解脱地名空无边处，从此定出，必起相似空想现前，手觅自身。最极为灭尽定，意根中断，我执不行，若依真证，则双断人我、法我也。（章太炎《齐物论释定本》）

答称“丧我”，非仅丧耦也，系进一层说。即下之化蝶不知周也，又即佛书之“无我相”也。无人无我，彼是双忘，尚何物论之不齐哉？（刘武《庄子集解内篇补正》）

“丧我”承上篇“无己”来。惟丧我而后能尽执，惟尽执而后能超然于物论之外，而物论始可得而齐矣。“我”者人也。“丧我”者天也。惟人而能天，可以齐物论之不齐，故后文曰“圣人不由，而照之于天”。又曰“圣人和之以是非，而休乎天均”。又曰“孰知不言之辩、不道之道，此之谓天府”也。（钟泰《庄子发微》）

一切对象，由于有我。无我则一切无安立处。是非之论，依于我见。我见不存，议论安生？（伍非百《齐物论新义》）

案《天地篇》：“忘乎物，忘乎天，其名为忘己。”“丧我”即“忘我”，亦即“忘己”。既忘我矣，而复有言者，盖不言不足以明道也。（王叔岷《庄子校诠》）

（三）天籁、地籁、人籁

子游曰：“地籁则众窍是已，人籁则比竹是已。敢问天籁。”子綦曰：“夫吹万不同，而使其自己也，咸其自取，怒者其谁邪！”（《齐物论》）

夫天籁者，岂复别有一物哉？即众窍比竹之属，接乎有生之类，会而共成一天耳。无既无矣，则不能生有；有之未生，又不能为生。然则生生者谁哉？块然而自生耳。自生耳，非我生也。我既不能生物，物亦不能生我，则我自然矣。自己而然，则谓之天然。天然耳，非为也，故以天言之。所以明其自然也，岂苍苍之谓哉！而或者谓天籁役物使从己也。夫天且不能自有，况能有物哉！故天者，万物之总名也，莫适为天，谁主役物乎？故物各自生而无所出焉，此天道也。（郭象《庄子注》）

夫天者，万物之总名，自然之别称，岂苍苍之谓哉！故夫天籁者，岂别有一物邪？即比竹众窍接乎有生之类是尔。寻夫生生者谁乎，盖无物也。故外不待乎物，内不资乎我，块然而生，独化者也。是以郭《注》云，自己而然，则谓之天然。故以天然言之者，所以明其自然也。而言吹万不同。且风唯一体，窍则万殊，虽复大小不同，而各称所受，咸率自知，岂赖他哉！此天籁也。故知春生夏长，目视耳听，近取诸身，远托诸物，皆不知其所以，悉莫辨其所然。使其自己，当分各足，率性而动，不由心智，所谓亭之毒之，此天籁之大意者也。（成玄英《南华真经注疏》）

天籁、地籁、人籁者，众窍之所以不同也。众窍不同，而同受风以成声。万物虽异，而同委气以成体。窍为风之所鸣，而物为化之所役。所遇虽殊，而同归一致。此物我不得不齐也。（王雱《南华真经新传》）

吹万，万物之有声者，言万物之有声者，皆造物吹之。吹之者，造物也，而皆使其若自己出。吹字、使字，皆属造物。自取者，自取于己也。咸其自取，言万物皆以为我所自能，而不知一气之动，谁实使之？气发于内而为言，遂下一怒字，与怒而飞同，亦属造物。（林希逸《庄子鬳斋口义》）

言天籁者，乃人人发言之天机也。“吹万不同”者，意谓大道本无形声，托造物一气，散而为万灵，人各得之而为真宰者，如长风一气而吹万窍也。以人各以所禀形器之不一，故各各知见之不同。亦如众窍之声不一，故曰“吹万不同”。“使其自己”者，谓人人迷其真宰之一体，但认血肉之躯为己身，以一偏之见为己是，故曰“使其自己”，谓从自己而发也。此物论不齐之病根也。（释德清《庄子内篇注》）

物之声不一，犹之言也；人之言不一，犹之声也；皆比竹之类也。其已将谓自已，其取将谓自取，而气之激于中者，岂果不容已者乎？浸假无知，则不足以怒发，而亦知何自而有知耶？故诘其为谁，而不穷其知之所自出。（王夫之《庄子解》）

云何我可自丧，故说地籁、天籁明之。地籁则能吹所吹有别，天籁则能吹所吹不殊，斯其喻旨。地籁中“风”喻不觉念动，“万窍怒呺”，各不相似，喻相、名分别各异，乃至游尘野马，各有殊形，腾跃而起。天籁中“吹万”者，喻藏识，万喻藏识中一切种子，晚世或名原型观念。非独笼罩名言，亦是相之本质，故曰“吹万不同”。“使其自己”者，谓依止藏识，乃有意根，自执藏识而我之也。（章太炎《齐物论释定本》）

风吹地面之窍成声，地籁也。人吹比竹成声，人籁也。心动而为情，情宣于口而为言，天籁也。（刘武《庄子集解内篇补正》）

人籁、地籁、天籁，虽分三名，而所欲发明者，亦惟天籁而已。顾天籁非言语文字所可摸拟状绘，不得已因托于地籁以言之，是以子游“敢问其方”，而子綦独称地籁也。“方”犹类也。“籁”，箫也，即所谓比竹。是故籁本人籁之名，地籁、天籁皆从人籁而推说之。此《庄子》之巧于为文也。老子曰："有无相生，难易相成，长短相形，高下相倾，声音相和，前后相随。"夫有无、难易、长短、高下，所谓物论之不齐也。而声音相和，前后相随，有似于此，故尽声音之道，可以通于物论。（钟泰《庄子发微》）

三籁之名，皆子綦所创。子綦以风吹众窍，有类于人吹比竹。故创地籁之名，以别于人籁，又因地籁之名以起天籁。人籁，人人所知，故略而不说。地籁子綦独创，故言之最详。天籁，则统地籁人籁一切殊音在内，故不另立义界。盖人籁则人为之吹，地籁则地为之吹，而天籁乃各自为之吹。此三籁序述详略不同之故。……以万有不齐之天籁，在自然中，各自成音；喻万有不齐之物论，在自然中，各自成说。众论纷纭，等于鷇音。按其实际，都无是处。有音无义，众口齐鸣，恰是一部天然音乐。（伍非百《齐物论新义》）

案一切皆由自取，谁使之怒号邪？地籁如此，人籁之声响亦然。自不齐观之，则有人籁、地籁、天籁之别，自其齐观之，而人籁、地籁皆天籁也。（王叔岷《庄子校诠》）

（四）真宰、真君

非彼无我，非我无所取。是亦近矣，而不知其所为使。若有真宰，而特不得其眹。可行已信，而不见其形，有情而无形。百骸，九窍，六藏，赅而存焉，吾谁与为亲？汝皆说之乎？其有私焉？如是皆有为臣妾乎？其臣妾不足以相治乎？其递相为君臣乎？其有真君存焉？如求得其情与不得，无益损乎其真。（《齐物论》）

万物万情，趣舍不同，若有真宰使之然也。起索真宰之眹迹，而亦终不得，则明物皆自然，无使物然也。（郭象《庄子注》）

任之而自尔，则非伪也。（郭象《庄子注》）

夫肢体不同，而御用各异，似有真性，竟无宰主。眹迹攸肇，从何而有？（成玄英《南华真经注疏》）

直置忘怀，无劳措意，此即真君妙道，存乎其中矣。又解：真君即前之真宰也。言取舍之心，青黄等色，本无自性，缘合而成，不自不他，非无非有，故假设疑问，以明无有真君也。（成玄英《南华真经注疏》）

真宰者，至道之妙，宰制造化者也。以其自然，故曰真；以其造制，故曰宰。其为物也，不在乎阴阳之内，亦不在乎阴阳之外，可以神会，而不可以象求。故曰若有而不得其眹也。（王雱《南华真经新传》）

真宰者有为也，真君者无为也，臣妾上下之分也。上下虽殊，而一之以真君，故曰“其有真君存焉”。人之生也，莫不皆有真君焉，故役役背驰，而不能自悟，是以反丧其真焉。如能求而得之，而知其真君之固有，则所以无亏于真矣。故曰：“如求得其情与不得，无益损乎其真。”（王雱《南华真经新传》）

真宰，造物也。若有者，似若有之，而不敢以为实有也。（林希逸《庄子鬳斋口义》）

百骸、九窍、六藏之君臣既不可得而定名，则心者身之主也，其以心为君乎？心又不能以自主，而主之者造物，则造物为真君矣，故曰其有真君存焉。（林希逸《庄子鬳斋口义》）

人但任私情之所发，而不知有天真之性为之主宰，因迷此真宰，故任情逐物，而不知返本。故人之可哀者此耳。（释德清《庄子内篇注》）

此以遍求其所萌而不得也。使其知已者，则一已而无不已，可勿更求其萌矣。……天之化气，鼓之、激之，以使有知而有言，岂人之所得自主乎？天自定也，化自行也，气自动也，知与不知无益损焉；而于其中求是非之所司，则愚甚矣！（王夫之《庄子解》）

言此真君，本来不属形骸，天然具足，人若求之，而得其实体，在真君亦无有增益；即求之而不得，而真君亦无所损。即所谓不增不减，迷之不减，悟之不增，乃本然之性真者。此语甚正，有似内教之说。但彼认有个真宰，即佛所说识神是也。（释德清《庄子内篇注》）

详此所说真宰，即佛法中阿罗邪识，惟有意根恒审思量，执阿罗邪识以为自我，而意识分别所不能见也。（章太炎《齐物论释定本》）

《德充符》说：“以其知得其心，以其心得其常心。”心即阿陀那识，常心即庵摩罗识。彼言常心，此乃谓之真君。……唯证得庵摩罗识，斯为真君，斯无我而显我耳。是故幻我本无而可丧，真我常遍而自存，而此庵摩罗识本来自尔，非可修相，非可作相，毕竟无得，故曰求得其情与不得，无益损乎其真。（章太炎《齐物论释定本》）

真君者，心之神也。……又言身中之物皆为臣妾乎，然彼此比肩，不足以相治也，其势不能无君，故必有真君焉存焉。因上所言之真宰，不得其眹，不见其形，果有乎，无乎？此处反覆推勘，明其应有也。（刘武《庄子集解内篇补正》）

“彼”即“此其所由以生”之“此”，以对我言，故易曰彼。离彼心，即不复有我。而离我，则又谁取此心者。故又曰“非我无所取”。“取”根上“咸其自取”言。彼我本不相离，故曰“是亦近矣。而不知其所为使”，“使”根上“使其自己”之“使”言。夫果有使之者，此当为吾人之主宰。

然索之而“不得其眹”。“眹”，兆也。故亦曰“若有真宰”而已。“若”之云者，疑似之间之辞也。“可行己信”，“信”如老子“其精甚真，其中有信”之信。“信”，消息也。消息存乎己，故曰“己信”。“行”，心行也。信虽行于心中，而实不见形，故结之曰“有情而无形”。“情”即信之谓也。此就夫心而欲推勘出其使之宰之者何在也。……“真君”即真宰，以承“君臣”言，故曰真君。真宰、真君，并接前“怒者其谁”一线说下，“谁”字虚点，“宰”与“君”则明示也。“如求得其情与不得，无益损乎其真”，“如”犹而也。得其情与不得，于真君并无加损。此犹佛氏言本性不以迷悟而存亡也。（钟泰《庄子发微》）

我既为一切对象之根，又为一切认识之本位，若然，则假令能知我之为我，而一切附丽以生之问题，皆可迎刃而解矣。“我”既不似“心”之不可捉摸，又不似“物”之不可征实，亦不似“时”之不可计度，宜乎容易了澈。然而舍却“非彼无我、非我无彼”之一循环论证外，仍不能寻出“我”之根据。缘何有我？我者为何？苦不能明。故曰“是亦近矣，而不知其所为使。”……若有真宰，而特不得其眹，言似有一“真我”，而特不能得其端倪。（伍非百《齐物论新义》）

真宰谓道。……道无迹象。《淮南子・兵略篇》：“凡物有朕，唯道无朕。所以无朕者，以其无常形势也。”可发明庄子此文之义。《老子》二十一章：“道之为物，惟恍惟惚。”恍惚则未全脱迹象，庄子所谓道，则超绝迹象矣。（王叔岷《庄子校诠》）

主宰宇宙万物者，谓之真宰，即道。主宰人之百骸、九窍、六藏者，谓之真君，即真我，亦即空灵之心，与道冥合者也。（王叔岷《庄子校诠》）

（五）成心

夫随其成心而师之，谁独且无师乎？奚必知代而心自取者有之？愚者与有焉。未成乎心而有是非，是今日适越而昔至也。是以无有为有。无有为有，虽有神禹且不能知，吾独且奈何哉！（《齐物论》）

夫心之足以制一身之用者，谓之成心。人自师其成心，则人各自有师矣。人各自有师，故付之而自当。（郭象《庄子注》）

夫域情滞著，执一家之偏见者，谓之成心。夫随顺封执之心，师之以为准的，世皆如此，故谁独无师乎。（成玄英《南华真经注疏》）

心者，人之真君也。人能不丧其真君，所以谓之成心也。成心既存，而自师之，则与道冥会而与神默契，不必知阴阳代谢而然后谓之得道也。

愚者不能知有真君而存之，徒务役形而求道，此其所以自惑也，故终身求之而不知也。（王雱《南华真经新传》）

成心者，人人皆有此心，天理浑然而无不备者也。言汝之生，皆有见成一个天理，若能以此为师，则谁独无之！非惟贤者有此，愚者亦有之。（林希逸《庄子鬳斋口义》）

现成本有之真心也。（释德清《庄子内篇注》）

可惜现成真心，昧之而不悟，惜之甚矣。由不悟真心，故执己见为是，则以人为非，此是非之病根也。（释德清《庄子内篇注》）

乍作乍已，而终芒于所自萌，一言不足以立而炎炎詹詹，且无穷焉，其所以挟以为己信之情者，成心而已。成心者，闲闲间间之知所成，于理固未有成也。（王夫之《庄子解》）

成心即是种子，种子者，心之碍相，一切障碍即究竟觉，故转此成心则成智，顺此成心则解纷。成心之为物也，眼耳鼻舌身意六识未动，潜处藏识意根之中，六识既动，应时显现，不待告教，所谓“随其成心而师之”也。（章太炎《齐物论释定本》）

成心，言已发动而成为情意之心也，即心已为情所胶着也。“师”字，应作动词解，与《人间世》“犹师心者也”之师同。（刘武《庄子集解内篇补正》）

“成心”与“成形”相应。“成”者，一成而不变，故“成心”者，执心也。……“未成乎心”，心未执着者，所谓初心也。（钟泰《庄子发微》）

“成心”谓推理心也。孟子谓之“是非之心”。此心，据孟子言“非由外铄我也，我固有之矣”。乃先天的，非后天的，自然的，非人为的。但庄子之意，则亦未此心是人为的、后天的。人皆先将外界之事物摄诸心，再将心所摄之映象，作为知识以裁夺万物，此之谓“是非之心”，亦即所谓“成心”。《庄子·庚桑楚篇》所谓“是以生为本，以智为师，因以乘是非，果有名实，因以已为质”者是也。（伍非百《齐物论新义》）

成疏：“夫域情滞著，执一家之偏见者，谓之成心。”……知化者不必有成心；自执其心者有成心；愚者亦有成心也。（王叔岷《庄子校诠》）

（六）莫若以明

道隐于小成，言隐于荣华。故有儒墨之是非，以是其所非而非其所是。欲是其所非而非其所是，则莫若以明。（《齐物论》）

是亦彼也，彼亦是也。彼亦一是非，此亦一是非，果且有彼是乎哉？果且无彼是乎哉？彼是莫得其偶，谓之道枢。枢始得其环中，以应无穷。

是亦一无穷，非亦一无穷也。故曰莫若以明。（《齐物论》）

是故滑疑之耀，圣人之所图也。为是不用而寓诸庸，此之谓以明。（《齐物论》）

夫有是有非者，儒墨之所是也；无是无非者，儒墨之所非也。今欲是儒墨之所非而非儒墨之所是者，乃欲明无是无非也。欲明无是无非，则莫若还以儒墨反覆相明。反覆相明，则所是者非是而所非者非非矣。非非则无非，非是则无是。（郭象《庄子注》）

世皆以他为非，用己为是。今欲翻非作是，翻是作非者，无过还用彼我，反覆相明。反覆相明，则所非者非非则无非，所是者非是则无是。无是则无非，故知是非皆虚妄耳。（成玄英《南华真经注疏》）

滑疑者，胸中惑乱不果也。胸中惑乱不果，则徒炫明于外而耀众矣，此非穷理尽性之人也。惟圣人不弃而寓诸用，以大觉觉之而明也。故曰“滑疑之耀，圣人之所图也。为是不用而寓诸庸，此之谓以明”也。（王雱《南华真经新传》）

若欲一定是非，则须是归之自然之天理方可。明者，天理也，故曰莫若以明。（林希逸《庄子鬳斋口义》）

言儒、墨二家互相是非，皆未明大道，但各执我见耳，未必为真是也。苟欲是其所非，而非其所是，莫若明乎大道，则了无是非之辩矣。（释德清《庄子内篇注》）

浮明而以之，乃自谓以明，愈明而愈隐矣。（王夫之《庄子解》）

儒墨争饰其荣华，而道隐矣，两可之言亦隐矣。夫其所以的然争辨于是非者，自谓明也。斤斤然持而以之，而岂真明也哉？明与知相似，故昧者以知为明。（王夫之《庄子解》）

莫若以明者，皆非明也；间间闲闲之知，争小大于一曲之慧者也。滑疑之耀，寓庸而无是非，无成亏，此则一知之所知而为真知。然后可谓之以明。夫滑疑之耀者，以天明照天均：恍兮惚兮，无可成之心以为己信；昏昏然其滑也，泛泛然其疑也；而遍照之明耀于六合矣。（王夫之《庄子解》）

圣人无常心，以百姓心为心，故“不由而照之于天”。知彼是之无分，则两顺而无对，如户有枢，旋转环内，开阖进退，与时宜之，是非无穷，因应亦尔，所谓“莫若以明”也。（章太炎《齐物论释定本》）

谓欲是其所非而非其所是，由于为小成与荣华之见所隐蔽，而不明彼此之情，是非之理也。莫若以天然之明照之，则隐者显矣。下文“照之以天”，及“为是不用而寓诸庸，此之谓以明”，即释此义。（刘武《庄子集

解内篇补正》)

“明”者，脱然于是非之外，而以鉴别夫是非者。《应帝王篇》所云“至人之用心若镜”是也，义本老子“复命曰常，知常曰明”之明。郭象注谓“还以儒墨反覆相明”，失其旨矣。(钟泰《庄子发微》)

儒墨既自是而相非，则是非莫由定。欲定是非，必须于是非之故，有以明之。何以明之？以“彼是”之义明之。“彼是”为是非相生之说，乃古代名家言，谓是非生于彼此，彼此循环生是非也。(伍非百《齐物论新义》)

儒、墨自是而相非，各有所蔽。易地而观（此语本马其昶《故》），则不执着己见矣，所谓明也。(王叔岷《庄子校诠》)

不用其智而智自全，此不用之用，所谓明矣。(王叔岷《庄子校诠》)

(七) 照之于天

物无非彼，物无非是。自彼则不见，自知则知之。故曰彼出于是，是亦因彼。彼是方生之说也，虽然，方生方死，方死方生；方可方不可，方不可方可；因是因非，因非因是。是以圣人不由而照之于天，亦因是也。(《齐物论》)

夫怀豁者，因天下之是非而自无是非也。故不由是非之涂而是非无患不当者，直明其天然而无所夺故也。(郭象《庄子注》)

天，自然也。圣人达悟，不由是得非，直置虚凝，照以自然之智。只因此是非而得无非无是，终不夺有而别证无。(成玄英《南华真经注疏》)

圣人内冥诸心而不由是非之涂，而任其自然而然，是以无是无非也。故曰：“圣人不由，而照之于天，亦因是也。”(王雱《南华真经新传》)

古之圣人所以不用一偏之见，而照之以天理者，即因其是而已矣。前说因是因非，此又只言因是，省文也。(林希逸《庄子鬳斋口义》)

言圣人不由世人之是非，而独照明于天然之大道，故是为真是，故曰“亦因是也”。此言圣人之因是，乃照破之真是，不似世人以固执我见为是，而妄以人为非也。(释德清《庄子内篇注》)

天之所籁，鸣虽异，而于天无益损也；任物之吹而无倚焉，则无所不照矣。虽然，亦因彼因此之现在吾前而照之耳。使无儒无墨，圣人亦奚照乎？照亦圣人之不得已而因焉者也。照之而彼此皆休矣，皆均矣。其所因者忘，而道定于枢；无穷之化声，以不应应之，而无不可应矣。若彼无穷之化声，生彼此之是非，则唯持其一曲之明而已矣。一曲之明，亦非不明也；故小知大知争炫其知。而照之以天者，无我无此，无耦无彼，固不屑

以此为明也。（王夫之《庄子解》）

白黑之相，菽麦之姿，不待名言而生辨异，离言自性，岂可乱邪？应之曰：无相分别，如其自身，庄生固无遮拨。及在名言，白表白相，黑表黑相，菽表菽事，麦表麦事，俗诠有定，则亦随顺故言，斯为照之于天，不因己制。（章太炎《齐物论释定本》）

言圣人不由是非之途，而照之于自然之天，亦惟因之而已。即下文“是不是，然不然”也，与后“朝三”段“亦因是也”对照。（刘武《庄子集解内篇补正》）

“照之于天”，意即照之“以明”也。下即接曰“亦因是也”者，惟不在是非之内，乃可以因夫是非也。（钟泰《庄子发微》）

言圣人所以不用是非之见，而听诸自然者，只为识得“因是因非之理”的原故。“因是”，即上文“因是因非”四字之缩语。（伍非百《齐物论新义》）

成疏：“天，自然也。”……《说文》：“照，明也。”此谓圣人不用是非，即不执着是非，而明是非于自然耳。（王叔岷《庄子校诠》）

（八）道枢、环中

是亦彼也，彼亦是也。彼亦一是非，此亦一是非，果且有彼是乎哉？果且无彼是乎哉？彼是莫得其偶，谓之道枢。枢始得其环中，以应无穷。是亦一无穷，非亦一无穷也。（《齐物论》）

偶，对也。彼是相对，而圣人两顺之。故无心者与物冥，而未尝有对于天下也。枢，要也。此居其枢要而会其玄极，以应夫无方者也。（郭象《庄子注》）

夫是非反覆，相寻无穷，故谓之环。环中，空矣；今以是非为环而得其中者，无是无非也。无是无非，故能应夫是非。是非无穷，故应亦无穷。（郭象《庄子注》）

偶，对也。枢，要也。体夫彼此俱空，是非两幻，凝神独见而无对于天下者，可谓会其玄极，得道枢要也。（成玄英《南华真经注疏》）

夫绝待独化，道之本始，为学之要，故谓之枢。环者，假有二窍；中者，真空一道。环中空矣，以明无是无非。是非无穷，故应亦无穷也。（成玄英《南华真经注疏》）

大道同宗，是非一气，忘彼与我，则举忘其对，所以运转而无穷也。故曰：“彼是莫得其偶，谓之道枢。”（王雱《南华真经新传》）

若使彼之与我不对而立，混人己而一之，则为道之枢要矣。环之中必虚，我得道之枢要，则方始如环中然，如环之中，则无始无终而无穷矣。是亦无穷，非亦无穷者，言听其自然也。如此则为自然之天理，故曰莫若以明。（林希逸《庄子鬳斋口义》）

言是非两忘，则坦然一际，绝诸对待，如此则彼是莫得其偶。偶，对待也。绝待，即道妙之枢纽也。（释德清《庄子内篇注》）

环则不方，中虚则活而能应，以譬道之虚无。若得此虚无道枢，则应变无穷。（释德清《庄子内篇注》）

道本无偶。不立偶以敌人，合乎道矣。（王夫之《庄子解》）

合于道枢，则得环中。范围众有而中虚，曰环中。（王夫之《庄子解》）

上言“是亦彼也，彼亦是也”，则彼亦可谓之是，是亦可谓之彼。彼是两浑，则彼是并不对立而为偶。不对立为偶，则无是非之辩，此即道之枢要也，亦可谓之道之本也。（刘武《庄子集解内篇补正》）

《淮南子·原道训》云：“得道之柄，立于中央。”又云：“执道要之柄，而游于无穷之地。”可与此相互发明。枢犹之柄也。譬之规然，以一端居中，即枢也，他端旋之则成圆，如是，可以圆转无穷。以喻大道无我，尚何有彼？既无彼我，更何有是非？执无彼我之道，犹之执枢然，置之环之中心，可以圆转无穷矣。无穷，指世情之是非之无穷也。此处重在执枢圆转以应无穷，即《盗跖篇》所谓“若是若非，执而圆机”，非重环之中空也。（刘武《庄子集解内篇补正》）

“枢”者言其运，“环”者象其圆。圆而能运，所以应于无穷也。《盗跖篇》曰：“若是若非，执而圆机。”“枢始得其环中”，所谓圆机也。如是，则“是亦一无穷，非亦一无穷”。“以明”之用若此，故曰“莫若以明”也。（钟泰《庄子发微》）

“是亦彼也，彼亦是也”二句，亦互文见义之词。详言之当为：“是亦非也，非亦是也。此亦彼也，彼亦此也。”各有一个彼此，各有一个是非，循环无端，双方都无可依据的对象。此无可依据之依据，名曰“道枢”。道枢，谓大道之枢纽。言大道研究到极点时，没有是非，也没有彼此。执此“道枢”以应是非，可以横说竖说，正言反言。无是无非也，可。或是或非也，可。亦是亦非也，可。俱是俱非也，可。所谓“是亦一无穷，非亦一无穷”者也。既然是非无穷，还有什么是非可以执着？（伍非百《齐物论新义》）

《释文》：“枢，要也。”案是、非（彼）乃对待之名，道之要在去对待也。（王叔岷《庄子校诠》）

王先谦云：“《则阳》篇亦云：冉相氏得其环中以随成。”案《白帖》

二："环中，喻道也。见《庄子》。"……环中空虚，《人间世篇》云："唯道集虚。"得空虚之道，以应无穷之是非，正枢要所在也。（王叔岷《庄子校诠》）

（九）道通为一

可乎可，不可乎不可。道行之而成，物谓之而然。恶乎然？然于然。恶乎不然？不然于不然。物固有所然，物固有所可。无物不然，无物不可。故为是举莛与楹，厉与西施，恢恑憰怪，道通为一。（《齐物论》）

夫莛横而楹纵，厉丑而西施好。所谓齐者，岂必齐形状，同规矩哉！故举纵横好丑，恢恑憰怪，各然其所然，各可其所可，则理虽万殊而性同得，故曰道通为一也。（郭象《庄子注》）

夫纵横美恶，物见所以万殊；恢憰奇异，世情用为颠倒。故有是非可不可，迷执其分。今以玄道观之，本来无二，是以妍丑之状万殊，自得之情惟一，故曰道通为一也。（成玄英《南华真经注疏》）

大道无可与不可，无然与不然，无成与不成，无美与不美，浑然为一而莫不由之然，而人不知道而妄情所见，然后有可与不可，有然与不然，有成与不成，有美与不美，所以自致疑累矣。此庄子所以明达者能通而为一也。（王雱《南华真经新传》）

以道观之，则横直者各当其用，美恶者各全其质，皆可通而为一矣，言皆归之造物也。（林希逸《庄子鬳斋口义》）

言莛、楹之长短，厉、西施之美恶，恢、恑、憰、怪之变状，以人情视之，其实不得其一样，难其无是非。若从道眼观之，则了无长短、美恶之相，一际平等。此言非悟大道，决不能齐天下之物论也。（释德清《庄子内篇注》）

《德充符篇》云："自其异者视之，肝胆楚越也。自其同者视之，万物皆一也。"若莛与楹，大小虽异，然同为物；厉与西施，美恶虽异，然同为人；恢恑憰怪，其情虽异，然同于性。自其同者视之，皆一也，故曰"道通为一"。（刘武《庄子集解内篇补正》）

"恢恑憰怪"，言物之异状，以道言之，皆通为一，又不独小大美恶，如莛楹、厉施之可齐已也。（钟泰《庄子发微》）

（十）寓诸庸

其分也，成也；其成也，毁也。凡物无成与毁，复通为一。唯达者知通为一，为是不用而寓诸庸。庸也者，用也；用也者，通也；通也者，得

也；适得而几矣。因是已。已而不知其然谓之道。（《齐物论》）

是故滑疑之耀，圣人之所图也。为是不用而寓诸庸，此之谓以明。（《齐物论》）

夫达者无滞于一方，故忽然自忘，而寄当于自用。自用者，莫不条畅而自得也。（郭象《庄子注》）

寓，寄也。庸，用也。唯当达道之夫，凝神玄鉴，故能去彼二偏，通而为一。为是义故，成功不处，用而忘用，寄用群材也。（成玄英《南华真经注疏》）

不偏见，不滞碍，晓然洞彻而冥于至理者，此庄子之所谓达者也。虽然，不废万物之成毁，而但寄之常用而不自有，故曰"寓诸庸"也。庸则济天下之用，而无所往而不通矣。无所往不通，则所以为得道。故曰："通也者，得也，适得而几矣。"几者，近而未至也。（王雱《南华真经新传》）

唯达道者知此理之为一，则去其是者不用之而寓诸庸之中。以常为用，而随用皆通，通则自得矣，故曰庸也者，用也；用也者，通也；通也者，得也；适得而几矣。（林希逸《庄子鬳斋口义》）

所以去其是不用而寓诸寻常之中，此之谓以明。（林希逸《庄子鬳斋口义》）

唯达道之人，知万物本通为一，故不执己是，故曰"不用"。既不用己是，但寓诸众人之情。庸，众也，谓随众人之见也。（释德清《庄子内篇注》）

达者不立体而唯用之适。……用乎其不得不用，因而用之，其用也亦寓焉耳。适得而几，奚有于自立之体哉？（王夫之《庄子解》）

凡诸训释，唯是三端，名言义想，尽于斯矣。随俗谛说，物固有所然，物固有所可；依胜义说，训释三端不可得义，无义成义，则虽无物不然，无物不可，可也。如上所论，一说义界，二责因缘，三寻实质，皆依分析之言，成立自义。然当其成立时，亦即其毁破时，成即《因明入正理论》所谓能立，毁即《因明入正理论》所谓能破。然彼就局义说，唯在比量；此就广义说，兼三训释。成毁同时，复通为一，故"达者不用而寓诸庸"，以终不能知其由然故。（章太炎《齐物论释定本》）

成云："庸，寄也。"庸，《尔雅·释诂》："常也。"《晋语》："无功庸者，不敢居高位。"注："国功曰功，民功曰庸。"《史记·周勃传》："才能不过凡庸。"《玉篇》："凡，非一也。"《广韵》："常也，皆也。"是常也，民功也，凡也，皆也，均"庸"字之义。盖用之义狭，庸之义广。为是不

用而寓诸庸者，谓不自用，而寄诸人人之皆用也。（刘武《庄子集解内篇补正》）

“寓”犹寄也。“庸”，用也，而兼有常义，即《礼·中庸》之庸。“寓诸庸”者，不用而用之。用无固必，故曰寓也。（钟泰《庄子发微》）

寓诸庸，谓偶于俗也。庸、用、通、得四字互训。随俗则合用，合用则通行，通行则适宜，适宜则近于真理，故曰“适得而几矣”。几，近也。谓随俗是非，虽不能即谓之为真理，然亦庶几近之。盖俗之所成，依乎天衍，合于自然，而能不主故常，随时得中。其是非，因时因地因人而异。今日所是，安知非异日之非？此方所许，安知非彼方所拒？智者所乐，安知非愚者所恶？故蘧伯玉行年五十而知四十九年之非，大禹解衣而入裸国，孔子不遣子贡说马而遣圉人，皆所谓“适得而几”者。行而通者，即适宜者也。何以行而通？曰“寓诸庸”。意谓世间只有相对之是非，并无绝对之是非。“因是因非”，即相对之是非。达者知其如此，所以不立绝对是非之论，而随顺相对之是非。亦因知得“因是因非”之理的原故。故曰“因是已”。（伍非百《齐物论新义》）

案不用，谓不用智也。不用智而其智自全，此不用之用，所谓明矣。（王叔岷《庄子校诠》）

（十一）天钧、两行

劳神明为一而不知其同也，谓之朝三。何谓朝三？狙公赋芧，曰：“朝三而暮四。”众狙皆怒。曰：“然则朝四而暮三。”众狙皆悦。名实未亏而喜怒为用，亦因是也。是以圣人和之以是非而休乎天钧，是之谓两行。（《齐物论》）

莫之偏任，故付之自均而止也。（郭象《庄子注》）

任天下之是非。（郭象《庄子注》）

天均者，自然均平之理也。夫达道圣人，虚怀不执，故能和是于无是，同非于无非，所以息智乎均平之乡，休心乎自然之境也。（成玄英《南华真经注疏》）

不离是非而得无是非，故谓之两行。（成玄英《南华真经注疏》）

圣人忘是非，任自然，万法一视而无高下，此所以能齐物也。故曰：“圣人和之以是非，休乎天钧，是之谓两行。”（王雱《南华真经新传》）

和之以是非者，和其是非而归之一也。天均者，均平而无彼此也。两行者，随其是非，而使之并行也。（林希逸《庄子鬳斋口义》）

天钧，谓天然均等，绝无是非之地也。前云“照之以天”，故此结云

“休止乎天均”。两行者，谓是者可行，而非者亦可行，但以道均调，则是非无不可者。（释德清《庄子内篇注》）

时过事已而不知其然，则是可是，非可非，非可是，是可非，休养其大均之天，而不为天之气机所鼓，则彼此无所不可行矣。无不可行者，不分彼此而两之。不分彼此而两之，则寓诸庸者，彼此皆可行也，无成心也，不劳神明为一也，不以无有为有也。如是，则天岂能吹其籁，而众窍之虚，不待厉风之济矣。（王夫之《庄子解》）

圣人内了无言，而外还顺世。顺世，故和之以是非；无言，故休乎天钧。《寓言》篇云：“卮言日出，和以天倪。”“万物皆种也，以不同形相禅，始卒若环，莫得其伦，是谓天均。天均者，天倪也。”和以是非者，则假天钧为用，所谓随顺言说；休乎天钧者，则观天钧自相，所谓性离言说。一语一默，无非至教，此之谓两行也。（章太炎《齐物论释定本》）

和之以是非，即上文“道通为一”，又即下文“是不是，然不然”也。《汉书·邹阳传》：“独化于陶钧之上。”张晏云：“陶家名模下圆转者为钧。”故《寓言篇》云：“始卒若环。”凡陶钧有枢。上文“道枢”，天钧之枢也。休乎天钧，即承上文“枢始得其环中”句。此之谓两行，承上文“以应无穷，是亦一无穷，非亦一无穷也”三句。圣人和通是非，视之如一，然于世情之是非，则任其两行无穷，惟执道枢以应之而已。（刘武《庄子集解内篇补正》）

“和之以是非而休乎天均”，“均”者，等视是非，而无所偏倚者也。惟休乎此，所以能和之也。“是之谓两行”，“两行”者，因是、以明，如车两轮、如人两足，失一而不能行者也。如狙公赋狙，即知因是，而不知以明，以是失其和，而流为刻核。后世法家之因任形名，盖此之类矣。（钟泰《庄子发微》）

“是以和之以是非，而休乎天均。”和，读作掺和之和。天钧，一作“天均”。《寓言》篇：“万物皆种也，以不同形相禅，卒始若环，莫得其伦，谓之天均。天均者，天倪也。”“天均”，即“天钧”；与近世言“天演”义相近。《庚桑楚篇》：“学者，学其所不能学也。行者，行其所不能行也。辩者，辩其所不能辩也。知止乎其所不知，至矣。若有不即是者，天钧败之。”即强所不能，必受天演淘汰之意。《淮南·俶真训》“休乎天钧而不碣”，注：“碣，败也。”即用《庄子》语意。此节仍申前文，圣人于成俗是非，不执己见，付诸天演，听其两行。（伍非百《齐物论新义》）

使是、非各安其分，则儒、墨各有其是，不必相非矣。此所谓两行也。（王叔岷《庄子校诠》）

（十二）天地与我并生，而万物与我为一

天下莫大于秋豪之末，而大山为小；莫寿乎殇子，而彭祖为夭。天地与我并生，而万物与我为一。既已为一矣，且得有言乎？既已谓之一矣，且得无言乎？一与言为二，二与一为三。自此以往，巧历不能得，而况其凡乎！故自无适有以至于三，而况自有适有乎！无适焉，因是已！（《齐物论》）

夫以形相对，则大山大于秋豪也。若各据其性分，物冥其极，则形大未为有余，形小不为不足。苟各足于其性，则秋豪不独小其小而大山不独大其大矣。若以性足为大，则天下之足未有过于秋豪也；若性足者非大，则虽大山亦可称小矣。故曰天下莫大于秋豪之末而大山为小。大山为小，则天下无大矣；秋豪为大，则天下无小也。无小无大，无寿无夭，是以蟪蛄不羡大椿而欣然自得，斥鴳不贵天池而荣愿以足。苟足于天然而安其性命，故虽天地未足为寿而与我并生，万物未足为异而与我同得。则天地之生又何不并，万物之得又何不一哉！（郭象《庄子注》）

秋时兽生豪毛，其末至微，故谓秋豪之末也。人生在于襁褓而亡，谓之殇子。太，大也。夫物之生也，形气不同，有小有大，有夭有寿。若以性分言之，无不自足。是故以性足为大，天下莫大于豪末；无余为小，天下莫小于大山。大山为小，则天下无大；豪末为大，则天下无小。小大既尔，夭寿亦然。是以两仪虽大，各足之性乃均；万物虽多，自得之义唯一。前明不终不始，非有非无；此明非小非大，无夭无寿耳。（成玄英《南华真经注疏》）

秋毫、太山、殇子、彭祖、天地、万物，俱为有形也。有形则可以忘形而齐谐也。夫知道者，不死而不生，故天地与之并生也。无方而无体，万物与之为一也。（王雱《南华真经新传》）

秋毫之末，至小也，而谓之莫大；太山，至大也，而谓之为小。其意盖谓既名曰秋毫，才大些个便不可以秋毫名之矣，太山才小些个，便不名为太山矣。若以太山为大，天地更大，故太山谓之小亦可。殇子为名，则是极殇子之数矣，更多些个，则不名殇子矣。彭祖虽曰至寿，比之天地，彭祖为夭矣。此两句细看得出，便是若是而可谓成乎，虽我亦成也，若是而不可谓成乎，物与我无成也。若人会如此看，则大而天地与我并生于太虚之间，天地亦不得为大，而万物又与我并生于天地之间，虽一草、一木、一禽、一虫，亦与我相类，故曰天地与我并生，万物与我为一。（林希逸《庄子鬳斋口义》）

意谓若以有形而观有形，则大小、寿夭，一定而不可易者。今若以大道而观有形，则秋毫虽小，而体合太虚；而泰山有形，只太虚中拳石耳。故秋毫莫大，而泰山为小也。殇子虽夭，而与无始同原；而彭祖乃无始中一物耳。故莫寿于殇子，而彭祖为夭也。若如此以道而观，则小者不小，而大者不大；夭者不夭，而寿者非寿矣。如此，则天地同根，万物一体，何是非之有哉？以道观之，万物一体，则天地与我并生，万物与我为一。（释德清《庄子内篇注》）

道合大小、长短、天人、物我而通于一，不能分析而为言者也。有真知者，并其通为一者而无朕，是未始有夫未始有始，未始有夫未始有无者。一尚不立，何况自二而三乎？（王夫之《庄子解》）

末俗横计处识、世识为实，谓天长地久者，先我而生；形隔器殊者，与我异分。今应问彼，即我形内，为复有水火金铁不？若云无者，我身则无；若云有者，此非与天地并起邪？纵令形敝寿断，是等还与天地并尽，势不先亡，故非独与天地并生，乃亦与天地并灭也。若计真心，即无天地，亦无人我，是天地与我具不生尔。故《知北游》篇说："冉求问于仲尼曰：'未有天地可知邪？'仲尼曰：'可。古犹今也。无古无今，无始无终。'"明本未有生，即无时分，虽据现在计未有天地为过去，而实即是现在。亦不可说为过去，说为现在，以三世本空故。今随形躯为说，此即并生，而彼一一无生、有生诸行，非独同类，其实本无自他之异，故复说言万物与我为一。详《华严经》云："一切即一，一即一切。"法藏说为诸缘互应。《寓言》篇云："万物皆种也，以不同形相禅。"义谓万物无不相互为种。《大乘入楞伽经》云："应观一种子，与非种同印。一种一切种，是名心种种。"法藏立无尽缘起之义，与《寓言》篇意趣正同。（章太炎《齐物论释定本》）

我能与天地无极，则天地与我并生；我不必与万物相竞，则万物与我为一也。漆园道术精妙，唤醒世迷，欲其直指最初，各葆真性。（刘武《庄子集解内篇补正》）

"天下莫大于秋毫之末，而大山为小"，"大山"，泰山也。"莫寿乎殇子，而彭祖为夭"，"殇子"，婴儿之夭折者也。此以言求之，无不知其不伦矣。以谓求之，则知《庄子》非謷言也。何也？以"天地与我并生"观之，则寿者何寿？夭者何夭？以"万物与我为一"观之，则大者何大？小者何小？故"知通为一"，无不齐也。无不齐，则言大言小、言修言短，无之不可。（钟泰《庄子发微》）

何谓"天地与我并生，而万物与我为一"？（一）天地与我并生。此言我之生命上与天地同其始，下与天地同其终。何以明之？《秋水篇》："夫物量无穷，时无止，分无常，终始无故。"又云："今彼神明至精，与彼百化。物已（以）死生方圆，莫知其根也。扁（遍）然而万物，自古以（已）固存。"《知北游》盖谓宇宙内一切物质，无穷无止，在天地初生时都已萌蘖，待天地毁灭后方始绝亡。其间生生不息之机，就其前后际相续者谓之生，其不想续者谓之死。实则代谢而无死生，有延存而非断续。虽至微末，在一刹那间皆具有无量寿算（不断生灭，而实未尝生未尝灭也）。其寿算可推至无穷无尽，为巧历所不能纪。所谓"自其变者而观之，则天地曾不能以一瞬；自其不变者而观之，则物与我皆无尽也"。用苏轼《赤壁赋》语意，下同。如水与月是："逝者如斯而未尝往也。盈虚者如彼而卒莫消长也。"故云天地与我并生。（二）万物与我为一。惠子言："大同而与小同异，是之谓小同异。万物毕同毕异，是之谓大同异。"盖谓物有共相，有自相。自其共相观之，莫不同。自其自相观之，莫不异。譬如吾人之身，皮骨血肉，自视为一。然自各细胞分别观之，实各自独立，不相统御。血脉也，江河也。骨骸也，山岳也。毛发也，草木也。百骸九窍六藏，赅而存焉。自各各细胞分而观之，州居别处，不知其相去几千万里也。筋摇脉动，血运气回，自吾人观之，渺焉七尺之躯耳。自各处细胞观之，不啻一无涯岸之恒星系。然则此大地山河，草木鸟兽，日月星电，自大造观之，又安知不与吾人自视七尺之躯同耶？自吾人各自分别，自私而外他，不复知人身之全体同耶？然此仅就"处所"言之。若自"形质"言，万物与我，亦等无差别。何以明其然也？庄子曰："万物皆种也。以不同形相禅，卒始若环，莫得其端。"此言万物互相为种，而流注不已。虫臂鼠肝，随化迁流。假于异物，托于同体。故曰"圣人游于物之所不得遁而皆存"。又曰"物视其所一，而不见其所丧"。由斯言之，万物与我，无小无大，无内无外，只是同一处所，同一形质。是之谓万物与我为一。（伍非百《齐物论新义》）

案二句一篇主旨，写足齐物之义。忘生则无时而非生，故天地与我并生。忘我则无往而非我，故万物与我为一。阮籍《大生先生传》："夫大人者，乃与造物同体，天地并生。"（造，疑当作万）盖本此文。王阳明《大学问》："大人者，以天地万物为一体者也。"似兼本《齐物论》及《大人先生传》。（曹植《远游篇》："齐年与天地。"亦本"天地与我并生"也。）（王叔岷《庄子校诠》）

（十三）天府、葆光

孰知不言之辩，不道之道？若有能知，此之谓天府。注焉而不满，酌

焉而不竭，而不知其所由来，此之谓葆光。（《齐物论》）

浩然都任之也。（郭象《庄子注》）

任其自明，故其光不弊也。（郭象《庄子注》）

孰，谁也。天，自然也。谁知言不言之言，道不道之道？以此积辩，用兹通物者，可谓合于自然之府藏也。（成玄英《南华真经注疏》）

葆，蔽也。至忘而照，即照而忘，故能韬蔽其光，其光弥朗。（成玄英《南华真经注疏》）

不言之辩，大辩也；不道之道，大道也。大辩无物不容，而大道无物不由，故曰天府。天府者，物之所藏也。（王雱《南华真经新传》）

夫庄子有言葆光，有言天光，何也？以至人之性廓然无边，而愈久愈明，故曰葆光。以至人德宇泰然一定，而其明自然，故曰天光也。葆者以其愈久，而天者以其自然。（王雱《南华真经新传》）

不知之知，便是不言之辩，便是不道之道。若人有能知此，则可以见天理之所会矣，故曰此之谓天府。天府者，天理之所会也。（林希逸《庄子鬳斋口义》）

葆光者，滑疑之耀也；葆，藏也；藏其光而不露，故曰葆光。（林希逸《庄子鬳斋口义》）

言所不知之地，乃大道之原也。此中本无辩论言说，若有人知此不言之辩、不道之道，正若枢之环中，以应无穷。故能知此者，谓之天府。（释德清《庄子内篇注》）

圣人安住广大虚无之中，以游人世，故和光同尘，光而不耀，是之谓葆光。（释德清《庄子内篇注》）

怀之，斯其光葆矣。葆之者，非为封为畛，据为己德也；无不在吾所葆之中，故曰天府。为天之府，则天不能以我为籁而吹之使鸣。其为光也，不能以示人，若纷乱而无伦义，则为滑。其可彼可是，非彼非是，而无成可师，则为疑。葆其滑疑，以含天明，则谓之葆光。（王夫之《庄子解》）

葆光者，崔云“若有若无，谓之葆光”，谓事有象而理难征也。（章太炎《齐物论释定本》）

“葆光”二字，与上文“注”“酌”之义不属，以从《淮南》、《文子》作“摇光”为是。摇光星，属北斗。《诗·大雅》：“酌以大斗。”斗盖挹酒之勺也，居北七星象之，故以为名。《诗·小雅》：“惟北有斗，不可以挹酒浆。”此本文“注焉不满，酌焉不竭”之所本也。惟字宜从“摇”。……且摇光者，摇动不定之光也，与上文“滑疑之耀”相印合，此亦可见前后

脉络之连贯也。（刘武《庄子集解内篇补正》）

以其不偏言，则曰天均，以其无尽言，则曰天府，总之一天而已。“注焉而不满，酌焉而不竭，而不知其所由来”，此以见天府之大也，然实只人之一心而已。此心之明，要在善藏而不妄发，故以“此之谓葆光”结之。“葆”者，保也。“滑疑之耀”，不明而明。“葆光”，则明而不明也。明而不明者，知止乎其所不知也。（钟泰《庄子发微》）

此极赞知止所不知，如天府之无尽藏也。……此再赞知止所不知，如瑶光之所为不尽也。（伍非百《齐物论新义》）

案葆光，盖《老子》“光而不耀”（五十八章）之意。《淮南子·本经篇》作“瑶光”。高注：“瑶光，谓北斗杓第七星也。居中而运，历指十二辰，擿起阴阳一杀生万物也。一说：瑶光，和气之见者也。”“瑶光”之义与“葆光”殊远，窃疑《淮南》瑶本作瑶，瑶即古宝字，宝、葆古通，《书·金縢》：“无坠天之降宝命。”《史记·鲁世家》宝作葆；《史记·留侯世家》：“取而葆祠之。”《艺文类聚》六引作宝，并其证。《淮南》之“瑶光”，犹《庄子》之“葆光”也。高注云云，所见本瑶已作瑶矣。《文子·下德篇》作“摇光”，则又“瑶光”之变也。（王叔岷《庄子校诠》）

（十四）参万岁而一成纯

予尝为女妄言之，女以妄听之。奚旁日月，挟宇宙？为其脗合，置其滑涽，以隶相尊。众人役役，圣人愚芚，参万岁而一成纯。万物尽然，而以是相蕴。（《齐物论》）

纯者，不杂者也。夫举万岁而参其变，而众人谓之杂矣，故役役然劳形怵心而去彼就此。唯大圣无执，故芚然直往而与变化为一，一变化而常游于独者也。故虽参糅亿载，千殊万异，道行之而成，则古今一成也；物谓之而然，则万物一然也。无物不然，无时不成；斯可谓纯也。（郭象《庄子注》）

夫圣人者，与二仪合其德，万物同其体，故能随变任化，与世相宜。虽复代历古今，时经夷险，参杂尘俗，千殊万异，而淡然自若，不以介怀，抱一精纯，而常居妙极也。（成玄英《南华真经注疏》）

参万岁而一成纯者，此言齐之之妙也。夫庄子齐物之篇，始之以无彼我、同是非、合成毁、一多少、齐小大而已，及其言之至，则次之以参年岁、一生死、同梦觉、千变万化而归于一致，所谓明达而无碍者也。（王雱《南华真经新传》）

参，合也，合万岁而观，止此一理，更无间杂，故曰一成纯。（林希

逸《庄子鬳斋口义》）

圣人入于不死不生，故参万岁而成纯。（释德清《庄子内篇注》）

然则古之所贱，今之所贵；今之所是，后之所非；厉风变其南北，而籁亦异响。若夫参万岁而一成纯者，大常而不可执，岂言论之所能及哉？忘言、忘知，以天为府，则真知之所彻，蕴之而已，无可以示人者。圣人之愚芚，恰与万岁之滑涽相为脗合，而物论奚足以存！（王夫之《庄子解》）

众人驰流无已，而圣者愚芚若不知也。愚非诚愚。《天地》篇云：黄帝"遗其玄珠，使知索之而不得，使离朱索之而不得，使吃诟索之而不得。乃使象罔，象罔得之。"《知北游》篇云："弗知乃知乎！知乃不知乎！"并是此义。夫愚芚者，其观万岁，犹一纯束之中，缠缚不解，万物尽然，以是萨迦邪见积起尘劳，斯非知者所能知，乃不知则知之矣。（章太炎《齐物论释定本》）

《刻意篇》云："纯粹而不杂，静一而不变。"即此一与纯之义也。不杂不变，故能骑日月，死生无变于己，即参万岁之义也。（刘武《庄子集解内篇补正》）

"参万岁而一"，斯无古今矣。万物以是相蕴，斯无物我矣。（钟泰《庄子发微》）

纯，一色丝也。参，三也。言合众异以成一同也。圣人不斤斤于一时之是非得失，常参和万岁而并观之，故貌若无知；众人驰逐计较，故役役也。万物尽然，谓无物不然也。以是相蕴，谓相互为因，各有一"是"藏于所彼之中也。（伍非百《齐物论新义》）

郭注："纯者，不杂者也。"案一代有一代之胜，参万岁而一成纯，谓通古今之变也。一物有一物之胜，万物尽然，谓齐是非之理也。（王叔岷《庄子校诠》）

（十五）天倪

何谓和之以天倪？曰：是不是，然不然。是若果是也，则是之异乎不是也亦无辩；然若果然也，则然之异乎不然也亦无辩。化声之相待，若其不相待。和之以天倪，因之以曼衍，所以穷年也。忘年忘义，振于无竟，故寓诸无竟。（《齐物论》）

天倪者，自然之分也。（郭象《庄子注》）

天，自然也。倪，分也。夫彼我妄执，是非无主，所以三人四句，不能正之。故假设论端，托为问答，和以自然之分，令归无是无非。（成玄

英《南华真经注疏》）

倪，分也，天倪之所以和者，因是而已，是与不是，然与不然，皆两存之，即前之两行也。（林希逸《庄子鬳斋口义》）

倪，谓端倪也。谓天然大道之实际也。……盖此“天倪”即前文之“天均”。（释德清《庄子内篇注》）

倪，分际也。（王夫之《庄子解》）

天其倪乎！蕴之怀之以为天府，则倪不倪皆无不可矣。故槁木死灰，无声而杜其化，可也。然而不必然也。天有其倪，而我能禁其不倪乎？声必有化，而我能禁其不化乎？两行耳，寓诸庸耳，则有言而曼衍皆庸也。（王夫之《庄子解》）

终说和之以天倪者，以待大圣证成生空，则不如自证也。天倪者，郭云：“自然之分。”诸有情数，始以寻思，终以引生如实智，悉依此量，可以自内证知，如饮井者，知其咸淡，非骋辩诡辞所能变。然则是异不是，然异不然，造次而决，岂劳唇舌而烦平定哉？然诸自证，亦有真俗之殊，五感所得，言不可破，其间能觉所觉，犹是更互相待，青黄甘苦诸相，果如是青黄甘苦否？《大宗师》篇云：“夫知有所待而后当，其所待者特未定也。”此徒俗中自证，未为真自证者。其真自证，乃以不知知之，如彼《起信论》说：“若心起见，则有不见之相，心性离见，即是遍照法界义故。”《大宗师》篇云：“有真人而后有真知。”此为离绝相见对待之境，乃是真自证尔。而此真自证者，初依天倪为量，终后乃至离念境界所证得者，即亦最胜天倪也。（章太炎《齐物论释定本》）

韩愈《南海庙碑》：“乾端坤倪。”是倪与端同义。《寓言篇》：“始卒若环，莫得其伦。”其义与《淮南·主术训》之“运转无端”同，言天钧运转若环，莫得其始卒之端也。故《寓言篇》继之曰：“是谓天均。天均者，天倪也。”与此处之“天倪”同。言世情恒分是非，以道言之，一出以和，而无是非之端，犹天均之运转无端，故曰“和之以天倪”也。回应上文“枢始得其环中”，及“圣人和之以是非，而休乎天钧”各句。（刘武《庄子集解内篇补正》）

夫是非不可待彼而定，则将何以定之？曰：以天定之。天与彼对，即天与人对也。故以“何谓和之以天倪”发端。曰天均者，言其不偏也。曰天倪者，言其无妄也。不偏，中也；无妄，诚也。“是之异乎不是也，亦无辩”，“然之异乎不然也，亦无辩”，则所谓“和”也。斯其盖与《中庸》通矣。（钟泰《庄子发微》）

 庄子以为是非相待之论，但有声音变化可寻，绝无义理言说可道。

"相高以辞，相镇以声"，虽有往复立破，不过化声之相待而已。一切论辩，除以不同之声音，互相对鸣而外，有何执指？与其誉尧而非桀，不如两忘而化其道。假真有是非者，亦惟付诸天演，而是非自定。故曰："化声之相待，若其不相待。和之以天倪，因之以曼衍，所以穷年也。"天演是自然平衡的公尺，远离言说诸过。故能随顺自然而不为自然所缚。（伍非百《齐物论新义》）

郭《注》："天倪者，自然之分也。"《释文》："天倪，李音崖，云：'分也。'崔云：'或作霓，际也。'班固曰：'天研。'"钱大昕《声类》三云："《史记·货殖传》：'乃用范蠡、计然。'徐广曰：'计然名研。'《索隐》云：'《吴越春秋》谓之计倪。倪之与研是一人，声相近而相乱耳。'按《庄子》'和之以天倪'，班固作'天研'，是倪与研通。"章太炎云："段玉裁曰：'天倪、端倪，皆借为题。《说文》：耑，物初生之题也。'案《天下篇》言'端崖'，则倪当借为崖，李音、崔训，是也。作'天研'者，倪、崖、研，皆双声。《知北游篇》言'崖略'，崖者圻堮，略者经界，皆际义也。"案《寓言篇》："和以天倪。"郭注亦释为"自然之分"。李训倪为分，与郭注合，亦是。分，谓分际也。作"天研"，乃汉时故本，最为可贵。（王叔岷《庄子校诠》）

（十六）物化

昔者庄周梦为胡蝶，栩栩然胡蝶也，自喻适志与！不知周也。俄然觉，则蘧蘧然周也。不知周之梦为胡蝶与，胡蝶之梦为周与？周与胡蝶，则必有分矣。此之谓物化。（《齐物论》）

夫时不暂停，而今不遂存，故昨日之梦，于今化矣。死生之变，岂异于此，而劳心于其间哉！方为此则不知彼，梦为胡蝶是也。取之于人，则一生之中，今不知后，丽姬是也。而愚者窃窃然自以为知生之可乐，死之可苦，未闻物化之谓也。（郭象《庄子注》）

夫新新变化，物物迁流，譬彼穷指，方兹交臂。是以周蝶觉梦，俄顷之间，后不知前，此不知彼。而何为当生虑死，妄起忧悲！故知生死往来，物理之变化也。（成玄英《南华真经注疏》）

此之谓物化者，言此谓万物变化之理也。（林希逸《庄子鬳斋口义》）

物化者，万物化而为一也，所谓大而化之之谓圣。言齐物之极，必是大而化之之圣人。万物混化而为一，则了无人我、是非之辩，则物论不齐而自齐也。《齐物》以一梦结，则破尽举世古今之大梦也。（释德清《庄子内篇注》）

物化，谓化之在物者。（王夫之《庄子解》）

声皆化也，未有定也。而但化为声，则亦如比竹之吹，宫商殊而交不相争，一鷇音耳。是非之所自成，非声之能有者也，而皆依乎形。有形则有象，有象则有数，因而有大有小，有彼有是，有是有非；知由以起，名由以立，义由以别，以极乎儒墨之竞争，皆形为之也。而孰知形亦物之化，而非道之成纯者乎？故于篇终申言物化，以见是非之在物者，本无已信之成形。梦也，觉也，周也，蝶也，孰是而孰非？物化无成之可师，一之于天均，而化声奚有不齐哉？此以夺儒墨之所据，而使荡然于未始有无之至齐者也。（王夫之《庄子解》）

然寻庄生多说轮回之义，此章本以梦为同喻，非正说梦。……质言轮回，既非恒人所见，转近夸诬，故徒以梦化相拟，未尝质言实尔。……轮回生死，亦是俗谛，然是依他起性，而非遍计所执性，前章说无待，所以明真，此章说物化，所以通俗，其他同异，固阙然不论焉。（章太炎《齐物论释定本》）

“物化”，为本书要语，后篇屡见。《德充符篇》云：“命物之化，而守其宗也。”宗也者，即《天下篇》“以天为宗”之天也。《天道篇》云：“其生也天行，其死也物化。”综二者之意言之，谓其死也，命物之化，特守其生前之天，而不随之以俱化也。《知北游篇》云：“古之人，外化而内不化。”又云：“与物化者，一不化者也。”《则阳篇》亦有斯语。今以形名言之，蝶与周，彼与是，生与死，死与梦，不一也。然上文云：“道通为一。”是形名虽不一，由道言之则一，故曰“与物化者，一不化也。”《大宗师篇》云：“若人之形者，万化而未始有极也。”是则物化者，外化也，形化也。上文云“其形化，其心与之然”，言众人之死而物化也，其心亦与之俱化。有道者不尔，非谓其不死也，形死而心不死，即形化而心不化也，亦即物化而一不化也。《德充符篇》云：“以其心，得其常心。”又云：“一知之所知，而心未尝死者乎？”故道通于一者，一知之所知也。一不化者，内不化也，常心不化也。是以人能抱一而守其天，虽其死也物化，而其常心则不化也。上文云：“惟达者知通为一。”是达者之视死与梦，一也。故庄子于梦，亦曰“物化”也。（刘武《庄子集解内篇补正》）

要之一化而已，故以“此之谓物化”结之。“物化”者，丧我之功之所致也。以无我为枢，而以物化为环，应之所以能无穷也。无我，故不拒物。物化，故不失我。《知北游篇》云：“古之人外化而内不化。”又云：“与物化者，一不化者也。”是故义不可以两离，两离则两堕矣。（钟泰《庄子发微》）

“万物皆种也，以不同形相禅”。“一受其成形，不化以待尽”。为胡蝶则胡蝶矣，为庄周则庄周矣，故曰“必有分”。然虽为胡蝶，不必定是胡蝶。虽为庄周，不必定是庄周。何则？庄周与胡蝶，“方且万化而未始有极也。卒始如环，莫得其端”。故曰“此之谓‘物化’”。醒时之蝶，固不为周。梦里之周，岂必是蝶？不但庄周非周，亦且非蝶。不但胡蝶非蝶，亦且非周。周之与蝶，同一入梦，同一非真。纵浪大化中，无周亦无蝶。达者知其如此，故一任其化而不执我。故谓“其生也天行，其死也物化”。（伍非百《齐物论新义》）

此《庄子》由梦觉体悟“物化”之理，即死生变化之理也。（王安石《拟寒山拾得》二〇首之三有云：“死生如觉梦，此理甚明白。”良是。）在觉适于觉，在梦适于梦，则无所谓觉梦；然则在生适于生，在死适于死，则无所谓生死。破觉梦犹外死生矣。（王叔岷《庄子校诠》）

参考文献

一、古籍及注释

(一)庄学古籍及注释

陈鼓应注译:《庄子今注今译》(最新修订重排本),中华书局 2009 年版。

褚伯秀撰:《南华真经义海纂微》,华东师范大学出版社 2014 年版。

崔大华:《庄子歧解》,中州古籍出版社 1988 年版。

范耕研:《庄子诂义全稿》,(台北)文史哲出版社 1998 年版。

方以智撰:《药地炮庄》,中华书局 2022 年版。

方勇、陆永品:《庄子诠评》,巴蜀书社 1998 年版。

郭庆藩撰:《庄子集释》,中华书局 2013 年版。

郭象注,成玄英疏:《庄子注疏》,中华书局 2011 年版。

胡朴安:《庄子章义》,安吴胡氏朴学斋,1943 年。

林希逸著,周启成校注:《庄子鬳斋口义校注》,中华书局 1997 年版。

林云铭:《庄子因》,华东师范大学出版社 2011 年版。

刘师培:《庄子校补》,《刘师培全集》(第二册),中共中央党校出版社 1997 年版。

刘武撰:《庄子集解内篇补正》,中华书局 1987 年版。

陆树芝:《庄子雪》,华东师范大学出版社 2011 年版。

陆西星撰:《南华真经副墨》,中华书局 2010 年版。

罗勉道撰:《南华真经循本》,中华书局 2016 年版。

吕惠卿撰,汤君集校:《庄子义集校》,中华书局 2009 年版。

马其昶撰,马茂元编次:《定本庄子故》,黄山书社 2014 年版。

马叙伦:《庄子义证　庄子天下篇述义》,浙江古籍出版社 2019 年版。

钱穆:《庄子纂笺》,生活·读书·新知三联书店 2014 年版。

释德清:《庄子内篇注》,华东师范大学出版社 2009 年版。

王夫之:《庄子解》,中华书局 1964 年版。

王雱撰:《南华真经新传》,福建人民出版社 2023 年版。

王叔岷撰:《庄子校诠》,中华书局 2007 年版。

王先谦撰:《庄子集解》,中华书局 1987 年版。

王孝鱼:《庄子内篇新解　庄子通疏证》,中华书局 2014 年版。

吴怡:《新译庄子内篇解义》,(台北)三民书局 2000 年版。

宣颖撰:《南华经解》,广东人民出版社 2008 年版。

章太炎:《齐物论释》,《章太炎全集》(六),上海人民出版社 1986 年版。

章太炎:《齐物论释定本》,《章太炎全集》(六),上海人民出版社 1986 年版。

章太炎:《庄子解故》,《章太炎全集》(六),上海人民出版社 1986 年版。

钟泰:《庄子发微》,上海古籍出版社 2002 年版。

朱得之:《庄子通义》,武汉大学出版社 2023 年版。

朱桂曜:《庄子内篇证补》,商务印书馆 1935 年版。

(二)其他古籍及注释

班固撰:《汉书》,中华书局 1962 年版。

程颢、程颐:《二程集》,中华书局 2004 年版。

董诰等编:《全唐文》,中华书局 1983 年版。

杜光庭述,周作明校理:《道德真经广圣义校理》,中华书局 2020 年版。

范祥雍编:《古本竹书纪年辑校订补》,上海人民出版社 1957 年版。

范晔撰:《后汉书》,中华书局 1965 年版。

范仲淹:《范仲淹全集》,四川大学出版社 2002 年版。

方以智撰,庞朴注释:《东西均注释(外一种)》,中华书局 2016 年版。

高明撰:《帛书老子校注》,中华书局 1996 年版。

何宁撰:《淮南子集释》,中华书局 1998 年版。

皇侃撰:《论语义疏》,中华书局 2013 年版。

嵇康著,戴明扬校注:《嵇康集校注》,中华书局 2014 年版。

黎靖德编:《朱子语类》,中华书局 1986 年版。

李白著,王琦注:《李太白全集》,中华书局 1977 年版。

刘向、刘歆撰,姚振宗辑录,邓骏捷校补:《七略别录佚文;七略佚文》,上海古籍出版社 2008 年版。

刘向撰,向宗鲁校证:《说苑校证》,中华书局 1987 年版。

刘勰著,周振甫注:《文心雕龙注释》,人民文学出版社 1981 年版。

刘义庆撰，刘孝标注，余嘉锡笺疏：《世说新语笺疏》，中华书局 2015 年版。

陆德明撰：《经典释文》，中华书局 1983 年版。

陆云：《陆云集》，中华书局 1988 年版。

毛亨传，郑玄笺：《毛诗笺》，商务印书馆 2023 年版。

欧阳修：《欧阳修全集》，中华书局 2001 年版。

欧阳询撰：《艺文类聚》，上海古籍出版社 1982 年版。

彭定求等编：《全唐诗》，中华书局 1960 年版。

阮籍著，陈伯君校注：《阮籍集校注》，中华书局 2014 年版。

邵雍：《邵雍集》，中华书局 2010 年版。

释湛然撰：《摩诃止观辅行传弘诀》，三秦出版社 1995 年版。

司马迁撰：《史记》，中华书局 1959 年版。

苏轼：《苏轼文集》，中华书局 1986 年版。

汤炳正等注：《楚辞今注》，上海古籍出版社 1995 年版。

王安石：《王安石全集》，复旦大学出版社 2017 年版。

王安石撰：《临川先生文集》，中华书局 1959 年版。

王弼注，孔颖达疏：《周易正义》，北京大学出版社 1999 年版。

王弼注，楼宇烈校释：《老子道德经校释》，中华书局 2008 年版。

王弼注：《周易注》，商务印书馆 2023 年版。

王夫之：《船山全书》，岳麓书社 1996 年版。

王夫之：《读四书大全说》，中华书局 1975 年版。

王先谦撰：《荀子集解》，中华书局 1988 年版。

王先慎撰：《韩非子集解》，中华书局 1998 年版。

王引之：《经传释词》，岳麓书社 1982 年版。

王应麟著，翁元圻等注：《困学纪闻》，上海古籍出版社 2008 年版。

魏收撰：《魏书》，中华书局 1974 年版。

萧统编，李善注：《文选》，上海古籍出版社 1986 年版。

徐元浩撰：《国语集解》，中华书局 2002 年版。

许慎撰，段玉裁注：《说文解字注》，上海古籍出版社 1981 年版。

许维遹撰：《吕氏春秋集释》，中华书局 2009 年版。

扬雄撰，汪荣宝义疏：《法言义疏》，中华书局 1987 年版。

杨伯峻撰：《列子集释》，中华书局 1979 年版。

姚春鹏译注：《黄帝内经》，中华书局 2010 年版。

虞世南撰：《北堂书钞》，天津古籍出版社 1988 年版。

庾信撰,倪璠注:《庾子山集注》,中华书局 1980 年版。

俞樾:《诸子平议》,中华书局 1954 年版。

俞正燮:《癸巳存稿》,辽宁教育出版社 2003 版。

袁珂校注:《山海经校注》,上海古籍出版社 1980 年版。

张耒:《张耒集》,中华书局 1998 年版。

张载:《张载集》,中华书局 1978 年版。

赵岐章句:《孟子章句》,商务印书馆 2023 年版。

郑玄注:《礼记注》,商务印书馆 2023 年版。

郑玄注:《周礼注》,商务印书馆 2023 年版。

朱熹撰:《四书章句集注》,中华书局 1983 年版。

二、专著

(一)庄学专著

陈鼓应:《庄子的开放心灵与价值重估——庄子新论》,中华书局 2016 年版。

陈鼓应:《庄子人性论》,中华书局 2017 年版。

陈徽:《致命与逍遥——庄子思想研究》,复旦大学出版社 2012 年版。

陈清春:《六合内外:庄子内篇道论研究》,科学出版社 2012 年版。

陈少明:《〈齐物论〉及其影响》,北京大学出版社 2004 年版。

陈少明:《梦觉之间:〈庄子〉思辨录》,生活·读书·新知三联书店 2021 年版。

陈引驰:《无为与逍遥:庄子六章》,中华书局 2016 年版。

陈赟:《〈庄子·应帝王〉与引导性的政治哲学》,学苑出版社 2023 年版。

陈赟:《天人不相胜——庄子内篇的结构、文本与思想》,福建人民出版社 2024 年版。

陈赟:《庄子哲学的精神》,上海人民出版社 2016 年版。

陈赟:《自由之思——〈庄子·逍遥游〉的阐释》,浙江大学出版社 2020 年版。

储昭华:《何以安身与逍遥——庄子“虚己”之道的政治哲学解析》,商务印书馆 2020 年版。

崔大华:《庄学研究》,人民出版社 1992 年版。

崔宜明:《从鹏扶摇到蝶翩跹:〈逍遥游〉〈齐物论〉通释》,上海人民出版社 2018 年版。

崔宜明:《生存与智慧——庄子哲学的现代阐释》,上海人民出版社1996年版。

邓联合:《“逍遥游”释论:庄子的哲学精神及其多元流变》,北京大学出版社2010年版。

邓联合:《庄子哲学精神的渊源与酿生》,光明日报出版社2011年版。

方勇:《庄子学史》(增补版),人民出版社2017年版。

方勇:《庄子纂要》,学苑出版社2012年版。

高柏园:《〈庄子〉内七篇思想研究》,(台北)文津出版社1992年版。

关锋:《庄子内篇译解和批判》,中华书局1961年版。

韩林合:《虚己以游世——〈庄子〉哲学研究》,北京大学出版社2006年版。

何善周:《〈庄子〉研究》,中华书局2016年版。

黄华珍:《庄子音义研究》,中华书局1999年版。

蒋锡昌:《庄子哲学》,上海书店1992年版。

赖锡三:《〈庄子〉的跨文化编织:自然·气化·身体》,(台北)台大出版中心2019年版。

赖锡三:《道家型知识分子论——〈庄子〉的权力批判与文化更新》,(台北)台大出版中心2013年版。

李大华:《自然与自由——庄子哲学研究》,商务印书馆2013年版。

李凯:《庄子齐物思想研究》,中国社会科学出版社2018年版。

李延仓:《〈庄子〉哲学思想论纲》,齐鲁书社2013年版。

李振纲:《大生命视域下的庄子哲学》,人民出版社2013年版。

李智福:《内圣外王:郭子玄王船山章太炎三家庄子学勘会》,中国社会科学出版社2019年版。

刘荣贤:《庄子外杂篇研究》,(台北)联经出版事业股份有限公司2004年版。

刘书刚:《在物之间:庄子的伦理意识与语言观念》,北京大学出版社2020年版。

刘笑敢:《庄子哲学及其演变》(修订版),中国人民大学出版社2010年版。

马晓乐:《魏晋南北朝庄学史论》,中华书局2012年版。

孟琢:《齐物论释疏证》,上海人民出版社2019年版。

牟宗三:《庄子〈齐物论〉义理演析》,中华书局(香港)有限公司1998年版。

牟宗三讲演，卢雪崑整理，杨祖汉校订：《牟宗三先生讲演录(四)：庄子·齐物论》，(新北)东方人文基金会，2019年。

那薇：《天籁之音　源自何方——庄子的无心之言与海德格尔的不可说之说》，商务印书馆2009年版。

强昱：《知止与照旷：庄学通幽》，宗教文化出版社2004年版。

陶国璋：《会通佛家、康德、海德格尔的〈齐物论〉》，中华书局(香港)有限公司2023年版。

王博：《庄子哲学》，北京大学出版社2020年版。

王叔岷：《庄学管窥》，中华书局2007年版。

王威威：《庄子学派的思想演变与百家争鸣》，人民出版社2009年版。

王玉彬：《畸于人而侔于天：先秦子学视域下的庄子哲学研究》，人民出版社2022年版。

王玉彬：《庄子哲学之诠释与重建》，人民出版社2015年版。

魏代富：《唐前〈庄子〉论稿》，中华书局2021年版。

闻一多：《闻一多全集·庄子编》，湖北人民出版社1993年版。

吴光明：《庄子》，(台北)东大图书股份有限公司2015年版。

吴肇嘉：《庄子应世思想研究》，(台北)台湾学生书局2011年版。

谢祥皓、李思乐辑校：《庄子序跋论评辑要》，湖北教育出版社2001年版。

徐克谦：《庄子哲学新探——道·言·自由与美》，中华书局2005年版。

徐圣心：《庄子“三言”的创用及其后设意义》，(台北县)花木兰文化出版社2009年版。

颜世安：《庄子评传》，南京大学出版社1999年版。

杨国荣：《庄子的思想世界》，北京大学出版社2006年版。

杨国荣：《庄子内篇释义》，中华书局2021年版。

杨立华：《庄子哲学研究》，北京大学出版社2020年版。

杨儒宾：《儒门内的庄子》，(台北)联经出版事业股份有限公司2016年版。

杨儒宾：《庄周风貌》，(台北)黎明文化事业股份有限公司1991年版。

叶蓓卿：《庄子逍遥义演变研究》，学苑出版社2011年版。

叶国庆：《庄子研究》，商务印书馆1936年版。

叶海烟：《庄子的生命哲学》，(台北)东大图书股份有限公司2015年版。

叶舒宪：《庄子的文化解析》，湖北人民出版社1997年版。

詹康：《争论中的庄子主体论》，(台北)台湾学生书局2014年版。

张恒寿:《庄子新探》,湖北人民出版社 1983 年版。

张默生:《庄子新释》,齐鲁书社 1993 年版。

张涅:《庄子解读》,齐鲁书社 2003 年版。

张松辉:《庄子哲学》,人民出版社 2009 年版。

张文江:《〈庄子〉内七篇析义》,上海人民出版社 2012 年版。

赵广明:《庄子哲学沉思——自由儒学奠基》,社会科学文献出版社 2022 年版。

赵丽端:《在通与独之间:庄子哲学的阐明》,上海人民出版社 2017 年版。

郑开:《庄子哲学讲记》,广西人民出版社 2016 年版。

郑雪花:《非常的行旅——〈逍遥游〉在变世情境中的诠释景观》,(台北县)花木兰文化出版社 2008 年版。

止庵:《樗下读庄》,山东画报出版社 2016 年版。

朱谦之:《庄子哲学》,《朱谦之文集》(第三卷),福建教育出版社 2002 年版。

庄万寿:《庄子学述》,(台北县)花木兰文化出版社 2010 年版。

[德]汉斯-格奥尔格·梅勒、[美]德安博:《游心之路:〈庄子〉与现代西方哲学》,郭鼎玮译,北京联合出版公司 2019 年版。

[韩]徐希定:《〈庄子·齐物论〉研究:以"我"与"物"的关系为中心》,商务印书馆 2021 年版。

[美]爱莲心:《向往心灵转化的庄子:内篇分析》,周炽成译,江苏人民出版社 2004 年版。

[日]池田知久:《道家思想的新研究:以〈庄子〉为中心》,王启发、曹峰译,中州古籍出版社 2009 年版。

[日]福永光司:《庄子内篇读本》,王梦蕾译,北京联合出版公司 2019 年版。

[瑞士]毕来德:《庄子四讲》,宋刚译,(台北)联经出版事业股份有限公司 2011 年版。

A. C. Graham, *Chuang-tzŭ: the Inner Chapters*, London: Unwin Hyman Limited, 1989.

Brook Ziporyn, *Zhuangzi: The Complete Writings*, Indianapolis: Hackett Publishing Company, Inc., 2020.

Hans-Georg Moller and Paul J. D'Ambrosio, *Genuine Pretending: On the Philosophy of the Zhuangzi*, New York: Columbia University

Press, 2017.

Youru Wang, *Linguistic Strategies in Daoist Zhuangzi and Chan Buddhism: The Other Way of Speaking*, London and New York: Routledge Curzon, 2003.

（二）其他专著

白奚：《稷下学研究》，生活·读书·新知三联书店1998年版。

蔡元培：《中国伦理学史》，商务印书馆2010年版。

曹峰：《近年出土黄老思想文献研究》，中国社会科学出版社2015年版。

曹峰：《老子永远不老——〈老子〉研究新解》，中国人民大学出版社2018年版。

陈鼓应：《道家的人文精神》，中华书局2015年版。

陈鼓应：《道家易学建构》，中华书局2015年版。

陈鼓应：《老庄新论》，上海古籍出版社1992年版。

陈鼓应：《中国哲学创始者——老子新论》，中华书局2015年版。

陈嘉映：《从感觉开始》，华夏出版社2005年版。

陈丽桂：《战国时期的黄老思想》，（台北）联经出版事业股份有限公司1995年版。

陈梦家：《老子分释》，中华书局2016年版。

陈霞：《道家哲学引论》，中国社会科学出版社2017年版。

陈赟：《儒家思想与中国之道》，浙江大学出版社2016年版。

丁耘：《道体学引论》，华东师范大学出版社2019年版。

冯友兰：《新原道：中国哲学的精神》，生活·读书·新知三联书店2009年版。

冯友兰：《中国哲学史》，生活·读书·新知三联书店2009年版。

冯友兰：《中国哲学史补》，生活·读书·新知三联书店2014年版。

冯友兰：《中国哲学史新编》（上卷），人民出版社1998年版。

傅斯年：《傅斯年全集》（三），湖南教育出版社2000年版。

傅斯年：《史学方法导论：傅斯年史学文辑》，中国人民大学出版社2011年版。

高亨：《高亨著作集林》（第六卷），清华大学出版社2004年版。

顾颉刚：《秦汉的方士与儒生》，上海古籍出版社2005年版。

胡适：《中国哲学史大纲》，商务印书馆2011年版。

黄克剑：《名家琦辞疏解》，中华书局2010年版。

姜义华:《章炳麟评传》,南京大学出版社2002年版。

李若晖:《道论九章:新道家的"道德"与"行动"》,上海人民出版社2017年版。

李泽厚:《中国古代思想史论》,生活·读书·新知三联书店2008年版。

梁启超:《清代学术概论》,东方出版社1996年版。

廖名春:《〈荀子〉新探》,中国人民大学出版社2014年版。

林聪舜:《向郭庄学之研究》,(台北)文史哲出版社1981年版。

林光华:《〈老子〉之道及其当代诠释》,中国人民大学出版社2015年版。

林明照:《先秦道家的礼乐观》,(台北)五南图书出版股份有限公司2007年版。

林志鹏:《战国诸子评述辑证》,复旦大学出版社2014年版。

刘起釪:《古史续辨》,中国社会科学出版社1991年版。

刘咸炘:《刘咸炘学术论集·子学编》,广西师范大学出版社2007年版。

刘笑敢:《老子》,(台北)东大图书股份有限公司2009年版。

刘笑敢:《老子古今》,中国社会科学出版社2006年版。

罗安宪:《虚静与逍遥:道家心性论研究》,人民出版社2005年版。

蒙培元:《中国心性论》,(台北)台湾学生书局1990年版。

蒙文通:《蒙文通全集》,巴蜀书社2015年版。

牟宗三:《才性与玄理》,广西师范大学出版社2006年版。

牟宗三:《名家与荀子》,(台北)台湾学生书局1994年版。

那薇:《道家的直觉与现代精神》,中国社会科学出版社1994年版。

钱穆:《惠施公孙龙》,九州出版社2011年版。

钱穆:《庄老通辨》,九州出版社2011年版。

钱锺书:《钱锺书集:管锥编》,生活·读书·新知三联书店2011年版。

孙以楷、陆建华等:《道家与中国哲学》,人民出版社2004年版。

唐君毅:《中国哲学原论·导论篇》,九州出版社2021年版。

唐君毅:《中国哲学原论·原道篇》,九州出版社2021年版。

唐君毅:《中国哲学原论·原性篇》,九州出版社2021年版。

唐钺:《国故新探》,商务印书馆1927年版。

屠友祥:《言境释四章》(修订本),上海古籍出版社2011年版。

王葆玹:《黄老与老庄》,中国人民大学出版社2012年版。

王博:《老子思想的史官特色》,(台北)文津出版社1993年版。

王博:《虚无与自然:道家哲学的精神》,北京大学出版社2024年版。

王博:《中国儒学史·先秦卷》,北京大学出版社2011年版。

王汎森:《章太炎的思想——兼论其对儒学传统的冲击》,上海人民出版社 2018 年版。

王国维:《观堂集林》,中华书局 1961 年版。

王叔岷:《慕庐论学集》(一),中华书局 2007 年版。

王叔岷:《先秦道法思想讲稿》,中华书局 2007 年版。

王叔岷:《诸子校证》,中华书局 2007 年版。

王中江:《道家学说的观念史研究》,中华书局 2015 年版。

王中江:《根源、制度和秩序:从老子到黄老》,中国人民大学出版社 2018 年版。

王中江:《简帛文明与古代思想世界》,北京大学出版社 2011 年版。

吴根友:《道家思想及其现代诠释》,上海交通大学出版社 2018 年版。

伍非百:《中国古名家言》,中国社会科学出版社 1983 年版。

徐复观:《中国人性论史·先秦篇》,九州出版社 2014 年版。

徐复观:《中国艺术精神》,商务印书馆 2010 年版。

严灵峰编著:《道家四子新编》,(台北)台湾商务印书馆 1977 年版。

杨俊光:《惠施公孙龙评传》,南京大学出版社 1996 年版。

杨儒宾:《道家与古之道术》,(新竹)清华大学出版社 2019 年版。

杨泽波:《孟子性善论研究》,中国社会科学出版社 1995 年版。

叶海烟:《老庄哲学新论》,(台北)文津出版社 1997 年版。

叶树勋:《先秦道家"德"观念研究》,中国社会科学出版社 2022 年版。

于省吾:《双剑誃诸子新证》,中华书局 2009 年版。

余嘉锡:《目录学发微　古书通例》,商务印书馆 2011 年版。

余英时:《士与中国文化》,上海人民出版社 2003 年版。

张岱年:《中国哲学大纲》,商务印书馆 2015 年版。

张岱年:《中国哲学史史料学》,中华书局 2018 年版。

张舜徽:《广校雠略　汉书艺文志通释》,华中师范大学出版社 2004 年版。

张祥龙:《从现象学到孔夫子》,商务印书馆 2001 年版。

张祥龙:《海德格尔思想与中国天道》,生活·读书·新知三联书店 1996 年版。

章太炎:《菿汉三言》,上海书店出版社 2011 年版。

章太炎:《国故论衡》,上海古籍出版社 2003 年版。

章太炎:《章太炎选集》,上海人民出版社 1981 年版。

章太炎撰,庞俊、郭诚永疏证:《国故论衡疏证》,中华书局 2008 年版。

郑开:《道家形而上学研究》(增订版),中国人民大学出版社 2018 年版。

郑开:《道家政治哲学研究》,北京大学出版社 2019 年版。

朱宝昌:《先秦学术风貌与秦汉政治》,商务印书馆 2018 年版。

[比]戴卡琳:《解读〈鹖冠子〉——从论辩学的角度》,杨民译,辽宁教育出版社 2000 年版。

[德]海德格尔:《海德格尔选集》,孙周兴选编,上海三联书店 1996 年版。

[德]马丁·海德格尔:《存在与时间》,陈嘉映、王庆节合译,熊伟校,生活·读书·新知三联书店 1987 年版。

[法]弗朗索瓦·于连:《道德奠基:孟子与启蒙哲人的对话》,宋刚译,北京大学出版社 2002 年版。

[法]弗朗索瓦·于连:《圣人无意:或哲学的他者》,闫素伟译,商务印书馆 2019 年版。

[美]本杰明·史华兹:《古代中国的思想世界》,程钢译,江苏人民出版社 2008 年版。

[美]任博克:《一与异的反讽:早期中国思想中的"连贯成形"观念》,彭荣译,浙江大学出版社 2023 年版。

[日]石井刚:《齐物的哲学:章太炎与中国现代思想的东亚经验》,华东师范大学出版社 2016 年版。

三、论文

暴庆刚:《差异性:庄子齐物思想的复归》,《内蒙古社会科学》(汉文版)2002 年第 1 期。

蔡宏:《佛教"般若"与庄子"齐物"异同论》,(新北)《哲学与文化》2002 年第 11 期。

蔡岳璋:《试论庄子文学空间——来自"尝试言之"的考虑》,(新竹)《清华学报》2013 年第 3 期。

曹峰:《思想史脉络下的〈齐物论〉——以统一性与差异性关系为重点》,《中国人民大学学报》2020 年第 6 期。

常森:《〈庄子〉一书的早期流传和定型》,《中国典籍与文化》2021 年第 1 期。

常森:《论〈庄子〉"卮言"乃"危言"之讹》,《安徽大学学报》(哲学社会科学版)2018 年第 5 期。

陈鼓应:《〈齐物论〉的理论结构之开展》,《江淮论坛》1985 年第 2 期。

陈徽:《论齐物说及相应治道思想在先秦道家中的演变》,《复旦学报》(社会科学版)2022 年第 6 期。

陈嘉映:《真理掌握我们》,《云南大学学报》(社会科学版)2005 年第 1 期。

陈静:《"吾丧我"——〈庄子·齐物论〉解读》,《哲学研究》2001 年第 5 期。

陈清春:《庄子"吾丧我"的现代诠释》,《中国哲学史》2005 年第 4 期。

陈仁仁:《齐物·齐言·齐论——"齐物论"也释》,《武汉大学学报》(人文科学版)2005 年第 1 期。

陈少明:《"吾丧我":一种古典的自我观念》,《哲学研究》2014 年第 8 期。

陈少明:《解惑》,《现代哲学》2016 年第 5 期。

陈少明:《启蒙视野中的庄子》,《中山大学学报》(社会科学版)2016 年第 2 期。

陈少明:《生命的精神场景——再论〈庄子〉的言述方式》,《中山大学学报》(社会科学版)2020 年第 3 期。

陈少明:《通往想象的世界——读〈庄子〉》,《开放时代》2004 年第 6 期。

陈赟:《逍遥境界的政治向度——〈庄子·逍遥游〉"知效一官"章的政治学解读》,《学海》2009 年第 2 期。

陈赟:《言说的困境及其回应方式——从孔子到庄子》,《安徽师范大学学报》(社会科学版)2019 年第 4 期。

陈之斌:《道的真理与语言之表达——以〈庄子〉为中心》,《周易研究》2016 年第 6 期。

陈之斌:《道中之言与言中之道:庄子道言关系新探》,《哲学动态》2016 年第 2 期。

陈之斌:《作为精神修炼术的语言——论庄子哲学精神的语言之维》,《哲学动态》2020 年第 4 期。

程乐松:《物化与葆光——〈齐物论〉中所见的两种自我形态》,《中国哲学史》2020 年第 3 期。

程乐松:《物以化齐　言则不齐——重思〈齐物论〉的思想方法》,《北京大学学报》(哲学社会科学版)2020 年第 4 期。

崔宜明:《"滑疑之耀"与庄子哲学的理论思维进路》,陈鼓应主编:《道家文化研究》第三十一辑,中华书局,2017 年。

丁四新:《〈庄子·齐物论〉札记三则——"齐物论"解题、"不亡以待尽"

与“吾待蛇蚹蜩翼邪”》,《西北师大学报》(社会科学版)2019 年第 3 期。

丁耘:《〈庄子·天下〉中的“齐物”问题》,杨国荣主编:《思想与文化》第二十三辑,华东师范大学出版社,2019 年。

杜保瑞:《庄子〈齐物论〉的命题解析与理论架构》,(新北)《哲学与文化》2006 年第 7 期。

冯达文:《庄子与郭象——从〈逍遥游〉〈齐物论〉及郭注谈起》,《中山大学学报》(社会科学版)2013 年第 1 期。

高亨:《试谈庄子的齐物》,《文史哲》1962 年第 4 期。

关万维:《“逍遥”和“齐物”的价值悖论》,《广东社会科学》2016 年第 2 期。

郭美华:《齐之为齐的生存论意蕴——〈齐物论〉第 1—5 段的尝试性解读》,《商丘师范学院学报》2023 年第 2 期。

黄克剑:《〈齐物论〉指归甄辩》,《东南学术》2021 年第 2 期。

黄克剑:《〈庄子·齐物论〉“指”、“马”之喻别裁》,《哲学动态》2016 年第 8 期。

黄勇:《〈庄子〉的差异伦理学》,世界中国学论坛、上海社会科学院世界中国学研究所编:《中国学》第一辑,上海人民出版社,2012 年。

黄勇:《〈庄子〉中的良好生活:形式与内容》,王振钰译,《管子学刊》2023 年第 1 期。

黄勇:《论〈庄子〉中的行为对象道德相对论》,崔雅琴译,《社会科学》2016 年第 3 期。

黄勇:《再论〈庄子〉中的以行为对象为中心的道德相对论》,《道德与文明》2022 年第 1 期。

黄勇:《尊重不同的生活方式:〈庄子〉中的道家美德伦理》,《华东师范大学学报》(哲学社会科学版)2011 年第 5 期。

江世荣:《有关〈庄子〉历史资料续考》,朱东润、李俊民、罗竹风主编:《中华文史论丛》第十七辑,上海古籍出版社,1981 年。

孔令宜:《〈庄子·齐物论〉的辩证语言》,(新北)《鹅湖月刊》2009 年第 1 期。

匡钊:《自我转化的隐喻——以〈齐物论〉“吾丧我”为线索》,《中州学刊》2023 年第 1 期。

李景林:《庄子“齐物”新解》,《孔子研究》1991 年第 3 期。

李景林:《庄子论自我与自由》,《当代中国价值观研究》2016 年第 2 期。

李凯:《从“齐物”思想之演变看庄学的哲学化历程》,《中州学刊》2021

年第2期。

李零:《说黄老》,陈鼓应主编:《道家文化研究》第五辑,上海古籍出版社,1994年。

李巍:《立场问题与齐物主旨——被忽视的庄子"因是"说》,《湖北大学学报》(哲学社会科学版)2015年第4期。

李巍:《再读〈齐物论〉——从道不可说到经世致用》,《中州学刊》2023年第1期。

李耀南:《从"心"看〈齐物论〉》,《哲学研究》2007年第9期。

李振纲、王素芬:《化解"成心"对生命的遮蔽——解读〈齐物论〉的主题》,《河北师范大学学报》(哲学社会科学版)2009年第2期。

李振纲:《庄子对人类知性及逻辑思维的责难——〈齐物论〉解读》,《河北大学学报》(哲学社会科学版)2008年第2期。

李智福:《庄子"齐物论"属读辨正》,《中山大学学报》(社会科学版)2018年第6期。

廖育正:《〈庄子〉的策略干扰——及对"观点主义说"的再商榷》,(新竹)《清华学报》2018年第4期。

林明照:《〈齐物论〉中的"道通为一"》,陈鼓应主编:《道家文化研究》第三十四辑,中华书局,2022年。

林明照:《反思、他者与气应——〈庄子〉与列维纳斯的伦理学对话》,方勇主编:《诸子学刊》第十辑,上海古籍出版社,2014年。

刘黛:《〈齐物论〉"八德"新诠》,《现代哲学》2020年第1期。

刘黛:《〈齐物论〉中圣人使用语言的层次》,《中国哲学史》2015年第4期。

刘海涛:《〈南华真经评注〉伪书相关问题考论》,《图书馆理论与实践》2014年第2期。

刘坤生:《〈庄子·齐物论〉通释》,《汕头大学学报》(人文社会科学版)1998年第1期。

楼宇烈:《"莫若以明"释——读〈齐物论〉杂记一则》,中国哲学编辑部编:《中国哲学》第七辑,生活·读书·新知三联书店,1982年。

罗安宪:《当前道家研究中的几个问题》,《福建论坛》2013年第1期。

罗安宪:《庄子"吾丧我"义解》,《哲学研究》2013年第6期。

罗根泽:《弃知去己的慎到和庄周及其与〈老子〉书的比较》,罗根泽编著:《古史辨》第四册,上海书店,1933年。

马思劢:《论〈庄子〉中先秦道家圣人的神秘性》,陈鼓应主编:《道家文化研究》第三十一辑,中华书局,2017 年。

孟琢:《〈齐物论释〉与中国语言文字之学的建立》,《杭州师范大学学报》2020 年第 2 期。

孟琢:《〈庄子〉"吾丧我"思想新诠——以汉语词源学为方法》,《中国哲学史》2020 年第 5 期。

孟琢:《论章太炎的平等思想——齐物哲学与中国现代哲学的建立》,《人文杂志》2020 年第 10 期。

钱基博:《读庄子南华真经卷头解题记》,《光华期刊》1928 年第 3 期。

任继愈:《释〈庄子·齐物论〉篇的以明》,《文汇报》1962 年 9 月 6 日。

任继愈:《庄子探源》,《哲学研究》1961 年第 2 期。

商戈令:《"道通为一"新解》,《哲学研究》2004 年第 7 期。

商晓辉:《不齐之齐——慎到与庄子齐物思想比较研究》,《华夏文化论坛》2017 年第 2 期。

尚杰:《吾之非吾:庄子〈齐物论〉辨析》,《学海》2009 年第 1 期。

沈清松:《中国哲学文本与意象的运动——以〈庄子·齐物论〉为例》,(新北)《哲学与文化》2007 年第 11 期。

寿普暄:《由经典释文试探庄子古本》,《燕京学报》第二十八期,1940 年。

宋刚:《庄子之怒——试论古代中国一种权力批判》,(台北)《中国文哲研究通讯》2012 年第 4 期。

唐兰:《老聃的姓名和时代考》,罗根泽编著:《古史辨》第四册,上海书店,1933 年。

万金川:《中论与齐物论思想之比较研究》,(新北)《鹅湖月刊》1975 年第 2 期。

汪韶军:《作为价值多元论的庄子齐物论》,《河北大学学报》(哲学社会科学版)2017 年第 6 期。

王富仁:《庄子的平等观(上)——庄子〈齐物论〉的哲学阐释》,《社会科学战线》2009 年第 6 期。

王富仁:《庄子的平等观(下)——庄子〈齐物论〉的哲学阐释》,《社会科学战线》2009 年第 7 期。

王树人:《象思维视野下的〈齐物论〉》,《中国社会科学院研究生院学报》2005 年第 1 期。

王威威:《"齐物"观念的层次及其论证》,《江海学刊》2020 年第 3 期。

王威威:《庄子〈逍遥游〉〈齐物论〉合论》,《华北电力大学学报》(社会科学版)2006 年第 1 期。

王先进:《庄子考证》,《励学》1933 年第 1 期。

王玉彬:《庄子与惠施哲学思想之比较》,王博主编:《哲学门》第三十四辑,北京大学出版社,2016 年。

王中江:《“差异性”和“多样性”的世界:庄子的“物之不齐论”》,《社会科学战线》2021 年第 4 期。

王中江:《早期道家“一”的思想展开及其形态》,《哲学研究》2017 年第 7 期。

王锺陵:《〈庄子·齐物论〉篇羼杂文字辨》,《江苏社会科学》2004 年第 3 期。

吴根友:《庄子〈齐物论〉“莫若以明”合解》,《哲学研究》2013 年第 5 期。

吴忠伟:《庄子与友谊共同体》,《中国社会科学报》2020 年 5 月 12 日。

萧裕民:《〈庄子〉“天地一指也,万物一马也”析释》,(高雄)《文与哲》第九期,2006 年。

谢明阳:《庄子“成心”旧注诠评》,(花莲)《东华汉学》2005 年第 3 期。

谢文郁:《真理与生存的张力——以〈约翰福音〉和〈齐物论〉的真理观为例》,《学术月刊》2006 年第 1 期。

谢阳举:《自由与和谐——庄子的〈逍遥游〉与〈齐物论〉联解》,《西北大学学报》(哲学社会科学版)1995 年第 2 期。

熊铁基:《刘向校书详析》,《史学月刊》2006 年第 7 期。

许春华:《“和”与〈齐物论〉思想主旨》,《哲学研究》2015 年第 4 期。

严春友:《“齐物论”是庄子的观点吗?——庄子〈齐物论〉新解》,《社会科学论坛》2005 年第 2 期。

杨国荣:《道与存在之序——〈庄子〉哲学的一个视域》,《哲学研究》2006 年第 9 期。

杨立华:《物化与所待——〈齐物论〉末章的哲学阐释》,《中国哲学史》2019 年第 1 期。

杨祖汉:《齐物论的言说方式》,(新北)《鹅湖月刊》2004 第 12 期。

叶蓓卿:《先秦诸子“齐物论”思想比较》,方勇主编:《诸子学刊》第十四辑,上海古籍出版社,2017 年。

叶海烟:《庄子〈齐物论〉的对话伦理》,(新北)《哲学与文化》2002 年第 8 期。

叶海烟:《庄子齐物论与当代交谈伦理》,(新北)《哲学与文化》2001 年第 1 期。

袁保新:《齐物论研究——庄子形上思维的进路与形态》,(新北)《鹅湖月刊》1978年第1期。

张德钧:《〈庄子〉内篇是西汉初人的著作吗?》,《哲学研究》1961年第5期。

张华勇:《论庄子哲学的政治意蕴——以〈应帝王〉为中心》,《武汉大学学报》(人文科学版)2015年第6期。

张荣明:《〈庄子·齐物论〉论"彼"与"是"》,《南开学报》(哲学社会科学版)2013年第6期。

张文江:《"四子"的隐显和出处:论〈庄子〉中一个师生组合》,《上海文化》2018年第9期。

张志强:《"操齐物以解纷,明天倪以为量"——论章太炎"齐物"哲学的形成及其意趣》,《中国哲学史》2012年第3期。

赵帅锋、郭美华:《齐物之境对于仁义—政治的拒斥——以〈齐物论〉"尧问于舜"章为中心的讨论》,《现代哲学》2020年第5期。

赵汀阳:《无立场的伦理分析》,《哲学研究》1995年第7期。

郑开:《〈庄子〉浑沌话语:哲学叙事与政治隐喻》,陈鼓应主编:《道家文化研究》第二十九辑,生活·读书·新知三联书店,2015年。

中国文物研究所、阜阳地区博物馆、阜阳汉简整理组:《阜阳双古堆汉简〈庄子〉》,中国文化遗产研究院编:《出土文献研究》第十二辑,中西书局,2013年。

周丰堇:《慎到的"齐物论"》,《管子学刊》2021年第1期。

周雅清:《〈齐物论〉诠释及其疑义辨析》,(台北)《中国学术年刊》第廿七期,2005年。

[日]武内义雄:《庄子考》,王古鲁译,《图书馆学季刊》1930年第2期。

后　记

本书草创于2020年春季。在“当时只道是寻常”的非常境遇中，我每天的事项主要有三个：一是给学生上网课，二是陪孩子上网课，三是撰写本书。起草本书的直接动机，是申请当年的国家社科基金后期资助项目。经过一番挣扎与努力，终于在申报截止日期之前完成了一份草稿，并幸运地获得了评审专家的认可并立项。

尽管研究《庄子》已有多年，但直到2015年暑期，我才对《齐物论》产生了特别的兴趣。那时，我正在为新接手的“近现代中国哲学”备课。备课过程中，我首次完整阅读了章太炎的《齐物论释》。太炎先生关于《齐物论》的政治理解让人大开眼界，在其启发下，我写了两篇文章：一是《〈庄子·齐物论〉“十日并出”章辨正》，二是《庄子“齐物”观念的政治意蕴》。第一篇文章写成后投稿给了陈静老师，陈老师回复邮件说：“你的文章写得很好，虽然我们的理解不太一样，但是我觉得你的解读是有理有据的，表述也很清晰明白，所以特别地推荐了。”在陈老师的宽容与厚待之下，这篇小文发表于《中国哲学史》2015年第4期。2016年5月，我在“老庄思想的多样性与道家文化的多元化”学术研讨会上提交了第二篇文章，并在邹晓东兄的大力支持下发表于《文史哲》2019年第2期。在本书中，这两篇文章被整合改编为“第七章”。现在来看，尽管这两篇文章生涩而疏略，但却既构成了我研究《齐物论》的起点，也奠定了本书阐释《齐物论》的基调。

2019年8月，在陈赟、赖锡三两位先生筹办的“《庄子·齐物论》学术研讨会”上，我提交了《“天钧”与“天倪”——庄子“天道观”之两维及其辩证》一文，并得到了多位参会学者的赐教。同时参会的郑开、陈少明、曹峰、陈赟、赖锡三、林明照等先生的文章与观点，真可谓“卮言日出，和以天倪”，为我的《齐物论》研究提供了良缘与助力。

2020年10月后期资助项目立项后，我就计划修改初稿，但那时正在为工作调动而“忧心悄悄”，无法做到“用志不分”。直到2021年暑期，调动之事尘埃落定，我才着手修改初稿，并于2023年春基本定稿。从2020年春到2023年春，现实与思想的交叠缠绕真是让人疲惫不堪——“其我独芒，而人亦有不芒者乎!”

2023年秋冬学期，我在“庄子文本研究”课上为几位硕士生完整讲授了本书。在授课过程中，同学们提出了不少修改意见，指出了很多细节问题。在此，我要向李意文、经典、王梦玉、杨晓瑜、刘晓彤、郑浩楠等参与过书稿讨论的同学表示诚挚的感谢!

除了《中国哲学史》与《文史哲》，本书部分章节还曾发表于《哲学与文化》《四川大学学报》《中州学刊》《山西大学学报》《道德与文明》《哲学研究》等期刊，感谢这些刊物提供的发表机会，以及相关编辑老师的赐正。

在本书出版过程中，山东大学出版社的王贻社、赵聪两位先生给予了大力支持，郭凯迪、孙艳凤两位编辑老师付出了大量辛劳，谨致谢忱!

最后，还要将本书献给我的妻与子。我之所以还能在疲役之际免于不知所归，你们是唯一的原因。

王玉彬

2024年10月